DDR im Plural

DDR im Plural

Ostdeutsche Vergangenheiten und ihre Gegenwart

Herausgegeben von

Christopher Banditt
Nadine Jenke
Sophie Lange

im Auftrag der Bundesstiftung zur Aufarbeitung der SED-Diktatur

METROPOL

Umschlagbild:
DDR-Plattenbau in Schwedt/Oder 2014.
Gordon Welters/laif (Ausschnitt)

ISBN: 978-3-86331-665-5

Ansbacher Str. 70 | 10777 Berlin
www.metropol-verlag.de

Druck: AALEXX Druck Produktion, Großburgwedel

Inhalt

DEUTSCH-DEUTSCHE EPISODEN

KÄMPFE

KÜNSTE

WENDE ...

EPILOG IM PLURAL

Prolog

CHRISTOPHER BANDITT · NADINE JENKE · SOPHIE LANGE

Die DDR im Plural

Einleitung

Es gab nicht die *eine* DDR. Für manche war sie so etwas wie eine fürsorgliche Diktatur, die sich um vieles kümmerte und in der man, wenn man nicht aneckte, auch keine Repressionen zu befürchten hatte. Für andere war die DDR ein rigoroser Unrechtsstaat, der das Leben der Menschen in Gänze zu durchherrschen versuchte. Sie war einerseits der SED-Staat, in dem alle politischen und gesellschaftlichen Institutionen und Gruppierungen die Autorität der Einheitspartei anzuerkennen hatten. Andererseits galt sie auch als „Nischengesellschaft", in der man sich mit dem Rückzug ins Private durchaus einrichten konnte. In ihrer Geschichte war die DDR sowohl junger Nachfolgestaat der NS-Diktatur als auch spätsozialistisches System vor dem Kollaps. Sie war ein Teil Deutschlands sowie „Bruderstaat" für die anderen Länder im „Ostblock". Die Vielzahl an Zuschreibungen zeigt bereits, dass zum Verständnis der DDR ein pluraler Zugriff auf ihre Geschichte und ihre Hinterlassenschaften sinnvoll und fruchtbar ist. Dies ist das Anliegen des vorliegenden Sammelbandes.

Hierfür öffnen 25 Wissenschaftler:innen, deren Promotionsprojekte von der Bundesstiftung zur Aufarbeitung der SED-Diktatur in den letzten Jahren gefördert wurden beziehungsweise aktuell noch werden, ihre Forschungswerkstätten. In ihren Texten geben sie anhand einzelner Beispiele und ausgewählter Themen und Thesen Einblicke in ihre Untersuchungsgegenstände. Das Ergebnis ist eine Zusammenschau konziser wissenschaftlicher Schnappschüsse der gegenwärtigen Forschung zur

DDR.[1] Die Beiträge verdeutlichen eines: Aktuelle Forschungen zur DDR-Geschichte sind mit Blick auf die zu analysierenden Phasen und Orte dynamisch und hinsichtlich der Untersuchungszuschnitte interdisziplinär. Denn so vielfältig die fachliche Provenienz der Autor:innen ist, so sehr zeugen auch die einbezogenen Quellenbestände und methodischen Zugänge von der Pluralität heutiger DDR-Forschung. Sie reichen von klassisch politikgeschichtlichen, sozial- und alltagshistorischen Herangehensweisen über kunst- und kulturhistorische, literatur- und medienwissenschaftliche sowie über rechtshistorische und militärgeschichtliche Ansätze bis hin zur Digital History. Damit spiegeln die Forschungsprojekte in der Gesamtschau eine nahezu selbstverständliche Integration disziplinübergreifender Untersuchungsperspektiven wider. Wenngleich hier freilich nicht alle noch schattigen Ecken des SED-Staats ausgeleuchtet werden können, so soll doch der Impuls gestärkt werden, sich auch künftig der Geschichte der DDR und ihrer bislang weniger beachteten Aspekte multiperspektivisch zu nähern.

Obschon bereits sehr umfangreiche historische Forschungen zur DDR vorliegen, sind diese Ergebnisse noch in vielerlei Hinsicht erweiterbar.[2] Hier knüpft der Band an, indem er neue Fragestellungen und plurale Themenzugriffe auf die Geschichte der DDR und ihrer Hinterlassenschaften versammelt. So werden etwa in entsprechenden Kapiteln gleichsam *Kämpfe* und *Künste* in der DDR behandelt: Kämpfe, die die DDR im Inneren und nach außen führte (und zu führen meinte); und künstlerische

1 Damit knüpft der Band an die beiden Vorgängerbände an: Susanne Muhle/Hedwig Richter/Juliane Schütterle (Hrsg.), Die DDR im Blick. Ein zeithistorisches Lesebuch, Berlin 2008; Marcus Böick/Anja Hertel/Franziska Kuschel (Hrsg.), Aus einem Land vor unserer Zeit. Eine Lesereise durch die DDR-Geschichte, Berlin 2012.

2 Vgl. Dierk Hoffmann/Michael Schwartz/Hermann Wentker, Die DDR als Chance. Desiderate und Perspektiven künftiger Forschung, in: Ulrich Mählert (Hrsg.), Die DDR als Chance. Neue Perspektiven auf ein altes Thema, Berlin 2016, S. 23–70; Stefanie Eisenhuth/Hanno Hochmuth/Konrad H. Jarausch, Alles andere als ausgeforscht. Aktuelle Erweiterungen der DDR-Forschung, in: Deutschland Archiv, 11. 1. 2016, www.bpb.de/218370 [12. 12. 2021]; Thomas Lindenberger, Ist die DDR ausgeforscht? Phasen, Trends und ein optimistischer Ausblick, in: Aus Politik und Zeitgeschichte 24–26, 2014, S. 27–32.

Repräsentationen, die die DDR (über sich) zu generieren suchte und sich dabei zugleich mit den Eigenlogiken der Künste konfrontiert sah. Daneben bieten die Beiträge zu den *Aufbaujahren* Einblicke in den Alltag der Sowjetischen Besatzungszone (SBZ) und frühen DDR, ohne die Geschichte der DDR gleich von ihrem Ende her zu denken und erklären zu wollen. Die DDR existierte nicht aus sich selbst heraus, sondern war sowohl zeithistorisch als auch geografisch in größere Zusammenhänge integriert: Sie ist ebenso vor dem Hintergrund der Nachwirkungen des Nationalsozialismus wie in ihrer Einbindung in die zeitgenössischen europäischen Staatenkonstellationen und darin besonders in die bipolare Weltordnung des Kalten Kriegs zu sehen. In diesem Sinne wird die DDR auch als ein relationales Gebilde verstanden, was vor allem in der Beitragssektion zum Ausdruck kommt, die sich den *deutsch-deutschen Episoden* widmet. Räumlich gesehen hat sich der Blick auf Vergleiche und Verflechtungen mit der alten Bundesrepublik inzwischen fest etabliert. Mehrere Beiträge werfen Schlaglichter auf die deutsch-deutsche Systemkonkurrenz und in diesem Zusammenhang nicht zuletzt auf die inneren Funktionslogiken im ostdeutschen Teilstaat.

Gleichfalls geht der Blick über das Ende der DDR hinaus in die Zeit, als die DDR zum „Osten" wurde. So beleuchten zum einen die Beiträge im Kapitel zur „*Wende*" die Zeit der Friedlichen Revolution von 1989/90 und des unmittelbaren Systemumbruchs. Thematisch werden die Widersprüche des Spätsozialismus, die Umbrüche 1989/90 und die Aufbrüche in den nun sogenannten „neuen Ländern" angesprochen. Zum anderen wird der Frage nachgegangen, inwieweit es sich um eine Wende[3] *ohne Ende* handelte, wenn die DDR und ihr Untergang bis heute nachwirken. Die Untersuchungszeiträume zur DDR-Geschichte sind alles andere als statisch, enden nicht mehr zwangsläufig 1989/90, sondern dehnen sich zusehends bis in die 1990er-Jahre und sogar bis in die Gegenwart aus. Schließlich ist „[d]as Leben vor und nach 1989 [...] bei den meisten viel stärker

3 Der Nachweis, dass nicht Egon Krenz der Schöpfer des „Wende"-Begriffs ist, und der implizite Fingerzeig, den Begriff nicht notwendigerweise zu problematisieren, finden sich bei: Bernd Lindner, Begriffsgeschichte der Friedlichen Revolution. Eine Spurensuche, in: Aus Politik und Zeitgeschichte 24–26, 2014, S. 33–39, hier S. 37 f.

miteinander verknüpft, als historische Epochenzäsuren vorgeben".[4] Die einzelnen hier präsentierten Beiträge spannen einen Bogen zur ostdeutschen Geschichte aus der Vergangenheit seit dem Ende des Zweiten Weltkriegs bis in unsere Gegenwart.

Fragen danach, wie die DDR beziehungsweise das Leben in ihr gewesen ist oder wie ihre Geschichte(n) und Hinterlassenschaften bis in die heutige Zeit fortwirken, werden auch mehr als 30 Jahre nach dem Zerfall des ostdeutschen Staates öffentlich breit diskutiert – und das in den verschiedensten Formen und Foren: ob auf Twitter, im Fernsehen, im Roman oder als Podcast. Es ist ein Anspruch des vorliegenden Bandes, die literarischen, politischen oder auch persönlichen Zugänge innerhalb der „Ost-Debatten" um vielgestaltige zeithistorische Perspektiven zu ergänzen. Somit leistet er auch einen Beitrag zur Aufarbeitung der SED-Diktatur und zur Versachlichung der medial und öffentlichkeitswirksam geführten „Ost-Debatten". Diese kreisen oft genug um die mentalen und materiellen Hinterlassenschaften der DDR und damit auch um die Frage, wie viel DDR heute noch in Ostdeutschland steckt.

Im Sinne eines niedrigschwelligen Wissenschaftstransfers sollen die Forschungen der Autor:innen einem breiteren Publikum in nicht überlangen oder fußnotenbeladenen Texten zugänglich gemacht werden. Die Beiträge sind erzählend beziehungsweise essayistisch geschrieben. Sowohl beim Schreiben als auch beim Redigieren und Edieren der Beiträge waren damit freilich einige Herausforderungen verbunden. Wie schon Birte Kohtz und Alexander Kraus festgehalten haben, ist „[d]ie Entscheidung, Forschungsergebnisse so zu präsentieren, dass sie leicht lesbar bleiben, […] radikaler, als sie zunächst scheint: Das Streben danach, für einen breiteren Leserkreis rezipierbar zu sein, macht es erforderlich, um entsprechende Präsentationsformen zu ringen, und prägt so das Schreiben mit."[5]

4 Ilko-Sascha Kowalczuk, „Und was hast du bis 1989 getan?", in Süddeutsche Zeitung, 23. 10. 2018, S. 11.

5 Birte Kohtz/Alexander Kraus, „Wenn man ganz genau weiß, was man machen will …". Eine praxeologische Perspektive auf geschichtswissenschaftliche Standards, in: Schweizerische Zeitschrift für Geschichte 62 (2012) 2, S. 250–267, hier S. 260.

Wir danken zuvorderst und insbesondere allen Autor:innen für ihre Ausdauer, ihr Verständnis und ihre Geduld mit uns beim gemeinsamen „Ringen“ um manchen Textaufbau, um bestimmte Formulierungen, Überschriften oder Fußnoten. Dass sich die aktuellen und ehemaligen Stipendiat:innen der Bundesstiftung Aufarbeitung neben ihren Promotionsprojekten oder beruflichen Tätigkeiten mit so viel Hingabe, Kreativität und Aufwand am Sammelband beteiligt haben, kann überdies kaum ausreichend gewürdigt werden. Unser Dank gilt ebenfalls den drei Epilogschreiber:innen. Sie bewerten am Ende des Bandes noch einmal aus unterschiedlichen Blickwinkeln den Stellenwert und das Potenzial neuer DDR-Forschung innerhalb der zeithistorischen Wissenschaft und für die Aufarbeitung der DDR und führen dies mit den Anforderungen an die Präsentation und Kommunikation von Forschungsergebnissen zusammen. Nicht unerwähnt bleiben darf auch die Betreuung durch den Metropol Verlag. Hier haben uns Friedrich Veitl und Nicole Warmbold mit Rat und Tat zur Seite gestanden. *Last but (definitely) not least* sei auch der Bundesstiftung zur Aufarbeitung der SED-Diktatur für ihre ideelle und materielle Unterstützung gedankt. Namentlich zu nennen ist hier Franziska Kirst für die organisatorische Mitwirkung. Unser besonderer Dank gilt Dr. Franziska Kuschel, die nicht nur jederzeit als Ansprechpartnerin bei der Bundesstiftung zur Verfügung stand, sondern uns auch zu Beginn des Jahres 2021 zum „Stipendiat:innen-Sammelband“ ermuntert hat. Nach insgesamt 37 gemeinsamen Zoom-Meetings zwischen uns drei Herausgeber:innen, unzähligen E-Mails, Telefonaten, Nachfragen und persönlichen Abstimmungsrunden im sommerlichen Biergarten oder in der geheizten Wohnung ist dieser Prozess schließlich in dem Buch aufgegangen, das Sie als Leserin oder Leser nun in Ihren Händen halten.

Aufbaujahre

LIVIA BREMMEL

„Ist Ihr Mann auch manchmal so seltsam?"

Mediale Darstellungen von Kriegsheimkehrern in der SBZ

Die meisten ehemaligen Wehrmachtsoldaten kehrten bis 1949 aus der Kriegsgefangenschaft zurück.[1] Viele Heimkehrer waren durch den Krieg verändert, manche seelisch erkrankt. Sie sahen sich zugleich mit vielfältigen gesellschaftlichen Erwartungen konfrontiert. Die Auseinandersetzung mit ihrer spezifischen Situation fand sowohl persönlich als auch massenmedial statt, wobei sich beide Perspektiven wechselseitig beeinflussten. Dieser Beitrag geht der Frage nach, wie soldatische Gewalterfahrungen in den Anfangsjahren der sowjetischen Besatzung medial gedeutet wurden und welche Verhaltensweisen bei Kriegsheimkehrern dabei als „normal" und tolerierbar oder aber als „krank" und behandlungsbedürftig galten.

Im Folgenden werden exemplarisch vier zeitgenössische Medientypen vorgestellt und ausgewertet, welche die Situation der Heimkehrer in der Sowjetischen Besatzungszone Deutschlands (SBZ) thematisieren: die Witzseite „Heimkehr ins Private" in der „Neuen Berliner Illustrierten" (1945), zwei Bilder des Leipziger Fotografen Karl Heinz Mai, der DEFA-Kinofilm „Die Mörder sind unter uns" und eine Radioreportage des MDR (jeweils 1946). Anschließend werden diese Quellen im Hinblick auf den zu bewältigenden Rollenwandel der ehemaligen Soldaten, das Sprechen über Gewalt und Schuld sowie das Krankwerden infolge des Krieges analysiert und einander gegenübergestellt.

1 Vgl. Jörg Echternkamp, Nach dem Krieg. Alltagsnot, Neuorientierung und die Last der Vergangenheit 1945–1949, Zürich 2003, S. 176 f.

Heimkehr in neue Medienlandschaften

Die Figur des Heimkehrers war in den Medien der SBZ durchaus präsent. Bis 1948 warteten noch Zehntausende Deutsche auf die Rückkehr eines ihrer Angehörigen. Auch der allgegenwärtige Anblick bedürftiger Heimkehrer auf den Straßen erforderte eine öffentliche Einordnung. Daneben diente die Inszenierung von Heimkehr und Neuanfang den Interessen der Machthabenden: Sie gab ihnen die Gelegenheit, sich als Schutzmacht der ehemaligen Wehrmachtsoldaten und als Organisatoren des Aufbruchs darzustellen.[2] Trotz des Ressourcenmangels der Nachkriegsjahre waren die sowjetischen Besatzer:innen von Beginn an bemüht, eine Grundversorgung der Menschen mit vielfältigen Presse- und Medienerzeugnissen so schnell wie möglich wiederherzustellen.[3] In der SBZ wurden zahlreiche Zeitschriften neu gegründet, wie etwa bereits im Herbst 1945 das überregionale, von der Exil-Rückkehrerin Lilly Becher geleitete Massenblatt „Neue Berliner Illustrierte". Diese und ähnliche Zeitschriften dienten der Unterhaltung und der Erfüllung alltagspraktischer Bedürfnisse und erlauben Einblicke in die Themen und Sichtweisen einer privaten, vergleichsweise herrschaftsfernen Lebenswelt. Den Illustrationen wurde dabei ein hoher Stellenwert eingeräumt. Vor allem die letzte Seite war traditionell den zeichnerischen „spöttische[n] Auseinandersetzungen mit Alltagsproblemen"[4] gewidmet. Letztere wurden dort häufig überspitzt und ins Lächerliche verkehrt, dadurch verharmlost und für die Betroffenen gleichsam handhabbarer gemacht. Die so erzielte Entspannungswirkung angesichts widriger Lebensumstände war wohl einer der Gründe, weshalb solche Witzseiten schon während des Krieges stark an Bedeutung gewonnen hatten.[5]

2 Vgl. Magdalena Saryusz-Wolska/Anna Labentz, Bilder der Normalisierung. Gesundheit, Ernährung und Haushalt in der visuellen Kultur Deutschlands 1945–1948, Bielefeld 2017, S. 35 ff.

3 Vgl. Bettina Jütte, Lizenzen und Listen. Grundlagen staatlicher Zeitschriftenpolitik in der SBZ, in: Simone Barck/Martina Langermann/Siegfried Lokatis (Hrsg.), Zwischen „Mosaik" und „Einheit". Zeitschriften in der DDR, Berlin 1999, S. 561.

4 Konrad Dussel, Bilder als Botschaft. Bildstrukturen deutscher Illustrierter 1905–1945 im Spannungsfeld von Politik, Wirtschaft und Publikum, Köln 2019, S. 163.

5 Vgl. ebenda, S. 223.

In der Zusammenbruchgesellschaft der Nachkriegsjahre behielten die Witzseiten womöglich zunächst ihre stabilisierende Funktion. Bereits vor Kriegsbeginn hatte Charlotte Kleinert zu den meistveröffentlichten Zeichnern und Zeichnerinnen der damals marktführenden – und zu dieser Zeit noch mit traditioneller Schreibweise versehenen – „Berliner Illustrirten Zeitung" gezählt.[6] Anfang der 1940er-Jahre hatten sie und ihr Ehemann, der Autor Hermann Krause, dem „Künstlerischen Arbeitskreis" der vom NS-Propagandaministerium gegründeten Deutschen Zeichenfilm GmbH in Berlin angehört.[7] Krause hatte außerdem durch seine Beteiligung an Frontunterhaltungsheften Erfahrungen mit soldatischen Stoffen gesammelt.[8] Nach dem Krieg erschien in der fünften Ausgabe der „Neuen Berliner Illustrierten" von 1945 eine von dem Ehepaar gemeinsam gestaltete Witzseite mit dem Titel „Heimkehr ins Private". Sie kombinierte ein humoristisches Gedicht mit einer Bildergeschichte über die Gefühlslagen und Interaktionen eines Heimkehrers und dessen Ehefrau (vgl. Abb. 2).

Im Gegensatz zu den künstlerisch höher geschätzten Zeichnenden waren Fotografen und Fotografinnen für das Publikum in der ersten Hälfte der 1940er-Jahre noch überwiegend namenlos geblieben.[9] Zur gleichen Zeit gewann die Laienfotografie rasch an Popularität. Gerade unter den Wehrpflichtigen hatte die NS-Führung private Fotografie aktiv gefördert; eigens für den „Krieg als Reise" (Klaus Latzel) produzierte Fotoalben waren weit verbreitet. Die sich so herausbildenden Abbildungspraktiken des „kleinen Mannes" bestanden auch nach Kriegsende fort. Ein eindrückliches Beispiel einer solchen Selbstprofessionalisierung ist der Leipziger Fotograf Karl Heinz Mai. Nach einer Kriegsverwundung konnte er nicht mehr in seinen alten Beruf zurückkehren und konzentrierte sich fortan auf die Fotografie. Aus seinem Rollstuhl heraus dokumentierte er das Nachkriegs-Leipzig. Als 1946 einer der ersten „Heimkehrertransporte" in Leipzig eintraf, war Mai mit seiner Kamera vor Ort. Die beiden hier

6 Vgl. ebenda, S. 220.

7 Vgl. Rolf Giesen/J. P. Storm, Animation Under the Swastika. A History of Trickfilm in Nazi Germany 1933–1945, Jefferson 2012, S. 86.

8 Vgl. Gerd Krollpfeiffer (Hrsg.), Die Wundertüte. 100 Seiten Humor und Kurzweil in Bild und Wort für Front und Heimat, Berlin [1941].

9 Vgl. Dussel, Bilder als Botschaft, S. 181.

zu besprechenden Fotografien „Vier Heimkehrer“ (vgl. Abb. 1) und „Drei Heimkehrer“ (vgl. Abb. 3) wurden seinem Sohn Karl Detlef Mai zufolge erst ab den 1980er-Jahren veröffentlicht.

Der Mitteldeutsche Rundfunk begleitete die Ankunft der Heimkehrer ebenfalls für eine Vor-Ort-Reportage. Ein Radiojournalist wartete zusammen mit Angehörigen auf dem Bahnsteig und interviewte die Wartenden und auch einen der ehemaligen Soldaten. Dabei sind die einzelnen Original-Tonsequenzen dieser hier ebenfalls untersuchten Reportage von diversen einordnenden Kommentaren unterbrochen.[10] Einige jener Ankommenden könnten schon kurze Zeit später im Kinosaal erneut mit ihren Erfahrungen von Krieg und Heimkehr konfrontiert worden sein: Bei der Premiere des Kinofilms „Die Mörder sind unter uns“ (Regie: Wolfgang Staudte) im Oktober 1946 im Leipziger Kino „Capitol“ bildeten sich lange Schlangen vor dem Lichtspielhaus. Als erste Eigenproduktion der DEFA gab dieser Film das Startzeichen für das deutsche Nachkriegskino. Der Regisseur Wolfgang Staudte hatte zuvor vergeblich um westalliierte Unterstützung für den ersten deutschen Nachkriegsfilm geworben. Schließlich wandte er sich der 1945 gegründeten DEFA-Vorgängerorganisation „Filmaktiv“ unter Aufsicht der Zentralverwaltung für Volksbildung der SBZ zu, um die Umsetzung seiner Filmidee mit Billigung der Sowjetischen Militäradministration zu erwirken.[11] Von späteren DEFA-Werken jener Zeit mit Heimkehrerbezug (zum Beispiel „Irgendwo in Berlin“, „Straßenbekanntschaft“) unterscheidet sich der Film durch seine explizite Darstellung soldatischer Gewalt – zumal in Form eines deutschen Kriegsverbrechens an der Ostfront – sowie deren direkte Verknüpfung mit normabweichendem, gar krankhaftem Verhalten eines Kriegsheimkehrers.[12] Der Film handelt

10 Vgl. Vom Eintreffen des ersten Kriegsgefangenentransports in Leipzig, MDR-Radioreportage, 31. 7. 1946, Deutsches Rundfunkarchiv, KONF 4105958, www.dra.de/de/entdecken/1945-der-krieg-ist-aus/die-sowjetunion-entlaesst-die-ersten-100000-deutschen-kriegsgefangenen [26. 9. 2021].

11 Vgl. Heinz Kersten, „Die Mörder sind unter uns“. Vor 60 Jahren hat der erste deutsche Nachkriegsfilm Premiere, in: Deutschlandradio Kultur, 15. 10. 2006, www.deutschlandfunkkultur.de/die-moerder-sind-unter-uns.932.de.html?dram:article_id=129500 [26. 9. 2021].

12 Vgl. Ralf Schenk, Die Deutschen in Russland. Was das DEFA-Kino nach 1945 über Krieg und Kriegsgefangene zu erzählen wusste, in: Elke Scherstjanoi (Hrsg.),

von dem aus Gefangenschaft heimkehrenden Militärarzt Hans Mertens, der während des Krieges Zeuge einer durch seinen Vorgesetzten Hauptmann Ferdinand Brückner befohlenen Massenerschießung vermeintlicher Partisanen geworden war. Nach Kriegsende begegnet Mertens Brückner erneut und plant einen Racheakt.

„… daheim, doch noch längst nicht zurück“ – soldatische Identität und Wieder-Zivilwerdung

Bei der Ankunft am Bahnhof steckten die Soldaten zunächst noch in den Überresten ihrer Uniform. Auf einem der beiden Fotos von Mai fängt seine Kamera vier ihm entgegenkommende Heimkehrer ein. Sie wirken raumeinnehmend, gehen in breiter Linie nebeneinander. Die Blicke sind nach vorn gerichtet und scheinen dabei abwesend, entrückt, wie auf innere Bilder fokussiert (vgl. Abb. 1). Auf Mais zweitem Bild (vgl. Abb. 3) ist das Soldatische noch stärker in Auflösung begriffen: Die drei Männer stützen einander, von Formation keine Spur, und ihre Blicke suchen in verschiedenen Richtungen nach Orientierung.

Auch die Witzseite von Kleinert und Krause thematisiert das Verlassen der Institution Wehrmacht, macht dies sogar zum Titel: die „Heimkehr ins Private“. Sie vermittelt den Eindruck, als handele es sich dabei um einen mühelosen Prozess, in dessen Verlauf der ehemalige Soldat seine alte Rolle einfach abstreift wie eine zerschlissene Hose. Gleich die erste Gedichtstrophe kennzeichnet die Soldatenexistenz als etwas Fremdbestimmtes, das dem eigentlichen Wesen des Heimkehrers entgegenstünde: „Fünf Jahre hat man ‚Jawohl‘ gesagt und hackenknallend gelogen […] – fünf Jahre lang hat man ‚Jawohl‘ gesagt und sich den Charakter verbogen“ (vgl. Abb. 2).

In dem Film „Die Mörder sind unter uns“ wird dem heimgekehrten Hans Mertens von seinem ehemaligen Vorgesetzten und Antagonisten Hauptmann Brückner bescheinigt, er sei zwar „ein prächtiger Mensch“, aber „ein hundsmiserabler Soldat“. Hierbei wird suggeriert, der gute

Russlandheimkehrer. Die sowjetische Kriegsgefangenschaft im Gedächtnis der Deutschen, München 2012, S. 165.

Abb. 1: Vier Heimkehrer gehen zu Bahnsteig 1 des Leipziger Hauptbahnhofes – dritter Mann raucht, Leipzig 1946.
Fotothek Mai Leipzig, Bild KH2778 R B - 443-07A, Fotograf: Karl Heinz Mai

Charakter eines Heimkehrers erweise sich trotz, wenn nicht gar durch dessen schlechte soldatische Leistung. Die Aussagen des als amoralisch dargestellten „Mörders" Brückner bekräftigen diesen Zusammenhang in einer späteren Szene, in welcher dieser seine Militärzeit – im Gegensatz zu Mertens – idealisiert: „Ich denke so oft an die goldenen Tage der Freiheit im grauen Rock." Eine solche, auch nach Kriegsende anhaltende Identifikation der Heimkehrer (und Kinozuschauer) mit den Vorzügen des Soldatenlebens und dem „Krieg als Reise" wird hier bewusst negativ konnotiert.[13]

Die Soldatenrolle wird im Film und in den Illustrationen keineswegs als etwas Verinnerlichtes, sondern vielmehr als etwas von außen Übergestülptes angesehen. Viel Raum nehmen daher äußerliche Symbole der Re-Zivilisierung ein, wie etwa die Anbringung eines neuen Klingelschildes ohne Dienstgrad in der Illustration von Kleinert: „Ich finde das ‚Herr' vor dem Namen so wohltuend privat."

13 Vgl. Klaus Latzel, Deutsche Soldaten – nationalsozialistischer Krieg? Kriegserlebnis – Kriegserfahrung 1939–1945, Paderborn 2000, S. 134.

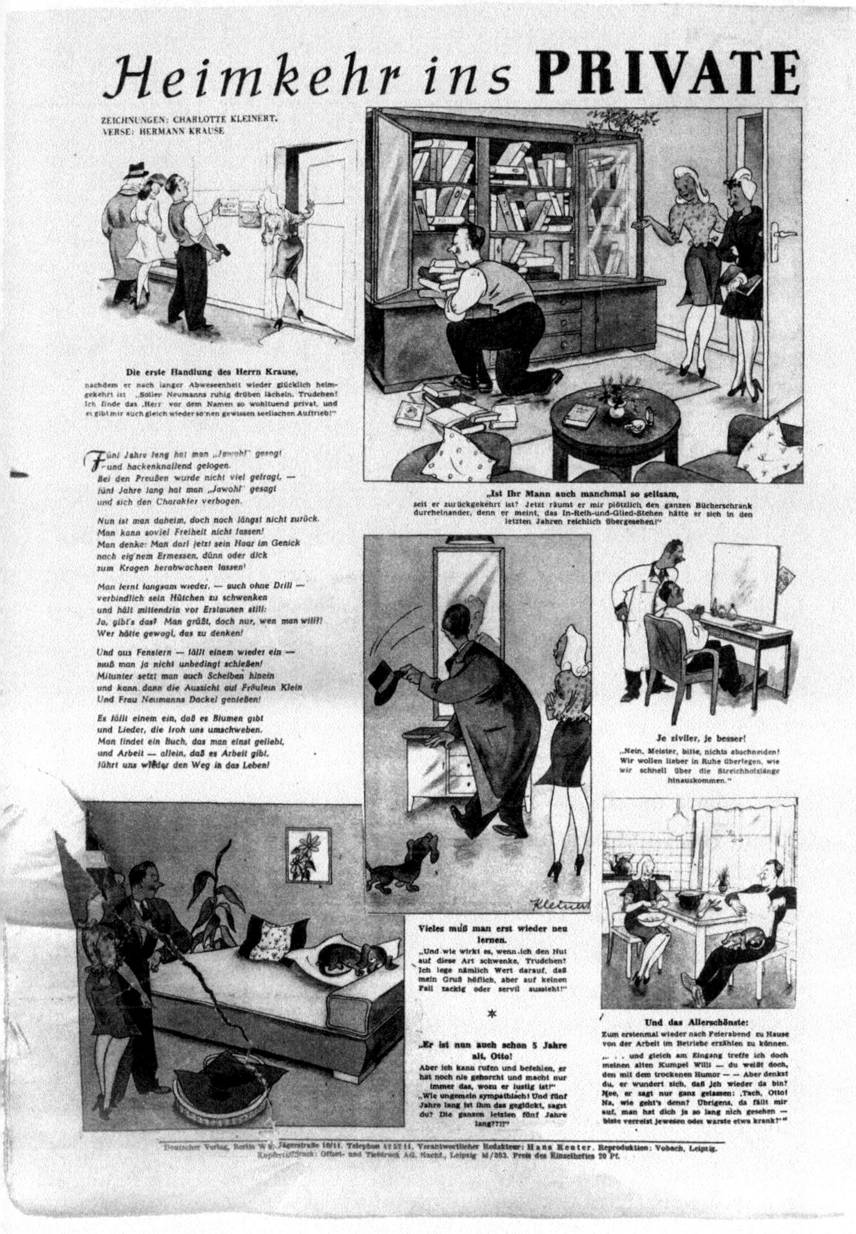

Heimkehr ins PRIVATE

ZEICHNUNGEN: CHARLOTTE KLEINERT.
VERSE: HERMANN KRAUSE

Die erste Handlung des Herrn Krause,
nachdem er nach langer Abweseenheit wieder glücklich heimgekehrt ist: „Sollen Neumanns ruhig drüben lächeln, Trudchen! Ich finde das ‚Herr' vor dem Namen so wohltuend privat, und es gibt mir auch gleich wieder so'nen gewissen seelischen Auftrieb!"

Fünf Jahre lang hat man „Jawohl" gesagt
und hackenknallend gelogen.
Bei den Preußen wurde nicht viel gefragt, —
fünf Jahre lang hat man „Jawohl" gesagt
und sich den Charakter verbogen.

Nun ist man daheim, doch noch längst nicht zurück.
Man kann soviel Freiheit nicht fassen!
Man denke: Man darf jetzt sein Haar im Genick
nach eig'nem Ermessen, dünn oder dick
zum Kragen herabwachsen lassen!

Man lernt langsam wieder, — auch ohne Drill —
verbindlich sein Hütchen zu schwenken
und hält mittendrin vor Erstaunen still:
Ja, gibt's das? Man grüßt, doch nur, wen man will?!
Wer hätte gewagt, das zu denken!

Und aus Fenstern — fällt einem wieder ein —
muß man ja nicht unbedingt schießen!
Mitunter setzt man auch Scheiben hinein
und kann dann die Aussicht auf Fräulein Klein
Und Frau Neumanns Dackel genießen!

Es fällt einem ein, daß es Blumen gibt
und Lieder, die froh uns umschweben.
Man findet ein Buch, das man einst geliebt,
und Arbeit — allein, daß es Arbeit gibt,
führt uns wieder den Weg in das Leben!

„Ist Ihr Mann auch manchmal so seltsam,
seit er zurückgekehrt ist? Jetzt räumt er mir plötzlich den ganzen Bücherschrank durcheinander, denn er meint, das In-Reih-und-Glied-Stehen hätte er sich in den letzten Jahren reichlich übergesehen!"

Je ziviler, je besser!
„Nein, Meister, bitte, nichts abschneiden! Wir wollen lieber in Ruhe überlegen, wie wir schnell über die Streichholzlänge hinauskommen."

Kleinert

Vieles muß man erst wieder neu lernen.
„Und wie wirkt es, wenn ich den Hut auf diese Art schwenke, Trudchen? Ich lege nämlich Wert darauf, daß mein Gruß höflich, aber auf keinen Fall zackig oder servil aussieht!"

*

„Er ist nun auch schon 5 Jahre alt, Otto!
Aber ich kann rufen und befehlen, er hat noch nie gehorcht und macht nur immer das, wozu er lustig ist!"
„Wie ungemein sympathisch! Und fünf Jahre lang ist ihm das geglückt, sagst du? Die ganzen letzten fünf Jahre lang??!"

Und das Allerschönste:
Zum erstenmal wieder nach Feierabend zu Hause von der Arbeit im Betriebe erzählen zu können.
„. . . und gleich am Eingang treffe ich doch meinen alten Kumpel Willi — du weißt doch, den mit dem trockenen Humor — — Aber denkst du, er wundert sich, daß Jch wieder da bin? Nee, er sagt nur ganz gelassen: ‚Tach, Otto! Na, wie geht's denn? Übrigens, da fällt mir auf, man hat dich ja so lang nich gesehen — biste verreist jewesen oder warste etwa krank?'"

Deutscher Verlag, Berlin W 8, Jägerstraße 10/11. Telephon 42 52 11. Verantwortlicher Redakteur: Hans Reuter. Reproduktion: Vobach, Leipzig. Kupfertiefdruck: Offset- und Tiefdruck AG. Nachf., Leipzig M/203. Preis des Einzelheftes 20 Pf.

Abb. 2: Charlotte Kleinert/Hermann Krause, „Heimkehr ins Private".
Neue Berliner Illustrierte (1945) 5, Rückseite; Sammlung DDR-Museum, Berlin

Auch die Frisur wird als Merkmal äußerlicher Transformation präsentiert. Während in „Die Mörder sind unter uns“ Mertens’ anfangs wirres Haar allmählich immer geordneter aussieht, vollzieht sich der Frisurenwechsel in Kleinerts Bildergeschichte als explizite Abgrenzung von allem Militärischen: „Je ziviler, je besser! Nein, Meister, bitte nichts abschneiden! Wir wollen lieber in Ruhe überlegen, wie wir schnell über die Streichholzlänge hinauskommen.“ Die Ablehnung militärischer Akkuratesse äußert sich auch in einer gewissen Lust zur Unordnung, die dem Heimkehrer bei Kleinert attestiert wird: „Jetzt räumt er mir plötzlich den ganzen Bücherschrank durcheinander, denn er meint, das In-Reih-und-Glied-Stehen hätte er sich in den letzten Jahren reichlich übergesehen!“

Es deutet sich aber auch bereits die Diskrepanz vieler Heimkehrer zwischen dem inneren Wunsch nach Befreiung und ihrer Überforderung angesichts der neuen Freiheiten an. An anderer Stelle in Krauses Gedicht sind es erneut Frisuren, welche diesmal jedoch ein „Zuviel an Freiheit“ veranschaulichen sollen: „Nun ist man daheim, doch noch längst nicht zurück. Man kann soviel Freiheit nicht fassen! Man denke: Man darf jetzt sein Haar im Genick nach eig’nem Ermessen, dünn oder dick zum Kragen herabwachsen lassen.“

„Wozu diese unnötige Härte?“ Gewalt und Verantwortung in der Rückschau

Insgesamt blicken die Protagonisten selbst nur sehr selten auf konkrete Gewalthandlungen während ihrer Militärzeit zurück. In „Heimkehr ins Private“ erinnert nur eine einzelne Textstelle im Gedicht überhaupt daran, dass die Heimkehrer selbst an Gewaltpraktiken wie dem „Schießen“ beteiligt gewesen waren. Wolfgang Staudtes Film widmete den Erschießungskommandos zwar immerhin eine Szene, doch die Gewalt darin wird in der Nachkriegshandlung nicht in Worte gefasst, sondern lediglich als unaussprechliche Erinnerung im Kopf des Heimkehrers visualisiert. Die unmittelbar ausführenden Akteure bleiben gesichtslos, das Töten erfolgt wie maschinell, durch unsichtbare Kugeln aus dem „Off“. Allenfalls Brückners Tötungsbefehl wird als zu verantwortende Handlung eines Individuums, in diesem

Fall des „Mörders unter uns", klar benannt. Der Filmheld Mertens selbst scheint außerstande, über die eigenen Gewalterlebnisse während des Krieges zu sprechen. Im Gegensatz dazu bringt es sein als zutiefst amoralisch dargestellter Widersacher sogar fertig, den eigenen Kindern beim Abendbrot betont beiläufig von seinen Kriegsverwundungen und Todesängsten zu erzählen. Der Film lässt aber wenig Zweifel daran, dass dies kein „normales" Verhalten ist und das Schweigen des Helden keinesfalls Vergessen bedeutet. Mertens' Sprachlosigkeit fungiert vielmehr als Beleg seiner Moralität. Ein Interesse der Angehörigen an ihren Gewissenskonflikten können die dargestellten Heimkehrer kaum erwarten. Mertens versucht in „Die Mörder sind unter uns" einmal, sie zu thematisieren. Als er zu seiner Gefährtin sagt, nur im Märchen habe man „die Wahl zwischen Gut und Böse. Uns bleibt immer nur die Wahl zwischen der größeren und der kleineren Gemeinheit", antwortet diese ihm bloß: „Du solltest nicht zu viel trinken."

Neben dem individuellen Beitrag zur Gewalt spielt auch die Möglichkeit, diesen zu verweigern, nur eine untergeordnete Rolle. Im Gedicht „Heimkehr ins Private" scheinen schon geringfügige Verweigerungshandlungen, wie etwa die Missachtung militärischer Grußformen, geradezu unvorstellbar: „Man grüßt, doch nur, wen man will! Wer hätte gewagt, das zu denken!" Im Kinofilm wird der Verweigerungsgedanke dagegen offener verhandelt. In der Rückblende ist Mertens zu sehen, wie er gegen den Tötungsbefehl Brückners argumentiert: „Frauen und Kinder? Was haben denn die Kinder damit zu tun? Nur weil irgendwo ein Schuss gefallen ist. Man weiß doch nicht einmal, wer es gewesen ist. Wozu diese unnötige Härte?" Die Grenze zur offenen Dienstverweigerung überschreitet Mertens jedoch nicht. Erst der bloße Zufall, nach Kriegsende erneut auf Brückner getroffen zu sein, löst in ihm einen Handlungsimpuls aus.

„Sehen doch ganz gesund aus" – vom Krankwerden durch den Krieg

Die mediale Darstellung kriegsbedingter Gesundheitsfolgen fokussiert vor allem auf die körperliche Verfassung und Arbeitsfähigkeit der Heimkehrer, wie etwa im Gespräch zwischen Reporter und Heimkehrer in der Vor-Ort-Reportage vom Leipziger Hauptbahnhof:

„So, also Sie sind nicht krankheitshalber entlassen worden?"
„Nee."
„Sehen doch ganz gesund aus."
„Ich seh' noch gut aus."
„Sind auch nicht krank?"
„Nee, krank bin ich nicht."
„Wie alt sind Sie denn?"
„Dreiunddreißig."
„Dreiunddreißig, schönes Alter, kann man nochmal von vorn anfangen, wa?"
„Na das ist klar, mit frischem Mut."
„Und Mut ist da?"
„Jawoll!"
„Gut."

Ein anderes Bild physischer Verfasstheit bieten hingegen der mühsam die Treppe hinaufsteigende Mertens in „Die Mörder sind unter uns" oder die sich aufeinander stützenden Männer auf Mais Fotografie „Drei Heimkehrer".

Die nicht unmittelbar sichtbaren, psychischen Verletzungen finden in der Radioreportage des MDR keinen Platz. Dort kommen ausschließlich gut gelaunte, allenfalls vorfreudig-nervöse Männer zu Wort. Im Kontrast dazu stehen die Fotografien von Mai, auf denen die seelische Verletzung in den Gesichtern der Abgebildeten kaum verborgen bleibt. Auch in „Heimkehr ins Private" äußert der Zurückgekehrte gleich bei seiner Ankunft den Wunsch nach einem „gewissen seelischen Auftrieb". In „Die Mörder sind unter uns" stellt Heimkehrer Mertens fest, dass in seinem Herzen „noch kein Friede sei". Auch wenn über konkrete Ursachen und Auslöser nicht gesprochen wird, so wurden im Film verschiedene psychische Symptome als mögliche Kriegsfolgen und auch deren Heilungsbedarf kommuniziert. Dies geschieht eindrücklich in Gestalt mehrerer symbolhaft-verklausulierter Flashback-Momente des Heimkehrers. Ausgelöst werden Mertens' Flashbacks – begleitet von Nahaufnahmen des Gesichtes und einer verstörenden Klangkulisse – etwa durch die Schreie eines Patienten oder den Griff zur Waffe. Auch Krauses Gedicht deutet solche Flashback-Momente

Abb. 3: Drei Heimkehrer kommen vom Bahnsteig des Leipziger Hauptbahnhofes zwischen Reisenden und Messegästen, Leipzig 1948.
Fotothek Mai Leipzig, Bild: KH2290 R B - 537-04A, Fotograf: Karl Heinz Mai

bei seinem am Fenster stehenden Helden an: „Und aus Fenstern – fällt einem wieder ein – muß man ja nicht unbedingt schießen!“

Grenzüberschreitungen hin zu einem als behandlungsbedürftig empfundenen Ausmaß solcher Zustände und Verhaltensweisen werden in den Quellen seltener verhandelt. In Kleinerts Bildergeschichte konfrontiert die Ehefrau des Heimgekehrten ihre Bekannte im Hinblick auf dessen Unordnung mit der Frage: „Ist Ihr Mann auch manchmal so seltsam, seit er zurückgekehrt ist?“ Diese unbeantwortet bleibende Frage erfüllt hier eine Rückversicherungsfunktion: Sie ermöglicht es den Lesenden, das Gesehene mit ihren eigenen Heimkehrer-Interaktionen abzugleichen und diese so in einem Normalitätsspektrum zu verorten. Deutlich expliziter lotet „Die Mörder sind unter uns“ die Grenzen „normalen“ Verhaltens bei Heimkehrern aus. Ausgeprägter Zynismus, gelegentliches Schreien und „irre“ anmutendes Lachen sowie die Flashback-Momente werden dabei zunächst als tolerierbar dargestellt. In einer späteren Szene überschreitet Mertens jedoch die Grenze des psychisch „Normalen“: Bei einem Bewerbungsgespräch im Krankenhaus erlebt er beim Anblick eines zufällig vorbeigeschobenen, schmerzvoll stöhnenden Patienten einen „Nervenzusammenbruch". Die Kamera zoomt an das Gesicht des plötzlich wie erstarrten Mertens heran, der langsam die Augen schließt. Nach dem Schnitt sieht man ihn bewusstseinsgetrübt auf einer Pritsche liegen. Mit einem Mal fährt er schreiend hoch und ruft, offenbar halluzinierend, nach den auf Brückners Befehl hin erschossenen Kindern und Frauen und schließlich: „Wie sie schreien! Ich kann es nicht!"

Der Betroffene kann hier vonseiten der institutionalisierten Medizin kein besonderes Verständnis erwarten. Der anwesende Oberarzt, der Mertens kurz zuvor noch hatte einstellen wollen, bemerkt nur knapp: „Dachte ich mir. Irgendein Kriegserlebnis." Auf den Einwand der Krankenschwester hin, es müsse ja „etwas Entsetzliches gewesen sein", entgegnet er, dass Krieg eben „immer etwas Entsetzliches" sei. Ungerührt von diesem weiteren Beispiel eines scheinbaren Massenphänomens wendet er sich rasch ab: „Benachrichtigen Sie mich, wenn er wieder zu sich gekommen ist." Die Szene ist auch deshalb interessant, weil sie es vermeidet, zu den realen Konsequenzen solcher „abnormen" Verhaltensweisen eines Heimkehrers Stellung zu beziehen. Da sich die Situation rein zufällig in einem Krankenhaus abspielt, umgeht der Film auch die Frage, unter welchen alltäglichen Bedingungen Heimkehrer die Schwelle zu einem „krankhaften" Verhalten überschritten und welche Maßnahmen daraufhin zu ergreifen waren.

Befreien lassen, abstreifen und gesundarbeiten – Heimkehr als kollektive Aufgabe

Heimkehr war in der medialen Darstellung der untersuchten Quellen vorrangig ein äußerlicher Prozess. Die innerliche Transformation vom Soldaten zur Zivilperson wurde kaum nachgezeichnet, und falls doch, dann eher als Befreiung von Fremdbestimmung und weniger als ein Wandel der inneren Haltung und Identifikation. Soldatische Gewalt wurde zwar dargestellt, die Unfähigkeit der Heimkehrer, selbst über diese zu sprechen, aber als Normalität vermittelt. Schuldfragen und Gewissenskonflikte wurden von den Protagonisten kollektiviert und, wenn überhaupt, vorzugsweise in institutionellen Kontexten verhandelt. Individuelle

Verantwortung spielte in den medialen Abbildern kaum eine Rolle. Die Gesundung versehrter Heimkehrer war eng mit der wiederzuerlangenden Arbeitsfähigkeit verbunden, welche ihrerseits die Heilung befördern sollte. Psychische Krankheitssymptome wurden zwar dargestellt und teils auch Gewalterlebnisse als deren Ursache identifiziert. Die Heimkehrer reflektierten diese jedoch selten in einer Weise, die über eine bloße Feststellung des eigenen Heilungsbedarfes hinausging. Das Gesundwerden wurde in den privaten und vor allem beruflichen Bereich verlagert und dort mit einer klaren Erwartungshaltung an das soziale Umfeld verbunden, wie es auch Hans Mertens' Gefährtin Susanne im Film formuliert: „Es gibt Verwundungen, die nicht sichtbar sind. Deren Heilung aber viel Einsicht, Geduld und Liebe verlangt.“

NADINE JENKE

Eine Frage der Würdigkeit?

Zur Rolle von NS-Verfolgten im Gerichtssaal

Am 3. Mai 1948 trat der Strafsenat des Oberlandesgerichts Schwerin zusammen, um über die Revision des Urteils wegen NS-Verbrechen gegen Friedrich Runge zu entscheiden. Der Landwirt war zuvor wegen Denunziationen sowie seiner Funktionen im Nationalsozialismus zu einer fünfjährigen Haftstrafe, Vermögensentzug und weiteren Sühnemaßnahmen gemäß der alliierten Kontrollratsdirektive 38 verurteilt worden. Das erstinstanzlich urteilende Gericht in Güstrow hatte Runge, der unter anderem als Block- und Stützpunktleiter der NSDAP aktiv gewesen war, als „einen politischen Fanatiker" eingestuft, der „seine Taten keinesfalls bereute". Der Schweriner Strafsenat sah keine Verfahrensfehler und verwarf die Revision als unbegründet.[1]

Der Vorsitzende des Schweriner Strafsenats, Franz Unikower, führte regelmäßig Revisionsverfahren durch. Der Prozess gegen Runge war für ihn jedoch alles andere als eine berufliche Routine – was weniger an dem Angeklagten als an dessen Verteidiger lag. Denn der die Revision einlegende Rechtsanwalt Siegfried Jacob war ebenso wie Unikower als „Opfer des Faschismus" (OdF) anerkannt. Beide gehörten also zu jenem (sich über die Jahre verändernden) Personenkreis, dessen NS-Verfolgung nach

1 Urteil des Landgerichts Güstrow, Zweigstelle Rostock, in der Strafsache gegen Friedrich Runge, 15. 12. 1947, BArch, MfS, BV Neubrandenburg, ASt. 28/47, Bl. 49–52; vgl. Revisionsurteil des Strafsenats des Oberlandesgerichts Schwerin in der Strafsache gegen Friedrich Runge, 3. 5. 1948, BArch, MfS, BV Neubrandenburg, ASt. 28/47, Bl. 93 f.

Kriegsende offiziell anerkannt wurde und der somit gesonderte soziale Unterstützungsmaßnahmen in Anspruch nehmen konnte. Dieser Status war in Unikowers Augen nicht mit der Mandatsübernahme vereinbar. Er intervenierte bei den OdF-Entscheidungsstellen und löste eine Auseinandersetzung aus, in der individuelle Selbstverständnisse und organisationale, politisch aufgeladene Erwartungshaltungen aufeinanderprallten. Zu einer Zeit, als ehemalige Verfolgte und Verfolger:innen noch ihre neuen gesellschaftlichen Positionen suchten, rückten grundlegende Fragen ins Zentrum: Wer galt als Opfer des Nationalsozialismus? Wie positionierten sich NS-Verfolgte gegenüber NS-Belasteten und wie hatten sie sich in den Augen der zeitgenössischen Verfolgtenvertretungen zu verhalten? Nach Ansicht des Hauptausschusses „Opfer des Faschismus", der auch über Jacobs OdF-Status entschied, durfte der öffentliche Ruf der OdF nicht gefährdet werden.[2] Angeblich abweichendes, rufschädigendes beziehungsweise unwürdiges Verhalten wurde mit der Aberkennung des Verfolgtenstatus sanktioniert – die Kriterien, was darunter fiel und was nicht, blieben unscharf. Die vermeintliche (Un-)Würdigkeit wurde somit zu einer Kategorie der gesellschaftlichen Inklusion und Exklusion von NS-Opfern nach Kriegsende.

„Wer ist Opfer des Faschismus?"

Mitte Mai 1945 genehmigte die Sowjetische Militäradministration die Einrichtung des ersten Berliner Magistrats der Nachkriegszeit. Er war für das gesamte Stadtgebiet zuständig, ebenso wie der im Folgemonat auf Initiative von NS-Verfolgten eingerichtete Hauptausschuss (später Hauptamt) „Opfer des Faschismus". Der Hauptausschuss als Teil des Magistrats übernahm die soziale Fürsorge von in Berlin lebenden Personen, deren NS-Verfolgung er zuvor anerkannt hatte. Das betraf im Wesentlichen zunächst Personen, die im Nationalsozialismus aus politischen Gründen verfolgt worden waren. Nicht berücksichtigt wurden etwa als „asozial"

2 Vgl. Susanne zur Nieden, Unwürdige Opfer. Die Aberkennung von NS-Verfolgten in Berlin 1945 bis 1949, Berlin 2003, S. 121 f.

oder homosexuell Verfolgte. Knappe finanzielle Mittel, politische Prämissen und fortlebende Stereotype bestimmten die restriktive Anerkennungspraxis. Erst ab September 1945 wurden auch als jüdisch Verfolgte mit einbezogen. Dahingehend hatten zuvor insbesondere US-amerikanische Vertreter der Militärverwaltung interveniert, die wie die Briten und Franzosen im Sommer 1945 in ihren Sektoren der Stadt eintrafen. Die nun innerhalb des Hauptausschusses eingerichtete Abteilung „Opfer der Nürnberger Gesetzgebung“ betreute unter anderem auch Siegfried Jacob, der nach seiner Geburt im Jahr 1884 in einer jüdischen Familie in Tremessen (Posen) aufgewachsen, im Nationalsozialismus ein Berufsverbot erhielt und mehrfach inhaftiert worden war. Im Juni 1945 bekam er seine Wiederzulassung als Rechtsanwalt und Notar in Berlin und im Herbst seine Anerkennung als OdF.[3]

Ein besonderer Status unter den anerkannten NS-Verfolgten wurde den „politischen Überzeugungstäter[n]“, die sich „aktiv in der antifaschistischen Widerstandsbewegung betätigt haben“, zuteil.[4] Als „Kämpfer gegen den Faschismus“ erhielten sie zusätzliche Zuwendungen und standen im Zentrum des öffentlich inszenierten Gedenkens in der Sowjetischen Besatzungszone Deutschlands (SBZ) und auch später in der DDR (vgl. Abb. 1). Die vom Berliner Hauptausschuss formulierten Richtlinien wurden von den Landes- und Provinzialverwaltungen in der SBZ weitgehend übernommen.

In einer von Deutungs- und Verteilungskämpfen geprägten und spannungsgeladenen Nachkriegsgesellschaft stießen die mit dem OdF-Status verbundenen finanziellen Hilfsleistungen oder zusätzlichen Lebensmittel-

3 Vgl. Lebenslauf von Siegfried Jacob, 21. 7. 1945, LAB, C Rep. 118-01, Nr. 38152; Fragebogen des Hauptausschusses „Opfer des Faschismus“ beim Magistrat der Stadt Berlin von Siegfried Jacob, 1. 11. 1945, ebenda; vgl. zudem die Personalunterlagen des Reichsjustizministeriums zu Jacob, BArch, R 3001/61657. Zur Einrichtung und zum Aufbau des Hauptausschusses „Opfer des Faschismus“ sowie des gleichnamigen politischen Gremiums vgl. zur Nieden, Unwürdige Opfer, S. 28–40.

4 Hauptausschuß „Opfer des Faschismus“ (Hrsg.), 2 Jahre Hauptausschuß „Opfer des Faschismus“, Berlin 1947, S. 19 f. Vgl. dazu auch Christoph Hölscher, NS-Verfolgte im „antifaschistischen Staat“. Vereinnahmung und Ausgrenzung in der ostdeutschen Wiedergutmachung (1945–1989), Berlin 2002, S. 42–51.

Abb. 1: Kundgebung der Vereinigung der Verfolgten des Naziregimes (VVN) im Berliner Lustgarten zum „Tag der Opfer des Faschismus", 12. September 1948.
bpk-Bildagentur, 30017958, Fotograf: Jochen Moll

rationen von Beginn an auf Widerstand. In Berlin verhärteten sich im Vorfeld der Wahl zur Stadtverordnetenversammlung von Groß-Berlin 1946 zudem die politischen Fronten. Zeitungen aus den westalliierten Sektoren warfen dem Hauptausschuss parteipolitische Beeinflussung und Intransparenz in der Frage der (Nicht-)Anerkennung von NS-Verfolgten als OdF vor. Entsprechend unter Druck geraten professionalisierte der Hauptausschuss schrittweise seine internen Abläufe, überprüfte alle bisherigen Anerkennungen und richtete einen „Beschwerdeausschuss" ein. Bis Ende 1948 nahm die Prüfabteilung die Anerkennung bei knapp acht Prozent der etwa 9000 OdF, die als politisch verfolgt anerkannt worden waren, zurück. In den ab Mai 1946 herausgegebenen Richtlinien „Wer ist Opfer des Faschismus?" wurden drei Gründe für die Entziehung von OdF-Anerkennungen aufgeführt:

> „1. wenn er [der Besitzer des OdF-Ausweises – Anm. d. Verf.] durch falsche Angaben die Anerkennung erwirkt hat,
> 2. wenn er durch seine Handlungsweise das Ansehen der Opfer des Faschismus schädigt,
> 3. wenn er sich der Aufforderung, alle Kräfte für den Aufbau eines antifaschistischen, demokratischen Deutschlands einzusetzen, entzieht."[5]

Das Nachkriegsverhalten wurde somit explizit in die Bewertung eines OdF-Status einbezogen. Gleichzeitig ließen insbesondere die Punkte 2 und 3 den Prüfer:innen einen breiten, subjektiven Entscheidungsspielraum. Neben Diebstählen in der Nachkriegszeit kam es so zu Aberkennungen dann auch mehrfach, weil sich die Betroffenen „während oder nach ihrer Haft in einer einem Antifaschisten ungehörigen Art aufgeführt hatten" oder kurz „wegen Unwürdigkeit".[6]

5 Hauptausschuß „Opfer des Faschismus", 2 Jahre, S. 23. Vgl. zu den Zahlen der Aberkennungen zur Nieden, Unwürdige Opfer, S. 108.

6 Tätigkeitsbericht der Prüfabteilung für Oktober 1945, 15. 11. 1945, LAB, C Rep. 118-01, Nr. 39033, Bl. 1 f.; Tätigkeitsbericht der Prüfabteilung für Januar 1946, 14. 2. 1946, ebenda, Bl. 7 f.

„Wir müssen unbedingt auf Sauberkeit in unseren Reihen achten"

Unmittelbar nach der Ablehnung der Revision wandte sich Franz Unikower an das Hauptamt „Opfer des Faschismus" beim Magistrat der Stadt Berlin und äußerte sein Unverständnis über Jacobs Mandat für den Verurteilten. Zwei Argumentationslinien stechen in seinem Schreiben hervor. Unikower betonte zunächst die Schwere der Schuld von Runge: „Hier war einmal wirklich ein Aktivist vor Gericht, in allen möglichen Ämtern und nachweislich aktiv." Zudem kritisierte er das in seinen Augen ausgeprägte Engagement von Jacob, der „Seiten hindurch für diesen Angeklagten" geschrieben und dessen Handlungsweise bagatellisiert habe.[7]

Indem der Grad von Runges Schuld zu einem Aspekt in der Beurteilung der Redlichkeit oder Unredlichkeit von Jacobs Mandat wurde, offenbart sich ein „Toleranzrahmen" für die opferseitige Unterstützung für NS-Belastete. Dieser wurde auch in weiteren zeitgenössischen Debatten, etwa über das Auftreten von NS-Verfolgten als Entlastungszeugen für NS-Belastete, kontrovers verhandelt. Entsprechend gab es kein pauschales Schwarz-weiß-Muster, nach dem ein opferseitiges Engagement für Täter:innen, Unterstützer:innen oder Nutznießer:innen der NS-Diktatur beurteilt worden ist. Vielmehr flossen verschiedene Aspekte ineinander. Neben der Schuldfrage waren das, wie der Konflikt um Siegfried Jacobs Mandat verdeutlicht, die jeweiligen personellen und zeitgenössischen Konstellationen. Ganz konkret veranlassten im vorliegenden Fall die mehrfachen Interventionen Unikowers das Berliner Hauptamt, sich die Unterlagen zu Jacob genauer anzuschauen.

Franz Unikower, der sich zeitlebens in der justiziellen Ahndung von NS-Verbrechen engagieren sollte, hatte es sich zu diesem Zeitpunkt bereits wiederholt zur Aufgabe gemacht, „auf Sauberkeit in unseren Reihen [zu] achten". Der KZ-Überlebende, der mit dieser Formulierung wörtlich an den Duktus des Berliner Hauptamtes anschloss, ging hierbei äußerst umfassend vor:

7 Schreiben von Franz Unikower an das Hauptamt „Opfer des Faschismus" beim Magistrat der Stadt Berlin, 25. 6. 1948, LAB, C Rep. 118-01, Nr. 38803, Bd. 2, Bl. 509 [Hervorhebung im Original].

„Ich habe in allen Fällen bisher, in denen Angehörige antifaschistischer Organisationen sich für Nazi-Aktivisten eingesetzt haben, die betr. Organisationen benachrichtigt, sei es die SED gewesen, die VdgB [Vereinigung der gegenseitigen Bauernhilfe], ja sogar einmal habe ich einen Landtags-Abgeordneten gemeldet, der ohne Kenntnis der zugrundeliegenden Vorgänge sich für Bauern einsetzte, die einen polnischen Zwangsarbeiter zu Tode gebracht hatten. Einen FDGB [Freier Deutscher Gewerkschaftsbund]-Sekretär habe ich belehren müssen, wobei herauskam, dass dessen Ehefrau selbst erheblich belastet war!“[8]

In einem seiner weiteren Schreiben an das Hauptamt „Opfer des Faschismus“ formulierte Unikower explizit: „Darf ein OdF-Mitglied einen früheren Pg. [Parteigenossen] in einem politischen Strafverfahren in dieser Form verteidigen?“[9] Für ihn, der hier auch als Angehöriger des Landesausschusses der Opfer des Faschismus in Mecklenburg agierte, war die Antwort hierauf eindeutig: Nein. Während Unikower später in Konflikt mit der SED geriet und Mitte der 1950er-Jahre nach Westdeutschland flüchtete, agierte er im Fall Jacob ganz im Zeichen des ausgelobten strikten antifaschistischen Neubeginns.

Nur eine berufliche Angelegenheit?

Siegfried Jacob trennte das Mandat für Runge hingegen von seiner Eigenschaft als OdF. In einer Stellungnahme gegenüber dem Berliner Hauptamt „Opfer des Faschismus“ bezeichnete er die Übernahme der Verteidigung als „meine berufliche Tätigkeit, in der ich nur der Aufsicht des Präsidiums

8 Schreiben von Franz Unikower an das Hauptamt „Opfer des Faschismus“ beim Magistrat der Stadt Berlin, 25. 6. 1948, LAB, C Rep. 118-01, Nr. 38803, Bd. 2, Bl. 509; vgl. Protokoll der Sitzung des Hauptausschusses „Opfer des Faschismus“ am 15. 4. 1947, BArchB, DY 54/59, Bl. 43–49, hier Bl. 49.

9 Schreiben von Franz Unikower an das Hauptamt „Opfer des Faschismus“ beim Magistrat der Stadt Berlin, 28. 8. 1948, LAB, C Rep. 118-01, Nr. 38803, Bd. 2, Bl. 496.

der Rechtsanwaltskammer bzw. des Herrn Chef-Präsidenten unterstehe".[10] Gleichzeitig nahm Jacob wie zuvor Unikower auf die Schuldfrage seines Mandanten Bezug. Es war dem Rechtsanwalt ein Anliegen, seine Überzeugung herauszustellen, dass diesem Unrecht getan worden sei. Bereits in der Revisionsbegründung hatte er Runge als „kleine[n] Angestellte[n]" charakterisiert, der „weder Propagandist noch Redner" gewesen und „in der Nazizeit niemanden zunahe getreten" sei.[11]

Dem Rechtsanwalt dürfte die gesellschaftspolitische Dimension seines Handelns zu dem Zeitpunkt schon bewusst gewesen sein. Denn bereits zuvor war er in mehreren Entnazifizierungskommissionen als Rechtsbeistand für Beschuldigte aufgetreten, woraufhin 1946 ein Berliner OdF-Bezirksausschuss erstmals seine Überprüfung gefordert hatte. Während diese zu dem Zeitpunkt noch ohne Konsequenzen für Jacob geblieben war, zog sein erneutes Mandat 1948 nun größere Kreise. Das Hauptamt schaltete die Rechtsanwaltskammer ein, die „wegen der grundsätzlichen Bedeutung des Falles" eigene Ermittlungen anstrengte.[12] Konfliktverschärfend hatte sich möglicherweise ein Ehrengerichtsverfahren gegen Siegfried Jacob ausgewirkt, das zeitgleich stattfand. Anlass waren dessen Mandatsübernahmen für ein ehemaliges NSDAP-Mitglied und dessen Schwiegermutter in einem Zivilstreit sowie einem daraus erwachsenden Strafverfahren. Beide standen mit einer als OdF anerkannten Jüdin in Konflikt, welche das Ehrengericht anrief. Die von der Jüdischen Gemeinde Berlin Anfang 1946 eingerichtete Instanz, die jedoch keine juristische Sanktionsgewalt besaß, beschäftigte sich vor allem mit Fällen etwaiger Unterstützung der NS-Diktatur, aber auch mit möglichem moralischen Fehlverhalten ihrer Gemeindemitglieder nach Kriegsende. Nicht von ungefähr zeigten sich in dem letzten Punkt Parallelen zu den OdF-Richtlinien, bestanden doch verschiedene Verbindungen zum Berliner Hauptausschuss. So zählten etwa

10 Schreiben des Hauptamtes „Opfer des Faschismus" an Franz Unikower, 28. 7. 1948, mit Zitat eines Schreibens von Siegfried Jacob an das Hauptamt vom 19. 7. 1948, LAB, C Rep. 118-01, Nr. 38803, Bd. 2, Bl. 499 f., hier Bl. 500.

11 Begründung zur Revision in der Strafsache gegen Friedrich Runge durch Siegfried Jacob, 2. 2. 1948, BArch, MfS, BV Neubrandenburg, ASt. 28/47, Bl. 75–80.

12 Schreiben des Präsidiums der Rechtsanwaltskammer in Berlin an das Hauptamt „Opfer des Faschismus", 16. 6. 1948, LAB, C Rep. 118-01, Nr. 38152.

Mitarbeiter der Abteilung „Opfer der Nürnberger Gesetzgebung" zu den Beisitzern des Ehrengerichts. Es befand Jacobs Verhalten „bei der Übernahme und Fortführung des Zivilprozesses gegen die Antragstellerin und bei der Übernahme der Strafverteidigung vom jüdischen Standpunkt aus nicht frei von Bedenken".[13]

Bedenken hatte auch der Hauptausschuss, der Jacob als „ausgesprochene[n] Verdiener" bezeichnete, der also aus monetären Gründen NS-Belastete vor Gericht vertrat.[14] Nicht ausgeschlossen ist zudem, dass er seinen OdF-Status ausdrücklich in den Verhandlungen geltend gemacht hat. Laut einem Polizeibeamten hat er in einem der Entnazifizierungsverfahren 1946 „sogar mit einem Ausweis operiert".[15] Versuchte er seine Verfolgungserfahrung als moralisch entlastend für seine Mandant:innen in die Prozesse einzubringen? Und suchten Beschuldigte ihn gezielt auf, um von seiner sozialen Rolle als OdF zu profitieren? Davon war zumindest Franz Unikower überzeugt:

> „Warum gehen denn die Leute aus der Gegend von Neustrelitz gerade zu Rechtsanwalt Jacob in Berlin??? Wir haben in Mecklenburg eine Reihe guter Anwälte. [...] Die Familie des Angeklagten ging doch gerade deshalb zu RA Jacob, weil sie dessen OdF-Eigenschaft für sich als Schild benutzen wollte."[16]

Wenn ein OdF sich für einen mutmaßlich NS-Belasteten einsetzte, zeugt dies nicht nur von der Verflochtenheit des Zusammenlebens von Opfern und Tätern nach 1945. Der oder die NS-Verfolgte brachte sich auch

13 Entscheidung des Ehrengerichts der Jüdischen Gemeinde zu Berlin, 7.4.1948, ebenda. Zur Konstituierung, Zusammensetzung und zu Verfahren des Ehrengerichts in Berlin vgl. Philipp Dinkelaker, Jewish Collaboration? Honor Court Cases Against Survivors of the Shoah in Postwar Germany, in: The Journal of Holocaust Research 33 (2019) 4, S. 254–276.

14 Schreiben des Hauptamts „Opfer des Faschismus" an Franz Unikower, 21.8.1948, LAB, C Rep. 118-01, Nr. 38803, Bd. 2, Bl. 497.

15 Schreiben von Fritz Katten an den Hauptausschuss „Opfer des Faschismus", 2.5.1946, LAB, C Rep. 118-01, Nr. 38152.

16 Schreiben von Franz Unikower an das Hauptamt „Opfer des Faschismus" beim Magistrat der Stadt Berlin, 25.6.1948, LAB, C Rep. 118-01, Nr. 38803, Bd. 2, Bl. 509.

unweigerlich aktiv in die damaligen Aushandlungen über Taten und Täterschaft ein. Im Fall Jacobs kam hinzu, dass er jene verteidigte, die sich in großer Zahl in der Nachkriegsbevölkerung befanden: ehemalige aktive NSDAP-Mitglieder und Denunziant:innen. Mit Begründungen, Runge sei nur ein „kleiner Angestellter" in einer „abhängigen Stellung" gewesen, befeuerte der Rechtsanwalt zeitgenössisch bereits hochkochende Entschuldungsstrategien.[17] Entnazifizierungsverfahren fanden in der Öffentlichkeit statt und wurden regional häufig aufmerksam wahrgenommen und breit diskutiert. Somit konnte Jacobs Engagement über den Einzelfall hinaus entlastend für bestimmte Tätergruppen wie die früheren „Parteigenossen" wirken.

Inwieweit Jacobs Verfolgtenschicksal die Verfahrensausgänge unmittelbar beeinflusste, muss aufgrund der fragmentarischen Überlieferungslage indes offen bleiben. Nicht zu klären ist ebenfalls, wie sich das Verhältnis zu seinen Mandanten konkret gestaltete, welche Themen besprochen und welche Aspekte gegebenenfalls ausgeblendet wurden oder ob sich Konfliktlinien zeigten. Auch zu Siegfried Jacob selbst wird die Dokumentenlage des Hauptamtes „Opfer des Faschismus" ab Sommer 1948 dünner. Mitten in den laufenden Untersuchungen gegen Jacob rückte die Weltpolitik in den Vordergrund: Mit der sowjetischen Berlin-Blockade schritt die Teilung der Stadt dramatisch voran, der Magistrat zerfiel und mit ihm das OdF-Hauptamt. In West-Berlin lebende NS-Verfolgte konnten weiterhin bei dem nun primär für Ost-Berlin zuständigen Hauptamt gemeldet bleiben, entschieden sich jedoch mehrheitlich für einen Wechsel zu den West-Berliner Behörden.[18] Auch Siegfried Jacob, dessen Wohnsitz sich im französischen Sektor der Stadt befand, wandte sich im April 1949 an die neu eingerichteten Stellen in West-Berlin und wurde fortan durch diese betreut. Möglicherweise tat er dies nicht nur, um Zugang zu damit verbundenen breiteren Sozialleistungen zu erhalten. Denn überlieferte Aktenfragmente

17 Begründung zur Revision in der Strafsache gegen Friedrich Runge durch Siegfried Jacob, 2. 2. 1948, BArch, MfS, BV Neubrandenburg, ASt. 28/47, Bl. 75–80, hier Bl. 76.

18 Vgl. zur Nieden, Unwürdige Opfer, S. 81 ff.; Gerd Kühling, Erinnerung an nationalsozialistische Verbrechen in Berlin. Verfolgte des Dritten Reiches und geschichtspolitisches Engagement im Kalten Krieg 1945–1979, Berlin 2016, S. 136–139.

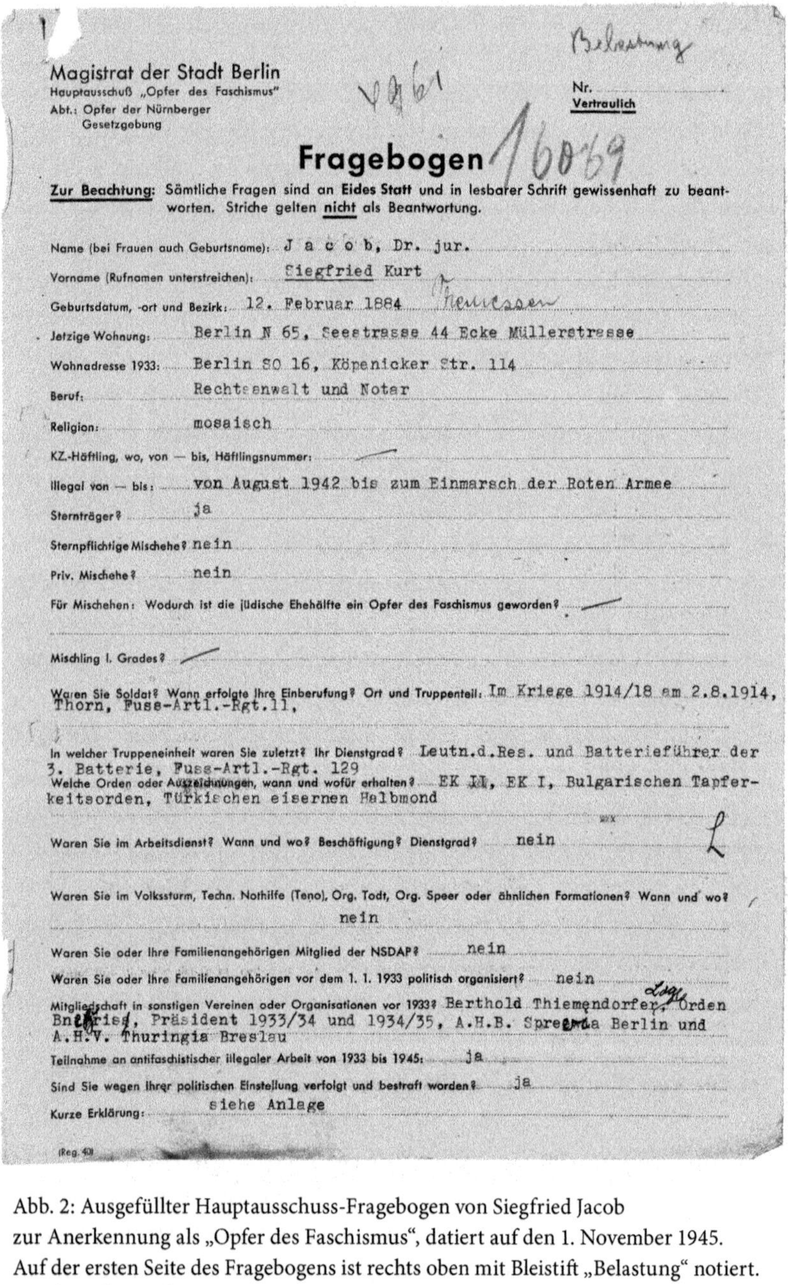
Belastung

Magistrat der Stadt Berlin
Hauptausschuß „Opfer des Faschismus"
Abt.: Opfer der Nürnberger Gesetzgebung

V 961

Nr.
Vertraulich

Fragebogen 16069

Zur Beachtung: Sämtliche Fragen sind an **Eides Statt** und in lesbarer Schrift gewissenhaft zu beantworten. Striche gelten **nicht** als Beantwortung.

Name (bei Frauen auch Geburtsname): J a c o b, Dr. jur.

Vorname (Rufnamen unterstreichen): Siegfried Kurt

Geburtsdatum, -ort und Bezirk: 12. Februar 1884 Neuessen

Jetzige Wohnung: Berlin N 65, Seestrasse 44 Ecke Müllerstrasse

Wohnadresse 1933: Berlin SO 16, Köpenicker Str. 114

Beruf: Rechtsanwalt und Notar

Religion: mosaisch

KZ.-Häftling, wo, von — bis, Häftlingsnummer: —

Illegal von — bis: von August 1942 bis zum Einmarsch der Roten Armee

Sternträger? ja

Sternpflichtige Mischehe? nein

Priv. Mischehe? nein

Für Mischehen: Wodurch ist die jüdische Ehehälfte ein Opfer des Faschismus geworden? —

Mischling I. Grades? —

Waren Sie Soldat? Wann erfolgte Ihre Einberufung? Ort und Truppenteil: Im Kriege 1914/18 am 2.8.1914, Thorn, Fuss-Artl.-Rgt.11,

In welcher Truppeneinheit waren Sie zuletzt? Ihr Dienstgrad? Leutn.d.Res. und Batterieführer der 3. Batterie, Fuss-Artl.-Rgt. 129

Welche Orden oder Auszeichnungen, wann und wofür erhalten? EK II, EK I, Bulgarischen Tapferkeitsorden, Türkischen eisernen Halbmond

Waren Sie im Arbeitsdienst? Wann und wo? Beschäftigung? Dienstgrad? nein

Waren Sie im Volkssturm, Techn. Nothilfe (Teno), Org. Todt, Org. Speer oder ähnlichen Formationen? Wann und wo? nein

Waren Sie oder Ihre Familienangehörigen Mitglied der NSDAP? nein

Waren Sie oder Ihre Familienangehörigen vor dem 1. 1. 1933 politisch organisiert? nein

Mitgliedschaft in sonstigen Vereinen oder Organisationen vor 1933? Berthold Thiemendorfer-Loge, Orden Bnei Briss, Präsident 1933/34 und 1934/35, A.H.B. Spreeia Berlin und A.H.V. Thuringia Breslau

Teilnahme an antifaschistischer illegaler Arbeit von 1933 bis 1945: ja

Sind Sie wegen Ihrer politischen Einstellung verfolgt und bestraft worden? ja

Kurze Erklärung: siehe Anlage

(Reg. 40)

Abb. 2: Ausgefüllter Hauptausschuss-Fragebogen von Siegfried Jacob zur Anerkennung als „Opfer des Faschismus", datiert auf den 1. November 1945. Auf der ersten Seite des Fragebogens ist rechts oben mit Bleistift „Belastung" notiert. *Landesarchiv Berlin, C Rep. 118-01, Nr. 38152*

Wann und wo verhaftet? 1.4.1945 Reinickendorfer Strasse

Umstand der Verhaftung (verraten worden, durch wen usw.)? verraten durch einen Mann namens Wilde, offenbar Parteispitzel

Von welchem Gericht verurteilt? Wann? siehe Anlage

In welchem Prozeß?
Wer waren die Mitangeklagten?
Wer waren die Belastungszeugen? —

Höhe der Strafe? 1 Jahr Gefängnis und 3 Wochen Gestapolager Schulstrasse

Strafanstalt? siehe Anlage

Konzentrationslager: ------

Arbeit in der Haftzeit: ------

Funktionen in Strafanstalten oder Konzentrationslagern (Blockältester, Vorarbeiter usw.): -----

In welchem Kommando? ------

Wo sind Sie gegenwärtig beschäftigt? Rechtsanwalt und Notar, Berlin N 65, Seestrasse 44.

Bemerkungen:

Unterschrift dreier Bürgen:
Ich versichere an Eides Statt, daß mir der/~~die~~ Vorgenannte als Jude, Sternträger, ~~KZ-Häftling~~, „Illegaler", als echter Antifaschist bekannt ist.

Ich bürge für ihn — ~~sie~~:

1. [illegible], Rechtsanwalt und Notar, Berlin N 65, [illegible] 2
2. [illegible] Iranischestr. 2 Inspektor des jüd. Krankenhauses
3. [illegible] Bln. N 65. Müllerstr. 41

(Name und Wohnung)

Ich versichere an Eides Statt, vorstehende Angaben wahrheitsgemäß gemacht zu haben. Es ist mir bekannt, daß falsche Angaben strafrechtliche Folgen nach sich ziehen.

Berlin, den 1. November 1945 Dr. [illegible] Kurt [illegible]
(Unterschrift)

Schreiben Sie auf einem besonderen Blatt ausführlich Ihren Lebenslauf sowie evtl. notwendige Ergänzungen zu Ihren Antworten auf einzelne Fragen.

verweisen darauf, dass ihm der Status als „Opfer des Faschismus“ zuvor vom Hauptamt aberkannt, er als „unwürdig“ angesehen worden ist. Die Prüfabteilung hatte lange gezögert, diesen Schritt zu gehen, waren doch die ersten Vorwürfe gegen Jacob bereits 1946 laut geworden. Es bedeutete auch, einen NS-Verfolgten zu verlieren, der dem Hauptamt wiederholt Spenden zur Unterstützung anderer OdF zukommen ließ.[19] Doch letztlich bestätigten sie den von Unikower beanstandeten Rollenkonflikt Jacobs – und beendeten diesen, indem sie ihm eine seiner Rollen nicht mehr zuerkannten. In West-Berlin erhielt er den Verfolgtenstatus zurück, den er auf dem Papier zeitweise verloren hatte.

Kein Einzelfall

Siegfried Jacob war nicht der einzige im Nationalsozialismus verfolgte Rechtsanwalt, der später die Verteidigung von NS-Belasteten übernahm. Im November 1947 wurde dem Dresdner Rechtsanwalt J. Willi Niepel seine Anerkennung als OdF verweigert. Zuvor hatte er mehrfach seinen Schwager, der als NS-Aktivist eingestuft worden war, vertreten. Niepel protestierte gegen die Entscheidung, sah in seinem Mandanten keinen vormaligen Unterstützer der NS-Diktatur, während etwa der Leiter des örtlichen OdF-Ausschusses ein solcher gewesen sei. Beurteilungen über die jeweiligen Rollen im Nationalsozialismus veränderten sich in der bis 1949 andauernden Auseinandersetzung mehrfach, Niepel blieb der OdF-Status verwehrt.[20]

Wie viele im Nationalsozialismus verfolgte Rechtsanwälte nach Kriegsende NS-Täter verteidigten, lässt sich nicht mehr feststellen. Die genannten Beispiele legen jedoch die Spannungen offen, die mit dem Nebeneinander von NS-Opfern und Tätern in der Nachkriegsgesellschaft einhergingen. Diese bestanden aber nicht ausschließlich zwischen NS-Verfolgten

19 Vgl. Entschädigungsunterlagen zu Siegfried Kurt Jacob, geb. 12.2.1884, LABO Berlin, BEG Nr. 15110.

20 Vgl. Schriftwechsel zwischen J. Willi Niepel und dem Dresdner Ortsausschuss „Opfer des Faschismus“ sowie Schreiben verschiedener Stellen der VVN, 1948–1949, BArch, MfS, HA IX/11, SV 1/74, Bd. 22, Bl. 263–313.

einerseits und Angehörigen der Mehrheitsgesellschaft andererseits, sondern auch zwischen den (heterogenen) Überlebenden nationalsozialistischer Verfolgung. Die Übernahme der Mandate für als NS-belastet angesehene Personen kollidierte mit den Verfolgtenrollen – beziehungsweise mit den damit verknüpften Erwartungen an OdF und OdF-würdiges Verhalten. In einer Zeit, in der sich die Nachkriegspositionen noch in der Verteilung befanden, politisierten Jacob und Niepel durch ihre Mandatsentscheidungen ihr berufliches Handeln. Denn die Verfolgungserfahrung war besonders in den ersten Jahren nach Kriegsende nicht nur eine auf die zurückliegende Zeit bezogene Eigenschaft, sondern ein gesellschaftlicher Status der zeitgenössischen Gegenwart – mit Wirkungsmacht und (extern zugeschriebener) Vorbildfunktion. Im Gerichtssaal wurde sie zum Entlastungsargument: ob willentlich, instrumentalisiert oder in der öffentlichen Rezeption.

RAPHAEL SCHLATTMANN

„Das Schicksal des Universums"

Auseinandersetzungen über kosmologische Fragen in der SBZ und frühen DDR

Kosmologie versucht, das Weltall zu ergründen, und bezieht sich damit auf die Struktur des Universums als Ganzheit. Durch diesen Anspruch war und ist sie grundlegend mit mystischen, theologischen und philosophischen Fragen verbunden. Schicksalsfragen wie die nach einer Vorsehung, Anfang und Ende der Welt sowie der Stellung des Menschen in ihr sind nur einige dieser Fragen im historischen Kontext kosmologischen Denkens und Forschens. Selbst in ihrem heutigen Verständnis einer wissenschaftlichen Fachdisziplin ist Kosmologie weiterhin öffentlicher Verhandlungsgegenstand verschiedener Anschauungen über „Welt", und vermeintlich lebensferne Schlagworte wie „Urknall" gehören zum Alltagsvokabular.

In diesem allgemeinen Sinne ist der Themenkomplex „Kosmologie" Träger grundlegender kultureller Zuschreibungen, welche die wissenschaftliche Untersuchung des Kosmos betreffen, darüber hinaus Gesellschaften aber auch grundsätzlicher prägen. Kosmologie kann als Teil einer „Tiefenkultur" verstanden werden, welche bestimmt, „was normal und natürlich ist".[1] Damit kann sie auch der Rechtfertigung von Herrschaft dienen, wenn sie dem Menschen die Grundannahme gibt, „daß er sich im Einklang mit der menschenfreundlichen Ordnung und mit der Ordnung

1 Johan Galtung, Kulturelle Gewalt, in: ders., Frieden mit friedlichen Mitteln. Friede und Konflikt, Entwicklung und Kultur, Wiesbaden 1997, S. 341–366, hier S. 362.

des Universums befindet“.[2] Dieser Umstand verdeutlicht, warum insbesondere in theologisch und weltanschaulich geprägten Gemeinschaften kosmologische Debatten oftmals politische Spannungen erzeugten. Eines der berühmtesten historischen Beispiele hierfür dürfte die Auseinandersetzung zwischen der katholischen Kirche des 17. Jahrhunderts und Galileo Galilei sein, der in seinem „Dialogo“ das heliozentrisch kopernikanische Weltsystem besprach und sich infolgedessen einem Inquisitionsprozess ausgesetzt sah. Auch in manchen Gesellschaften des 20. Jahrhunderts traten Spannungen ähnlicher Art hervor.

Vor allem in der Ära Stalin kam es in der UdSSR mit großer Intensität zu ideologischen Auseinandersetzungen über (relativistische) Kosmologie, auch deshalb, da in wenigen anderen Wissenschaftsgebieten wesentliche Grundaussagen der marxistisch-leninistischen Philosophie unmittelbarer infrage gestellt wurden. Auch in der frühen DDR und zuvor in der Sowjetischen Besatzungszone (SBZ) traten diese Aushandlungsprozesse auf, wenngleich in anderer Ausprägung. Der Beitrag versucht, diese Auseinandersetzungen anhand der Streitpunkte „Rotverschiebung“ beziehungsweise der „Expansion des Universums“ in der SBZ und frühen DDR zu skizzieren.

Expansion? Anfänge der relativistischen Kosmologie

1917 schlug Albert Einstein ein zeitlich unveränderliches Modell des gesamten Kosmos vor (statisches Universum), das erstmals die allgemeine Relativitätstheorie berücksichtigte.[3] Die ersten zeitlich veränderlichen Modelle (dynamisches Universum) wurden 1922 durch den russisch-sowjetischen Mathematiker Alexander A. Friedmann und 1927 von dem

2 Václav Havel, Versuch, in der Wahrheit zu leben, Reinbek bei Hamburg 1993, S. 16, Anm. 2 f.; zitiert nach Christian Sachse, Die politische Sprengkraft der Physik: Robert Havemann im Dreieck zwischen Naturwissenschaft, Philosophie und Sozialismus (1956–1962), Berlin 2006, S. 109 f.

3 Vgl. Albert Einstein, Kosmologische Betrachtungen zur allgemeinen Relativitätstheorie, in: Sitzungsberichte der Preussischen Akademie der Wissenschaften (1917), S. 142–152.

belgischen katholischen Priester und Physiker George E. Lemaître aufgestellt.[4] Lemaître konnte mit seinem Ansatz die vorhandenen Beobachtungsdaten einer Rotverschiebung der sogenannten kosmischen „Nebel“ mit den zu ihnen gemessenen Entfernungen verbinden. Rotverschiebung bedeutet in diesem Zusammenhang: Die auf der Erde beobachteten Spektrallinien des Lichts entfernter Galaxien („Nebel“) sind im Vergleich zu den im Labor gemessenen Werten alle zu niedrigeren Frequenzen, also nach rot hin, verschoben. Die beobachtete Rotverschiebung wird dabei umso größer, je weiter die Galaxien voneinander entfernt sind. Als Dopplereffekt gedeutet, lässt sich dies mit einem Auseinanderbewegen aller Galaxien voneinander erklären („Nebelflucht“ oder Expansion des Universums). Die Fluchtgeschwindigkeit wird dabei umso größer, je weiter die Galaxien voneinander entfernt sind. Neben der Deutung als Dopplereffekt wurden auch Alternativen wie etwa die „Photonenalterung“ diskutiert (siehe unten).

Die Vorstellung einer Ausdehnung des Universums begann sich erst Ende der 1920er-Jahre verstärkt durchzusetzen und mit ihr die Hypothese, dass es einen Ausgangspunkt dieser Ausdehnung gebe. Erste Theorien eines solchen „Big Bang“, wie Fred Hoyle diesen Anfangspunkt 1949 spöttisch taufte, kamen Anfang der 1930er-Jahre auf, wurden aber lange als spekulativ eingestuft und überaus kontrovers diskutiert. Festhalten lässt sich, dass es bis in die frühen 1960er-Jahre keinen Konsens in der kosmologischen Forschung zur Frage der Rotverschiebung gab und dieser unklare epistemische Zustand starken ideologischen Debatten ausgesetzt war.

Kosmos und Diamat

Einige Annahmen des dialektischen Materialismus (Diamat) sowjetischer Lesart waren für die angedeuteten Aushandlungsprozesse über Kosmologie in der SBZ und frühen DDR besonders zentral. Diese grundlegenden

4 Vgl. Alexander A. Friedmann, Über die Krümmung des Raumes, in: Zeitschrift für Physik 10 (1922) 1, S. 377–386; Georges Lemaître, Un Univers homogène de masse constante et de rayon croissant, rendant compte de la vitesse radiale des nébuleuses extra-galactiques, in: Annales de la Société scientifique de Bruxelles, Série A 47 (1927), S. 49–59.

kosmologischen Annahmen der sowjetischen Parteiphilosophie basierten Ende der 1940er-Jahre zum Teil auf physikalischen Diskussionen des 19. Jahrhunderts und hier speziell auf Debatten zum sogenannten kosmischen „Wärmetod".[5]

Ausgangspunkt der Wärmetod-Diskussion war der Entropiesatz – oder zweite Hauptsatz der Thermodynamik –, eines der fundamentalen Gesetze der klassischen Physik. Grob besagt der Entropiesatz, dass die Entropie (bildhaft: „Maß für Unordnung") in einem abgeschlossenen System so lange zunimmt, bis ein Gleichgewichtszustand erreicht ist. In diesem Zustand erfolgt keine weitere makroskopische Entwicklung des Systems. Wäre das Universum solch ein abgeschlossenes System, ließe sich dieser Zustand als Endpunkt aller Entwicklung und somit auch allen Lebens interpretieren. Zudem implizierte das Entropieargument ein Universum endlichen Alters. Denn wäre das Universum ewig, müsste es sich bereits in einem solchen Gleichgewichtszustand befinden und wäre damit (wärme-)„tot". Dies entsprach offensichtlich nicht der Beobachtung. Darüber hinaus warf ein Universum endlichen Alters unmittelbar die Frage nach einem Anfang des Universums auf, der es ermöglichen würde, einen Schöpfungsakt im Einklang mit naturwissenschaftlichen Aussagen zu postulieren. Beides, der Wärmetod wie auch das daraus abgeleitete Schöpfungsargument, war bereits von Friedrich Engels vehement abgelehnt worden.[6]

Eine Alternative zu dieser Argumentation bestand darin, ein (1) ewiges und (2) unendlich großes Universum anzunehmen, welches kein abgeschlossenes System darstellte und für das somit auch nicht der Entropiesatz galt. Denn ein hypothetischer Wärmetod trat ja nur ein, wenn der Entropiesatz auf das gesamte Universum angewendet wurde (Extrapolation des Entropiesatzes). Auch andere Argumente für einen unendlichen und ewigen Kosmos liefen darauf hinaus, Extrapolationen für das gesamte

5 Vgl. bspw. Helge Kragh, Science and Ideology: The Case of Cosmology in the Soviet Union, 1947–1963, in: Acta Baltica Historiae et Philosophiae Scientiarum 1 (2013) 1, S. 35–58.

6 Vgl. etwa Brief von Friedrich Engels an Karl Marx, 21. März 1869, in: Institut für Marxismus-Leninismus beim ZK der SED (Hrsg.), Karl Marx und Friedrich Engels: Werke, Bd. 32, Berlin (Ost) 1965, S. 286 f.

Universum abzulehnen und Aussagen nur für den beobachtbaren Teil, die sogenannte „Metagalaxis", zu formulieren.

Diese Schlussfolgerung wurde auch für die Rotverschiebung geltend gemacht: Beobachtungsdaten über Rotverschiebungen gebe es nur aus dem empirisch zugänglichen Teil des Universums. Solche „lokalen" Beobachtungen (lokal im kosmischen Maßstab) zu extrapolieren sei daher auch in diesem Fall unzulässig. Die Rotverschiebung könne höchstens auf eine lokale Expansion der Metagalaxis hinweisen.

Neben der „dialektisch materialistischen" gab es auch weitere fachliche Kritik und alternative Erklärungsansätze zur Rotverschiebung als Ausdruck eines „Schöpfungsaktes", beispielsweise durch den Schweitzer Astronomen Fritz Zwicky. Dieser hatte 1929 einen Energieverlust des Lichtes auf seinem Weg durch den Kosmos als mögliche Ursache der Rotverschiebung ins Spiel gebracht („Photonenalterung").[7] Auf der 1948 in Leningrad abgehaltenen „Konferenz über ideologische Fragen der Astronomie" wurden die für das Phänomen der Rotverschiebung primären Grundannahmen der sowjetischen Parteiphilosophie folgendermaßen zusammengefasst:[8]

(1) Das Universum ist ewig.
(2) Das Universum ist unendlich.
(3) Die galaktischen Rotverschiebungen zeigen nicht an, dass sich das Universum in einem Zustand der Expansion befindet, sondern können erklärt werden durch:
  a) mikrophysikalische Prozesse (Energieverlust der Photonen) oder
  b) Veränderung der Metagalaxis („lokale" Expansion oder Kontraktion).

Im Folgenden soll skizziert werden, wie diese Grundannahmen in der SBZ/DDR verhandelt wurden.

7 Vgl. Fritz Zwicky, On the Red Shift of Spectral Lines through Interstellar Space, in: Proceedings of the National Academy of Sciences of the United States of America 15 (1929) 10, S. 773–779.

8 I. A. Prokofjewa, Konferenz über ideologische Fragen der Astronomie: Referate und Mitteilungen, in: Sowjetwissenschaft (1949) 3, S. 291–297, hier S. 293.

Vom Schicksal des Universums zur Evolution der Metagalaxis

Die Wiederherstellung staatlicher Strukturen unter sowjetischer Administration in den Nachkriegsjahren sowie gesamtgesellschaftliche Entnazifizierungsmaßnahmen führten in der Wissenschaftslandschaft der SBZ/DDR zu großen Umbrüchen. Die ersten Jahre des Wiederaufbaus waren dabei durch eine weitgehende institutionelle und inhaltliche Autonomie geprägt, die sich ab 1947 jedoch zunehmend einengte.[9] Die alten Strukturen der Hochschulen und Forschungseinrichtungen zu durchbrechen war für die politischen Entscheidungsträger:innen nach der Katastrophe des Zweiten Weltkriegs ein zentrales Anliegen, erwies sich jedoch als schwieriger und langwieriger als erhofft. Zudem gab es die unmittelbaren Folgen des Nationalsozialismus. Vor allem jüdische Wissenschaftler:innen waren emigriert oder deportiert und ermordet worden. Hinzu kamen große Beeinträchtigungen durch direkte Kriegseinwirkungen in Form zerstörter materieller Ressourcen des Lehr- und Forschungsbetriebes. In Kombination mit den durchgeführten Maßnahmen zur Entnazifizierung bei einer gleichzeitig stetigen Abwanderung des wissenschaftlichen Personals führte dies zu einem eklatanten Personalmangel, der mit Transferbewegungen von Forschungspraktiken und wissenschaftlicher Ausrüstung einherging.[10]

Dies äußerte sich besonders stark im Fach Philosophie, wo zudem einige Professoren entweder in die Westzonen berufen wurden und abwanderten oder verstarben.[11] Dieses in Teilen forcierte Vakuum der ostdeutschen Philosophie wurde zumeist von Antifaschist:innen und zurückkehrenden Exilkommunist:innen ausgefüllt, die größtenteils keine fachphilosophische Ausbildung besaßen und mitunter in zweijährigen

9 Vgl. Clemens Burrichter/Andreas Malycha, „Produktivkraft Wissenschaft“: Das Verhältnis zwischen Wissenschaft und Politik in der SBZ/DDR, in: hochschule ost 10 (2001) 2, S. 7–26, hier S. 21–26.

10 Vgl. Mitchell G. Ash, Konstruierte Kontinuitäten und divergierende Neuanfänge nach 1945, in: Michael Grüttner u. a. (Hrsg.), Gebrochene Wissenschaftskulturen. Universität und Politik im 20. Jahrhundert, Göttingen 2010, S. 215–246, hier S. 216 f.

11 Vgl. Hans-Christoph Rauh, Philosophie aus einer abgeschlossenen Welt: Zur Geschichte der DDR-Philosophie und ihrer Institutionen, Berlin 2017, S. 203.

Dozentenlehrgängen in marxistisch-leninistischer Philosophie ausgebildet worden waren.[12] Viele waren ausgebildete Naturwissenschaftler:innen, sodass es zu einem „Übergewicht der ‚Physiker' in der sich konstituierenden marxistisch-leninistischen Philosophie" kam.[13] Beispielhaft für den „kurzen Aufbruch des Geistes" und die ab 1947 verstärkt einsetzende Verengung philosophischer Debatten waren daher immer wieder physikphilosophische Beiträge, so auch zur Rotverschiebung und zum Wärmetod des Kosmos.

In seinem 1947 erschienenen populärwissenschaftlichen Büchlein „Blick ins Weltall" stellte beispielsweise der spätere Direktor der Treptower Archenhold-Sternwarte, Diedrich Wattenberg, die Deutung der Rotverschiebung als Ausdruck einer Expansion mit einem potenziellen „Urstern" als zwar spekulative, aber „normale" Forschungsgegenstände der Kosmologie dar. Auch von einem ewigen Universum schien Wattenberg damals wenig zu halten:

> „Der Fortschritt des Wissens hat aber bewiesen, daß nichts von Ewigkeit her war, und daß auch nichts in Ewigkeit sein wird. Alles ist Werden und Vergehen, nichts ist zeitlos! Das trifft auch für das Weltall und letzthin für die Materie zu, die ebenfalls als etwas ‚Gewordenes' aufzufassen ist."[14]

Auch die ersten Beiträge Hans-Jürgen Treders – später einer der prominentesten Physiker der DDR – waren dadurch geprägt, verschiedene aktuelle physikalische Themen knapp, anschaulich und jenseits politischer Einordnung darzustellen. In seinem ersten Beitrag „Das Schicksal des

12 Vgl. Stefania Maffeis, Zwischen Wissenschaft und Politik: Transformationen der DDR-Philosophie 1945–1993, Frankfurt a. M. 2007, S. 53.

13 Norbert Kapferer, Das Feindbild der marxistisch-leninistischen Philosophie in der DDR 1945–1988, Darmstadt 1990, S. 17; siehe hierzu auch Vera Wrona (Leiterin des Autorenkollektivs), Zur Geschichte der marxistisch-leninistischen Philosophie in der DDR, Bd. 3: Von 1945 bis Anfang der sechziger Jahre, hrsg. von der Akademie für Gesellschaftswissenschaften beim ZK der SED, Berlin (Ost) 1979, S. 278.

14 Diedrich Wattenberg, Blick ins Weltall: Astronomische Unterhaltungen, Berlin (Ost) 1947, S. 79.

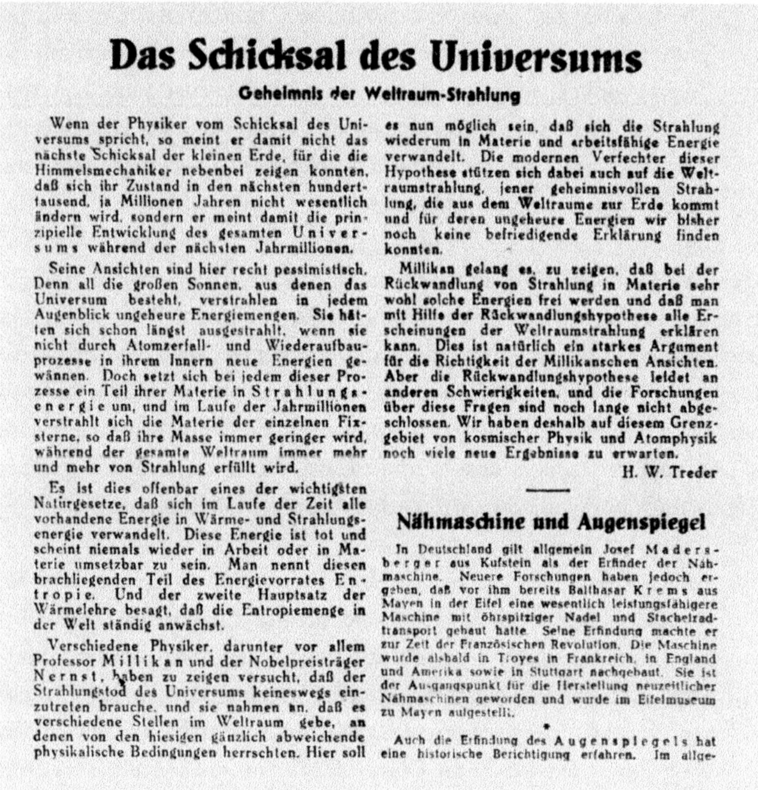

Das Schicksal des Universums

Geheimnis der Weltraum-Strahlung

Wenn der Physiker vom Schicksal des Universums spricht, so meint er damit nicht das nächste Schicksal der kleinen Erde, für die die Himmelsmechaniker nebenbei zeigen konnten, daß sich ihr Zustand in den nächsten hunderttausend, ja Millionen Jahren nicht wesentlich ändern wird, sondern er meint damit die prinzipielle Entwicklung des gesamten Universums während der nächsten Jahrmillionen.

Seine Ansichten sind hier recht pessimistisch. Denn all die großen Sonnen, aus denen das Universum besteht, verstrahlen in jedem Augenblick ungeheure Energiemengen. Sie hätten sich schon längst ausgestrahlt, wenn sie nicht durch Atomzerfall- und Wiederaufbauprozesse in ihrem Innern neue Energien gewännen. Doch setzt sich bei jedem dieser Prozesse ein Teil ihrer Materie in Strahlungsenergie um, und im Laufe der Jahrmillionen verstrahlt sich die Materie der einzelnen Fixsterne, so daß ihre Masse immer geringer wird, während der gesamte Weltraum immer mehr und mehr von Strahlung erfüllt wird.

Es ist dies offenbar eines der wichtigsten Naturgesetze, daß sich im Laufe der Zeit alle vorhandene Energie in Wärme- und Strahlungsenergie verwandelt. Diese Energie ist tot und scheint niemals wieder in Arbeit oder in Materie umsetzbar zu sein. Man nennt diesen brachliegenden Teil des Energievorrates Entropie. Und der zweite Hauptsatz der Wärmelehre besagt, daß die Entropiemenge in der Welt ständig anwächst.

Verschiedene Physiker, darunter vor allem Professor Millikan und der Nobelpreisträger Nernst, haben zu zeigen versucht, daß der Strahlungstod des Universums keineswegs einzutreten brauche, und sie nahmen an, daß es verschiedene Stellen im Weltraum gebe, an denen von den hiesigen gänzlich abweichende physikalische Bedingungen herrschten. Hier soll es nun möglich sein, daß sich die Strahlung wiederum in Materie und arbeitsfähige Energie verwandelt. Die modernen Verfechter dieser Hypothese stützen sich dabei auch auf die Weltraumstrahlung, jener geheimnisvollen Strahlung, die aus dem Weltraume zur Erde kommt und für deren ungeheure Energien wir bisher noch keine befriedigende Erklärung finden konnten.

Millikan gelang es, zu zeigen, daß bei der Rückwandlung von Strahlung in Materie sehr wohl solche Energien frei werden und daß man mit Hilfe der Rückwandlungshypothese alle Erscheinungen der Weltraumstrahlung erklären kann. Dies ist natürlich ein starkes Argument für die Richtigkeit der Millikanschen Ansichten. Aber die Rückwandlungshypothese leidet an anderen Schwierigkeiten, und die Forschungen über diese Fragen sind noch lange nicht abgeschlossen. Wir haben deshalb auf diesem Grenzgebiet von kosmischer Physik und Atomphysik noch viele neue Ergebnisse zu erwarten.

H. W. Treder

Nähmaschine und Augenspiegel

In Deutschland gilt allgemein Josef Madersberger aus Kufstein als der Erfinder der Nähmaschine. Neuere Forschungen haben jedoch ergeben, daß vor ihm bereits Balthasar Krems aus Mayen in der Eifel eine wesentlich leistungsfähigere Maschine mit öhrspitziger Nadel und Stachelradtransport gebaut hatte. Seine Erfindung machte er zur Zeit der Französischen Revolution. Die Maschine wurde alsbald in Troyes in Frankreich, in England und Amerika sowie in Stuttgart nachgebaut. Sie ist der Ausgangspunkt für die Herstellung neuzeitlicher Nähmaschinen geworden und wurde im Eifelmuseum zu Mayen aufgestellt.

*

Auch die Erfindung des Augenspiegels hat eine historische Berichtigung erfahren. Im allge-

Abb. 1: Artikel „Das Schicksal des Universums“ des 17-jährigen Hans-Jürgen (Walter) Treder zum „Wärmetod“ des Kosmos. *Nacht-Express, 9. 4. 1946, Beilage*

Universums“ (vgl. Abb. 1) wurde der Wärmetod interessiert erklärt, ohne Bezug auf die oben genannte „materialistische“ Alternative zu nehmen.

Und in einem anderen Artikel beschrieb er, wie die Größe des „endlichen“ und „expandierenden“ Universums mittels einer Bleistiftspitze und der Entfernung zwischen dem Großen Stern und der Staatsoper Unter den Linden in Berlin zu veranschaulichen sei.[15] Drei Jahre später hatten sich die ideologischen Rahmenbedingungen stark verändert, und bei Treder las man nun in sarkastischer Überspitzung:

15 Hans-Jürgen Treder, Rätsel der Einstein-Welt, in: Nacht-Express, 13. 8. 1946.

„Der Urheber der Lehre von der zeitlichen Endlichkeit der Welt ist der Jesuitenpater Abbé Lemaitre. Er stellte 1928 die physikalisch falsche Theorie vom expandierenden Universum auf, aus der dann folgt, daß es einen Zeitpunkt gegeben haben müsse, an dem das Weltall noch nicht existierte. Damit wäre dann die Notwendigkeit einer Schöpfung der Welt durch einen Gott bewiesen."[16]

Diese vollständige Umkehr von Ton und Meinung innerhalb weniger Jahre ist nur eines von vielen Beispielen für die rasche Transformation des Diskurses und die Angleichung an die zuvor erwähnten sowjetischen Debatten. Speziell die beiden Argumentationsmuster zum Wärmetod und zur Rotverschiebung finden sich immer wieder. So griff beispielsweise Wolfgang Elert-Landau das Argument auf, die Rotverschiebung werde durch mikrophysikalische Prozesse hervorgerufen (Alternative a):

„Theologisierende Physiker wie *Eddington, Jordan, v. Weizsäcker* etwa vertreten ein unstabiles, ‚sich ausdehnendes' Universum. Dabei wird die Rotverschiebung der Spektrallinien in den Spektren der Spiralnebel primitiv als Dopplereffekt gedeutet, statt als Entropievermehrung infolge Energiezerstreuung der Lichtquanten auf dem langen Wege durch den Weltraum. Dieses Universum soll angeblich vor etwa sieben Milliarden Jahren geschaffen [sic] sein."[17]

Diese Übernahme sowjetischer Argumentationsmuster lässt sich anhand eines Textes von Georg Klaus aus dem Jahr 1952 besonders verdeutlichen. Darin kritisierte Klaus den Berliner Verlag „Neues Leben" wegen der Herausgabe genau jenes zuvor erwähnten Büchleins „Blick ins Weltall" von Diedrich Wattenberg. Dieser nähere sich mit seinem Text dem „reaktionären Idealismus", denn der „Versuch, das Alter des Weltalls auf etwa fünf Milliarden Jahre festzusetzen und vor diesen Zeitpunkt das ‚Nichts' oder

16 Hans-Jürgen Treder, Mißbrauch der Wissenschaft: C. F. v. Weizsäcker im Dienste amerikanischer Kriegshetze, in: Einheit 4 (1949) 11, S. 1027–1032, hier S. 1028.

17 Wolfgang Elert-Landau, Der Entropiesatz und die Quantentheorie: Physik und dialektischer Materialismus, in: Einheit 3 (1948) 5, S. 456–461, hier S. 461 [Hervorhebung im Original].

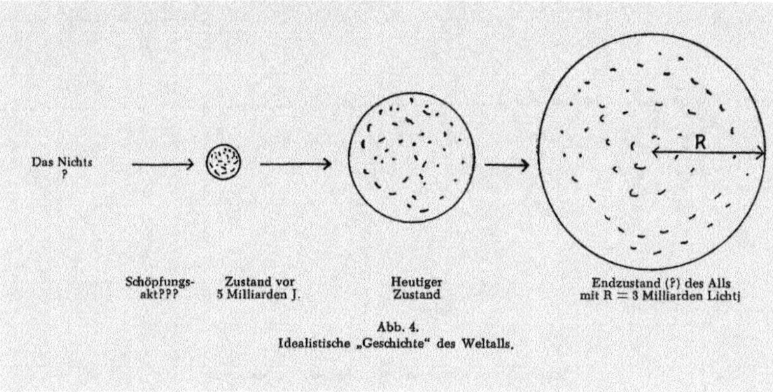

Abb. 2: Klaus' Schema einer Kosmogonie mit Schöpfungsakt.
Georg Klaus, Philosophische Probleme der modernen Kosmologie, Urania 15 (1952) 3, S. 86

das ‚Unerkennbar‘ [sic] zu setzen, hat nichts mehr mit Astronomie zu tun, sondern gehört in das Gebiet theologischer und idealistischer Spekulationen“ (vgl. Abb. 2).[18]

Klaus identifizierte die vermeintliche Tendenz, von den verfügbaren Beobachtungen auf das Weltall als Ganzes schließen zu wollen, als „Grundfehler aller idealistischen Kosmologien“.[19] Die Metagalaxis mit dem gesamten Universum gleichzusetzen sei von sowjetischer Seite bereits seit der „Konferenz über ideologische Fragen der Astronomie“ in Leningrad 1948 widerlegt. Als zu prüfende Alternativen übernahm Klaus wiederum die beiden Punkte a) und b):

> „Vom Standpunkt des Materialismus erlaubt uns die Tatsache der Rotverschiebung der fernen Nebel zwei Hypothesen, über deren Richtigkeit mit dem bisherigen Beobachtungsmaterial allerdings nicht entschieden werden kann. Entweder handelt es sich um besondere physikalische Prozesse, deren Träger die Lichtphotonen sind, oder

18 Georg Klaus, Philosophische Probleme der modernen Kosmologie, in: Urania 15 (1952) 3, S. 81–89, hier S. 83.

19 Ebenda, S. 86.

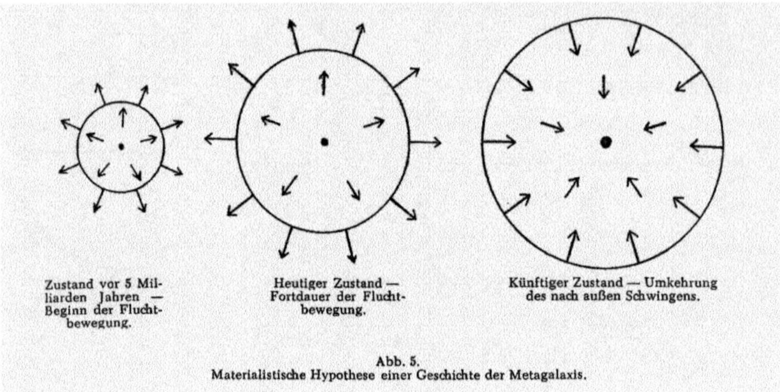

Abb. 3: Klaus' Schema einer zyklischen Kosmogonie.
Georg Klaus, Philosophische Probleme der modernen Kosmologie, Urania 15 (1952) 3, S. 87

> unsere Metagalaxis, die ein Bestandteil des unendlichen Weltalls ist, erleidet eine lokale Dimensionsänderung. Es ist also durchaus möglich, daß sich das System der Nebel, dem unsere Milchstraße angehört, zerstreut bzw. ausdehnt."[20]

Im letzteren Fall könne man argumentieren, dass die Metagalaxis vor einigen Milliarden von Jahren anderen Bedingungen und vielleicht auch anderen Gesetzen ausgesetzt war. Klaus skizzierte schließlich ein Entwicklungsbild des Kosmos, welches er in „Zeitalter" einteilte, sodass auch ein zukünftiger Zustand der Kontraktion denkbar wurde (vgl. Abb. 3).

Damit begab sich Klaus jedoch ebenso wie der zu bekämpfende „Idealismus" in Gebiete spekulativer Extrapolation. Klaus' Schlusswort verdeutlicht noch einmal die politische Relevanz, die in der SBZ und frühen DDR mitunter auch vermeintlichen Detailfragen der Naturwissenschaften zugesprochen wurde:

> „Astronomie, Physik und Biologie sind die für eine materialistische Weltanschauung wichtigsten Naturwissenschaften. Es ist deshalb

20 Ebenda, S. 87.

> durchaus verständlich, daß die reaktionären gesellschaftlichen Kräfte des amerikanischen Monopolkapitalismus und seiner Verbündeten, die auf Grund ihrer Klassenlage Gegner des dialektischen Materialismus sein müssen, alles versuchen, um in die genannten Wissenschaften unwissenschaftliche, idealistische Spekulationen hineinzutragen. Dieser Versuch ist ein Teil des Klassenkampfes, den sie gegen die Kräfte des Fortschritts führen. Deshalb sind Auseinandersetzungen über Grundfragen der Astronomie und selbst über eine solche Spezialfrage, wie es die Rotverschiebung ist, niemals ausschließlich Fachfragen, die etwa jenseits des Kampfes der gesellschaftlichen Kräfte stünden. Jede Frage unseres materiellen und geistigen Lebens fordert heute eine Entscheidung für den Fortschritt oder für die Reaktion.“[21]

Die hier vorgestellten Diskussionsausschnitte beschränken sich auf wenige populärwissenschaftliche Darstellungen und geben das Spektrum der Debatten daher nur ausschnittartig wieder. Dieses reichte jedoch von physikalisch haltloser Propaganda bis hin zu fachlich fundierter Auseinandersetzung. Die resultierenden naturwissenschaftlich-philosophischen Spannungen, speziell in der Ära Stalin, erwiesen sich für Anhänger:innen mutmaßlich „idealistischer“ Theorien mitunter als folgenschwer und reichten in der UdSSR von der Schließung ganzer Institute bis hin zur Ermordung einzelner Wissenschaftler:innen. Solche Ausmaße erreichten die Auseinandersetzungen in der frühen SBZ/DDR nicht, auch wenn es mitunter zu starken staatlichen Restriktionen gegen einzelne Personen kam. Diese Atmosphäre führte speziell in der UdSSR zu einer Phase des weiteren Rückgangs kosmologischer Forschung, die in jenen Jahren ohnehin schon schwach vertreten war.[22] Sowohl in der UdSSR als auch in der DDR entschärften sich die skizzierten Debatten nach Stalins Tod merklich, was insbesondere ab den 1960er-Jahren zu einer Intensivierung kosmologischer Forschung führte, darüber hinaus aber auch mit internationalen Entwicklungen korrelierte. Bezüglich der Rotverschiebung und des damit assoziierten „Urknalls“ blieb die grundlegende Aussage jedoch

21 Ebenda.

22 Vgl. Kragh, Science and Ideology, S. 43.

relativ unverändert. Eine Entstehung aus dem „Nichts" galt weiterhin als unwissenschaftlich und als abzulehnender Beginn aller Entstehungsmythen. Der vermeintliche Urknall wurde lediglich als diejenige Grenze betrachtet, an der die allgemeine Relativitätstheorie ihre Gültigkeit verlor und nur eine angepasste Theorie Erklärungen geben konnte.[23]

23 Auch aktuell werden in der Physik Theorien entwickelt, welche die allgemeine Relativitätstheorie und die Quantentheorie miteinander verbinden sollen, um die Problematik jener Grenzgebiete zu lösen.

ARNE LINDEMANN

Bäume fällen für den Zweijahrplan

Die Technik in der Urgesellschaft als Vorbild für die sozialistische Produktion

Der Kulturdirektor der Buna-Werke in Schkopau sah sich 1948 großen Aufgaben gegenüber. Vor dem Hintergrund der ersten heißen Phase des Kalten Kriegs beschleunigte die SED in der Sowjetischen Besatzungszone (SBZ) die Einführung der zentralen Planwirtschaft. Ein Schritt in diese Richtung war die Ausrufung des „Wirtschaftsplans für 1948“ und des „Zweijahrplans 1949–1950“. Beide Maßnahmen sollten unter anderem eine deutliche Steigerung der Arbeitsproduktivität in den ostdeutschen Wirtschaftsbetrieben bewirken. Dies bedeutete auch für die 14 200 Beschäftigten des Chemieunternehmens Buna gravierende Normerhöhungen. Die Produktionssteigerung in den Betrieben sollte mit einer gezielten Kulturarbeit einhergehen, von der man sich einen positiven Einfluss auf die Einstellung der Beschäftigten zu ihrer Arbeit und auf das Klassenbewusstsein erhoffte.

Mit der traditionellen, meist unpolitischen, bedürfnisorientierten betrieblichen Kulturarbeit im Schkopauer Werk – es gab verschiedene Chöre und Kapellen, eine Laienspielgruppe, und es fanden regelmäßig leichte Unterhaltungsabende vor allem mit Operettenvorführungen statt – war aus Sicht der Parteiführung der SED allerdings keine Wirkung im Sinne ihrer wirtschafts- und sozialpolitischen Agenda zu erreichen. Vielmehr sollten über „künstlerisch wertvolle Theater-, Musik-, Film- und Kabarettdarbietungen; Zugängigmachung der Werke der Bildenden Kunst und der schöngeistigen Literatur“ durch Lese-, Vortrags- und Rundfunkabende sowie Zeitungsschauen die Erziehungsvorstellungen der Partei durchgesetzt werden.[1]

Dass zu dieser neuen Kulturarbeit gerade eine vom Landesmuseum für Vorgeschichte Halle (Saale) erarbeitete archäologische Ausstellung mit dem Titel „Technik und Fortschritt in der Vorzeit“ beitragen könnte, war dem Kulturdirektor des Buna-Werks verständlicherweise zunächst nicht einleuchtend. Erst nach einer „eingehenden Unterrichtung“ durch die Kuratoren des Museums wurde ihm die Zweckmäßigkeit der Schau deutlich. So heißt es im Ausstellungsexposé aus dem Jahr 1948:

> „Das vorgeschichtliche Material bietet die Möglichkeit, das zeitnahe Problem der Leistungssteigerung durch Verbesserung der Arbeitsgeräte auch für vorgeschichtliche Epochen aufzuzeigen. Eine kleine Schau von entsprechenden Beispielen solcher Verbesserungen, die in der Vorzeit zur Produktionssteigerung führten, kann einen wertvollen Beitrag zur Weckung des Verständnisses für die heutigen Bemühungen liefern.“[2]

Die Ausstellung wurde laut Aussage des Museums über zwei Wochen im Gästehaus des Werks gezeigt und dort von „vielen tausend Werktätigen“ mit „großem Interesse besichtigt“.[3]

Mit der Erarbeitung der Ausstellung war das Landesmuseum für Vorgeschichte Halle den zahlreichen Aufrufen der SED gefolgt, die nicht nur die betriebliche Kulturarbeit, sondern alle Kulturträger in der SBZ zum Gelingen des Zweijahresplans in die Pflicht nahmen. Auch die Museen als „ein wichtiger Faktor der Volkserziehung“ sollten mit „Werksausstellungen in großen Betrieben und Wanderausstellungen in ländlichen Bezirken […] ein klares Bild über die gesellschaftlichen Verhältnisse der

1 Vgl. Annette Schuhmann, Kulturarbeit im sozialistischen Betrieb. Gewerkschaftliche Erziehungspraxis in der SBZ/DDR 1946 bis 1970, Köln 2006, S. 53.

2 Konzeption der Sonderausstellung „Technik und Fortschritt in der Vorzeit“, 1949, LDA-SA HA, 341b.

3 Schreiben Buschendorf an Landesregierung Sachsen-Anhalt, Ministerium für Volksbildung, Kunst und Wissenschaft, 27. 10. 1949, Erfahrungsbericht „Wanderausstellung Technik und Fortschritt in der Vorzeit“, LDA-SA HA, 376b.

Geschichtsepochen geben".[4] In den Ausstellungen war zu zeigen, „wie die Arbeit im Interesse des Volkes gleichzeitig Arbeit im Interesse der eigenen Person ist", um damit zur Steigerung der Arbeitsproduktivität beizutragen.[5] Der Museumsreferent des Landes Sachsen-Anhalt Heinz-Arno Knorr forderte in diesem Zusammenhang von den Museen, dass diese sich in ihrer musealen Präsentation nicht in der Darstellung der Vergangenheit erschöpfen, sondern die Problemstellungen der Gegenwart mit den Aufgaben der Zukunft verknüpfen sollten.[6] Der Forderung nach Gegenwartsbezogenheit folgend, konzipierten die Mitarbeiterinnen und Mitarbeiter des Landesmuseums Halle die Ausstellung und schafften dabei mühelos den Spagat zwischen der zeitlich fernen Urgeschichte und der Tagespolitik.

Leistungssteigerung gestern und heute

Die von Anfang an als Wanderausstellung konzipierte Schau „Technik und Fortschritt in der Vorzeit" bestand aus mehreren transportablen Aufstellern, die jeweils zwei großformatige Grafiken fassten. Vor jedem Aufsteller stand eine auseinandernehmbare Pultvitrine, die vom Landesmuseum allein für diesen Zweck entwickelt worden war. Ein Aufsteller führte textlich in die Ausstellung ein, wobei auf die Bedeutung des technischen Fortschritts für die sozioökonomische Entwicklung und auf die Dialektik dieses Prozesses hingewiesen wurde: „Technische Verbesserungen der Arbeitsgeräte haben von jeher die Menschen zu wirtschaftlichen und zu sozialen Fortschritten geführt. Höhere Wirtschafts- und Gesellschaftsformen bedingten aber zu allen Zeiten auch Bedürfnisse an

4 Maßnahmen zur Durchführung der kulturellen Aufgaben im Rahmen des Zweijahrplans. Beschluß des Parteivorstands vom 28. 1. 1949, in: ZK der SED (Hrsg.), Dokumente der SED, Bd. II, Berlin (Ost) 1951, S. 207, zitiert nach Jan Scheunemann, „Gegenwartsbezogenheit und Parteinahme für den Sozialismus". Geschichtspolitik und regionale Museumsarbeit in der SBZ/DDR 1945–1971, Berlin 2009, S. 100.

5 Protokoll des Museumsleiterseminars vom 19. bis 24. 9. 1948 in Jena, BLHA, Rep. 205 A, Nr. 647, Bl. 16–29, hier Bl. 22 f., zitiert nach ebenda, S. 103.

6 Vgl. ebenda, S. 97.

vervollkommneten technischen Errungenschaften.“ Die Basis dieser Aussage bildete die von Karl Marx und Friedrich Engels entworfene Theorie des historischen Materialismus, die davon ausging, dass Geschichte eine durch ökonomische Prozesse gesetzmäßig bestimmte Entwicklung der menschlichen Gesellschaft darstellt.

Die zweiteiligen Aufsteller führten dann anhand von Lebensbildern und Statistiken in Kombination mit passenden archäologischen Funden in den Pultvitrinen zunächst Beispiele für die Leistungssteigerung in der Urgeschichte auf. Dabei kam die Schau mit kurzen erläuternden Überschriften auf den Grafiken und einigen wenigen Begleittexten an den Vitrinen oder Aufstellern aus. Vor allem sollte anhand prägnanter grafischer Darstellungen und der Gegenüberstellung aussagekräftiger Bilder die Botschaft für die Besucherinnen und Besucher augenfällig werden. So war beispielsweise auf der einen Seite eines Aufstellers eine Grafik angebracht, die im Bereich links unten einen angewinkelten Arm zeigte, dessen Faust ein Feuersteinbeil hielt. Im rechten oberen Bereich der Grafik hielt ein zweiter Arm ein Feuersteinbeil mit einem Holzstiel. Durch die Grafik zog sich von links unten nach rechts oben ein ansteigender Graph. In der Mitte der Grafik stand groß: „Leistungssteigerung durch Schäftung um 100 %“ (vgl. Abb. 1).

Auf der zweiten Hälfte des Aufstellers waren nebeneinander und fast bildfüllend zwei Baumstämme abgebildet. Unter dem linken Stamm war ein geschäftetes, grob behauenes Steinbeil eingefügt, unter dem rechten Stamm ein ebenfalls geschäftetes, aber geschliffenes Steinbeil. Bei beiden Stämmen war der mittlere Bereich, wie in einem Lichtkegel stehend, aufgehellt und hervorgehoben. Der Ausschnitt zeigte das jeweilige mit den Beiltypen erreichte Schlagbild beim Fällen des Baums. Links, beim ungeschliffenen Steinbeil, war der Stamm stark ausgefranst und es wurde angegeben, dass das Fällen des 18 Zentimeter dicken Stamms sieben Minuten gedauert habe. Das Schlagbild beim geschliffenen Steinbeil war dagegen sauber und deutlich glatter, und für den gleichen Arbeitsgang waren als Dauer nur fünf Minuten angegeben. Vor dem Aufsteller waren in einer Vitrine verschiedene urgeschichtliche Beiltypen mit rekonstruierten Schäftungen sowie eine moderne Axt ausgestellt. Das Arrangement sollte, wie es im Begleitblatt der Ausstellung heißt, das fortschreitende Bemühen

Abb. 1: Blick in die Sonderausstellung „Technik und Fortschritt in der Vorzeit", hier gezeigt im Lichthof des Landesmuseums für Vorgeschichte Halle (Saale), 1949. *Landesamt für Denkmalpflege und Archäologie Sachsen-Anhalt, Bildarchiv*

der Menschen veranschaulichen, „die Haltbarkeit der Schäftung zu verbessern". Mit wenigen klaren Mitteln wurde so die Leistungssteigerung durch fortschreitende Werkzeugtechnik erläutert.

Mehrere weitere Aufsteller stellten die Werkzeugtechnik der Urgeschichte den zeitgenössischen, modernen Arbeitsmitteln gegenüber. Die hier vermittelte Unterscheidung von „gestern" und „heute" hatte allerdings nicht das Ziel, wie noch im 19. Jahrhundert gängig, die Zivilisation im Kontrast zur „primitiven Vorzeit" als Gipfel des Fortschritts zu feiern. Jetzt ging es vielmehr darum, die Gesetzmäßigkeit der geschichtlichen Entwicklung zu verdeutlichen. So heißt es im Begleitheft zur Ausstellung, wenn auch etwas zurückhaltend formuliert:

> „Technik und Fortschritt in der Vorzeit muten in ihren Grundzügen oftmals beinahe modern an, und man könnte meinen, daß die Zielsetzung neuer technischer Errungenschaften damals nicht wesentlich anders war als die, um welche sich auch heute die Menschen immer

> wieder bemühen: bessere und gesteigerte Leistung bei gleicher oder gar geringerer Inanspruchnahme der Arbeitskraft."[7]

Mit den Ende der 1940er-Jahre von der SED ausgerufenen Wirtschaftsplänen rückte auch bei den anderen Urgeschichtsmuseen das Thema des technischen Fortschritts deutlich in den Vordergrund. Dabei waren die Themen Technik und Fortschritt für die Urgeschichtsmuseen bei Weitem kein Neuland. Werkzeuge und technische Anlagen stellten überlieferungsbedingt einen Großteil der archäologisch entdeckten materiellen Kultur dar. Vor allem in den Abteilungen zu den einzelnen Phasen der Steinzeit dominierten Werkzeuge aus Feuer- und Felsgestein die Präsentationen. Rekonstruktionen von „Steinbohrmaschinen" oder die Präsentation von originalen Mahlsteinen gehörten zum Standardrepertoire jeder urgeschichtlichen Abteilung, gleichgültig ob Heimat- oder Landesmuseum.

Polytechnisches Lernen an der Steinbohrmaschine

Die Propagierung des technischen Fortschritts als Garant stetig wachsenden Wohlstands blieb in der Bildungspolitik der SED ein immer präsentes Narrativ. Auch die sich stets als „sozialistische Bildungsstätte" zu bewährenden Urgeschichtsmuseen griffen dieses Deutungsmuster in ihren Ausstellungen auf. Ein zentrales Segment war hier die Etablierung des Prinzips der polytechnischen Bildung in allen Bildungsbereichen der DDR. Karl Marx hatte sich bei seiner Analyse der kapitalistischen Gesellschaft auch mit Erziehungsfragen beschäftigt und dabei eine allseitige polytechnische Bildung und Erziehung gefordert. Hierfür sollten produktive Arbeit und Erziehung eng miteinander verknüpft werden, um den Menschen die allgemeinen Prinzipien der modernen Produktionstechnik zu vermitteln und die Technologie als Bereich der Allgemeinbildung zu etablieren.[8]

7 Begleitheft zur Sonderausstellung „Technik und Fortschritt in der Vorzeit", LDA-SA HA, 341a.

8 Vgl. Andreas Tietze, „Produktion vollseitig entwickelter Menschen". Der Rekurs auf das Marxsche Konzept der polytechnischen Bildung in der DDR, in: Matthias Steinbach/Michael Ploenus (Hrsg.), Prüfstein Marx. Zu Edition und Rezeption

Auf dieser und auf Basis der daraus abgeleiteten „Sowjetpädagogik" begannen schon kurz nach Ende des Zweiten Weltkriegs in der SBZ Diskussionen zur reformpädagogischen „Arbeitsschule" und zur „polytechnischen Erziehung". 1959 wurde die polytechnische Bildung allgemeines Unterrichtsprinzip für alle Fächer an den Schulen. Der Geschichtsunterricht an den nun eingeführten zehnstufigen Polytechnischen Oberschulen hatte laut der Thesen des Zentralkomitees der SED unter dem Titel „Über die sozialistische Entwicklung des Schulwesens in der Deutschen Demokratischen Republik" die Aufgabe, „die Entwicklung der Produktivkräfte, der Produktionsverhältnisse und die Rolle der Volksmassen als der Produzenten der materiellen Güter verständlich" zu machen.[9]

Da in der DDR die Bildungsinhalte für alle Bildungseinrichtungen gleichermaßen galten, blieb das polytechnische Prinzip nicht auf den Schulbetrieb begrenzt. So forderte bereits im Jahr 1955 der Sekretär für Wirtschaftspolitik des Zentralkomitees der SED Gerhart Ziller auf dem Kongress der Kammer der Technik den Aufbau polytechnischer Museen als kulturpolitisches „Mittel im Kampf um den technischen Fortschritt". An jedem größeren Industriestandort in der DDR sollte ein polytechnisches Museum eingerichtet werden, das die Technik und Technikgeschichte der dort angesiedelten Industriezweige präsentiere, so zum Beispiel in Rostock den Schiffbau, in Freiberg den Bergbau und in Jena die Optik. Nach Vorbildern aus der Sowjetunion und „Volkspolens" war es Aufgabe dieser Museen, „die Entwicklung der Produktionsinstrumente und de[n] technische[n] Fortschritt in den jeweiligen gesellschaftlichen Epochen durch Originale, Modelle, Bilder und Zeichnungen, Graphiken usw. lebendig [zu veranschaulichen]". Das im historischen Materialismus verankerte Postulat, dass die technische Entwicklung von der Urgeschichte bis in die Gegenwart stetig und aufeinander aufbauend vorangeschritten sei, machte es nötig, in jedem polytechnischen Museum eine einführende

eines Klassikers, unter Mitarbeit von Benedikt Einert, Berlin 2013, S. 300–315, hier S. 302 f.

9 Zentralkomitee der SED, Über die sozialistische Entwicklung des Schulwesens in der Deutschen Demokratischen Republik, 17. 1. 1959, zitiert nach Rudolf Bonna, Die Erzählung in der Geschichtsmethodik von SBZ und DDR, Bochum 1996, S. 334.

Abteilung aufzubauen. Ziel dieser Abteilungen sollte es sein, „die allgemeine Entwicklung der Technik von der Urgemeinschaft bis zum Sozialismus anhand der für die jeweiligen gesellschaftlichen Epochen typischen Produktionsinstrumente und ihrer technologischen Entwicklung [darzustellen]“. Besondere Aufmerksamkeit war dabei auf „die Wechselwirkungen zwischen der Entwicklung der Technik und der gesellschaftlichen Verhältnisse“ zu richten.[10]

Die Darstellung technischer Entwicklungen in der Vergangenheit als Teil einer allumfassenden polytechnischen Bildung blieb als Bildungsauftrag nicht auf die polytechnischen Museen beschränkt. Auch alle anderen Museumssparten, inklusive der Museen für Ur- und Frühgeschichte, waren dazu aufgerufen, ihren Beitrag zu leisten.[11] In seinem Perspektivplan für die Jahre 1959 bis 1963 kündigte das Museum für Ur- und Frühgeschichte Schwerin den Aufbau einer Sonderausstellung zur „Entwicklung der Produktionsinstrumente in der Urgesellschaft“ an. Diese sollte „unter Mitarbeit von Pädagogen“ konzipiert werden und anhand „von Originalfunden die Technik bei der Herstellung und Anwendung der wichtigsten Produktionsinstrumente (z. B. Axt, Pflug, Mühle, Bohrer)“ verdeutlichen. Das Museum verstand die Ausstellung als Beitrag „für den polytechnischen Unterricht unserer Schulen“ und stellte in Aussicht, die erarbeiteten Inhalte an das „zu gründende Polytechnische Museum Schwerin“ zu übergeben.[12] Tatsächlich erarbeitete das Schweriner Urgeschichtsmuseum in den 1960er-Jahren zwei Ausstellungen zur Technikgeschichte: 1963 „Technik der Steinzeit“ und 1965 „Technik der Bronzezeit“.

In den Urgeschichtsmuseen, in denen sich die Darstellung von Fortschritt und Entwicklung der Technik ohnehin schon als roter Faden durch die Epochenpräsentationen zog, wurde das Schlagwort der polytechnischen

10 Entwurfspapier [ohne Datum; ca. 1955], DHM, HA, MfDG 288; Fritz Leuschner, Polytechnische Museen nun auch in der Deutschen Demokratischen Republik, in: Neue Museumskunde 2 (1959) 2, S. 206–211, hier S. 209.

11 Ernst-Albert Krüger, Zur Vermittlung polytechnischer Kenntnisse in verschiedenartigen Museen, in: Neue Museumskunde 10 (1967), S. 61–66.

12 Perspektivpläne der Museen 1959/65, Perspektivplan des Museums für Ur- und Frühgeschichte Schwerin für die Zeit 1959 bis 1965, BArch, DR 3/5535.

Bildung fester Bestandteil der Berichts-, Perspektivplan- und Antragsrhetorik. Aber nicht nur auf dem Papier, sondern auch in den Ausstellungen bauten die Museen ihre Angebote zur Technikgeschichte vor allem in Bezug auf die Kooperation mit Schulen gezielt weiter aus. So entstanden – wie schon für das Urgeschichtsmuseum Schwerin anklang – zahlreiche Sonderausstellungen zum Thema „Technik in der Urgeschichte". Sie wurden entweder im Museum gezeigt oder wanderten, wie etwa die vom Landesmuseum für Vorgeschichte Dresden konzipierten „Kleinstausstellungen", durch Schulen und Betriebe.

„Gäbe es überhaupt Kultur ohne Technik?"

Neben der polytechnischen Bildung gelang es den Urgeschichtsmuseen sogar, das Konzept der „wissenschaftlich-technischen Revolution" (WTR) als Narrativ in die Ausstellungen einzuweben. Die Diskussionen um die WTR kamen in der DDR in den frühen 1960er-Jahren im Zusammenhang mit der Einführung von neuen Technologien in der Arbeitswelt wie der Elektrotechnik und der Kybernetik auf. Diese Neuerungen, so die Hoffnung der SED, sollten zu einem epochalen Wandel der Gesellschaft führen, an dessen Ende der Sieg im wirtschaftlichen Wettstreit mit dem kapitalistischen System stand. Kontroversen entspannen sich unter anderem darüber, welche Auswirkungen diese „Revolution" auf den Menschen und sein Verhältnis zur Technik hat. Dies war ein Thema, das zum Beispiel Mitte der 1960er-Jahre die Neukonzeption der Dauerausstellung zur Altsteinzeit des Museums für Ur- und Frühgeschichte Thüringens in Weimar beeinflusste. Die von dem Prähistoriker Rudolf Feustel erarbeitete Ausstellung unterschied sich in den Vermittlungszielen zunächst nicht wesentlich von ihren Vorgängerausstellungen. Es galt, technischen Fortschritt mit sozialen Entwicklungsprozessen in Verbindung zu setzen und mit Gegenwartsbezügen zu versehen. Allerdings kam es Feustel weniger darauf an, „rezente Analogien zu den steinzeitlichen Werkzeugen und Arbeitsverfahren zu suchen, als vielmehr aktuelle Probleme – fachwissenschaftliche und ideologische – vom Standpunkt des dialektischen und historischen Materialismus aus einer Lösung näher zu bringen".[13] In der zunehmenden Automatisierung der Arbeitswelt und dem damit einhergehenden technischen Fortschritt sah Feustel die Ursache für verschiedene Entwicklungen in der kapitalistischen und sozialistischen Gesellschaft. In der kapitalistischen Gesellschaft wirke der technische Fortschritt „oftmals ausgesprochen antihuman", weshalb sich dort „Technikpessimismus" ausbreite und „Fortschritt als ein Fluch gewertet wird". Dagegen diene die Technik unter sozialistischen Verhältnissen „voll zur Verbesserung der Lebensbedingungen des ganzen Volkes". Feustel sah den bildungspolitischen Beitrag seiner Forschungen zur wissenschaftlich-technischen Revolution darin, die positiven Aspekte von Technik und Fortschritt aufzuzeigen. So fragte er:

> „Hat sich der Mensch nicht erst durch die Technik in die Lage versetzt, sich vom Zwang seiner natürlichen Umwelt zu befreien, diese in zunehmendem Maße für seine Zwecke zu nutzen, umzuwandeln, neu zu gestalten? […] Hätte [ohne die von uns selbst geschaffene Technik] aus wenigen kleinen, mehr oder weniger isoliert lebenden Horden eine erdumspannende, in den Weltraum vorstoßende Gesellschaft entstehen können? Könnten die Menschen ihre wachsenden Bedürfnisse ohne Steigerung der Arbeitsproduktivität, ohne technischen Fortschritt realisieren? Gäbe es überhaupt Kultur ohne Technik?"

Diesen Gedanken entsprechend stellte Feustel den Ausstellungsabschnitt zur „Technik der Steinzeit" konzeptionell unter das Motto: „Die Produktivkräfte sind das revolutionäre Element in der Entwicklung der Gesellschaft."[14] Im Vordergrund der Präsentation sollten nicht „diverse wissenschaftliche Typen" stehen, also nicht nach Form und Funktion geordnete urgeschichtliche Werkzeuge, sondern „die Arbeitsmittel gemäß ihrer gesellschaftlichen Relevanz". In diesem Sinne widmete sich in Weimar der erste Ausstellungsraum dem Zusammenhang von verbesserten Werkzeugen, also dem technischen Fortschritt, und der damit verbundenen Leistungssteigerung bei der Arbeit. Dabei griff Feustel zunächst auf das altbekannte Bild des

13 Hier und im Folgenden Rudolf Feustel, Technik der Steinzeit. Archäolithikum – Mesolithikum, Weimar 1973, S. 7 f.

14 Fotoordner Ausstellungen, TLDA HA.

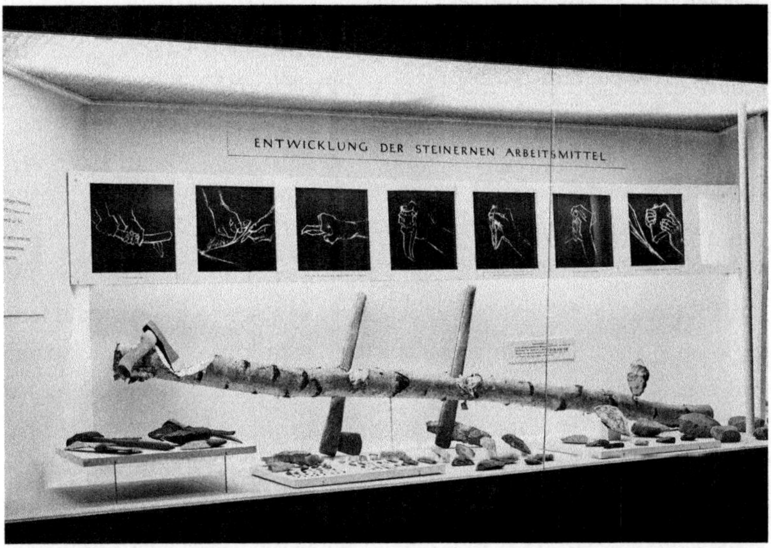

Abb. 2: Vitrine zur Technik des Baumfällens in der Dauerausstellung des Museums für Ur- und Frühgeschichte Thüringens, 1969.
Thüringisches Landesamt für Denkmalpflege und Archäologie

„gefällten Baums“ zurück, um die Formel „bessere Werkzeuge – höhere Leistung“ augenfällig zu machen (vgl. Abb. 2). Der folgende Raum griff die Aussage des vorangegangenen auf und zeigte anhand zahlreicher Objekte, Grafiken und ethnografischer Fotos, wie der technische mit dem gesellschaftlichen Fortschritt korreliert. Einen besonders wissenschaftlichen Touch erhielt die Schau durch Schemata. Eine Tafel stand unter der Überschrift „Steigerung der Arbeitsproduktivität durch Weiterentwicklung der Produktivkräfte und des Arbeitsprozesses“ und sollte – einem elektrotechnischen Schaltplan gleich – verdeutlichen, dass zwar für die Herstellung höherwertiger Jagdwaffen, wie zum Beispiel Pfeil und Bogen, mehr Zeit beansprucht werde, aber durch den Gebrauch der Waffe die „Versorgung mit dem Hauptnahrungsmittel Fleisch“ schneller steige. Ergebnis: „Die für das Endprodukt gesellschaftlich notwendige Arbeitszeit vermindert sich.“ Diese mehr und mehr verwissenschaftlichten Darstellungsformen dienten kaum noch der breitenwirksamen Anschaulichkeit. Vermutlich verschwanden daher auch die Schemata Ende der 1970er-Jahre wieder und wurden durch reduzierte, skizzenhafte Zeichnungen ersetzt, die die Verwendung der einzelnen Waffen und ihre Vor- und Nachteile bei der Jagd auf verschiedene Tiergattungen und damit – auf wieder bildlichere Weise – den Zusammenhang von Technik und Fortschritt veranschaulichten.

Neue Narrative

Die mit Grafiken, Lebensbildern und Texten zu einer Fortschrittserzählung verwobene Darstellung urgeschichtlicher Technik zog sich wie ein roter Faden durch die Ausstellungen der Urgeschichtsmuseen in der DDR. Man war davon überzeugt, dass die „relative Einfachheit und Unkompliziertheit" der „erkennbaren geschichtlichen Vorgänge" in der Urgeschichte prädestiniert dafür seien, breite Kreise der Bevölkerung mit den „geschichtlichen Gesetzmäßigkeiten" vertraut und damit „moderne Geschehnisse trotz ihrer Kompliziertheit" verständlich zu machen.[15] Unter dieser Prämisse konnte beispielsweise die Entwicklung des Steinbeils dazu beitragen, die Menschen von der Notwendigkeit von Normerhöhungen im Betrieb zu überzeugen oder ihnen die Prinzipien der wissenschaftlich-technischen Revolution zu erläutern. Ob diese Erzählungen bei den Besucherinnen und Besuchern der Urgeschichtsmuseen verfingen, ist kaum mehr festzustellen. Mit dem Ende der DDR verschwanden die Bezüge zur „sozialistischen Geschichtserzählung" aus den Ausstellungen. Die Darstellung urgeschichtlicher Techniken aber blieb – mitunter neu konnotiert. Im Landesmuseum für Vorgeschichte Halle beispielsweise bedeckt heute eine Installation aus über 3000 Steinbeilen eine ganze Wand des Ausstellungsraums zur Jungsteinzeit. Die Steinbeile sind mit der in dieser Epoche aufkommenden „verbesserten Technik" des Steinschliffs hergestellt, die eine effektivere „Hieb- und Spaltwirkung" ermöglichte. Ihre massive Präsentation soll, so die Intention des Museums, das „Ausmaß der damaligen Holzverarbeitung erahnen [lassen] und den massiven Eingriff des Menschen in seine Umwelt [verbildlichen]".

15 Karl-Heinz Otto, Bericht über die Fachgruppen-Tagung Ur- und Frühgeschichte, in: Mitteilungen der Deutschen Historiker-Gesellschaft (1965) 1, S. 42.

SEBASTIAN STUDE

Kernkraftwerk und LPG

Vom Aufbau des Sozialismus auf dem Lande

Im Jahr 1963 erschien in der DDR Erwin Strittmatters Buch „Ole Bienkopp". Der Schriftsteller macht darin die Kollektivierung der Landwirtschaft in der nordbrandenburgischen Region rund um Rheinsberg zum literarischen Thema. Strittmatters Erzählung ordnet sich in die damaligen kulturpolitischen Vorstellungen der SED von einem „sozialistischen Realismus" ein, wonach sich Kunst- und Literaturschaffende mehr als zuvor dem ostdeutschen Arbeits- und Lebensalltag widmen sollten. Interessant ist Strittmatters Vorgehensweise, nicht die Erfolge, sondern die Unwägbarkeiten und die Widersprüchlichkeiten bei der Gründung von Landwirtschaftlichen Produktionsgenossenschaften (LPG) in das Zentrum seines Buches zu stellen. Und aufschlussreich im Zusammenhang mit Strittmatters Erzählung ist auch, dass zeitgleich – jedoch völlig unabhängig von ihrem Erscheinen – vor Ort noch eine andere Kampagne sozialistischer Modernisierung in vollem Gange war: die Errichtung des ersten deutschen industriellen Kernkraftwerks bei Rheinsberg. Mit dem Kraftwerksbau planten SED-Führung und DDR-Regierung, die brandenburgische Region auf ihrer Reise durch den „Weltenraum" zur „besonnten Seite eines reifenden Apfels" werden zu lassen, wie Strittmatter den Aufbau des Sozialismus in seinem Roman beschreibt. Der Ausgang der zwei verschiedenen Spielarten sozialistischer Modernisierung Anfang der 1960er-Jahre in der DDR – einerseits der industriellen und andererseits der landwirtschaftlichen – blieb dabei zunächst offen. Unklar war, welchen Sinn die örtlichen Akteure den politischen Kampagnen zuschrieben. Nicht vorhersehen ließen sich die Handlungsstrategien, mit denen die örtlichen Akteure auf diese Kampagnen und die mit ihnen einhergehenden Herausforderungen reagierten. Und kaum zu kalkulieren waren auch die wirtschaftlichen Resultate der sozialistischen Modernisierung. Damit blieb zunächst nicht weniger offen als der Fortgang des Sozialismus zur „faulenden Kartoffel" oder zum „reifenden Apfel" – so die von Strittmatter in seinem Roman gewählten Metaphern für den Übergang vom Alten zum Neuen.[1]

Der vorliegende Beitrag beschreibt die doppelte sozialistische Modernisierung in der nordbrandenburgischen Region Anfang der 1960er-Jahre – die industrielle in Gestalt des Kernkraftwerkbaus und die landwirtschaftliche in Gestalt der LPG-Gründungen. Er geht Motiven, Aneignungsprozessen sowie Handlungsstrategien der örtlichen Akteure nach und rekonstruiert die Kluft zwischen zentralen politischen Vorgaben und sozialen Praktiken vor Ort.

Kampagnen und Patenschaften

SED-Führung und DDR-Regierung setzten den 7. Oktober 1957, den achten Jahrestag der ostdeutschen Staatsgründung, als offiziellen Baubeginn des Kernkraftwerks bei Rheinsberg fest. Vor Ort beteiligten sich dann zeitgleich zum Kraftwerksbau allen voran die SED-Mitglieder unter den Kraftwerksbauern an immer neuen Kampagnen, die ganz allgemein auf die Durchsetzung zentraler politischer Entscheidungen in der brandenburgischen Randregion abzielten. „Kraftwerksbauer" meinte dabei eine lose strukturierte Gruppe aus Wissenschaftlern, Ingenieuren und Facharbeitern bis hin zu angelernten Hilfsarbeitern. In Ausbildung und Herkunft unterschieden sie sich genauso wie in ihren politischen Einstellungen. Als Ergebnis ihrer politisch überformten Personalauswahl lag der SED-Organisationsgrad unter den Wissenschaftlern und Ingenieuren dabei deutlich höher, während sich das Gros der Arbeiterschaft distanziert gegenüber der Partei verhielt. Das Handeln dieser in aller Regel ortsfremden Akteure war oftmals von einem ganz ähnlichen beruflichen Engagement

1 Vgl. Erwin Strittmatter, Ole Bienkopp, Berlin (Ost) 1965, S. 7 ff., 427 f.

geprägt, nämlich zu den „Wegsuchern“ und „Spurmachern“ gehören zu wollen. Zu diesen „Wegsuchern“ und „Spurmachern“ zählten, anders als es Strittmatter in seiner Erzählung nahelegt, keinesfalls ausschließlich die SED-Mitglieder. Mit dem Kraftwerksbau selbst und den von den Kraftwerksbauern betriebenen Kampagnen diesseits und jenseits der Baustelle entwickelte sich die Parteilosung „Nicht schlechthin aufbauen, sondern die sozialistische Umgestaltung vorantreiben“ für sie zur praktischen Herausforderung. Zu den Kampagnen zählten der Aufbau staatssozialistischer Strukturen, das Etablieren staatssozialistischen Personals sowie das Durchsetzen staatssozialistischer Praktiken wie der rituellen Teilnahme an den Wahlen, der staatlichen Jugendweihe und der Wehrpflicht in der Nationalen Volksarmee. Eine jener Kampagnen zielte auf die Kollektivierung der Landwirtschaft. Die von der 33. Tagung des SED-Zentralkomitees im Oktober 1957 und wiederholt vom V. SED-Parteitag im Juli 1958 vorgegebene Gründung Landwirtschaftlicher Produktionsgenossenschaften war seinerzeit *das* Thema in der land- und forstwirtschaftlich geprägten Region rund um Rheinsberg. Mit der Kollektivierung der Landwirtschaft strebte die SED-Führung dabei zunächst die gemeinschaftliche Nutzung von Boden und in einem weiteren Schritt die gemeinsame Nutzung von Boden, Vieh, Technik und Gebäuden an.

Und das Thema war alles andere als eine einfache Angelegenheit. So blieben die Agitationseinsätze der Kraftwerksbauer zur Bildung neuer Genossenschaften seit dem Frühjahr 1958 zunächst erfolglos. In der kleinen benachbarten Ortschaft Dollgow fanden sie schließlich eine bereits bestehende LPG, der sie ihre Unterstützung angedeihen lassen wollten. Die Arbeitseinsätze der Kraftwerksbauer waren dort eine willkommene praktische Hilfe. Neugieriges Interesse zeigte die örtliche SED-Bürgermeisterin auch an Filmabenden und Gesprächsveranstaltungen über das im Bau befindliche Kraftwerk. Denn nirgendwo sonst gab es zu dem geheimnisumwitterten Vorhaben in der Nachbarschaft Informationen aus erster Hand. Gegenüber der Agitation, weitere Genossenschaften zu gründen, verhielt sich die Dollgower Bauernschaft allerdings reserviert. Darauf angesprochen, gaben die Frauen und Männer vor, zunächst die laufenden Feldarbeiten, die kommende Ernte und die Wirtschaftsergebnisse der bestehenden Genossenschaften abwarten zu wollen. Auch dem Einsatz der Genoss:innen von der Kraftwerksbaustelle als „Rote Brigade“ im Vorfeld der Volkskammer- und Bezirkstagswahlen vom November 1958 oder deren Ansinnen, der örtlichen Kirchentradition eine atheistische Vortragsreihe entgegenzusetzen, begegnete die ländliche Einwohnerschaft zurückhaltend.[2]

Eine Patenschaft zwischen der Dollgower LPG „Frohe Zukunft“ und der Aufbauleitung des Kernkraftwerks vom Juni 1959 sollte die Hilfe zum „Aufbau des Sozialismus auf dem Lande“ dann in eine dauerhafte und belastbare Form gießen. Das Ganze stand unter dem Eindruck des V. SED-Parteitags vom Vorjahr und den dort beschlossenen Richtlinien für den Sieben-Jahr-Plan bis 1965, nach denen der ostdeutsche Staat mit einer großen Steigerung seiner wirtschaftlichen Leistung die Bundesrepublik einholen sollte. In den Augen der Kraftwerksbauer brauchte es hierfür eine starke Stellung der SED innerhalb der LPG „Frohe Zukunft“. Das gestaltete sich insofern als besondere Herausforderung, als es zur Überraschung der Kraftwerksbauer in der Genossenschaft noch kein einziges Parteimitglied gab. Als Aufgabe stellte sich darum zunächst, mithilfe der örtlichen Dorfparteiorganisation eine Gruppe von Parteikandidat:innen aufzubauen. Die LPG-Mitglieder ihrerseits verpflichteten sich im Rahmen der eingegangenen Patenschaft, die landwirtschaftlichen Erträge zu steigern und zu einem profitablen Betrieb zu gelangen. Mit der Patenschaft gingen zudem politische Verpflichtungen einher, etwa tagesaktuelle Themen zu besprechen und andere Bauern für die „sozialistische Großraumwirtschaft“ zu umwerben. Die Kraftwerksbauer stellten der LPG „Frohe Zukunft“ im Gegenzug neben politischer Agitations- und Aufbauhilfe weitere Unterstützung in Aussicht, etwa bei Arbeitseinsätzen auf dem Feld sowie bei der Projektierung und Errichtung von Schweine- und Rinder-Offenställen.

2 Vgl. Arbeitsentschließung, in: Protokoll der Parteiversammlung am 12.2.1958, BLHA, Rep. 532 SED-Grundorganisation Kernkraftwerk, Nr. 592; ohne Titel [vermutlich Rechenschaftsbericht 1958], ebenda; Protokoll der Wahlberichtsversammlung der APO der Baustelle AKW I vom 20.3.1959, ebenda; Aktenvermerk vom 15.4.1958, ebenda. Zur Kollektivierung der Landwirtschaft in der DDR vgl. Jens Schöne, Frühling auf dem Lande? Die Kollektivierung der DDR-Landwirtschaft, Berlin 2010, hier und im Folgenden insb. S. 180–220.

Abb. 1: Wie anderswo in der Welt auch grassierte Ende der 1950er-Jahre in der DDR eine „Atomeuphorie“. Mit ihr verbunden waren Hoffnungen auf eine kaum begrenzte, günstige und saubere Stromproduktion.
Neue Berliner Illustrierte (1959) 4, S. 4–5

Aufbauleitung und Genossenschaft verabredeten zudem das gegenseitige Kennenlernen und den kulturellen Austausch: Die Bauern sollten zum Erntedankfest einladen, die Kraftwerksbauer Plätze ihres betrieblichen Kinderferienlagers und Eintrittskarten für Kultur- und Theaterveranstaltungen zur Verfügung stellen. Attraktiv erschien den Kraftwerksbauern die Patenschaft mit den Bauern aus Dollgow nicht zuletzt deshalb, weil sich die LPG „Frohe Zukunft“ zur Ablieferung eines schlachtreifen Schweins und von Kartoffeln bereit erklärte. In einer Zeit, als die Erinnerung an die Notwendigkeit von Lebensmittelkarten bis zum Frühjahr 1958 noch frisch und die eng begrenzte Verfügbarkeit von Lebensmitteln alltägliche Erfahrung war, entfaltete der „Aufbau des Sozialismus auf dem Lande“ damit seine ganz eigene Anziehungskraft. Solcher speziellen Momente ungeachtet passte die DDR-weite Kollektivierung der Landwirtschaft zur inneren Einstellung insbesondere der SED-Mitglieder der Kraftwerksbaustelle. Denn sie waren oftmals von jener zeitgenössischen Wissenschafts- und

Technikeuphorie durchdrungen, wonach die planbare Gestaltung von Natur, Umwelt und Gesellschaft im Sinne einer sozialistischen Modernisierung von Industrie und Landwirtschaft möglich sei. Die industrielle Nutzung der Kernenergie einerseits sowie die Mechanisierung und Automatisierung einer kollektivierten Landwirtschaft andererseits erschienen ihnen als zwei Seiten ein und derselben Medaille.[3]

Der sozialistische Frühling und seine Ernte

Ende 1959 lief die Patenschaft mit der LPG in Dollgow aus. Von nun an leisteten allen voran die SED-Mitglieder der Baustelle zum Kernkraftwerk mehreren Genossenschaften der ebenfalls nahe bei Rheinsberg gelegenen kleinen Ortschaft Wallitz Aufbauhilfe und erbrachten auf Anweisung des Rates des Bezirks Potsdam Ernteeinsätze. Dort beteiligten sie sich an dem, was die SED-Führung unter dem Slogan „sozialistischer Frühling" vorgegeben hatte und zur abschließenden Gesamtkollektivierung der Landwirtschaft führen sowie die seinerzeit grassierende Krise in der Landwirtschaft aus Landflucht, Missernten und niedriger Produktivität überwinden sollte. Tatsächlich meldete die SED-Bezirksleitung Rostock Anfang März 1960 als erste den Abschluss der Kollektivierung, die übrigen Bezirke folgten bis Mitte April des Jahres. Im Bezirk Potsdam galt die Kollektivierung am 21. März als abgeschlossen, Ende des Jahres wurden hier mehr als 90 Prozent der landwirtschaftlichen Nutzfläche genossenschaftlich bewirtschaftet.

Im Rahmen der laufenden Kampagne wollten die Kraftwerksbauer die Wallitzer Bauern dazu bringen, die örtliche LPG „7. Oktober" zum vollgenossenschaftlichen Typ weiterzuentwickeln. Für die Durchsetzung dieser radikalen Kollektivierung übernahm nach zwischenzeitlicher Gründung des Kernkraftwerks als „VEB Atomkraftwerk I" im Sommer 1961 die dortige SED-Parteiorganisation eine Patenschaft für die Wallitzer LPG. Nach Feierabend und am Wochenende schufteten insbesondere Männer – und

3 Vgl. Patenschaftsvertrag vom 3. 6. 1959, BLHA, Rep. 532 SED-Grundorganisation Kernkraftwerk, Nr. 593.

hier allen voran SED-Mitglieder – in Arbeitseinsätzen zur Errichtung neuer Viehställe und zur Erntehilfe.

Ähnlich wie im eigenen Betrieb meinte Aufbauhilfe dabei nicht lediglich Arbeit im körperlichen Sinne, Aufbauhilfe verstanden die Kernkraftwerker eben als Hilfe zum Aufbau der örtlichen LPG und als Hilfe zum Aufbau des Sozialismus. Doch gegenüber mehreren tausend Stunden geleisteter Arbeitseinsätze fiel die Wirkung der politischen und kulturellen Umgestaltung in der Praxis deutlich ab. Die in einer Patenschaft beschlossene Unterstützung des dörflichen Kulturlebens, die Erarbeitung eines Dorfentwicklungsplans und Wirtschaftswettbewerbe fanden kaum Resonanz bei der örtlichen Bevölkerung oder fielen gänzlich ins Wasser. Nachdem ein Genosse aus dem Kernkraftwerk einen Vortrag über den XXII. Parteitag der Kommunistischen Partei der Sowjetunion – wo Parteichef Nikita Chruschtschow das baldige Erreichen des Kommunismus proklamierte – gehalten hatte, fanden solcherlei Veranstaltungen wegen fehlenden Interesses gar nicht mehr statt. Die Bauernschaft hatte darauf keine Lust. Nicht aufschiebbare Arbeiten wie die Bestellung ihrer Felder und die Ernte waren ihnen wichtiger. Was der Historiker Thomas Nipperdey der ländlichen Gesellschaft im Deutschen Reich in der zweiten Hälfte des 19. Jahrhunderts angesichts von Industrialisierung und Modernisierung attestiert, schien auch in der DDR unverändert Gültigkeit besessen zu haben: „Die bäuerliche Existenz und die bäuerlichen Prioritäten sind für die Wertmaßstäbe des Dorfes bestimmend.“[4]

Innerhalb der Wallitzer LPG „7. Oktober“ hatte die SED Ende 1961 derweil ganze sechs Mitglieder, von denen lediglich zwei nicht zur Verwaltung oder zu ähnlichen Bereichen, sondern zur eigentlichen Bauernschaft zählten. Die von Genoss:innen des Kernkraftwerks betriebene Gründung des Demokratischen Frauenbunds Deutschlands kam über die Vorstandsgründung kaum hinaus, die FDJ existierte im Dorf praktisch nicht und auch für den Vorsitz des Ortsausschusses der Nationalen Front konnte niemand gefunden werden. Und ähnlich dem schleppenden Aufbau sozialistischer Strukturen verlief auch die Entwicklung der Landwirtschaftlichen

4 Thomas Nipperdey, Deutsche Geschichte 1866–1918, Erster Band: Arbeitswelt und Bürgergeist, München 1998, S. 225.

Abb. 2: Ein propagandistischer Dreiklang seit Mitte der 1950er-Jahre lautete „Frieden – Fortschritt – Sozialismus". DDR-weit ebenso wie auf der Baustelle zum Kernkraftwerk Rheinsberg Mitte der 1960er-Jahre gestalteten sich die Dinge allerdings komplizierter als geplant. *Entsorgungswerk für Nuklearanlagen Kernkraftwerk Rheinsberg, Betriebs- und Dokumentationsarchiv*

Produktionsgenossenschaften wenig stabil. Ende 1961 wirtschaftete die örtliche Bauernschaft zum Teil noch immer für sich selbst und nicht für die Genossenschaft. Die Arbeit der LPG „7. Oktober" prägten ungenügende Organisation, das Verfehlen des staatlichen Abgabesolls und wirtschaftliche Verluste. Seit dem zurückliegenden Jahr war der Vorsitz der Genossenschaft unbesetzt, und die ohnehin wenigen Parteimitglieder taugten der übrigen Bauernschaft wegen schlechter Arbeitsleistungen und übermäßiger Trinkereien nicht als Vorbilder. Politisch betrachtet folgte auf den „sozialistischen Frühling" des Vorjahres eine ausgesprochen miserable Ernte.[5]

„Wallitz an die Spitze des Kreises"

Zum Sommer 1962 mühten sich die Parteimitglieder des Kernkraftwerks, frischen Schwung in ihre Anstrengungen gegenüber den Wallitzer Bauern zu bringen. Den Impuls dazu brachte der Werkleiter Alfred Hoffmann von der regionalen SED-Kreisdelegiertenkonferenz mit. Unter der rhythmischen Parole „Vaterland – Frieden – Sozialismus – Wir siegen!" hatte die SED-Kreisparteileitung dort Ende Mai 1962 verstärkte Anstrengungen in der Landwirtschaft vorgegeben. Im Kraftwerk formulierte Hoffmann die Maßgabe: „Der Plan eines volkseigenen Betriebes gilt erst dann als erfüllt, wenn das Patendorf seinen Plan erfüllt hat."[6] Fortan lautete die Maxime: „Wallitz an die Spitze des Kreises". Dafür rief die Betriebsparteileitung

5 Vgl. Protokoll über die APO-Leitungssitzung am 7. 12. 1959 vom 8. 12. 1959, BLHA, Rep. 532 SED-Grundorganisation Kernkraftwerk, Nr. 593; Protokoll über die Leitungssitzung am 15. 2. 1960 vom 18. 2. 1960, ebenda; Schreiben vom 21. 9. 1960, ebenda, Nr. 594; Umlauf an die Mitarbeiter des Bereiches 1 und 5 vom 11. 10. 1961, ebenda, Nr. 595; Protokoll der Parteileitungssitzung am 11. 12. 1961 vom 14. 12. 1961, ebenda, Nr. 596; Protokoll der Mitgliederversammlung am 24. 1. 1962 vom 29. 1. 1962, ebenda, Nr. 597; Rechenschafts- und Situationsbericht über die Arbeit auf dem Lande vom 20. 1. 1962, ebenda; Protokoll der Parteileitungssitzung am 21. 5. 1962 vom 22. 5. 1962, ebenda, Nr. 598; Aktenvermerk „Ernteeinsatz" vom 9. 8. 1960, EWN KKR, BDA.

6 Protokoll der 9. Arbeitsbesprechung beim Werkleiter am 28. 5. 1962 vom 29. 5. 1962, EWN KKR, BDA.

neuerliche Arbeitseinsätze nach Feierabend aus und zeigte dörfliche Präsenz in Form abendlicher Leitungssitzungen, die im Anschluss an solche Arbeitseinsätze im örtlichen Gasthof durchgeführt wurden. Dort berieten dann der Bürgermeister und der mittlerweile gefundene LPG-Vorsitzende gemeinsam mit der Parteileitung des Kraftwerks über die praktische Hilfe für das Dorf und seine LPG, die Etablierung der Nationalen Front und der Massenorganisationen sowie über die Anwerbung von SED-Mitgliedern. Anlässlich solcher Beratungen brachte der LPG-Vorsitzende einerseits seinen Dank für zurückliegende Hilfsleistungen zum Ausdruck. Als Parteiloser warf er andererseits unverblümt die Frage auf, ob denn die ganz wenigen SED-Mitglieder innerhalb der LPG für die gesamte Genossenschaft bestimmen dürften. Die Genossen des Kernkraftwerks beratschlagten derweil, wie der LPG mit der Abstellung eines Buchhalters für die Einführung einer ordentlichen Wirtschaftsführung oder eines Ingenieurs und von Maurern für den Bau eines Schweinestalls zu helfen sei. Hier schien es demnach an grundlegenden Voraussetzungen des genossenschaftlichen Landwirtschaftens zu mangeln.

Die eingegangene Patenschaft nahm dabei immer offener einen Zwangscharakter an. Mehr als in den Jahren zuvor wurden Arbeitseinsätze zu verpflichtenden Parteiaktionen, deren Teilnahme auch Parteilosen angetragen wurde. Die örtliche Situation in der Landwirtschaft glich dabei jener in der gesamten DDR: Die Fluchtwelle in den Westen, der hastige Aufbau der Genossenschaften und die dürrebedingte Missernte 1961 verschärften die ohnehin schwierige Lebensmittelversorgung zu einer Krise. Angesichts derer geriet dann auch die Überzeugung manches Kernkraftwerkers stärker als bis dahin ins Wanken. Im Frühjahr 1962 machte unter ihnen hinter vorgehaltener Hand die Rede vom drohenden „Staatsbankrott“ die Runde.[7] Um gegen diesen anzugehen, riefen die SED-Mitglieder 1962 zum „Kampf um Milch, Fleisch, Eier und Gemüse“ auf.[8] Teil dieser als „Volkskampf“ etikettierten Kampagne sollte

7 Vgl. Bericht, 12. 4. 1962, BArch, MfS, BV Pdm, KD Neuruppin, IV/648/62, T. II, Bd. 4, Bl. 60–64.

8 Protokoll der Parteileitungssitzung am 4. 6. 1962 vom 5. 6. 1962, BLHA, Rep. 532 SED-Grundorganisation Kernkraftwerk, Nr. 598; Protokoll der Parteigruppenversammlung am 7. 6. 1962 vom 8. 6. 1962, ebenda; Protokoll zur Gruppenversammlung

auch der gemeinsame Bau eines Schweinestalls sein. Allerdings hatte die Partei den „Kampf“ ausgerufen, ohne die regionale Bevölkerung hinter sich zu haben. Und so litt der Bau des besagten Schweinestalls unter dem ausbleibenden Engagement von Kernkraftwerkern und Wallitzer Bauern.[9]

Dennoch: Die gemeinsamen Anstrengungen von Kernkraftwerkern und Genossenschaftsbauern blieben nicht folgenlos. Nach Tausenden Stunden geleisteter Arbeitseinsätze und Erntehilfe hieß es innerhalb der Parteigruppe im Kernkraftwerk, ihre Paten-LPG habe in der Saison 1962 das geforderte Soll bei Getreide, Kartoffeln, Milch, Eiern und Schweinefleisch erfüllen können. Die Gründung eines Ortsausschusses der Nationalen Front ließ derweil noch immer auf sich warten, und die Bauernschaft zeigte weiterhin kein Interesse an Vorträgen über Tagungen des SED-Zentralkomitees, Vorbereitungen zum VI. SED-Parteitag oder staatliche Bauernkongresse.[10] Im folgenden Jahr zeigte sich dann, in welch geringem Maße aus dem „Aufbau des Sozialismus auf dem Lande“ stabile Gesellschaftsverhältnisse resultierten. Mit dem Weggang des verantwortlichen Genossen aus dem Kernkraftwerk versandete auch die LPG-Patenschaft des Betriebs. Eine Tendenz hielt sich dabei bis zum Schluss: Gegenüber praktischer Hilfe zeigten sich die Bauern aufgeschlossen, sie sperrten sich jedoch gegen politisches und gesellschaftliches Arrangement oder gar Engagement.[11]

der Parteigruppe II am 6. 6. 1962 vom 13. 6. 1962, ebenda; Entwurf zum Maßnahmeplan Wallitz vom 18. 6. 1962, ebenda; Protokoll über die Parteigruppenversammlung der Parteigruppe V am 7. 6. 1962 vom 19. 6. 1962, ebenda; Protokoll der außerordentlichen Parteileitungssitzung am 21. 6. 1962 in Wallitz vom 26. 6. 1962, ebenda; Protokoll über die Mitgliederversammlung am 10. 10. 1962, ebenda, Nr. 600.

9 Vgl. Protokoll der Parteileitungssitzung am 28. 5. 1962 vom 4. 6. 1962, BLHA, Rep. 532 SED-Grundorganisation Kernkraftwerk, Nr. 598; Situationsbericht über den letzten Arbeitseinsatz in Wallitz vom 16. 7. 1962, ebenda.

10 Vgl. Protokoll der Parteileitungssitzung am 12. 11. 1962 vom 15. 11. 1962, BLHA, Rep. 532 SED-Grundorganisation Kernkraftwerk, Nr. 599; Protokoll über die öffentliche Mitgliederversammlung am 31. 10. 1962, ebenda, Nr. 600; Protokoll über die Sitzung der Gewerkschaftsleitung am 11. 10. 1962 vom 12. 10. 1962, ebenda.

11 Vgl. Bericht der ZPL/AKW vom 21. 1. 1964, BLHA, Rep. 530 SED-Bezirksleitung Potsdam, Nr. 3038.

Ähnliche Merkmale zweier Spielarten

Derweil ging am 9. Mai 1966 bei Rheinsberg das erste deutsche industrielle Kernkraftwerk symbolisch in Betrieb. Begleitet von einem Großaufgebot ostdeutscher und sowjetischer Politiker:innen, Wissenschaftler:innen und Ingenieur:innen musste die Inbetriebnahme simuliert werden, weil sich das technische Personal insgeheim noch immer mit ungelösten Herausforderungen plagte. Überhaupt taugte das Kernkraftwerk bei Rheinsberg eigentlich wenig als Symbol auf dem vermeintlichen Weg zum Kommunismus, als welches SED-Führung und DDR-Regierung es inszenierten. Denn seine Errichtungskosten waren mit 400 Millionen Mark auf das Vierfache der ursprünglichen Pläne gestiegen, seine Bauzeit hatte sich mit mehr als acht Jahren verdoppelt. Auch die mit ihm verbundene Utopie, die Produktion von günstigem, sauberem und sicherem Strom, konnte das Kernkraftwerk nicht in die Wirklichkeit umsetzen: Die Produktionskosten des Rheinsberger Stroms blieben überdurchschnittlich hoch, die kontrollierte und teils unkontrollierte Abgabe von Schadstoffen belastete die Umgebung des Kraftwerks, technische Störungen und menschliches Handeln beeinträchtigten seine Stromproduktion massiv. Solche Aspekte ähnelten den Unwägbarkeiten und Widersprüchlichkeiten beim Aufbau des Sozialismus, wie sie Erwin Strittmatter in seinem Roman „Ole Bienkopp“ für die Kollektivierung der Landwirtschaft beschreibt. Für die ausbleibende Wirklichkeit der Utopie fand der Schriftsteller die prägnante Formulierung: „Träume. Das Leben war gewaltiger.“[12] Überhaupt lassen sich für die zwei Spielarten sozialistischer Modernisierung in der DDR Anfang der 1960er-Jahre – der industriellen und der landwirtschaftlichen – ganz ähnliche Merkmale bestimmen. Unbenommen aller Unterschiede ähnelten sich politische Überformung, wirtschaftliche Ineffizienz und gesellschaftlicher Zwang.

12 Strittmatter, Ole Bienkopp, S. 40.

Deutsch-deutsche Episoden

ARNE HOFFRICHTER

Politisch verfolgt?

Norm und Rechtsanwendung im westdeutschen Notaufnahmeverfahren

Ohne Zeit zu verlieren, wandte sich der ältere Bahnbeamte, Jahrgang 1886 und damit bereits kurz vor der Pension stehend, im Oktober 1950 an den Beschwerdeausschuss des Notaufnahmelagers Uelzen-Bohldamm. War dem bisherigen DDR-Bürger doch, nachdem er seine Fluchtgründe mündlich vorgetragen hatte, soeben der Ablehnungsbescheid ausgehändigt worden. Auf einem vorgefertigten Formular hieß es dort in schlichtem Verwaltungsdeutsch:

> „Dem M. […] wurde durch Beschluß des Aufnahmeausschusses vom 26. Okt. 1950 die Erlaubnis zum Aufenthalt im Bundesgebiet versagt, da ein Aufnahmeanspruch gemäß § 1 des Gesetzes über die Notaufnahme von Deutschen in das Bundesgebiet vom 22. August 1950 (BGBl. 367) nicht gegeben […] ist.“[1]

Noch am gleichen Tag versuchte M. in einem ausführlichen handschriftlichen Schreiben, dem Beschwerdeausschuss darzulegen, dass die erstinstanzliche Entscheidung auf einer Fehleinschätzung beruhe. Unmiss-

1 Die Notaufnahmeakten befinden sich in der mittlerweile zum Bundesamt für Migration und Flüchtlinge (BAMF) gehörenden ehemaligen Gießener Außenstelle des Bundesverwaltungsamtes (BVA). Aufgrund des restriktiven Sozialdatenschutzes sind alle Angaben anonymisiert. Hier Ablehnungsbescheid, 26. 10. 1950, BAMF/BVA, Uel: Reg.-Nr. 230.

verständlich stellte er klar: „Ein gesetzlicher Aufnahmegrund liegt bei mir vor, da ich in der Ostzone ohne unmittelbare Gefahr für meine persönliche Sicherheit und für meine Gesundheit nicht verbleiben kann."[2] M., der aus Südmähren stammte, war in seiner Heimatstadt in tschechoslowakischer Lagerhaft gewesen und hatte nach seiner Entlassung als Vertriebener im Juli 1946 zunächst Wohnraum in einer Kleinstadt in Sachsen-Anhalt, also in der Sowjetischen Besatzungszone (SBZ), zugewiesen bekommen. Erst zwei Jahre später erfuhr er, dass seine Ehefrau in Oberbayern in der US-amerikanischen Besatzungszone lebte. Einer offiziellen Zuzugsgenehmigung nach Bayern standen die beengten Wohnverhältnisse seiner Ehefrau bei deren Schwester entgegen. Auch konnten die Eheleute dort keine gemeinsame Wohnung bekommen und damit den „Zuzug" rechtfertigen.

Dass M. dennoch die DDR in Richtung Bundesrepublik verließ, begründete er vor allem mit einer drohenden Verfolgung oder gar Verhaftung aus politischen Gründen. Mehrfach sei er mit seinem Hauswirt S. aneinandergeraten, einem überzeugten Kommunisten, SED-Mitglied und örtlichen Schriftführer der Gesellschaft für deutsch-sowjetische Freundschaft. M. jedoch lehne, so ließ er in dem Schreiben wissen, als „nationaler Deutscher" den Kommunismus entschieden ab und habe entsprechend gegen den „russophilen Standpunkt" des S. wiederholt politisch Stellung bezogen. Er räumte in seinem Schreiben allerdings auch etwas selbstkritisch ein, dass er sich – und dies macht seine Ausführungen umso glaubwürdiger – „zu Bemerkungen gegen das politische Regime in der Ostzone und gegen Sowjet-Russland hinreißen ließ", weil der S. ihn immer wieder provoziert habe. Die politischen Sticheleien seien, wie M. argumentierte, allerdings auch Mittel zum Zweck gewesen: Der Hauswirt sei vor allem darauf aus gewesen, M. dessen Wohnung abzunehmen, um diese anderweitig vergeben zu können.

Es wird deutlich, dass sich wohl beide Seiten hochgeschaukelt hatten, aber S. „am längeren Hebel" saß. Jedenfalls habe der Hauswirt dem M. damit gedroht, Anzeige zu erstatten, weil dieser immer wieder den US-

2 Hier und im Folgenden: Beschwerdeschreiben des M., 26. 10. 1950, BAMF/BVA, Uel: Reg.-Nr. 230.

amerikanischen Radiosender RIAS aus West-Berlin gehört habe. Danach driftet die Darstellung etwas ins Vage ab. M. sei vier Tage vor der Vorsprache im Uelzener Notaufnahmelager von einem Bekannten eher allgemein gewarnt worden, dass ihm eine „persönliche Gefahr drohe“ und er „sich sofort in Sicherheit bringen“ solle. M. ging davon aus, dass der Hauswirt nun die Anzeige erstattet habe. Letztlich habe ihn dies dazu bewogen, die Grenze zu überschreiten und einen Antrag auf Notaufnahme im Bundesgebiet zu stellen. Um diesem noch mehr Nachdruck zu verleihen, verwies M. am Schluss seines Briefes auf die Behandlungsbedürftigkeit seines Herzleidens. Doch sind die finalen Sätze seiner Ausführungen wohl auch als Ausdruck seines Gesamtempfindens zu werten: „Der weitere Aufenthalt in der Ostzone ist deshalb mit einer Gefährdung meiner Gesundheit verbunden. In der Ostzone gehe ich zugrunde.“

Innerdeutsches Asyl: Das Bundesnotaufnahmegesetz

Bei aller Emotionalität, die in dem Schreiben an den Beschwerdeausschuss durchklingt, wird gleichsam deutlich, dass M. die notwendigen juristischen Schlüsselbegriffe kannte – auch wenn er seinen Sachverhalt mitunter etwas formlos darunter subsumierte. Zumindest legt ein Blick auf das rund zwei Monate zuvor verabschiedete Gesetz über die Notaufnahme von Deutschen in das Bundesgebiet diesen Schluss nahe. Die kurz als Notaufnahmegesetz (NAG) bezeichnete Vorschrift schränkte die durch Artikel 11 des Grundgesetzes garantierte Freizügigkeit für DDR-Bürger ein und knüpfte deren Aufenthaltserlaubnis an eine Gefährdungs- oder Verfolgungssituation. Das NAG legte in § 1 Absatz 2 NAG entsprechend fest, dass die Erlaubnis für den Verbleib in der Bundesrepublik Personen nicht verweigert werden dürfe, „die wegen einer drohenden Gefahr für Leib und Leben, für die persönliche Freiheit oder aus sonstigen zwingenden Gründen die in Absatz 1 genannten Gebiete [SBZ und Ost-Berlin – Anm. d. Verf.] verlassen mußten“.[3]

3 Der Gesetzestext ist abgedruckt in: Bundesgesetzblatt I, Nr. 36/1950, 26. 8. 1950, S. 367 f.

Das Notaufnahmegesetz war entsprechend nichts anderes als ein innerdeutsches Asylgesetz, mit dem die junge Bundesrepublik die Zuwanderung aus der DDR steuern und begrenzen wollte. Zwar wurde die Aufnahmepraxis bereits durch das Urteil des Bundesverfassungsgerichtes vom 7. Mai 1953 dahingehend gelockert, dass auch der Nachweis einer „ausreichenden Lebensgrundlage" in Westdeutschland einen Aufnahmeanspruch begründete. Letztlich wurde das Notaufnahmeverfahren als Massenverfahren bis zum Mauerbau und formal sogar bis 1990 durchgeführt. Dies mutet aus heutiger Sicht zunächst erstaunlich an. Nimmt doch die deutsche Teilung den Platz eines zentralen, aber auch schmerzlichen Erinnerungsortes im kollektiven gesamtdeutschen Gedächtnis ein, wobei zweifelsohne der Zeitraum vom Mauerbau 1961 bis zu deren Fall 1989 im Mittelpunkt des Erinnerns steht. Die Berliner Mauer avancierte schon mit ihrer Errichtung zum Symbol der deutschen Teilung, während die geglückten, aber auch gescheiterten – mitunter tödlichen – Fluchtversuche einzelner Menschen in der westdeutschen Öffentlichkeit beständig als Nachweis für die Unmenschlichkeit der SED-Diktatur aufgeführt wurden. Der Blick auf das rigide Grenzregime nach 1961 überblendet jedoch in der Wahrnehmung häufig, dass davor die Ost-West-Migration über fast eineinhalb Jahrzehnte eine Massenbewegung war. Auf diese reagierten nicht nur die ostdeutschen Führungskader mit dem Bau martialischer Grenzanlagen, sondern auch die westdeutsche Seite mit regulativen Maßnahmen. Das bundesdeutsche Notaufnahmegesetz war letztendlich nur der legislative Schlussstein einer längeren Entwicklung, die bereits über zwei Jahre vor Gründung der Bonner Republik ihren Anfang genommen hatte. Das Festhalten am innerdeutschen Asylverfahren hatte spätestens ab Mitte der 1950er-Jahre so auch weniger die Zuwanderungssteuerung zum Hauptzweck. Vielmehr diente es als Vehikel, die eigene moralische Überlegenheit in der deutsch-deutschen Systemkonkurrenz symbolisch zu untermauern. Weniger offen wurde hingegen damit umgegangen, dass auch die Geheimdienste die Zuwanderer und Zuwanderinnen als nicht versiegendes Informationsreservoir nutzten.[4]

4 Vgl. hierzu ausführlich: Helge Heidemeyer, Flucht und Zuwanderung aus der SBZ/DDR 1945/1949–1961. Die Flüchtlingspolitik der Bundesrepublik Deutsch-

Abb. 1: Im Übergang vom niedersächsischen Durchgangslager zum Bundesnotaufnahmelager: Uelzen-Bohldamm 1949/50.
Kreisarchiv Uelzen

Das Lager Uelzen-Bohldamm und die Genese einer Abwehrgesetzgebung

Die innerdeutsche Asylgesetzgebung war auf das Engste verbunden mit dem Notaufnahmelager Uelzen-Bohldamm (vgl. Abb. 1). Dieses war in der britischen Besatzungszone unmittelbar nach dem Zweiten Weltkrieg als Durchgangslager für Vertriebene aus Schlesien, Pommern, Ostpreußen und weiteren deutschen Siedlungsgebieten in Ostmitteleuropa errichtet worden. Vor allem 1946 wurde im Rahmen der „Operation Swallow" eine Vielzahl von organisierten Transporten aus Schlesien über das Lager abgewickelt. Jedoch mussten sich auch diejenigen dort registrieren lassen, die allein oder in kleineren Gruppen die Demarkationslinie zwischen

land bis zum Bau der Berliner Mauer, Düsseldorf 1994; Arne Hoffrichter, Verwaltung, Politik, Geheimdienste. Das Notaufnahmelager Uelzen-Bohldamm im Prozess der Zuwanderung aus SBZ und DDR (1945–1963), Göttingen 2018; Keith R. Allen, Interrogation Nation. Refugees and Spies in Cold War Germany, New York/London 2017.

sowjetischer und britischer Besatzungszone überschritten. So überrascht es auch nicht, dass die Flüchtlingsadministration gerade hier in der ersten Jahreshälfte 1947 eine signifikante Änderung feststellte, was die Herkunft der Menschen anging, die sich im Lager registrieren ließen. Dies waren immer weniger originäre Flüchtlinge und Vertriebene aus den nun zu Polen gehörenden Gebieten, sondern vielmehr Menschen aus der SBZ oder solche, die dort ihren Wohnsitz zumindest für einen längeren Zeitraum gehabt hatten.

Ohne die verschiedenen Sog- und Schubfaktoren für die einsetzende binnendeutsche Migrationsbewegung im Einzelnen schildern zu können, zeichneten sich die Fronten des aufziehenden Kalten Krieges und des mit diesem einhergehenden deutsch-deutschen Systemkonfliktes spätestens mit Ablauf des Jahres 1946 ab. Es wurde deutlich, dass die politische und wirtschaftliche Entwicklung in den drei westlichen Besatzungszonen den Menschen größere persönliche Entfaltungsmöglichkeiten bot, als dies die neuen Strukturen sowjetischer Prägung unter Federführung der SED in Ostdeutschland zuließen. So fassten neben politisch Verfolgten etwa auch die Benachteiligten der landwirtschaftlichen und gewerblichen Kollektivierungsmaßnahmen den Entschluss zur Übersiedlung in den Westen, ebenso wie ehemalige SPD-Mitglieder, die sich wegen der Zwangsvereinigung ihrer Partei mit der KPD zur SED ihrer politischen Handlungsmöglichkeiten beraubt sahen. Den meisten Menschen, die die SBZ und später die DDR gen Westen verließen, war zumindest die Unzufriedenheit mit dem seinerzeitigen Status quo zwischen Elbe und Oder gemein.[5]

In Westdeutschland verschärften die Zuwanderer und Zuwanderinnen die ohnehin herrschende Knappheit an Wohnraum und Nahrungsmitteln. Dies führte dazu, dass vor allem in der niedersächsischen Flüchtlingspolitik Regelungsbedarf gesehen wurde, um die Zuwanderung zu begrenzen. So ordnete die niedersächsische Staatskommissarin für das Flüchtlingswesen Martha Fuchs am 6. Mai 1947 an, dass im Flüchtlingsdurchgangslager Uelzen-Bohldamm nur noch folgende Personengruppen aufgenommen werden sollten (vgl. Abb. 2):

5 Vgl. Hendrick Bispinck/Damian van Melis, Republikflucht. Flucht und Abwanderung aus der SBZ/DDR 1945 bis 1961, Berlin 2006.

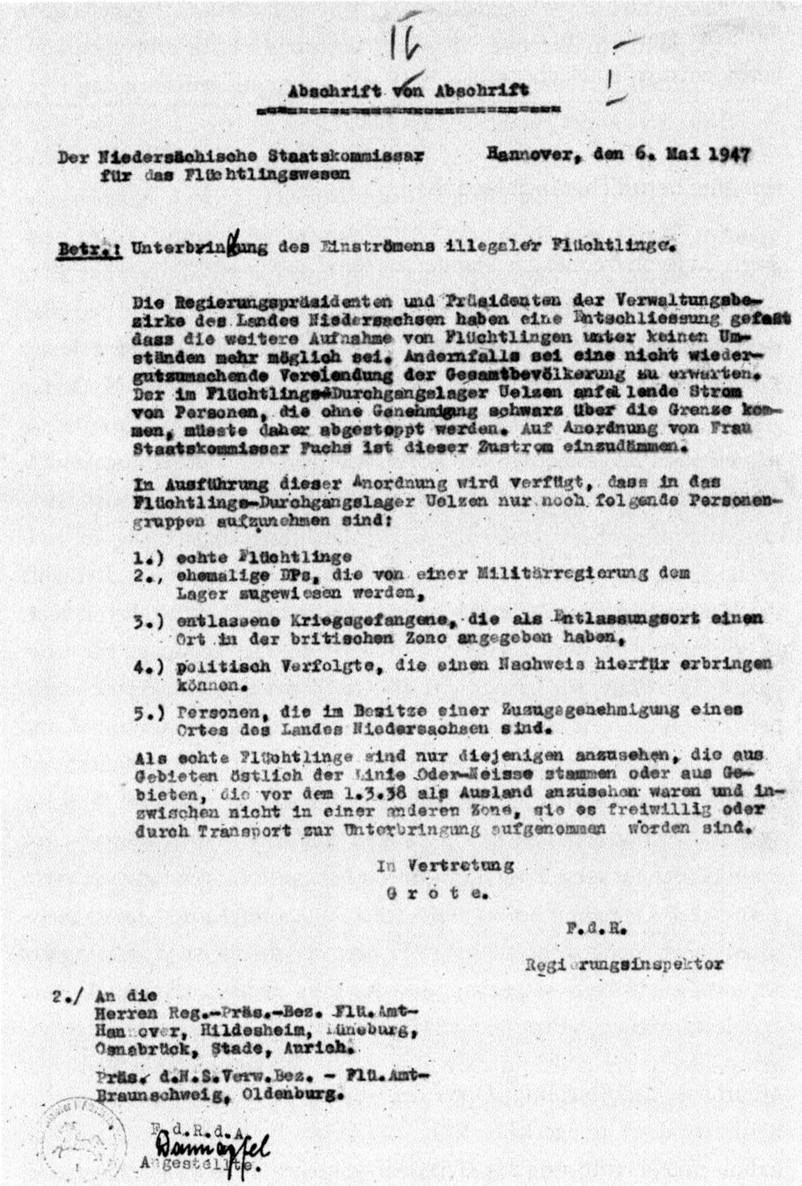

16

Abschrift von Abschrift

Der Niedersächische Staatskommissar für das Flüchtlingswesen

Hannover, den 6. Mai 1947

Betr.: Unterbrinung des Einströmens illegaler Flüchtlinge.

Die Regierungspräsidenten und Präsidenten der Verwaltungsbezirke des Landes Niedersachsen haben eine Entschliessung gefasst dass die weitere Aufnahme von Flüchtlingen unter keinen Umständen mehr möglich sei. Andernfalls sei eine nicht wiedergutzumachende Vereiendung der Gesamtbevölkerung zu erwarten. Der im Flüchtlings-Durchgangslager Uelzen anfallende Strom von Personen, die ohne Genehmigung schwarz über die Grenze kommen, müsste daher abgestoppt werden. Auf Anordnung von Frau Staatskommissar Fuchs ist dieser Zustrom einzudämmen.

In Ausführung dieser Anordnung wird verfügt, dass in das Flüchtlings-Durchgangslager Uelzen nur noch folgende Personengruppen aufzunehmen sind:

1.) echte Flüchtlinge
2., ehemalige DPs, die von einer Militärregierung dem Lager zugewiesen werden,
3.) entlassene Kriegsgefangene, die als Entlassungsort einen Ort in der britischen Zone angegeben haben,
4.) politisch Verfolgte, die einen Nachweis hierfür erbringen können.
5.) Personen, die im Besitze einer Zuzugsgenehmigung eines Ortes des Landes Niedersachsen sind.

Als echte Flüchtlinge sind nur diejenigen anzusehen, die aus Gebieten östlich der Linie Oder-Neisse stammen oder aus Gebieten, die vor dem 1.3.38 als Ausland anzusehen waren und inzwischen nicht in einer anderen Zone, sie es freiwillig oder durch Transport zur Unterbringung aufgenommen worden sind.

In Vertretung

G r o t e.

F.d.R.

Regierungsinspektor

2./ An die
Herren Reg.-Präs.-Bez. Flü.Amt-Hannover, Hildesheim, Lüneburg, Osnabrück, Stade, Aurich.

Präs. d.N.S.Verw.Bez. - Flü.Amt-Braunschweig, Oldenburg.

F.d.R.d.A.
Dannegel
Angestellte.

Abb. 2: Grunddokument der deutsch-deutschen Zuwanderungsgesetzgebung: Erlass der niedersächsischen Staatskommissarin für das Flüchtlingswesen vom 6. Mai 1947. *Niedersächsisches Landesarchiv Hannover, Nds. 380 Acc. 62a/65 Nr. 409*

> „echte Flüchtlinge, ehemalige DPs […], entlassene Kriegsgefangene […], politisch Verfolgte, die einen Nachweis hierfür erbringen können[, und] Personen, die im Besitze einer Zuzugsgenehmigung eines Ortes des Landes Niedersachsen sind.“[6]

Im Wesentlichen war damit das Grundschema festgelegt, welchem alle späteren Regelungen in der SBZ/DDR-Zuwanderungsfrage folgen sollten. So hielten die Braunschweiger Richtlinien aus dem Februar 1948 ebenso an dem Vorhandensein einer Gefährdungslage fest wie das oben beschriebene Notaufnahmegesetz aus dem August 1950. Eine zentrale Rolle in diesem Prozess kam hierbei Heinrich Albertz (SPD) zu, dessen zeithistorische Bedeutung nicht selten auf seine kurzzeitige Funktion als Regierender Bürgermeister von Berlin während der Tötung des Hannoveraner Studenten Benno Ohnesorg am 2. Juni 1967 reduziert wird. 1947 war Albertz noch als Leiter des Bezirksflüchtlingsamtes Celle die treibende Kraft hinter dem Erlass der Flüchtlingskommissarin und brachte das Thema SBZ-Zuwanderung – ab 1948 als niedersächsischer Flüchtlingsminister – immer wieder auf die Agenda. Der gebürtige Breslauer agierte innerhalb Niedersachsens als Gewährsmann der Vertriebenen, der für ihn „echten Flüchtlinge“. Die Gruppe der SBZ-Zuwanderer und -Zuwanderinnen grenzte er von diesen scharf ab und brandmarkte sie mitunter als „asozial“ und „kriminell“ – eine Ansicht, die auch in dieser Wortwahl unmittelbar nach dem Zweiten Weltkrieg in der westdeutschen Politik durchaus salonfähig war.[7] Albertz fungierte, begünstigt durch sein ausgeprägtes Sendungsbewusstsein, ferner als Multiplikator dieser Werturteile über Niedersachsen hinaus. Er beeinflusste die Ausgestaltung der westdeutschen Asylgesetzgebung so insgesamt deutlich stärker, als etwa Bundesvertriebenenminister Hans Lukaschek (CDU). Die neuen Regelungen stellten sich folglich für die aus der SBZ/DDR kommenden Menschen als eine Abwehrgesetzgebung dar (vgl. Abb. 3).

6 Erlass des Niedersächsischen Staatskommissars für das Flüchtlingswesen, 6. 5. 1947, NLA HA, Nds. 380 Acc. 62a/65, Nr. 409. Die offizielle Amtsbezeichnung existierte nur in der männlichen Form; DPs steht für „Displaced Persons“.

7 Vgl. Volker Ackermann, Der „echte“ Flüchtling. Deutsche Vertriebene und Flüchtlinge aus der DDR 1945–1961, Osnabrück 1995.

Abb. 3: Flüchtlingsüberlastung in Niedersachsen und zögerliche Lösungen im fernen Bonn: Bundesvertriebenenminister Hans Lukaschek sinniert über geeignete „Abwehrmaßnahmen", ca. 1950.
Karikatur von Peter Leger (Künstler), Haus der Geschichte, Bonn

Leumundsschreiben und Parteigutachten

Eine zwangsweise Rückführung von Abgelehnten fand zumindest über die rund 500 Kilometer lange Grenze Niedersachsens zur SBZ/DDR nicht statt, da die britische Militärregierung sich dieser Praxis widersetzte. Im Ergebnis mussten die Zuwanderer und Zuwanderinnen ihre (politische) Verfolgung also vornehmlich deshalb nachweisen, um auf der anderen Seite der Demarkationslinie Wohnraum, Lebensmittelmarken und eine Arbeitsvermittlung zu erhalten. Auch für die Geltendmachung von Versorgungsansprüchen konnte ein positiver Aufnahmebescheid von größtem Nutzen sein. Ein Verfolgungsstatus konnte aus den unterschiedlichsten Gründen vorliegen. Nichtsdestoweniger hatte das Bundesministerium für gesamtdeutsche Fragen (BMG) den Notaufnahmeausschüssen Richtlinien an die Hand gegeben, anhand derer die Prüfer bei der Beurteilung der Fluchtmotive vorgehen sollten. Anhaltspunkte für eine Aufnahme waren etwa Antibolschewismus, kirchliche Prägung, Regimegegnerschaft sowie die Betroffenheit durch Willkürmaßnahmen des SED-Regimes. Spezifizierte Anweisungen formulierte das BMG für Zwangsverpflichtete im Uran-Bergbau sowie Menschen, die in Ostdeutschland bei Justiz, Polizei oder in Lehrberufen tätig gewesen waren.[8] Ehemalige Parteifunktionäre und Stützen des SED-Regimes, die eventuell in Ungnade bei den anderen Parteikadern gefallen waren, schieden von vornherein aus. Zu groß war die Gefahr einer falschen öffentlichen Signalwirkung. Auch wenn damit ein Rahmengerüst für die Arbeit der Notaufnahmeausschüsse in Uelzen und dem zweiten Lager gleicher Art in Gießen stand, stellt sich unweigerlich die Frage, wie die Beweisführung auszusehen hatte: Wie konnten die Männer und Frauen, die ihre Zelte in der SBZ/DDR abgebrochen hatten, belegen, dass dies aufgrund einer Gefahr für Leib und Leben oder einer sonstigen Zwangslage geschehen war?

Zunächst einmal benötigten die Prüfer selbst Kenntnisse über die DDR, über Personennetzwerke, die politische Landschaft, die Wirtschaft, das Militär, die sowjetische Besatzungsmacht, aber auch über die geografischen Gegebenheiten, um die Aussagen der Vorsprechenden zumindest grob verifizieren zu können. Letztlich bedurfte es bei der Vielzahl an Einzelfällen jedoch detaillierter Informationen über die jeweilige lokale Situation etwa in Zwickau oder Ost-Berlin, in Nordhausen oder Greifswald. Es liegt auf der Hand, dass für die Prüfer fortwährend die Gefahr bestand, falschen Angaben oder gefälschten Papieren aufzusitzen. Daher bedienten sich die Notaufnahmeausschüsse im Sinne einer objektiveren Wahrheitsfindung auch der Dienste verschiedener Organisationen. Diese konnten einerseits zur gezielten Informationsgewinnung in der DDR auf Personennetzwerke zurückgreifen, hatten aber andererseits auch schon einen größeren Fundus an detaillierteren Informationen über die Lebens-

8 Vgl. Heidemeyer, Flucht und Zuwanderung, S. 115 f.; ferner auch Protokoll über die Aufnahme von Personen aus der sowjetischen Besatzungszone und dem Ostsektor Berlins im Bundesministerium für gesamtdeutsche Fragen, 6. 5. 1950, BArch, B 136/822, Bl. 55–62; vgl. hierzu auch das umfangreiche Material in BArch, B 137/29.

verhältnisse in der DDR angesammelt. Wie breit aufgefächert das Spektrum dieser Organisationen war, bei denen die Notaufnahmeausschüsse Anfragen stellen konnten, zeigt sich anhand des „Leitblatts" einer Notaufnahmeakte aus dem Jahr 1951: Hier wurden insgesamt elf Stellen genannt. Neben der Kampfgruppe gegen Unmenschlichkeit, dem Ausschuss freiheitlicher Juristen, der Vereinigung der Opfer des Stalinismus und gleich drei unterschiedlichen Polizeidienststellen waren auch die Ostbüros von SPD, CDU und FDP aufgeführt, die zu den wichtigsten Ansprechpartnerinnen für Gutachten gehörten.[9]

Die drei größten westdeutschen Parteien hatten die in ihrer Ausrichtung stramm antikommunistischen Ostbüros in der unmittelbaren Nachkriegszeit aufgebaut, um ihre in der DDR lebenden Parteimitglieder zu unterstützen. Diese wurden im SED-Staat zunehmend an der politischen Arbeit gehindert und unter Druck gesetzt.[10] Die Parteien wollten so ihre gesamtdeutsche Ausrichtung bekräftigen und für den angestrebten Fall der Wiedervereinigung bereits organisatorische Strukturen vorhalten. Aus diesem Grund legten sie auch weitreichende Karteien an, die Details vor allem zu Personen, aber auch zu anderen die DDR betreffenden Sachverhalten enthielten. Die 1949/50 im Lager Uelzen installierten Außenstellen der Ostbüros hatten mithin einerseits den Auftrag, von den dort vorsprechenden Menschen Informationen einzuholen. Andererseits sollten sie gerade mithilfe dieses Informationsschatzes die Notaufnahmeausschüsse bei der Ermittlung der möglichst wahrheitsgetreuen Übersiedlungsumstände unterstützen, wenn sie von den Vorsprechenden oder den Ausschüssen selbst um ein Gutachten ersucht wurden. So bescheinigte etwa das FDP-Ostbüro einem Antragsteller aufgrund von zuvor eingeholten Erkundigungen, dass er „ein einwandfreier und aufrechter Charakter" sei, der sich „aus innerer Überzeugung der SED völlig fern" gehalten habe; der „LDP-Betriebsgruppe stand er durchaus aufgeschlossen zur Seite".[11] Einem anderen Mann bescheinigte die CDU die Notwendigkeit

9 Vgl. Leitblatt, 3. 9. 1951, BAMF/BVA, Uel: Reg.-Nr. 7330.

10 Vgl. Wolfgang Buschfort, Parteien im Kalten Krieg. Die Ostbüros von SPD, CDU und FDP, Berlin 2000.

11 Gutachten Hilfsdienst Ost der FDP/Außenstelle Uelzen an Notaufnahmelager Uelzen, 12. 12. 1951, BAMF/BVA, Uel: Reg.-Nr. 393.

zur Flucht: „Von unseren Gewährsleuten erhalten wir die Nachricht, daß der obengenannte aus der Ostzone fliehen mußte […]. Es wird uns mitgeteilt, daß W. als Rechtsanwalt in der Ostzone jederzeit versucht hat, Willkürakte in der Rechtsprechung zu verhindern. Da W. außerdem aktives Mitglied der CDU seit Juni 1946 war, unterstand er dauernder Bespitzelung und Bedrohung."[12] Jedoch war die Einflussnahme der Parteien nicht immer von Vorteil für die im Lager Vorsprechenden, wie ein Gutachten des SPD-Ostbüros zeigt:

> „Wir sind im Fall Mu. nicht in der Lage, eine positive Stellungnahme abzugeben, da die von uns durchgeführte Überprüfung nicht ergeben hat, dass Mu. wegen einer politischen Handlung gegen das System […] der DDR in Gefahr geraten war, verhaftet zu werden. Unsere Vertrauensmänner haben mitgeteilt, dass Mu. durch liederlichen Lebenswandel die Grundlage für seine Inhaftierung selbst geschaffen hat."[13]

Die Antragsteller und Antragstellerinnen ihrerseits konnten ihre Ausführungen mit Dokumenten, wie etwa polizeilichen Vorladungen, Arbeitszeugnissen, Schachtausweisen aus dem Uran-Bergbau, oder anderweitigen Papieren untermauern. Dies waren etwa Leumundsschreiben von Personen aus ihrem alten Umfeld, die entweder die ganze Geschichte oder zumindest einzelne Tatsachen bestätigten – so geschehen auch in dem eingangs beschriebenen Fall.

Der M. legte gleich eine ganze Reihe Schreiben vor. In wohlwollendem, teils aber auch sehr pathetischem Ton attestierte dem Sudetendeutschen zunächst ein gutes Dutzend Unterzeichner seine auch schon in tschechoslowakischer Zeit hervorgetretene deutsch-nationale Gesinnung und bestätigte seine Angaben zur Internierung im „berüchtigten, Tschecheslov. K.-Z. Lundenburg, später im Bezirks-K.Z. Göding, wo er unter den bekannten menschenunwürdigsten Verhältnissen zu übermenschlichen Zwangs-

12 Gutachten CDU-Landesverband Hannover an Überprüfungskommission Uelzen-Bohldamm, 19. 10. 1950, BAMF/BVA, Uel: Reg.-Nr. 382.

13 Gutachten SPD-Flüchtlingsbetreuungsstelle Ost an den Leiter des Notaufnahmeverfahrens in Uelzen, 15. 10. 1952, BAMF/BVA, Uel: Reg.-Nr. 240.

arbeiten gezwungen wurde".[14] Neben einer weiteren Bescheinigung für seine Lagerhaft konnte der M. aber auch mehrere Schreiben an das Lager Uelzen-Bohldamm weiterleiten, die seine Gefährdungssituation in der DDR bestätigten: So sei der Hauswirt über die gelungene Flucht „wutentbrannt" gewesen, habe nach der folgenden „Abgängigkeits-Anzeige" die Beschlagnahmung des in der Wohnung verbliebenen Eigentums des M. mit initiiert und wollte sich dem Vernehmen nach an M. rächen.[15] Ob es sich hierbei um Fakten bis ins Detail, um Freundschaftsdienste aus alter Verbundenheit oder um eine Mischung aus beidem handelte, lässt sich nicht mehr aufklären. Insgesamt schienen dem Beschwerdeausschuss die neuen Dokumente jedenfalls zu genügen. Dieser kam am 13. Februar 1951 zu der Überzeugung, „dass diese laufenden Drohungen eines Tages wahr gemacht werden könnten und M. seiner persönlichen Freiheit beraubt würde". Dem M. wurde die Aufnahme in das Bundesgebiet am gleichen Tag gewährt.

14 Bescheinigung [ohne Datum], an das Lager Uelzen-Bohldamm übersandt mit Schreiben vom 2. 2. 1951, BAMF/BVA, Uel: Reg.-Nr. 230.

15 Brief von K. an M., 12. 11. 1950, BAMF/BVA, Uel: Reg.-Nr. 230. Vgl. drei weitere Schreiben ebenda, 14. 12. 1950, 2. 1. 1951 und 9. 11. 1950.

TILMAN WICKERT

Liebesgaben aus West-Berlin

Die Solidaritätssammlungen der bundesdeutschen Studentenschaft und das Amt für gesamtdeutsche Studentenfragen

„Vergiß nicht Dein Päckchen nach drüben" – diese Aufforderung war fast allen Westdeutschen in den 1950er-Jahren bekannt (vgl. Abb. 1). Millionen Bundesbürgerinnen und Bundesbürger machten seit Beginn der deutschen Teilung im Jahr 1949 von den Möglichkeiten Gebrauch, Bürgern und Bürgerinnen der DDR, denen sie sich durch familiäre, konfessionelle oder anderweitige Verbindungen nahe fühlten, verschiedene Waren und Güter zukommen zu lassen. Die Hintergründe waren dabei durchaus zwiespältig. Neben karitativen Motiven boten solche „Liebesgaben" stets auch Gelegenheit, der Gegenseite die wirtschaftliche Überlegenheit des westlichen Modells subtil, aber anschaulich und alltagsnah zu beweisen. Nicht zuletzt deshalb wurden die Paketversendungen rasch ein von der Politik gefördertes Treiben, dem sich mit der Zeit diverse gesellschaftliche Gruppen oder Vereinigungen anschlossen. So wuchs auch unter den Studentinnen und Studenten an den Universitäten Westdeutschlands nach 1949 der Wunsch, vor allem ihre politisch bedrängten Kommilitonen und Kommilitoninnen in der DDR auf ähnliche Weise zu unterstützen. Befördert worden war diese Hilfsbereitschaft nicht zuletzt durch die Empörung, welche die gewaltsame Zerschlagung der frei gewählten Studentenräte an den Universitäten der SBZ/DDR unter den Studentinnen und Studenten der Bundesrepublik hervorgerufen hatte.

Abb. 1: Westdeutscher Aufruf in Form eines Flugblatts zum Päckchenschicken in die DDR, 1950er-Jahre.
Stiftung Berliner Mauer, Sammlung Erinnerungsstätte Notaufnahmelager Marienfelde

Die Idee der Solidaritätsgroschensammlung

Anfangs hatten sich, ähnlich wie die Allgemeinen Studentenausschüsse (AStA) in den westlichen Zonen, auch in der Sowjetischen Besatzungszone frei und geheim gewählte Studentenräte gebildet und am Wiederaufbau und an der Verwaltung der deutschen Universitäten beteiligt. In den Studentenratswahlen der SBZ hatten sich vor allem Vertreter und Vertreterinnen der liberalen und christdemokratischen Hochschulgruppen durchgesetzt, wogegen die Kandidaten und Kandidatinnen der SED fast nirgendwo die Mehrheit der studentischen Wählerschaft für sich gewinnen konnten. Erst als im Rahmen der Gleichschaltung der Blockparteien CDU und LDP auch die frei gewählten Studentenräte gewaltsam zerschlagen wurden, gelang es dem SED-Regime, seine Jugendorganisation FDJ als einzige, wenngleich nicht durch freie Wahlen legitimierte Studentenvertretung einzusetzen. Die Hochschulgruppen der CDU und LDP wurden aufgelöst, ihre führenden Vertreter, wie etwa der Rostocker

Abb. 2: Gedenktafel der Universität Rostock aus dem Jahr 2011 für Arno Esch, der 1949 verhaftet und 1951 wegen Spionage und Bildung einer konterrevolutionären Organisation hingerichtet wurde. *Archiv der Universität Rostock*

Student Arno Esch, häufig der Universitäten verwiesen, bisweilen sogar inhaftiert oder hingerichtet (vgl. Abb. 2). Viele der übrigen Mitglieder konnten zwar an den Universitäten verbleiben, wurden aber systematisch von der Stipendienförderung ausgeschlossen, was ein Weiterstudieren massiv erschwerte.

Die westdeutschen AStA protestierten entschieden gegen die gewaltsame Schleifung der Studentenräte und zogen umgehend erste Konsequenzen: Als sich nach der „doppelten Staatsgründung“ 1949 die AStA der Bundesrepublik und der West-Berliner Universitäten im Verband Deutscher Studentenschaften (VDS) zusammenschlossen, lehnte der Verband aus Protest gegen die gewaltsame Unterdrückung der studentischen Selbstverwaltung in Ostdeutschland jeden offiziellen Kontakt zu den FDJ-Studentenräten in der DDR ab.[1] Zugleich wollten die westdeutschen AStA nicht die Verbindungen zu den „freiheitlich gesinnten Studenten der Sowjetzone“ kappen. Um mit ihnen weiterhin zumindest „inoffiziellen“ Kontakt pflegen zu können, richtete der Verband 1949 ein Referat Ost ein, dass wenig später in Amt für gesamtdeutsche Studentenfragen (AGSF) umbenannt wurde. Vom AGSF ging auch im Sommer 1950 die Idee aus, eine regelmäßige „Solidaritätsgroschensammlung“ in den Studentenschaften durchzuführen, um so mit Geld, Lebensmitteln, Medikamenten oder Literatur die „freiheitlich gesinnten Studenten“ in der DDR zu unterstützen. Spiritus Rector dieser Idee war der stellvertretende AGSF-Geschäftsführer und spätere West-Berliner Bildungssenator Carl Heinz Evers. Evers, der Jahre später als „Vater der Gesamtschulen“ bundesweit Bekanntheit erlangen sollte, war Student in Halle und Hochschulfunktionär in der dortigen CDU-Hochschulgruppe gewesen, ehe er sich im Januar 1950 dank frühzeitiger Warnhinweise seiner Verhaftung durch Flucht nach West-Berlin entziehen konnte. Im sicheren Westen angelangt, setzte er sein Studium an der Freien Universität fort und schloss sich dem AGSF an.

Evers' Idee, mit Spendengeldern die studentische Opposition in der DDR zu unterstützen, stieß jedoch bei den AStA im Bundesgebiet anfänglich auf erhebliche Skepsis. Angesichts der prekären materiellen Verhältnisse, unter denen die Mehrheit der westdeutschen Studenten und Studentinnen 1950 lebte, mochte dort niemand so recht an eine hohe Spendenbereitschaft glauben. Tatsächlich war die sprichwörtliche „Studentenarmut“ ein drängendes Problem in der jungen Bundesrepublik gewesen. Ein vergleichsweise großzügiges Stipendienwesen, wie es in den westeuropäischen Staaten Frankreich oder Großbritannien bereits in den

1 Zur Entstehungsgeschichte des VDS siehe Uwe Rohwedder, Kalter Krieg und Hochschulreform. Der Verband Deutscher Studentenschaften in der frühen Bundesrepublik (1949–1969), Essen 2012.

1950er-Jahren etabliert war, gab es in der Bundesrepublik nicht. Und die Familien waren vielfach nicht in der Lage, dies auszugleichen, da die meist männlichen Ernährer oftmals „im Krieg geblieben“ oder als arbeitsunfähige Invaliden aus ihm zurückgekehrt waren. Die Studierendenschaft der Freien Universität in Berlin beispielsweise bestand im Jahr 1952 zu fast einem Drittel aus Waisen und Halbwaisen.[2] Selbst dort, wo der Krieg die Familienstrukturen verschont haben mochte, fielen die finanziellen elterlichen Zuwendungen bescheiden aus, da Inflation, Weltkrieg, Flucht, Vertreibung und die Währungsreform von 1948 die Vermögenswerte deutscher Mittelstandsfamilien – denen die Studenten und Studentinnen mehrheitlich entstammten – weitgehend vernichtet hatten. Vor diesem Hintergrund mussten sich die meisten als schlechtbezahlte Werksstudenten oder mit kleinen Hilfsarbeiten, wie Teppichklopfen oder Botengänge, durchs Studentenleben schlagen. Doch im Herbst 1950, als der antikommunistische Konsens nicht nur die Politik und die breite Gesellschaft der Bundesrepublik, sondern auch die Studentenschaften erreicht hatte, stimmte schließlich eine Mehrheit der AStA-Vorsitzenden für die Durchführung der Solidaritätsgroschensammlung.

Wie und auf welche Weise die Gelder gesammelt werden sollten, blieb der Kreativität der örtlichen AStA überlassen. Neben konventionellen Methoden, etwa am Ausgang von Vorlesungssälen Spenden zu erbitten, konnten hier und da auch größere Summen aus der Professoren- und Dozentenschaft eingenommen werden. Konzerte oder Modenschauen, durchgeführt mithilfe der wenigen weiblichen Kommilitoninnen, erwiesen sich wenig überraschend als deutlich erfolgreicher bei der Spendenakquise. Auf diese Weise und in der Vorweihnachtszeit des Jahres 1950 gut platziert, erzielte die erste Solidaritätsgroschensammlung der kaufkraftschwachen deutschen Studentenschaft immerhin 11 000 DM. Mit Beginn des Jahres 1951 schließlich konnten erhebliche Mengen an Medikamenten, Lebensmitteln und Literatur beschafft und anschließend auf dem Postweg oder über den Kurierapparat des AGSF in die DDR gebracht werden.

2 Vgl. Bericht des Studentenwerkes, 21. 1. 1952, FU, UA, Rektorat, 1225.

„Liebesgaben" ...

Ein Schwerpunkt der Hilfsaktion war die Versorgung der DDR-Studierendenschaft mit Medikamenten. Hierbei konnte sich das AGSF offenbar auch auf die Kooperationsbereitschaft von Teilen der Ärzteschaft in der DDR verlassen. So wurden mittels Kurieren gezielt ausgesuchte Krankenhäuser oder Vertrauensärzte und -ärztinnen mit Medikamenten beliefert, die chronisch kranke Studenten und Studentinnen sowie Professoren und Professorinnen mit zum Teil lebensnotwendigen West-Pharmazeutika diskret behandelten.[3] Auch beriet das AGSF erkrankte Studenten und Studentinnen bei der Auswahl vertrauenswürdiger Ärzte und Ärztinnen, die keinen politischen Druck auf die Studenten und Studentinnen ausüben würden. Auffallend häufig zielte der AGSF-Medikamententransfer auf die Tuberkulosebekämpfung ab. Obgleich keine gesicherten epidemiologischen Daten für die Tuberkuloseverbreitung unter der DDR-Studierendenschaft vorliegen, finden sich in den Quellen des AGSF Indizien dafür, dass diese hochaggressive Lungenkrankheit Anfang der 1950er-Jahre noch stark unter den Studenten und Studentinnen der DDR verbreitet gewesen sein muss. So erhielt das AGSF 1952 monatlich etwa 20 „Hilferufe nach Streptomycin", einem neuartigen Tuberkulose-Therapeutikum aus den USA, das in der DDR nicht erhältlich war.[4] Da allein die Beschaffung dieses neuartigen Medikaments für diese 20 Fälle den Jahresetat der Sammlungsgelder vollständig in Anspruch genommen hätte, kooperierte das AGSF mit Großspendern aus der Pharmabranche, dem Apothekerverband und dem evangelischen Hilfswerk. Zum Empfängerkreis der Medikamentenspenden zählten ebenfalls inhaftierte Studenten. Da auch Familienangehörigen die Aushändigung von Medikamenten an Inhaftierte nicht gestattet war, versuchte das AGSF im Rahmen der Lebensmittelspenden dieses Verbot zu unterlaufen. So belieferte das AGSF Angehörige von Inhaftierten mit hochkonzentrierten Vitaminen oder Dextroenergen

3 Vgl. Protokoll über die zweite Sitzung des Kuratoriums für die Solidaritätssammlung der freien deutschen Studentenschaft am 13. 7. 1953, BArch, B 166/1255, Bl. 2.

4 Bericht des AGSF über seine karitativen Aktivitäten [ohne Datum; ca. 1952/53], FU, UA, Rektorat, 1225.

in pulverisierter Form, die sich unauffällig unter Lebensmittel wie Zucker oder Butter mischen ließen. Damit hoffte das AGSF, der oft chronischen und bisweilen lebensgefährlichen Mangelernährung von Häftlingen in DDR-Strafvollzugsanstalten zu begegnen.

Neben Medikamenten belieferte das AGSF die Studenten und Studentinnen der DDR auch mit Nahrungsmitteln, in den ersten Jahren vielfach mit Grundnahrungsmitteln. In späteren Jahren, nachdem sich die Versorgungslage in der DDR spürbar gebessert hatte, gehörten vor allem hochwertige Waren wie Kakao, Schokolade, Südfrüchte oder Fleisch- und Wurstspezialitäten, die in der reglementierten Planwirtschaft noch immer knapp waren, zu den bevorzugten Gütern. Weitere Adressaten dieser Lebensmittelspenden waren abermals chronisch kranke Studenten und Studentinnen wie auch Professoren und Professorinnen, für die eine akkurat abgestimmte – zum Beispiel vitaminreiche – Nahrungsaufnahme medizinisch notwendig war. Zumindest für das Jahr 1951 ist zudem überliefert, dass im Examen stehende Studenten und Studentinnen Lebensmittelpakete aus der Solidaritätssammlung erhielten, die bezeichnenderweise auch Zigaretten und Kaffee enthielten. Die Gelder der Solidaritätssammlung wurden zudem vom AGSF dazu genutzt, bedürftigen Studenten und Studentinnen finanziell unter die Arme zu greifen. Als bedürftig galten vor allem jene, die aufgrund ihrer bürgerlichen Herkunft oder wegen ihrer früheren Verbindungen zur freien studentischen Selbstverwaltung kein Stipendium erhielten.

Am sensibelsten war freilich der Schmuggel von Büchern und Zeitschriften, die in der DDR nicht erhältlich oder verboten waren. Tausende Exemplare etwa von George Orwells „1984" oder der linksliberalen Monatszeitschrift „Der Monat" erreichten durch die Arbeit des AGSF die Universitäten der DDR. Mit dem Transfer von Fachbüchern wiederum reagierte das AGSF auf die systematische Aussonderung westlicher Forschungsliteratur aus den Bibliotheken der DDR. Der politisch motivierte „Büchersturm" auf die Bibliotheken Ostdeutschlands, der nach 1945 einsetzte, ist bislang nur wenig erforscht, sodass seine tatsächlichen Ausmaße daher nur schwer zu bemessen sind. Doch nach AGSF-Lesart wütete er immerhin in einem so erheblichen Umfang, dass Forschung und Lehre massiv beeinträchtigt waren, da Studenten und Studentinnen sowie Lehrende nur schwer Zugang zu aktuellen Forschungserkenntnissen westlicher Wissenschaftler und Wissenschaftlerinnen bekamen. Sogar Lehrbücher von ostdeutschen Professorinnen und Professoren erschienen nicht selten nur in Verlagen der Bundesrepublik und waren für die studentischen Hörer und Hörerinnen daher oft nicht zu beziehen. Doch nicht nur die befürchtete Isolation der ostdeutschen Kommilitonen und Kommilitoninnen von weltweiten Forschungsdiskursen wollte das AGSF mit dem Transfer verbotener oder nicht erhältlicher Literatur abmildern. Ziel der Maßnahme war überdies, der marxistisch-leninistischen Indoktrination jüngerer Studentenjahrgänge im Rahmen der „sozialistischen Umgestaltung" der Universitäten geistig etwas entgegenzusetzen. Besonders von der Handreichung jener Literatur, die dem SED-Regime als „bürgerlich-objektivistisch" galt, versprach sich das AGSF eine wirksame Förderung des studentischen Widerstandsgeistes.[5] Offen bekannte AGSF-Leiter Dietrich Spangenberg gegenüber Studentenvertretern hierzu:

> „Für die Sowjetzone kann allein ein Widerstand auf lange Sicht sinnvoll sein, welcher den einzelnen Menschen und seine Bewahrung vor kritikloser Verblendung in den Mittelpunkt der Arbeit stellt [...]. Indem wir insbesondere die akademische Jugend zu ‚Objektivisten' zu erziehen versuchen, arbeiten wir dem Kampf der SED gegen Objektivismus an seiner empfindlichsten Stelle entgegen."[6]

Vor diesem Hintergrund hatte das AGSF damit begonnen, an einzelnen Hochschulstandorten der DDR heimliche Handbibliotheken mit „streng wissenschaftlichen" Titeln aufzubauen, die nicht in der DDR zu bekommen waren. Diese Handbibliotheken wurden von ausgesuchten und zuverlässigen Professoren und Professorinnen sowie Studentinnen und Studenten betreut und nach und nach einem größer werdenden Kreis von

5 Zum Kampf des SED-Regimes gegen den „bürgerlichen Objektivismus" an den Universitäten siehe Andreas Malycha, Das Verhältnis zwischen Wissenschaft und Politik in der SBZ/DDR von 1945 bis 1961, in: Aus Politik und Zeitgeschichte B 30–31 (2001), S. 14–21.

6 AGSF-Tätigkeitsbericht vom 1. 4. bis 30. 6. 1951, BArch, B 166/1257, Bl. 2.

Studenten und Studentinnen zugänglich gemacht.[7] Aufgrund beschränkter Mittel konnten diese heimlichen Handbibliotheken bis 1952/53 nur an einigen wenigen Hochschulstandorten aufgebaut werden, erfreuten sich dort jedoch offenbar reger Nachfrage, wie ein zufriedenes AGSF rückblickend feststellte.

... und Kuriere

Über die Kuriere des AGSF, ihre Identitäten und Motive ist nur wenig bekannt. Ihre „personenbezogenen Daten", wie es heute heißt, lagerten in einem Safe in der Dahlemer AGSF-Zentrale, durften nur von ranghöchsten Mitarbeitern und Mitarbeiterinnen eingesehen werden und wurden allesamt spätestens mit der Auflösung des AGSF im Jahr 1963 vernichtet. Darüber hinaus erhielten die Kuriere Decknamen wie „Foxterrier", „Dachs" oder „Altmann", um sie für die Dauer ihrer operativen Arbeit durch konsequente Anonymisierung zu schützen.[8] Zeitzeugenberichte, aber auch die Ermittlungsergebnisse der Stasi, die mehrere AGSF-Kuriere enttarnte, verhaftete und verhörte, legen jedoch nahe, dass dem Kuriernetzwerk anfänglich vor allem Studenten der DDR-Studentenopposition um die zerschlagenen liberalen und christdemokratischen Hochschulgruppen angehörten. Auch der Umstand, dass die „Einsatzfahrten" der Kuriere auffallend häufig an die Universitäten Jena und Leipzig führten, die als Hochburgen der studentischen Opposition galten, stützt dieses Bild. Gefährlich waren die Kurierdienste für die DDR-Studenten, die sie ausführten, allemal. Im Falle der Enttarnung und Verhaftung drohten ihnen nicht nur die Exmatrikulation, sondern oftmals auch Verurteilungen zu mehrjährigen Haftstrafen wegen „ungesetzlicher Verbindungsaufnahme" zu sogenannten „Agentenorganisationen" oder wegen „Boykotthetze" gemäß Artikel 6 der DDR-Verfassung.[9]

7 Bericht des AGSF über seine karitativen Aktivitäten.

8 Abrechnungsunterlagen über die Einsatzfahrten der Kuriere und Informanten, 1951, BArch, B 166/1216.

9 So wurde der Leipziger AGSF-Kurier „Altmann" im Jahre 1957 verhaftet und wegen „Boykotthetze" gegen die DDR zu 12 Jahren Zuchthaus verurteilt, vgl. BArch,

Nach erfolgreicher Durchführung der ersten weihnachtlichen Solidaritätsgroschensammlung im Dezember 1950 begannen auch US-amerikanische Dienststellen und das Bundesministerium für gesamtdeutsche Fragen (BMG) sich für die operative Arbeit des AGSF auf DDR-Gebiet zu interessieren. Denn das Leitmotiv der studentischen Spendenaktion, die körperliche und geistige Widerstandskraft der Studentenopposition in der DDR aufrechtzuerhalten, fügte sich ideal in die sicherheitspolitischen Strategien Bonns und Washingtons ein, die Konsolidierung der sowjetkommunistischen Herrschaft in Ostdeutschland zu verhindern. Um diesem Ziel näher zu kommen, kooperierten sowohl US-amerikanische Stellen als auch das gesamtdeutsche Ministerium mit nichtstaatlichen Organisationen, die vom sicheren Hafen West-Berlin aus vielfältig in die DDR hinwirkten mit dem Ziel, Widerstandskraft und Oppositionsgeist in der ostdeutschen Bevölkerung wachzuhalten. Das AGSF gehörte anfänglich nicht zu diesem Netzwerk. Doch mit der Ankündigung des SED-Regimes Ende 1950, die Weltfestspiele der Jugend und Studenten im August 1951 in Ost-Berlin stattfinden zulassen, erweiterte sich die Kampfzone des Kalten Krieges auf die Jugend und Universitäten Deutschlands. Infolgedessen wandten sich das Bundesministerium für gesamtdeutsche Fragen und der US-amerikanische High Commissioner for Germany (HICOG) verstärkt Jugend- und Studentenkreisen zu und begannen damit, das AGSF und seine Arbeit dauerhaft finanziell zu unterstützen. Zwar beteiligten sich US-amerikanische Dienste ausdrücklich nicht an der Solidaritätssammlung, übernahmen jedoch über eine Tarnorganisation die Kosten für den Kurierdienst, die vorrangig durch die Fahrgelder der Kuriere für ihre Einsatzfahrten entstanden waren.[10] Im Gegenzug für diese großzügige Unterstützung versprach das AGSF

MfS, BV Leipzig AIM 142/82, Bl. 119 ff. Der Artikel 6 der DDR-Verfassung diente dem SED-Regime als Instrument der politischen Strafjustiz zur Sicherung seiner Herrschaft. Siehe hierzu Falco Werkentin, Politische Strafjustiz in der Ära Ulbricht, Berlin 1995.

10 Auf die Verbindungen der besagten Stiftung zur CIA hat auch Uwe Rohwedder aufmerksam gemacht. Siehe Uwe Rohwedder, „Terror gegen das Hochschulwesen der DDR"? Das Amt für gesamtdeutsche Studentenfragen, in: Zeitschrift des Forschungsverbundes SED-Staat 29 (2011), S. 91–103, hier S. 97.

den US-amerikanischen Stellen, ihnen über den Kurierapparat detaillierte Informationen über die Entwicklung an den Universitäten der DDR weiterzuleiten.[11] Damit war die Aktion keine rein studentische Angelegenheit mehr und hatte überdies eine nachrichtendienstliche Schlagseite erhalten. Kenntnis von der Finanzierung durch die „Stiftung zur Förderung eines vereinten und demokratischen Deutschland in einem geeinten Europa“, so der Name der Tarnorganisation, die 1952 an die Stelle des HICOG trat, besaßen lediglich die Vorstandsmitglieder des VDS, nicht jedoch die AStA-Vorsitzenden.

Bedeutungsverlust und Mauerbau

Obwohl die Solidaritätssammlung noch bis in die 1960er-Jahre fortgesetzt wurde und mit steigender Kaufkraft der bundesdeutschen Studierendenschaft immer größere Spendensummen generierte, fuhr das AGSF die Arbeit seines Kurierapparates ab etwa 1953 deutlich zurück. Einerseits geschah dies, weil das Kuriernetzwerk in der DDR sich nach 1951 durch Westflucht und Repression immer weiter ausdünnte, andererseits, weil die bundesdeutschen Studentenschaften den Operationen des AGSF auf DDR-Territorium wegen der Gefahr für die beteiligten Studenten und Studentinnen immer skeptischer gegenüberstanden. Überdies verloren auch US-amerikanische Stellen und das Bundesministerium für gesamtdeutsche Fragen ab Mitte der 1950er-Jahre allmählich das Interesse an derartigen befreiungspolitischen Aktivitäten, da die Konsolidierung der von der Sowjetunion abgesicherten SED-Diktatur mit diesen Mitteln allzu offensichtlich nicht mehr verhindert werden konnte. Mit dem Bau der Berliner Mauer 1961 rissen die informellen Verbindungen von AGSF und VDS zu den Kommilitonen in der DDR vorerst ab. Seiner Kontakte in die DDR durch den Mauerbau beraubt, verlor das AGSF seine Daseinsberechtigung. 14 Jahre nach seiner Gründung und einst in der Studentenpresse als „Hauptquartier der studentischen Resistance“ gefeiert, wurde das AGSF

11 Vgl. Vertrag über die Bedingungen der Unterstützungsbewilligung der HICOG an das AGSF, 11. 6. 1951, BArch, B 166/1257.

als „Zentralstelle für gesamtdeutsche Hochschulfragen" in einen formell selbstständigen, aber vollständig vom Bundesministerium für gesamtdeutsche Fragen finanzierten Verein überführt. Die Gelder der noch bis 1963 praktizierten Solidaritätssammlung wurden von da an vor allem für die Versorgung von geflohenen Studenten und Studentinnen aus der DDR verwendet.

MORITZ REININGHAUS

Die Grenzgänge des Rudolf Schottlaender

Ein deutsch-jüdischer Lebensweg zwischen Ost und West

Nach der Berufung als Professor für römische Literatur an die Humboldt-Universität zu Berlin im Januar 1960 behielt Rudolf Schottlaender seinen Wohnsitz in West-Berlin zunächst bei. Somit war er für die folgenden rund eineinhalb Jahre einer von etwa 2500 „echten“ Grenzgängerinnen und Grenzgängern, die 1960 im Westen Berlins wohnten und im Osten arbeiteten.[1] Rückblickend störte sich Schottlaender weder an den äußerlichen Bedingungen dieses „besonderen Arbeitspendelns“, noch berichtet er von einem der Systemkonkurrenz und dem Kalten Krieg geschuldeten Gefühl, sich in keinem der beiden deutschen Staaten zu Hause zu fühlen.[2] Vielmehr glaubte er, sich „als solch ein ‚Grenzgänger‘ in einer [ihm] durchaus adäquaten Position zu befinden“.[3]

1947 hatte sich Schottlaender erstmals über die Sektorengrenze hinweg von West-Berlin nach Dresden begeben, um an der dortigen Technischen Hochschule einen Lehrstuhl für Philosophie anzutreten. Nach der bereits 1949 aus politischen Gründen erfolgten Entlassung kehrte er nach West-Berlin zurück, wo er als Gymnasiallehrer tätig war. Zunächst hatten

1 Vgl. Julius Götz, Jagd auf Grenzgänger. Wie die Kommunisten das Recht auf Freizügigkeit in Berlin untergraben, in: SBZ-Archiv 12 (1961) 15, S. 234–239, hier S. 238.

2 Vgl. Frank Roggenbuch, Das Berliner Grenzgängerproblem. Verflechtung und Systemkonkurrenz vor dem Mauerbau, Berlin/New York 2008, S. 1.

3 Rudolf Schottlaender, Deutschsein fünfmal anders. Erinnerungen eines Unangepassten, hrsg. von Irene Selle und Moritz Reininghaus, Berlin 2017, S. 136.

sich Schottlaenders Hoffnungen auf eine Karriere in der westdeutschen akademischen Philosophie zerschlagen. 1959 wurde er dann im Alter von fast 60 Jahren zudem von der West-Berliner Senatsverwaltung für Volksbildung aufgrund seines Engagements in der Anti-Atomwaffenbewegung sowie seiner anhaltenden Bereitschaft zu Gesprächen mit Vertretern der DDR vom Schuldienst suspendiert und mit einem Disziplinarverfahren belegt. Zudem entzog ihm das Entschädigungsamt den Status als politisch-rassisch Verfolgter des Nationalsozialismus, den er besaß, da er als Jude das „Dritte Reich" überlebt hatte.

Die deutsch-deutschen Grenzgänge des am 5. August 1900 als Sohn einer akkulturierten jüdischen Familie in Berlin geborenen und am 1. April 1988 ebenda verstorbenen Philosophen und Altphilologen lassen sich somit nicht allein vor dem Hintergrund des Ost-West-Konflikts beschreiben. Auch wenn das politische Klima des Kalten Kriegs Schottlaenders Lebensweg nach 1945 entscheidend prägte, ist auch in seinem Fall die für das deutsche Judentum zentrale Auseinandersetzung mit „der quälenden Frage nach dem Verhältnis des Judentums zum Deutschtum, zur deutschen Kultur und Identität" im Auge zu behalten.[4] Bereits mit Erreichen der Volljährigkeit hatte Schottlaender diesbezüglich ein deutliches Zeichen gesetzt und am 30. August 1921 seinen Austritt aus der jüdischen Gemeinde erklärt.

Somit stehen hier in erster Linie Rudolf Schottlaenders vordergründig den Zeitläuften widerstrebende Handlungen im Mittelpunkt. Vor allem seine Entscheidungen, als geborener Jude nach 1945 in Deutschland zu bleiben und 1961 vom Westen in die DDR überzusiedeln, markieren Punkte, die Schottlaenders persönliche Handlungsmotive „interessant" und seine Biografie dementsprechend berichtenswert erscheinen lassen. Damit kann sein Lebensweg zumindest punktuell als eine die Regel bestätigende Ausnahme dienen und – sei es auch nur als Fußnote – letztlich in allgemeine historische Untersuchungen einfließen. In diesem Sinne verdeutlicht Schottlaenders Biografie, dass es auch im Angesicht der

4 Paul Mendes-Flohr, Neue Richtungen im jüdischen Denken, in: Michael A. Meyer (Hrsg.), Deutsch-jüdische Geschichte in der Neuzeit, Bd. 3: 1871–1918, München 1997, S. 333–366, hier S. 352.

Abb. 1:
Rudolf Schottlaender, um 1950.
Archiv Irene Selle/Verlag für Berlin-Brandenburg

politischen Extremsituationen des 20. Jahrhunderts durchaus Spielraum für individuelle Entscheidungs- und Handlungsmöglichkeiten gab, aber auch, wie sehr diese mitunter äußeren Beschränkungen und Zwängen ausgesetzt waren.

Berufliche Grenzgänge zwischen Ost und West

In seiner 1986 erstmals erschienenen Autobiografie versucht Schottlaender zu rekonstruieren, wie es 1960 zu der rückwirkend zum 15. Dezember 1959 wirksamen Berufung an die Humboldt-Universität gekommen war: Der Ost-Berliner Medizinhistoriker Alexander Mette habe für ihn den Kontakt zum Staatssekretär für Hoch- und Fachschulwesen Wilhelm Girnus und zum Präsidenten der Akademie der Wissenschaften der DDR und Leiter des Instituts für Altertumskunde an der Humboldt-Universität, Werner Hartke, hergestellt. Diese hätten dann dafür gesorgt, dass er den

Lehrstuhl bekam, so Schottlaender. Die Gemengelage der Protagonisten dieser Episode deutet an, dass die Berufung ein Ergebnis der SED-Westpolitik war, die seit Anfang der 1950er-Jahre dem massiven Verlust von Hochschulkräften entgegenwirken sollte. So war Wilhelm Girnus von 1955 bis 1958 als Sekretär des Ausschusses für Deutsche Einheit dafür verantwortlich, Übersiedlungen von der Bundesrepublik in die DDR propagandistisch zu verwerten.[5]

Als auslösendes Moment für die beruflichen Repressionen in West-Berlin beschreibt Schottlaender seinen Auftritt vor dem Nationalrat der Nationalen Front am 1. Dezember 1958. Fünf Tage nachdem der sowjetische Staats- und Parteichef Nikita Chruschtschow den Vier-Mächte-Status Berlins infrage gestellt hatte, hatte er vor dem obersten Gremium der als Sammlungsbewegung der Parteien, Massenorganisationen und Verbände der DDR – und letztlich zur Machtsicherung der SED – ins Leben gerufenen Nationalen Front den Vorschlag unterbreitet, „mit oder ohne Zustimmung aus Bonn eine Art in sich verbundener Doppelstadt zu schaffen".[6] Ost-Berlin sollte demzufolge Hauptstadt der DDR bleiben und West-Berlin den Namen „Deutsche Friedensmetropole" erhalten. Auch wenn weiterhin zwei Magistrate und zwei Verwaltungen bestehen bleiben sollten, schlug er die Schaffung einer „in sich verbundenen Stadt" vor, die als Modell und Wegbereiter für eine „Doppelrepublik Deutschland" dienen könne. Neben verschiedenen Wortführern des westdeutschen neutralistischen und pazifistischen Milieus waren bei der Tagung auch Vertreter der DDR-Regierung wie Außenminister Lothar Bolz und der Erste Sekretär des Zentralkomitees der SED und stellvertretende Vorsitzende des Ministerrats der DDR, Walter Ulbricht, anwesend. Letzterer fand wohlwollende Worte für Schottlaenders Rede, die er umgehend mit eigenen politischen Forderungen verknüpfte: „Herr Prof. Schottländer [sic] hat die Anregung gegeben, Westberlin in eine Friedensmetropole zu verwandeln.

5 Vgl. Heike Amos, Die Westpolitik der SED 1948/49–1961. „Arbeit nach Westdeutschland" durch die Nationale Front, das Ministerium für Auswärtige Angelegenheiten und das Ministerium für Staatssicherheit, Berlin 1999, S. 261 f.

6 Hier wie im Folgenden Stenographische Niederschrift der Tagung des Nationalrates der Nationalen Front des demokratischen Deutschland am 1. 12. 1958 im Großen Festsaal im Haus der Ministerien Berlin, SAPMO-BArch, DY 6/142.

Bitte schön. Also, beginnen wir damit, unterstützen wir den Vorschlag der Sowjetunion auf Abzug der ausländischen Truppen und Neutralisierung Westberlins."

Da er mit dem Auftritt bei der Nationalen Front der kommunistischen Propaganda Vorschub geleistet habe, suspendierte der West-Berliner Senator für Volksbildung am 12. Juni 1959 auf Grundlage der noch immer gültigen Reichsdienststrafordnung von 1937 Schottlaender vom Dienst und behielt zudem 40 Prozent seiner Dienstbezüge ein. In der Senatsverwaltung rechnete man mit Schottlaenders dauerhafter Entfernung aus dem Dienst. Dieser reichte vor dem Verwaltungsgericht Berlin Klage gegen das Disziplinarverfahren ein. Die gerichtliche Auseinandersetzung endete im Sommer 1960 mit einem Vergleich, wonach Schottlaender die einbehaltenen Gehaltszahlungen erhielt und im Gegenzug rückwirkend zum 15. Dezember 1959 seine Kündigung einreichte, womit auch seine Berufung an die Humboldt-Universität mit diesem Datum wirksam werden konnte.

Am 14. Juli 1959 war der Bescheid des Entschädigungsamtes ergangen, mit dem Schottlaender der Status als politisch-rassisch Verfolgter aberkannt wurde, da er Anhänger des totalitären Systems der DDR sei. Nachdem er die Professur in Ost-Berlin angetreten hatte, sah das Entschädigungsamt Schottlaenders Ablehnung der freiheitlich-demokratischen Grundordnung der Bundesrepublik endgültig als erwiesen an. Schottlaenders Anwalt entgegnete, dass der Lehrstuhl nicht als Beweis für eine Anhängerschaft der SED dienen könne, da es sich um eine „rein wissenschaftliche Tätigkeit" handele, und verwies auf die hohe Zahl an in Ost-Berlin arbeitenden West-Berlinern.[7] 1962 gab das Landgericht Berlin Schottlaenders Klage gegen den Bescheid statt, und er erhielt den Status als politisch-rassisch Verfolgter zurück.

Wie im Westen sah man auch im Osten Schottlaenders Weg in die DDR im Zusammenhang mit seinem Auftritt vor dem Nationalrat der Nationalen Front:

7 Dietrich Scheid an das Landesgericht Berlin, Berlin, 8.2.1960, Staatsbibliothek Berlin, Nachlass 359 (Rudolf Schottlaender), Mappe 1525 (Westberliner Akten).

> „1961 kehrte er zurück und trat vor dem Nationalrat als progressiver westdeutscher Bürger auf. Die Zurückführung wurde vom Kulturbund der DDR organisiert. Sch[ottlaender] erhielt ein 1-Familien-Haus in Friedrichshagen, eine ordentliche Professur mit Lehrstuhl; er wurde an der Humboldt-Universität im Institut für Altertumskunde als führender Wissenschaftler eingesetzt und erhielt einen Intelligenz-Einzelvertrag [...]. 1949 ging er illegal nach Westdeutschland, da er sich in der DDR seiner persönlichen Freiheit beraubt fühlte."[8]

Doch einerseits verkehrte die sogenannte Operative Information der Staatssicherheit vom Juli 1969 Ursache und Folge der Übersiedlung in die DDR, indem sie das eigentliche Datum der Berufung ausließ. Andererseits verwies sie mit der fluchtartigen Übersiedlung von Dresden nach West-Berlin von 1949 auf einen bereits über zehn Jahre zurückliegenden weiteren Grenzgang in Schottlaenders Biografie.

1947 war Schottlaender einem Ruf als Professor für Philosophie an der Technischen Hochschule Dresden gefolgt, da in den Westsektoren eine Berufung ohne Habilitation kaum möglich war. Ausschlaggebend für die Berufung dürften weniger die von Schottlaender selbst immer wieder angeführten Empfehlungsschreiben seiner akademischen Lehrer Ernst Hoffmann und Karl Jaspers als vielmehr seine Ende 1945 aufgenommene Tätigkeit für die Kommission für den Philosophieunterricht der Deutschen Zentralverwaltung für Volksbildung in der Sowjetischen Besatzungszone gewesen sein.[9] Bereits 1949 war Schottlaender in Dresden wieder entlassen worden, da er sich geweigert hatte, an der 1.-Mai-Demonstration teilzunehmen. Anschließend war er aus Furcht vor Repressionen umgehend nach West-Berlin zurückgekehrt und in den Schuldienst eingetreten. Dass er sich bei seiner Rückkehr 1961 in die DDR nur „halb willkommen"

8 Verwaltung für Staatssicherheit Groß-Berlin, Abteilung XX/3, Operative Information Nr. 457/69, 3. 7. 1969, BArch, MfS 1725/72, Bd. VI, Bl. 9.

9 Vgl. Schottlaender, Deutschsein, S. 132; Rudolf Schottlaender, Das Lehrziel des Philosophieunterrichts an Schulen. Gutachten für die „Deutsche Zentralverwaltung für Volksbildung in der Sowjetischen Besatzungszone", handschriftl. Manuskript, Archiv der Bibliothek für Bildungsgeschichtliche Forschung, DEIT 154 und DEIT 185.

fühlte, dürfte ihn daher wenig überrascht und das Gefühl, in der Zeit als „echter Grenzgänger“ zwischen Januar 1960 und August 1961 relative Freiheit genossen zu haben, zusätzlich verstärkt haben.

Geistige Grenzgänge?

Am 13. August 1961 bereitete die DDR-Regierung mit dem Bau der Berliner Mauer dem „Grenzgängerunwesen“ in Richtung West-Berlin ein jähes Ende. Die Weigerung der Humboldt-Universität, Schottlaender in D-Mark zu bezahlen, zwang ihn zum Handeln, wollte er nicht auf die neu erlangte Arbeitsstelle verzichten. Nicht ohne Genugtuung erinnerte er sich daran, dass er den Umzug in den Osten mit den zunächst einbehaltenen Gehaltszahlungen aus West-Berlin finanzierte. Durch den Umzug war Rudolf Schottlaender einer von rund 550 000 Menschen, die zwischen 1949 und 1989 von der Bundesrepublik in die DDR zogen.[10] Zum zweiten Mal gehörte er nun zur Gruppe der Professoren, die ohne Habilitation auf einen ostdeutschen Lehrstuhl berufen wurde. Erneut war er somit Nutznießer des „tiefgreifenden Eliteumbaus“ in der SBZ/DDR, der als „politisch erzwungene Außerkraftsetzung der traditionellen Berufungsvoraussetzung“ integraler Bestandteil des universitären Elitenwechsels in der SBZ/DDR war.[11] Dieser war nötig geworden, da sich vor allem im Bereich der Geistes- und Gesellschaftswissenschaften die alten universitären Eliten durch ihre politische Belastung während der NS-Zeit, die Flucht in den Westen oder eine anderweitig motivierte Ablehnung der neuen Gesellschaftsordnung nicht in den Aufbau des sozialistischen Staates integrieren ließen.

In der nach dem Mauerbau aufkommenden Auseinandersetzung der SED mit den „geistigen Grenzgängern“ stieß Schottlaender dennoch auf Misstrauen. So betätigte er sich insbesondere nach seiner 1965 erfolgten

10 Vgl. Bernd Stöver, Zuflucht DDR. Spione und andere Übersiedler, München 2009, S. 9.

11 Ralph Jessen, Diktatorischer Elitewechsel und universitäre Milieus. Hochschullehrer in der SBZ/DDR (1945–1967), in: Geschichte und Gesellschaft 24 (1998) 1, S. 24–54, hier S. 43.

Emeritierung als „Grenzgänger", wenn er – weiterhin in der DDR lebend – rege in der Bundesrepublik publizistisch tätig war. In dieser Zeit schrieb er zahlreiche Manuskripte für Radiosendungen im Hessischen Rundfunk sowie Artikel für die „Frankfurter Hefte". 1986 erschien seine Autobiografie unter dem Titel „Trotz allem ein Deutscher" bei dem in Freiburg im Breisgau ansässigen Herder-Verlag. Außerdem besaß Schottlaender eine Sondergenehmigung zur Einfuhr philosophischer und altphilologischer Fachliteratur aus dem Westen. Ab Februar 1979 war er zudem mithilfe der Bürgschaft eines West-Berliner Wissenschaftlers Nutzer der Staatsbibliothek in West-Berlin. Zumindest das Ministerium für Staatssicherheit (MfS) ging davon aus, dass er damit „erster eingetragener DDR-Bürger der Bibliothek [war]. Die ausgeliehenen Bücher führt er für sich und seine Bekannten in die DDR-Hauptstadt ein."[12]

Ebenso misstrauisch beäugte das MfS Schottlaenders „Bemühen um Gerechtigkeit des zeitgeschichtlichen Urteils", auf dessen Grundlage er versuchte, selbst angesichts der nationalsozialistischen Verbrechen „so viel Objektivität wie möglich zu bewahren", um sein Urteil über die deutsche Mehrheitsgesellschaft „nicht durch Hass trüben zu lassen".[13] Auch seine Beurteilung der jeweiligen politischen Lager während des Kalten Kriegs spiegelt diese Haltung wider, die Schottlaender nicht als Ausdruck einer moralischen oder politischen Indifferenz, sondern als ausdrückliches Gegenmodell zur Parteilichkeit verstanden wissen wollte. Als er im Januar 1979 dem ARD-Korrespondenten Lutz Lehmann ein vielbeachtetes Interview gab, berichtete ein inoffizieller Mitarbeiter zur politisch-operativen Durchdringung und Sicherung des Verantwortungsbereiches (IMS) dem MfS, das ab diesem Zeitpunkt den Philosophen bis zu seinem Tod neun Jahre später umfänglich überwachte: „SCHOTTLAENDER wird sich an unsere Gesetze halten, doch überall dort, wo er glaubt, daß man ihm nichts anhaben könne, wird er weiter im Westen publizieren. Sein Verhalten wird von einer mit logischen Argumenten nicht mehr zu beseitigenden

12 Bezirksverwaltung für Staatssicherheit Berlin, Abteilung XIX, Referat 2, Bericht über die durchgeführte Einführung der Kontaktperson „Hagen" in die Bearbeitung des OV „Historiker", 20.7.1979, BArch, MfS AOP 5124/88, Bd. 2, Bl. 230.

13 Schottlaender, Deutschsein, S. 86 und 105.

illusionären Grundposition bestimmt: ‚Nur durch ein ‚zwischen-den-Fronten-Segeln‘ kann man die Entspannung voranbringen.‘“[14] Damit griff der IMS einer 1986 von Schottlaender selbst formulierten Befürchtung voraus: „Das ironische Wort vom ‚Wanderer zwischen zwei Welten‘ oder vom ‚Sitzen zwischen zwei Stühlen‘ bot sich an, um meinen Lebenslauf ins Lächerliche zu ziehen.“[15] Als „staatsloyal, aber nicht marxistisch“ beschrieb Schottlaender sein Verhältnis zur DDR und äußerte deshalb mitunter auch sein Verständnis für den Bau der Mauer oder die Ausbürgerung unliebsamer Staatsbürger.[16] Selbst ihm durchaus wohlgesonnenen Menschen erschien er daher mitunter als „politisch etwas verworrener Mensch“.[17]

Dazu trug auch Schottlaenders Bereitschaft bei, nicht nur in Zeitschriften, Zeitungen und Büchern des linken, sondern gelegentlich auch des rechten politischen Spektrums zu publizieren. Auch hier werden Schottlaenders Bemühen um eine vermittelnde Position sowie ein intellektuelles Selbstverständnis erkennbar, das sich am Ideal einer illusionslosen Zeitdiagnostik orientierte, wie es der französische Philosoph Raymond Aron mit dem Bild des „spectateur engagé“ beschrieben hat. In seinem Ansinnen, „nicht Partei zu nehmen, sondern den Durchblick zu behalten“, setzt sich dieser mit Regelmäßigkeit zwischen alle Stühle.[18]

Schottlaenders als Inkonsequenz interpretierbare Weigerung, sich auf eine Seite des Ost-West-Konflikts zu stellen, verhinderte selbst in der Hochphase des Kalten Kriegs, dass seine Person publizistisch instrumentalisiert werden konnte. So erfuhren seine Entlassung in Dresden und die anschließende Übersiedlung nach West-Berlin im Westen zwar zunächst durchaus zustimmende mediale Aufmerksamkeit, die sich im Lauf der

14 Bezirksverwaltung für Staatssicherheit Berlin, Hauptabteilung XVIII/5/OG, Bericht, 27.9.1978, BArch, MfS AOP 5124/88, Bd. 2, Bl. 446 [Hervorhebung im Original].

15 Schottlaender, Deutschsein, S. 130.

16 Lutz Lehmann, Wunschdenken und Wirklichkeit im realen Sozialismus. Interview mit Rudolf Schottlaender, ausgestrahlt am 24.1.1979, abgedruckt in: Schottlaender, Deutschsein, S. 187–206, hier S. 204f.

17 Ingeborg Rapoport, Meine ersten drei Leben, Berlin 2021, S. 420.

18 Gangolf Hübinger, Engagierte Beobachter der Moderne. Von Max Weber bis Ralf Dahrendorf, Göttingen 2016, S. 13.

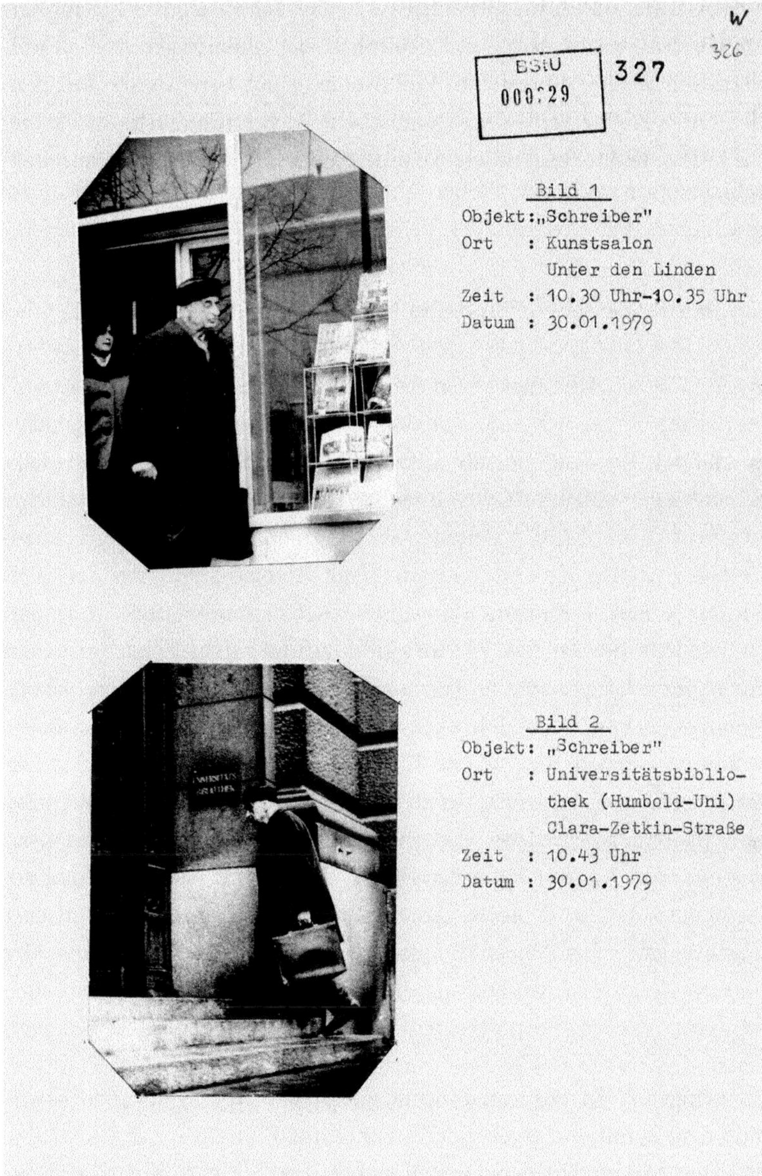

W

326

BStU
000129

327

Bild 1
Objekt: „Schreiber"
Ort : Kunstsalon
Unter den Linden
Zeit : 10.30 Uhr-10.35 Uhr
Datum : 30.01.1979

Bild 2
Objekt: „Schreiber"
Ort : Universitätsbibliothek (Humbold-Uni)
Clara-Zetkin-Straße
Zeit : 10.43 Uhr
Datum : 30.01.1979

Abb. 2: Überwachungsfotos des Ministeriums für Staatssicherheit von Rudolf Schottlaender, 1979.
Bundesarchiv, MfS, Bln AOP 5124/88

1950er-Jahre jedoch ins Gegenteil verkehrte. Schottlaenders hierfür verantwortliche pazifistische und neutralistische Äußerungen stießen wiederum in der DDR-Presse auf Wohlwollen. Doch bereits sein Umzug in den Osten erlebte keine propagandistische Auswertung mehr, was seiner Person zweifellos eine größere Bekanntheit in der Öffentlichkeit verschafft hätte.

Ein „Mittler zwischen Vergangenheit und Gegenwart"

Als Rudolf Schottlaender gegen Ende seines Lebens wieder stärkere Aufmerksamkeit auf sich zog, war dies vor allem seiner Lebensgeschichte geschuldet. Im Zuge des ab Anfang der 1980er-Jahre in beiden deutschen Staaten aufkommenden Interesses für deutsch-jüdische Geschichte beschritt er als „Mittler zwischen Vergangenheit und Gegenwart" einen weiteren Grenzgang und verfasste seine Autobiografie.[19] In der DDR waren es nun vor allem evangelische Kirchenkreise und Studentengemeinden, die den fast 90-Jährigen aufgrund seiner Zeitzeugenschaft für nahezu das gesamte 20. Jahrhundert zu Vorträgen einluden. Schottlaenders seit den 1920er-Jahren in ihren Grundzügen festgefügten, in der Tradition von Max Weber und Karl Jaspers stehenden philosophischen Positionen dagegen riefen unter seiner Zuhörerschaft zwar reges Interesse, aber meist nur begrenztes Verständnis hervor. In den kirchlichen Kreisen der DDR war seit Mitte der 1980er-Jahre vielmehr der unorthodoxe Neomarxismus Ernst Blochs „längst zum Standardrepertoire politischer Lektüre" geworden.[20] Blochs utopische Hoffnungsphilosophie konnte hier als Grundlage für einen Dialog zwischen jungen Christen und kritischen Marxisten dienen. Nach dem Mauerbau 1961 kehrte Bloch, der wie viele Juden einst mit großen Hoffnungen in die frühe DDR gekommen war, von einer Reise in den Westen nicht in die DDR zurück. Zeitgleich vollzog

19 Martin Sabrow, Der Zeitzeuge als Wanderer zwischen zwei Welten, in: ders./Norbert Frei (Hrsg.), Die Geburt des Zeitzeugen nach 1945, Göttingen 2012, S. 13–32, hier S. 29.

20 Ehrhart Neubert, Geschichte der Opposition in der DDR 1949–1989, Bonn 1997, S. 111.

Rudolf Schottlaender, der die „unübersehbar jüdisch-messianische Metaphysik Blochs“ stets strikt ablehnte, seine Übersiedlung nach Ost-Berlin.[21] Wie schon 1947 gab er sich angesichts dessen weder philosophischen noch lebensweltlichen Illusionen hin.

21 Willi Jasper, Deutsch-jüdischer Parnass. Literaturgeschichte eines Mythos, München 2004, S. 363.

BENJAMIN GLÖCKLER

Die Alten jenseits und diesseits der Mauer

Deutsch-deutsche Altersbilder zweier Wohlfahrtsorganisationen im Vergleich

„Bonner System ist altersfeindlich“ – so lautete 1967 eine Überschrift im „Volkshelfer“, der Monatszeitschrift der DDR-Massenorganisation Volkssolidarität (VS). Die kurze, dunkel unterlegte Notiz warf der westdeutschen Regierung vor, militärische Aufrüstung auf Kosten der älteren Bevölkerung zu betreiben. Dafür seien die Rentenleistungen bis auf ein lebensfeindliches Niveau gekürzt worden. Ein wörtlicher Hinweis darauf, dass es dank des Sozialismus im eigenen Land ganz anders sei, erübrigte sich. Der kleine Text war umzingelt vom Abdruck einer Rede, in der ausführlich „über die vornehmste Aufgabe [...] aller gesellschaftlichen Kräfte [der DDR], über die Einbeziehung der Veteranen in das gesellschaftliche Leben“ berichtet wurde. Das Layout machte bildhaft und unmissverständlich klar, welches politische System aus Sicht des „Volkshelfers“ in der Altenpolitik überlegen war (vgl. Abb. 1).

Urteile wie dieses bildeten im Blatt der VS, die in der DDR maßgeblich für die Altenbetreuung im Sinne des SED-Regimes zuständig war, keine Ausnahme. Immer wieder blickte die Redaktion in das andere Deutschland. Aber auch im Westen interessierten sich altenpolitische Akteur:innen für die Älteren jenseits der Mauer. Der sozialdemokratische Wohlfahrtsverband Arbeiterwohlfahrt (AWO), zu deren wichtigsten Tätigkeitsfeldern die Altenhilfe zählte, berichtete in seiner Verbandszeitschrift „Unsere Arbeit“ wiederholt über die ostdeutsche Alterssicherung und stellte Vergleiche zur Bundesrepublik an. Generell stand die AWO der DDR, in der

aus, geht gemeinsam ins Theater oder zum Sport, tut gemeinsam viele nützliche Dinge, um das Wohnen im Haus angenehmer und schöner zu gestalten. Doch das allein genügt nicht. Eine sozialistische Hausgemeinschaft kann man nicht, wie es leider oft noch der Fall ist, nur daran messen, wieviele Versammlungen stattgefunden haben oder wieviele Fenster von den Mietern selbst gestrichen wurden. Alles das sind äußerst nützliche und notwendige Dinge, aber das allein kann nicht den Charakter einer sozialistischen Hausgemeinschaft bestimmen. Vor allem kommt es darauf an, daß die Menschen sich in ihrem Haus nach der Tagesarbeit wohlfühlen und neue Kräfte sammeln können. Alles Künstliche und Lebensfremde, das man von außen versucht hineinzutragen, muß störend wirken. Was für die eine Hausgemeinschaft gut ist, muß es noch lange nicht für die andere sein. Unsere Menschen wissen selber, was sie gemeinsam tun sollen. Jeder soll spüren, daß sein Nachbar ihn achtet und mit ihm fühlt, daß er, und wenn notwendig alle Bewohner des Hauses, bereit sind, ihm zu helfen und auch seine Sorgen mit ihm zu teilen. Sicher haben die meisten unserer Mitmenschen ihr Arbeitskollektiv, doch es gibt viele Fragen, die man besser im Wohngebiet lösen bzw. wo eine Zusammenarbeit zwischen Betriebskollektiv und Hausgemeinschaft angebracht ist. Kein Alter und Kranker, keine kinderreiche Familie, kein junger Mensch, der mit seinen Problemen allein nicht fertig wird, darf vergebens auf die Hilfe der Gemeinschaft warten. Was hilft es z. B., wenn eine Hausgemeinschaft ein wahres Zahlenfeuerwerk ökonomischer Leistungen präsentieren würde, wenn jedoch im selben Haus eine ältere alleinstehende Frau drei Wochen krank im Bett liegen und sich kein Mensch um sie kümmern würde. Wir wollen alle helfen, das Leben unserer Nachbarn angenehmer und schöner zu gestalten. Brüderliche Hilfe, Rücksichtnahme auf die persönlichen Interessen und Gewohnheiten gehören ebenso dazu wie die Förderung der gemeinsamen Interessen. Unsere Mitmenschen werden es uns danken und mit Gleichem zurückzahlen.

Die besondere Freundschaft und Fürsorge aller Hausgemeinschaften verdienen unsere älteren Bürgerinnen und Bürger. In ihrem arbeitsreichen Leben haben sie wesentliche Voraussetzungen geschaffen für das Gelingen der großen Pläne, die der VII. Parteitag der SED unserem Volk unterbreiten konnte. Viele von ihnen sind heute noch gesellschaftlich aktiv tätig. Fast 600000 dieser verdienten Bürger, das sind 20 Prozent aller Rentner, stehen noch im Arbeitsprozeß und helfen uns mit ihren wertvollen Lebenserfahrungen, den von ihnen begonnenen sozialistischen Aufbau zu vollenden. Ihnen allen gehört unsere hohe Anerkennung und, wo nötig, unser ganzer Beistand.

„Aber wir sollten mehr tun", riet uns der Vorsitzende des Staatsrates Walter Ulbricht in seiner Botschaft zu Beginn des Jahres. Vieles ist inzwischen geschehen, doch ich glaube, die Nationale Front kann mit ihrer großen gemeinschaftsfördernden Kraft noch mehr tun. Manch einer unserer älteren Mitmenschen hat noch das Bedürfnis, eine nützliche Arbeit zu tun. „Wer rastet, der rostet", sagen viele. Sie wollen ihre Hände nicht in den Schoß legen. Eine ganztägige Tätigkeit mit weitem Weg ist ihnen jedoch zu anstrengend. Dem sollten wir stärker Rechnung tragen, so wie es einige Betriebe in Berlin seit langem tun; zum Beispiel bringen der VEB Postkartenvertrieb, das Ministerium für Volksbildung, der Verband der Journalisten leichte Arbeit zu den Veteranen in ihren Klub in der Rosenthaler Straße 51. Im Jahre 1966 wurden allein auf diese Art 25690 Stunden und durch stundenweise Tätigkeit in nahegelegenen Betrieben 8733 Stunden wertvoller Arbeit geleistet zum unmittelbaren Nutzen der Rentner und zum Wohle der ganzen Gesellschaft.

Oft ist es aber doch so, daß ein älterer Mensch an seinem Lebensabend seinen Betrieb, sein vertrautes Kollektiv verläßt. Mit allen Ehren wird er dann verabschiedet. Ein bedeutender Lebensabschnitt geht zu Ende, aber jetzt braucht der Mensch die besondere Unterstützung seiner Nachbarn im Wohngebiet. Die Hausgemeinschaft wird jetzt für ihn das bestimmende Kollektiv. Er muß fühlen, daß er gern aufgenommen ist, daß seine Kenntnisse, seine Erfahrungen hoch gewertet werden, daß er geachtet, geliebt und unterstützt wird. Die Ausschüsse der Nationalen Front sollten sich in Zukunft der Organisierung der Nachbarschaftshilfe, der Hauswirtschaftspflege, der Betreuung alter Menschen bei besonderer Unterstützung durch die Volkssolidarität und die Pionierorganisation mit mehr Aufmerksamkeit annehmen. Die Leistungen in der Nachbarschaftshilfe und bei der Unterstützung alter Bürger sind ein Hohelied auf die Selbstlosigkeit und Einsatzbereitschaft vieler Frauen. Der DFD wird bei der Verbreitung dieser Arbeit gern mit seinen reichen und wertvollen Erfahrungen helfen. So werden wir Schritt um Schritt die schöne sozialistische Menschengemeinschaft vervollkommnen, in der sich jeder Bürger wohlfühlt.

Die Gestaltung des entwickelten gesellschaftlichen Systems des Sozialismus fordert von uns auf dem Gebiet des geistig-kulturellen Lebens:

die sozialistische Kultur weiter zu entwickeln und fest im Leben, Fühlen, Denken und Handeln aller Bürger unserer Republik zu verankern.

Kultur ist nicht nur Theaterbesuch und künstlerische Selbstbetätigung. Wer sich in der Hausgemeinschaft als sozialistischer Mensch verhält, wer ein krankes Kind pflegt, einem älteren Menschen hilft, einen Mitbürger versteht, wenn er Sorgen hat, wer seinen Arbeitsplatz sauber und in Ordnung hält, der Mensch hat Kultur – sozialistische Kultur.

Lassen Sie mich zum Schluß die Aufgaben, die sich aus den Erfahrungen der Torgauer Initiative und aus den Lehren der Wahlbewegung ergeben, in einigen Punkten zusammenfassen:

Bonner System ist altersfeindlich

Als im Interesse einer gesteigerten militärischen Aufrüstung Pläne für einen radikalen Abbau der sozialen Leistungen in der westdeutschen Regierung behandelt wurden, da erklärte der Bonner Regierungschef Kiesinger: „Wenn die Rentner glauben, gerade auf ihrem Gebiet dürften die Pflöcke nicht zurückgesteckt werden, so täuschen sie sich."
So müssen die Rentner bluten; 4% der Rente werden für Krankenversicherung abgezogen; von den Renten werden Steuern einbehalten und an Stelle von Barzuweisungen für die Rentenversicherungsanstalten gibt es nur Schuldverschreibungen.
Wie Professor Schubert, Vorsitzender der westdeutschen Gesellschaft für Alternsforschung mitteilt, ist das Leben für die alten Menschen nicht mehr lebenswert, da sich die Gesellschaft nicht um die Alten kümmert.

4

Abb. 1: Zwei Artikel im „Volkshelfer" – „Bonner System ist altersfeindlich" (ohne Verfasser:in) und Werner Kirchhoff, „Miteinander und Füreinander" (Auszug). *Volkshelfer 8 (1967) 10, S. 4, Abdruck mit Genehmigung des Volkssolidarität Bundesverband e. V.*

sie als Hilfsorganisation nicht zugelassen wurde, mit kritischer Offenheit gegenüber: Einerseits lehnte man Diktatur und politische Verfolgung entschieden ab, andererseits war man sozialistischen Ideen gegenüber aufgeschlossen und bekannte sich selbst offiziell zu einem demokratischen Sozialismus.

Der vorliegende Beitrag möchte das Bild rekonstruieren, das diese beiden Wohlfahrtsorganisationen in ihren Periodika vom jeweils anderen deutschen Alter entwarfen. Außerdem soll gezeigt werden, welche Sicht auf die „eigenen" Alten in der Auseinandersetzung mit jenen Bildern zum Ausdruck kam und welche Funktionen der deutsch-deutsche Vergleich dabei übernahm – Überlegenheit zu demonstrieren, war eine davon. Den Untersuchungszeitraum bilden die Jahre von 1967 bis 1971, die in beiden deutschen Staaten weitreichende Veränderungen mit sich brachten. Auf der großen Bühne – Regierungsantritt Willy Brandts (1969), das Ende der Ära Ulbricht (1971) – genauso wie auf vielen kleineren: Unter anderem erfuhr die Altenpolitik in der DDR eine Aufwertung und Umorientierung, in der Bundesrepublik wurden die Weichen für die Rentenreform von 1972 und das Heimgesetz von 1974 gestellt. Sowohl der ostdeutsche „Volkshelfer" als auch die westdeutsche „Unsere Arbeit" berichteten in dieser Phase mehrfach über die Alten im anderen Teil Deutschlands. Nach 1971 ging die deutsch-deutsche Berichterstattung dann zurück, das AWO-Blatt stellte sie vorerst sogar ganz ein.

„Sachlicher Vergleich"

„Unsere Arbeit" erschien seit 1956 und richtete sich als Verbandszeitschrift an die Helfer:innen, Mitglieder und Förderer der AWO. Dementsprechend war auch das inhaltliche Profil des Blattes gestaltet. Den größten Teil bildeten Berichte über den Verbandsalltag, ergänzt um einige wenige Artikel, die sich mit der sozioökonomischen Situation in der Bundesrepublik und – noch seltener – in anderen Staaten auseinandersetzten. Wenn es um die Situation alter Menschen im Ausland ging, schaute „Unsere Arbeit" bevorzugt in die DDR. Zwischen 1967 und 1971 tat sie das insgesamt dreimal. Zwei der Beiträge legen den Schwerpunkt ganz allgemein auf das

System der sozialen Sicherung in der DDR und kommen dabei auch auf die Alterssicherung zu sprechen. Im Abstand von zwei Jahren, 1969 und 1971, berichtete Heinz Niedrig, damals hauptamtlich beim AWO-Bundesverband tätig, über Funktionsweisen und Leistungen des ostdeutschen Sozialwesens und stellte es dessen westdeutschem Pendant gegenüber. Beide Artikel waren um einen „sachliche[n] Vergleich“ bemüht, allerdings spielte ein Fokus auf finanzielle Leistungen der reicheren Bundesrepublik, die sich um 1970 noch in der Spätphase des Nachkriegsbooms befand, eindeutig in die Karten.[1]

In der DDR war die soziale Sicherung aus Niedrigs Sicht umfassender und übersichtlicher. Eine Einheitssozialversicherung versichere alle Beschäftigten zentral und obligatorisch; an Stellen, wo das westdeutsche Sozialsystem zu perfektionistisch sei, gebe es im Osten oft einfachere Lösungen. Besonders an der simplen Form der Rentenberechnung könne man sich in der Bundesrepublik ein Beispiel nehmen. Das stand auf der Habenseite. Die Nachteile der ostdeutschen Sozialpolitik wogen dagegen erheblich schwerer: zu ideologisch, zu produktionsorientiert, zu leistungsschwach. „Alle sozialpolitischen Maßnahmen der DDR“, so Niedrig, „zielen auf eine maximale Ausnutzung aller Arbeitskräfte“ und begünstigten „insbesondere die arbeitende Bevölkerung“. Weiterbeschäftigung und (Wieder-)Aufnahme einer Arbeit werde gefördert, die Aufgabe der Arbeit erschwert. Ein besonders drastisches Mittel hierzu sei das extrem niedrige Rentenniveau. Der Eintritt in den Lebensabend bedeute für Rentner und Rentnerinnen „meist einen starken Abfall ihres früheren Lebensstandards, häufig bis auf das bloße Existenzminimum“.[2] Der Großteil der Alten friste daher laut Niedrig in der DDR ein beklagenswertes Dasein im Schatten einer radikalisierten Arbeitsgesellschaft.

Die Rentner:innen im Westen hätten es da deutlich besser. Zwar sei ihr Leben bürokratischer, aber dank höherer Rentenleistungen auch individueller, humaner und materiell abgesichert. Niedrig stand mit dieser Sichtweise keineswegs allein da. Ende der 1960er-Jahre schien vielen

1 Heinz Niedrig, Sozialsituation BRD–DDR. Sachlicher Vergleich, in: Unsere Arbeit 16 (1971) 8, S. 115.

2 Ders., Soziale Sicherung in der DDR, in: Unsere Arbeit 14 (1969) 1, S. 15.

Westdeutschen die Altersarmut im eigenen Land weitestgehend überwunden. Das bewies ihnen nicht zuletzt der Blick ins Ausland, beispielsweise in die DDR. Mit der sozialpolitischen Konfiguration des Alters als einer erwerbsarbeitsbefreiten und zugleich den Lebensstandard aufrechterhaltenden Lebensphase konnte das ostdeutsche System nach Ansicht von Niedrig und anderen Beobachtenden nicht mithalten.

Niedrig nutzte die Gegenüberstellung aber nicht nur, um die Leistungsfähigkeit der Bundesrepublik herauszustellen. Die DDR war für ihn außerdem ein Kontrastmittel für Schwachstellen innerhalb der westdeutschen Rentenpolitik. Neben der komplizierten Leistungsberechnung war hier vor allem das zu hohe Renteneintrittsalter angesprochen. Während in der Bundesrepublik der Rentenbeginn bei 65 Jahren lag (nur für Arbeitslose und Frauen gab es unter gewissen Voraussetzungen Ausnahmen), bezogen in der DDR weibliche Personen bereits mit 60 Jahren regulär Altersruhegeld. Dass das AWO-Blatt dieses Thema damals aufgriff, war kein Zufall. In Bonn wurde seit den späten 1960er-Jahren über eine allgemeine Flexibilisierung und Herabsetzung der Altersgrenze diskutiert. Der deutsch-deutsche Vergleich war für Niedrig ein Mittel, in dieser Sache Stellung zu beziehen und seiner Position politischen Nachdruck zu verleihen.

Der dritte Beitrag, der sich in „Unsere Arbeit“ mit der DDR befasste, verzichtete auf eine direkte Gegenüberstellung mit der Bundesrepublik. Die Autorin Gisela Kiesau beschäftigte sich darin 1971 mit den staatlichen Feierabend- und Pflegeheimen sowie einer Verordnung aus dem Jahr 1968, mit der im Osten eine rechtliche Grundlage für die Versorgung in solchen Einrichtungen geschaffen worden war. Sehr sachlich schildert Kiesau den Mangel an Heimplätzen in der DDR, umreißt kurz die Altenhilfeleistungen der Volkssolidarität und beschreibt die finanzielle Seite des Heimlebens sowie die Unterschiede zwischen den verschiedenen Einrichtungen. Pflegeheime glichen eher Krankenhäusern, Feierabendheime hätten mehr Wohncharakter und ließen Bewohner:innen größere lebensgestalterische Freiräume.

Zwei Fotografien lenkten den Fokus klar auf diesen zweiten Einrichtungstyp (vgl. Abb. 2). Es handelt sich vermeintlich um Alltagsaufnahmen, die einen Feierabendheim-Bewohner beim Schachspiel, eine andere

des noch bestehenden Mangels an Heimplätzen muß eine Dringlichkeit nachgewiesen werden.

Jahr	Plätze in Feierabend- und Pflegeheimen	Hilfsleistungen der Volkssolidarität durch Hauswirtschaftspflegerinnen und in Nachbarschaftshilfe in 1000 Stunden
1949	71 500	
1956	81 698	

Die Heimbewohner erhalten ein monatliches Taschengeld aus den Mitteln der Sozialfürsorge, sofern nicht eigenes Vermögen oder eigene Einkünfte zur Verfügung stehen. Das monatliche Taschengeld der Heimbewohner beträgt für

Hilfsbedürftige	38,— DM
Rentner mindestens	48,— DM
Ehegatten von Rentnern, für die ein Ehegattenzuschlag zur Rente gezahlt wird	43,— DM

Abb. 2: Gisela Kiesau, „Staatliche Feierabend- und Pflegeheime" (Ausschnitt). *Unsere Arbeit 16 (1971) 5, S. 70, Abdruck mit Genehmigung des Arbeiterwohlfahrt Bundesverband e. V.*

Bewohnerin bei der Lektüre zeigen. Beide Fotos entsprechen der Ikonografie des gebildeten Arbeiters beziehungsweise der gebildeten Arbeiterin und hätten so auch in einer offiziellen SED-Publikation abgedruckt sein können. Das gilt gerade für die Zeit um 1970: Im Zuge einer Neuausrichtung der staatlichen Altenbetreuung betonte das DDR-Regime damals den Stellenwert von Kultur im Alter besonders. Die Aufnahmen lassen sich jedoch auch anders betrachten. Nahaufnahmen einzelner alter Menschen waren in „Unsere Arbeit" eine sparsam eingesetzte Bildformel, die ansonsten durchweg auf ein prekäres Alter in der Bundesrepublik verwies. Vor allem Alterseinsamkeit, die aus Sicht der AWO in Westdeutschland grassierte, wurde so ins Bild gesetzt. Dass diese Formel nun auch im Kontext der DDR Verwendung fand, legt nahe, dass hier auf visueller Ebene eine Gemeinsamkeit zwischen Ost und West aufgezeigt werden sollte, über die der Text schwieg.

Kiesaus Artikel lässt sich aber nicht bloß in dieser Hinsicht mit der Bundesrepublik in Beziehung bringen. Ebenso wie im Osten gab es im

Westen einen Mangel an Heimplätzen und seit Ende der 1960er-Jahre immer stärkere Bestrebungen, die damals scharf kritisierte stationäre Altenhilfe zu verrechtlichen. Das Bundesfamilienministerium legte dazu 1971 einen ersten Gesetzentwurf vor. Außer baulichen und personellen Minimalanforderungen standen dabei vor allem Mitbestimmungsrechte der Bewohner:innen im Mittelpunkt. Die AWO, die bundesweit Hunderte Alten(pflege)heime betrieb, verfolgte diese Diskussionen genau. Zudem war sie selbst auf der Suche nach Wegen, wie sie Heimbewohner:innen mehr Eigenständigkeit einräumen konnte.

Die Mitglieder und Mitarbeitenden der AWO über die stationäre Altenhilfe im anderen Teil Deutschlands zu informieren – das war sicherlich ein zentrales Anliegen Kiesaus. Die vielen akuten Parallelen zu den westdeutschen Altersdebatten und der praktischen Arbeit der AWO legen aber auch nahe, dass die DDR hier als Referenzpunkt vorgeschlagen werden sollte: Probleme, die wir haben, gibt es auch dort (Mangel an Heimplätzen, Alterseinsamkeit); für Aufgaben, an denen wir arbeiten, können wir dort Orientierung finden (Verrechtlichung und Öffnung der stationären Altenhilfe) – so konnte man Kiesaus Beitrag durchaus auch verstehen.

Den Texten von Kiesau und Niedrig aus dem Jahr 1971 sollte in den 1970er-Jahren keine weitere Berichterstattung von „Unsere Arbeit" über die Alten im Osten folgen. Die Mitgliederzeitschrift der AWO hatte sich selten und wenn, dann vorrangig für die sozialpolitische Verfasstheit des ostdeutschen Alters interessiert. Mit der bundesrepublikanischen Rentenreform von 1972 wurde die Alterssicherung in der DDR endgültig als Referenzgröße irrelevant.

Sozialistische Nestwärme und kapitalistisches Wolfsgesetz

Die Redaktion des „Volkshelfers" legte in Altersfragen ein deutlich anderes Vergleichsverhalten an den Tag. Im Schnitt erwähnte jede zweite Ausgabe zwischen 1967 und 1971 das Alter in der Bundesrepublik. Das Mitgliedsorgan der DDR-Volkssolidarität brachte Reden von VS-Funktionär:innen, die die Situation im Westen beiläufig kommentierten, genauso wie Beiträge, die sich ausführlich mit Einzelaspekten des Themas beschäftigten. In unterschiedlichster Form hatten die Alten jenseits der Mauer also ihren festen Platz im Repertoire des „Volkshelfers". Auch nach 1971 ging die Berichterstattung weiter, erreichte aber nie mehr diese Intensität.

Blättert man die Hefte der Zeitschrift durch, fällt schnell auf, dass es im „Volkshelfer" kein Jenseits ohne Diesseits gab. Meistens zogen Autoren und Autorinnen selbst einen direkten Vergleich zur DDR; fehlte es einem Beitrag an vergleichender Perspektive, drängte der mediale Kontext sie wie in Abb. 1 förmlich auf. Dabei standen zwei eng miteinander verflochtene Vergleichsachsen besonders im Mittelpunkt. Die eine Achse verlief zwischen *sozialer Sicherheit* auf der östlichen und *sozialer Unsicherheit* auf der westlichen Seite. Entlang dieser Achse entwarf der „Volkshelfer" ein deutsch-deutsches Altersbild, das im Osten ein sozioökonomisch abgesichertes Rentnerleben zeigte, im Westen einen brutalen Absturz in existenzielle Nöte. Wenn man in der Bundesrepublik nicht „zum Kreis der Monopolkapitalisten" gehöre, formulierte eine Autorin, dann „hat man nichts zu lachen und als Rentner erst recht nicht".[3] Denn aufgrund viel zu niedriger Renten litten die Alten besonders unter dem unmenschlichen westdeutschen Alltag, diktiert von knappen Sozialleistungen, Wohnraummangel und Mietwucher sowie desaströsen Zuständen in Alteneinrichtungen. All dies seien Symptome der sozialen Unsicherheit, die der westdeutsche Kapitalismus systemimmanent produziere.

Materielle Not war aus Sicht der Autor:innen des „Volkshelfers" aber nicht die einzige Folge sozialer Unsicherheit. Sie nehme dem Alter außerdem alle Planbarkeit, was nicht nur der Psyche der Älteren zusetze, sondern auch den Jüngeren Angst vor dem Alter mache. Für das VS-Blatt war klar: Die ausbeuterische Altenpolitik der Bundesregierung richtete generationsübergreifend Schaden an. Sozialismus hingegen bedeute „Sicherheit und gesicherte Zukunft für jeden Bürger", auch im Alter.[4] Ein Beispiel dafür sei die Rentenreform von 1968, die höhere Mindestrenten und die Einführung einer freiwilligen Zusatzrentenversicherung gebracht habe.

3 Renate Kirschnek, Sie waren voller Hoffnung, in: Volkshelfer 8 (1967) 4, S. 6.

4 Walter Buchheim, Dem VII. Parteitag der Sozialistischen Einheitspartei Deutschlands gilt unser Gruß, in: Volkshelfer 8 (1967) 4, S. 1–2, hier S. 1.

Sowohl die Rentenreform als auch die kontrastreiche Zusammenschau der ost- und westdeutschen Rentenpolitik im „Volkshelfer" sind vor dem Hintergrund eines Kurswechsels in der Sozialpolitik der DDR zu sehen. Gegen Ende der 1960er-Jahre stiegen sozialpolitische Leistungen zu einer der wichtigsten Legitimationsstützen des Systems auf; ab 1969 waren sie zudem eine Antwort auf die Reformpolitik der sozialliberalen Regierung in Bonn.

Auf dieses legitimatorische Ziel lief auch die zweite Vergleichsachse des „Volkshelfers" zu: *sozialistische Nestwärme – kapitalistisches Wolfsgesetz*. Sozialistische Nestwärme war ein Schlagwort, mit dem in der DDR um 1970 die Neuausrichtung der staatlichen Altenbetreuung propagiert wurde. Neu daran war, dass medizinische und soziokulturelle Betreuung an Bedeutung gewannen und Weiterbeschäftigung von Rentner:innen nun nicht mehr das alleinige Ziel darstellte. Sozialistische Nestwärme stand dabei für Fürsorge und Geborgenheit, aber ebenso für Anerkennung von Lebensleistung und die Einbeziehung der Älteren in das gesellschaftliche Leben. Dieses Zugeständnis an die zunehmend unzufriedene ältere Bevölkerung macht die Abhängigkeit der DDR-Herrschaft vom demografischen Wandel erkennbar. Der Anteil der über 60-Jährigen an der Gesamtbevölkerung war in der DDR im Vergleich zu anderen Industriestaaten überdurchschnittlich hoch und wuchs stetig weiter. Das neue Betreuungsprogramm bot dem Regime obendrein die Chance, eine umstrittene These Walter Ulbrichts in den Bereich der Altenpolitik integrieren und unter den Älteren verbreiten zu können. Ulbricht zufolge war die DDR nunmehr auf dem Weg in das „entwickelte gesellschaftliche System des Sozialismus". Die sich ausbreitende sozialistische Nestwärme sei ein Ausdruck dieses Fortschritts. Eine entwickelte sozialistische Gesellschaft, hieß es dazu offiziell, bringe ihren älteren Bürgern und Bürgerinnen nämlich eine ganz besondere Achtung entgegen.

Der sozialistischen Nestwärme stellte der „Volkshelfer" das *Wolfsgesetz des Kapitalismus* gegenüber. Wo, wie in Westdeutschland, das Wolfsgesetz regiere, sei sich jeder und jede selbst am nächsten, erziehe der tagtägliche Existenzkampf die Menschen zu Egoismus, Habsucht, Heuchelei und Menschenhass. In einer solchen Gesellschaft stehe „das Prinzip der herausgepreßten Leistung im Interesse des Maximalprofits an erster Stelle", würden alle Beziehungen auf die Frage des Geldes reduziert.[5] Die Alten mit ihren niedrigen Renten und ihrer schwindenden Leistungskraft seien die natürlichen Opfer eines Systems wie diesem. Es verweigere ihnen jede Form der Anerkennung, erkläre sie für krank, nutzlos und überflüssig und verdränge sie möglichst früh von ihren Arbeitsplätzen und später dann aus ihren Wohnungen – denn die nächste Mieterhöhung komme bestimmt. Nicht einmal mehr die eigene Familie interessiere sich für das Wohlergehen ihrer Angehörigen. Kein Wunder also, befindet der „Volkshelfer", dass in der Bundesrepublik nicht Fürsorge, sondern das Geschäft mit alten Leuten blüht. Insbesondere skrupellose Altenheimbetreibende und Vermieter:innen bereicherten sich an der verzweifelten Lage ihrer älteren Mitmenschen. Die dramatischen Konsequenzen dieses altersfeindlichen Klimas seien ein kollektiver Minderwertigkeitskomplex unter den Alten sowie ein Ausmaß an Verzweiflung und Vereinsamung, das alte Menschen reihenweise in den Selbstmord treibe.

Beispielhaft kann ein Beitrag über das Schicksal der Blumenfrau Anna Grieger die Berichterstattung über das kapitalistische Wolfsgesetz illustrieren. Ursprünglich stand die Geschichte in der westdeutschen Illustrierten „Neue Revue", darauf weist der „Volkshelfer" nachdrücklich hin (vgl. Abb. 3). Was war passiert? In Hamburg habe sich eine 76-jährige Frau mit den Worten „Ich weiß nicht mehr wohin" aus ihrem Wohnungsfenster in den Tod gestürzt. Vorausgegangen seien der Verzweiflungstat monatelange Versuche des Vermieters, die Frau aus ihrer Wohnung zu ekeln, um an der Stelle des Wohnhauses ein profitableres Geschäftshaus errichten zu können. Auf den Suizid seiner Mieterin angesprochen, sagte der Vermieter: „Wir hatten an dem Tag ja auch ganz blödsinniges Wetter, ein richtiges Embolie-Wetter. […] Bei solchem Wetter kommen alte Leute auf komische Ideen." Aus Sicht des „Volkshelfers" war dieses Ereignis kein Einzelfall. Vielmehr war es die Regel in einem Dauerkonflikt, „wie er zwischen Vermietern und Mietern in der Bundesrepublik immer krasser wird und immer häufiger zu Lasten alter Menschen geht".

5 Willi Schlase, Mieten und Menschenschicksale in Westdeutschland, in: Volkshelfer 11 (1970) 12, S. 8–9, hier S. 8.

nicht mehr zuständig zu fühlen haben.

Tut endlich was gegen den Miet-Wucher

NEUE REVUE

Aus Angst vor der Kündigung stürzte sich in Hamburg eine alte Frau in den Tod. Empörte Mieter demonstrierten. Wenn Bonn nicht sofort eingreift, wird es noch mehr Tote geben

Während des in Nürnberg durchgeführten Alternsforschungskongresses wurde festgestellt, „daß bei Rationalisierungen in zahlreichen Betrieben Mitarbeiter, die über 40 Jahre alt seien, schon als überzählig bezeichnet wurden."

im System der Ausbeutung des Menschen durch den Menschen, auf der Grundlage des Privateigentums an Produktionsmitteln und der hemmungslosen Spekulation mit Grund und Boden. In einer rheinischen Großstadt, wo der Quadratmeter Baugrund bis 1968 etwa 50 DM kostete, mußten Ende 1969 bereits 125 DM bezahlt werden. Ähnliche Entwicklungen gibt es in allen Teilen der BRD. Hinzu kommen Baupreise,

Was war geschehen? 27 Jahre wohnte die Blumenfrau Anna Grieger in der Poststraße auf dem Hinterhof einer grauen Altstadtgasse in Hamburg. Eines Tages hörten Hausbewohner Schreie der Frau, die im offenen Fenster stand. „Hilfe, Hilfe", rief sie. „Ich weiß nicht mehr wohin". Man versuchte, die Frau vom Fensterkreuz wegzubringen. Doch dazu kam es nicht mehr. Wie ein Stein fiel sie auf den gekachelten, schmut-

NEUE REVUE

Die grauhaarige Frau klammerte sich an die Außenwand des schmutzig-düsteren Hauses. Sie weinte. Dann rief sie zweimal den Nachbarn zu: „Ich bin 76. Ich weiß nicht mehr wohin." Anna Grieger, Blumenfrau aus Hamburg sah nur noch einen Ausweg: Sie ließ sich zwölf Meter tief in den Hof des Hauses Poststraße 26 fallen. Nach wenigen Minuten war sie tot.

8

Abb. 3: Willi Schlase, „Mieten und Menschenschicksale in Westdeutschland" (Ausschnitt). *Volkshelfer 11 (1970) 12, S. 8, Abdruck mit Genehmigung des Volkssolidarität Bundesverband e. V.*

Das deutsch-deutsche Altersbild des „Volkshelfers" hatte eindeutig Propagandacharakter. Es überzeichnete die Bundesrepublik als systemisch altersfeindliche Gesellschaft, in der „das Alter zum Gespenst der Menschen" werde.[6] Bürger:innen der DDR könnten sich im Alter hingegen sicher und geborgen fühlen. Selbstkritische Stimmen, die sich im „Volkshelfer" durchaus finden lassen, verstummten, sobald die Rede auf die Bundesrepublik kam. Demonstration von Überlegenheit war dann die oberste Devise. Weiterhin sollte die Kontrastierung mit den Zuständen im Westen unterstreichen, dass die humane Altenpolitik im Osten keine Selbstverständlichkeit war, sondern eine außergewöhnliche Leistung, vollbracht von System und Partei. Schließlich erhoffte sich die Redaktion des VS-Blattes noch eine abschreckende Wirkung. Rentnerinnen und Rentnern,

6 O. V., Alter – keine Bürde, in: Volkshelfer 10 (1969) 4, S. 2–3, hier S. 2.

die ein Heft des „Volkshelfers“ aufschlugen, sollte ins Auge springen: Rübermachen lohnt sich nicht!

Die Alten, Gespenster des *anderen* Systems

Die Bundesrepublik und die DDR waren „vergleichende Gesellschaften“ und hatten besonders aufeinander ein Auge geworfen.[7] Das war auch in Altersfragen so. Die Mitgliederzeitschriften der AWO und der VS zeigen, dass in beiden deutschen Staaten wichtige altenpolitische Akteure die Älteren jenseits und diesseits der Mauer miteinander in Relation setzten. Der ostdeutsche „Volkshelfer“ war in dieser Hinsicht allerdings deutlich aktiver als das AWO-Blatt „Unsere Arbeit“. Repräsentationen des westdeutschen Alters waren eine tragende Säule der Altersselbstbilder, die das Organ der VS von der DDR entwarf. Im Gegensatz dazu spielten die ostdeutschen Alten in „Unsere Arbeit“ lediglich eine Nebenrolle. Zumindest für diese Blätter lässt sich eine „asymmetrische Verflechtung“ medialer Darstellung von Alter in Ost und West konstatieren.[8]

Die deutsch-deutschen Altersbilder, die „Unsere Arbeit“ und „Volkshelfer“ mit ihren Vergleichen zeichneten, waren sich im Grunde nicht unähnlich: Während das eigene Land Wege gefunden habe, die ältere Bevölkerung in das gesellschaftliche Leben zu integrieren, dränge das jeweils andere System das Alter an den Rand der Gesellschaft. „Unsere Arbeit“ stellte dabei vor allem auf die ökonomische und sozialpolitische Überlegenheit der Bundesrepublik ab, die sich nirgends bemerkbarer mache als bei der Versorgung der Alten; die Zeitschrift druckte aber auch Passagen,

7 Malte Thießen, Vergleichende, verfeindete und verflochtene Gesellschaften. Transnationale Zusammenhänge einer bundesdeutschen Geschichte der Gesundheit, in: Sonja Levsen/Cornelius Torp (Hrsg.), Wo liegt die Bundesrepublik? Vergleichende Perspektiven auf die westdeutsche Geschichte, Göttingen 2016, S. 124–141, hier S. 132.

8 Zur „asymmetrischen Verflechtung“ vgl. Christoph Kleßmann, Spaltung und Verflechtung – Ein Konzept zur integrierten Nachkriegsgeschichte 1945 bis 1990, in: ders./Peter Lautzas (Hrsg.), Teilung und Integration. Die doppelte deutsche Nachkriegsgeschichte als wissenschaftliches und didaktisches Problem, Schwalbach (Taunus) 2006, S. 20–37, hier S. 30 ff.

die sich der Argumentationslogik der Systemkonkurrenz entzogen. Die Vergleiche des „Volkshelfers“ waren hingegen durchweg im Binärcode des Kalten Krieges verfasst. Sicherheit und Geborgenheit im Alter konnte es laut dem VS-Blatt nur im Sozialismus geben.

Zurschaustellung von Dominanz – das war in beiden Periodika eine elementare Funktion des deutsch-deutschen Vergleichs. Die ausschließliche aber war es nicht. Der „Volkshelfer“ nutzte den anderen deutschen Teilstaat als Kontrastfolie, um staatliche Leistungen für Rentnerinnen und Rentner stärker sichtbar zu machen und so die Legitimation des Regimes zu steigern; „Unsere Arbeit“ positionierte sich mithilfe des ostdeutschen Vergleichsfalls genauer in inländischen Debatten, benannte Schwachstellen des Bonner Rentensystems und suchte nach Orientierung in drängenden Altersfragen. Dass die Gegenüberstellungen nach 1971 deutlich weniger wurden, gibt einen Hinweis darauf, dass die Zeit um 1970 für das Alter im geteilten Deutschland eine Phase des Übergangs war und dies von den Zeitgenoss:innen auch so wahrgenommen wurde.

Mitgliedszeitschriften von Wohlfahrtsorganisationen waren nicht die einzigen, die West und Ost in Sachen Alter miteinander verglichen. Auch andere Printmedien wie „Stern“ oder „Für Dich“ taten das, ebenso wie Gerontolog:innen oder Menschen aus der Politik. Wie genau, wird eine Zeitgeschichte des Alters noch zeigen müssen.

SOPHIE LANGE

Umweltschutz ist (k)eine Einbahnstraße

DDR-Umweltpolitik in den deutsch-deutschen Beziehungen

Während der Zeit des Umbruchs in der DDR, genauer im Februar 1990, gab Bundesumweltminister Klaus Töpfer (CDU) grünes Licht für die Altlastenerfassung, um „keine Einbahnstraße [zu]zulassen".[1] Hatten bislang die Bundesrepublik und West-Berlin seit fast 20 Jahren ihren Müll auf Deponien in der DDR entsorgt, sollte nunmehr der Weg dafür bereitet werden, Sonderabfälle aus der DDR auch in Westdeutschland beseitigen zu können.

Das Bild der „Einbahnstraße" war aber nicht erst in der Transformationszeit ein beliebtes Motiv in den Reden der Akteure und Akteurinnen eines ost-west-übergreifenden Umweltschutzes. Schon zuvor sollte damit verdeutlicht werden, dass Umweltprobleme grenzüberschreitend seien und deswegen eine Zusammenarbeit erforderten. Doch nicht immer meinte „Einbahnstraße" gleich „Einbahnstraße". Je nach Kontext und Perspektive konnte die Bedeutung dieser Metapher variieren. In den 1980er-Jahren kamen Delegierte der Bundesrepublik und der DDR öfter zusammen, um über die ökologischen Auswirkungen von – zumeist – DDR-Betrieben auf die Umwelt zu sprechen. Drei verschiedene Verwendungen dieses Bildes lassen sich im historischen Kontext deutsch-deutscher Umweltpolitik ausmachen.

1 Handschriftliches Protokoll der 1. Sitzung der Umweltkommission, 23.2.1990, BArch, DK 5/6042.

Havel und Spree – Algen ade. Ein ökologisches Erfordernis

Der erste Gebrauch dieses Bildes einer Einbahnstraße beziehungsweise der Betonung, dass es sich hier gerade nicht um eine solche handelt, stellte zu Beginn der 1980er-Jahre eine ökologische Interpretation dar: Die Berliner Algen waren im griechischen Wortsinne „eutroph", das heißt, sie waren „gut genährt". Dieser Zustand war maßgeblich durch neue Entwicklungen hervorgerufen worden. So gelangten in den 1960er- und 1970er-Jahren beispielsweise vermehrt phosphathaltige Wasch- und stickstoffhaltige Düngemittel in die Berliner Gewässer. Dadurch wucherte und wuchs die Alge, starb ab, sank zu Boden und wurde dort von Mikroben zersetzt. Dieser Zersetzungsprozess entzog den anderen Lebewesen in Havel, Spree und Panke zunehmend Sauerstoff und damit die Lebensgrundlage. Im schlimmsten Fall führte das sogar zum Fischsterben.

Dieses als „Eutrophierung" bekannte Phänomen beunruhigte Wissenschaft und Politik in Ost und West. Im Falle Berlins galt für die DDR und West-Berlin, dass beide Seiten nicht nur Ober-, sondern auch Unterlieger waren. Das bedeutet, was der eine verschmutzte, betraf ebenso den anderen – und umgekehrt. Durch den Fluss der Gewässer von Ost-Berlin über West-Berlin in den DDR-Bezirk Potsdam waren alle Beteiligten sowohl Verursacher als auch Empfänger der Verschmutzung. Angesichts dieses Umstands drängte der Senator für Stadtentwicklung und Umweltschutz in West-Berlin, Klaus Melsheimer, gegenüber dem Abteilungsleiter im Ministerium für Umweltschutz und Wasserwirtschaft (MfUW) der DDR, Gerhard Voigt, darauf, dass Gewässerschutzprobleme im geteilten Berlin „nicht als Einbahnstraße" gesehen werden können.[2] Indem der Senator betonte, dass es sich hierbei eben nicht um eine Einbahnstraße handelte, umging er den sensiblen Bereich des diplomatischen Vorwurfs der einseitigen Umweltverschmutzung, der womöglich Verhandlungen mit dem SED-Staat verhindert hätte. Er stellte das ökologische Problem damit als ein beiderseitiges dar, an dessen Lösung sowohl West- als auch Ostberlin beziehungsweise die DDR ein Interesse haben mussten.

2 2. Expertengespräch zwischen Senat und MfUW zu den Berliner Gewässerproblemen in Ost-Berlin am 23. 6. 1980, Melsheimer/Reinhart, 25. 7. 1980, PA AA, B 38/132528 (Zwischenarchiv).

So kam es im Jahr 1982 zu bilateralen Verhandlungen zwischen dem West-Berliner Senat und dem Ministerium für Umweltschutz und Wasserwirtschaft der DDR. Nach insgesamt zwölf Treffen vereinbarten beide Seiten den Bau einer dritten (chemischen) - bis dato zweistufigen (mechanischen und biologischen) - Reinigungsstufe in den drei Ost-Berliner Klärwerken Nord, Falkenberg und Münchehofe (vgl. Abb. 1). Damit konnten mineralhaltige Stoffe wie die besagten Phosphorverbindungen aus dem Wasser gefiltert werden. Der Senat beteiligte sich mit 68 Millionen DM an den Baukosten. Neben den drei Ost-Berliner Klärwerken wurde die dritte Reinigungsstufe außerdem in zwei Klärwerken in West-Berlin eingebaut. Mit Erfolg: Ab 1986 sanken die Phosphorverbindungen auf die von der Politik gewünschten Grenzwerte von zwei Milligramm pro Liter, teilweise wurde dieser Wert sogar unterschritten. Berlin avancierte damit im Abwasserbereich zur Vorzeigestadt - sowohl in Ost als auch West.[3]

Doch neben dieser gewissermaßen durch das Ökosystem erzwungenen Kooperation bestimmte noch immer die Systemkonkurrenz zwischen Bundesrepublik und DDR die Endphase des Kalten Krieges. Da die westliche Insel in der DDR möglichst autark sein sollte, gab es von bundesdeutscher Seite Bemühungen, sie im Abwasserbereich abzukoppeln und unabhängig werden zu lassen. Noch zu Beginn der 1980er-Jahre zahlte West-Berlin nämlich pro Kubikmeter 0,25 DM Abwasserentgelt für die Klärung ihrer Abwässer an die ostdeutschen Nachbarn.[4] Ähnlich wie West-Berlin verfolgte auch der Ostteil der Stadt eine „Entflechtung der

3 Vgl. Klaus Melsheimer, Gewässerschutzvereinbarung. Vereinbarung des Senats/der Bundesrepublik mit der DDR über Maßnahmen zum Schutz der Berliner Gewässer vom 28. September 1982, in: Werner Breunig/Uwe Schaper (Hrsg.), Berlin in Geschichte und Gegenwart, Berlin 2017, S. 279–324, hier v. a. S. 282, 289, 313, 323. West-Berlin hatte zusätzlich noch eine Phosphateliminierungsanlage gebaut, die die Phosphorverbindungszufuhr von 150 auf 1,5 Tonnen im Jahr reduzierte.

4 Vgl. Vermerk des Staatssekretärs im Ministerium für Außenhandel der DDR Alexander Schalck-Golodkowski über das Gespräch mit dem Leiter der Ständigen Vertretung der Bundesrepublik Deutschland Günter Gaus, Berlin (Ost), 11. 1. 1980, Dok. 93, in: Dokumente zur Deutschlandpolitik VI/6, 1. Januar 1979 bis 31. Dezember 1980, bearb. von Hans-Heinrich Jansen, hrsg. von Michael Hollmann (Bundesarchiv), München 2015, S. 365 f., Anm. 18.

Abb. 1: Faulsilos im Klärwerk Nord, 11. 7. 1988.
Bundesstiftung Aufarbeitung, 88_0711_UMW_Toepfer_17, Fotograf: Klaus Mehner

Abwasserbehandlungsnetze von Berlin, Hauptstadt der DDR" mit dem Westteil der Stadt.[5] Mit dem Aus- und Neubau vor allem des Klärwerks Nord in Schönerlinde sollten die Rieselfelder im Norden der Stadt verschwinden. Dort wurde das Abwasser bisher auf großen Flächen verregnet, sodass der Boden als natürlicher Filter dessen Reinigung übernahm. Doch die dadurch hervorgerufene Schwermetallbelastung führte spätestens in den 1980er-Jahren zu offensichtlichen Umweltschäden. Durch die Aufgabe der Rieselfelder erwartete das MfUW, dass etwa 40 Prozent der bisherigen Abwassermengen, die aus der „Hauptstadt der DDR" in Kanälen nach West-Berlin flossen, nicht mehr übergeleitet werden müssten. Und tatsächlich wurde die Verrieselung mit der Inbetriebnahme der ersten Ausbaustufe 1985 eingestellt. Das Klärwerk selbst wurde zwei Jahre später fertiggestellt. Das heißt, obwohl Ost- und West-Berlin eigentlich ihre gegenseitige Abgrenzung voneinander verfolgten, waren beide Seiten

5 Information über die Beseitigung der Rieselfelder im Norden der Hauptstadt der DDR, Berlin, und die Ergebnisse bei der Errichtung der Kläranlage Berlin-Nord, ohne Datum, BArch, DK 5/4734.

aufgrund des Durchflusses der Gewässer in ökologischer Hinsicht dennoch auf eine Zusammenarbeit angewiesen.

Ökologischer Anspruch und deutsch-deutsche Wirklichkeit – der Techniktransfer

Die Negation der Einbahnstraßen-Metapher durchzog auch einen anderen Bereich der deutsch-deutschen Beziehungen, nämlich den Umwelttechniktransfer. So befand der westdeutsche Umweltminister Klaus Töpfer, dass „die Beziehungen auf dem Gebiet des Umweltschutzes keine Einbahnstraße sei[en], sondern auch die DDR vieles einzubringen habe".[6] Er sagte dies bei seinem ersten Besuch in der DDR im Sommer 1988 (vgl. Abb. 2). Töpfer und sein ostdeutscher Kollege Hans Reichelt (Demokratische Bauernpartei Deutschlands) verfolgten damit einen gleichberechtigten Austausch von Umweltdaten und -technik. Dem vorausgegangen waren zwei Jahre dauernde Verhandlungen zum Thema Umweltschutz, die im September 1987 in einer gemeinsamen Vereinbarung mündeten. Inhaltlich waren sich beide Seiten schnell über die Themensetzungen einig gewesen, hatten bereits über Pilotprojekte gesprochen und hätten – wäre es nach den DDR-Verhandlern gegangen – den Informationsaustausch bereits 1986 abgeschlossen.

Doch die politischen Umstände ließen eine Einigung zu diesem Zeitpunkt kaum zu: Die in den deutsch-deutschen Beziehungen bis zuletzt umstrittene Berlin-Frage – ob der Westteil der Stadt der Bundesrepublik zugehörig oder ein eigenständiges deutsches Gebilde sei – war,[7] obwohl die DDR sich hier entgegenkommend zeigte, einer der Faktoren, die den Abschluss einer Vereinbarung in die Länge zog. Erst nach der Beilegung der Berlin-Frage 1987 (Berlin wurde in den Vertrag einbezogen, sogenannte Frank-Falin-Formel) unterzeichneten die beiden deutschen

6 Bericht über den Besuch von Bundesumweltminister Klaus Töpfer in der DDR, weitergeleitet an Günter Mittag am 15. 7. 1988, BArch, DK 5/3384.

7 Vgl. Steffen Alisch, „Die Insel sollte sich das Meer nicht zum Feind machen!" Die Berlin-Politik der SED zwischen Bau und Fall der Mauer, München 2004, S. 389.

Abb. 2: Umweltminister Klaus Töpfer (CDU) links neben Hans Reichelt (DBD) mit einer Wasserprobe im Klärwerk Nord, Berlin (Bezirk Berlin) DDR am 11. 7. 1988. *Bundesstiftung Aufarbeitung, 88_0711_UMW_Toepfer_11, Fotograf: Klaus Mehner*

Umweltminister die „Vereinbarung zwischen der Regierung der Bundesrepublik Deutschland und der Regierung der Deutschen Demokratischen Republik über die weitere Gestaltung der Beziehungen auf dem Gebiet des Umweltschutzes". Dies geschah im September 1987 in Bonn. Der Zeitpunkt war so gewählt, dass die Vertragsbesiegelung mit dem Honecker-Besuch in der Bundesrepublik zusammenfiel.

Kritiker und Kritikerinnen aus Ost und West monierten, dass die Vereinbarung nur einen „Informationsaustausch" festlegte, wie es tatsächlich auch im Vertragstext stand. Doch die DDR-Delegierten, insbesondere diejenigen aus dem MfUW, machten der anderen Seite unter der Hand unmissverständlich klar, dass sie mehr als nur einen Erfahrungsaustausch erwarteten, nämlich vielmehr die Verwirklichung konkreter Projekte. Nur konnten sie dies eben nicht offiziell verlautbaren, schließlich hätten sie damit Umweltprobleme zugeben müssen, die ihre Führung weiterhin kaschieren wollte. Ein Interesse an der Lösung dieser „nicht vorhandenen" Umweltsorgen gab es zweifelsohne. So hatten beide Delegationen bereits während der Umweltverhandlungen detaillierte gemeinsame Arbeitspläne für den Informationsaustausch entwickelt und darüber hinaus vereinzelt über konkrete Pilotprojekte gesprochen. Die DDR-Seite zeigte sich besonders an solchen interessiert, die die Rauchgasentschwefelung modernisieren würden. Nach der Umweltvereinbarung hatten deshalb relativ zügig Fachgespräche begonnen, in denen Expertinnen und Experten unter anderem über Naturschutz, Gewässerschutz, Waldschäden und Luftverschmutzung berieten. Zwischen 1987 bis 1989 fanden etwa 30 solcher Gesprächsrunden statt.[8]

In Vorbereitung eines weiteren Besuchs des DDR-Umweltministers in der Bundesrepublik im Sommer 1989 wurde DDR-seitig eine Zwischenbilanz gezogen: „Besonders positiv zu werten ist, daß dieser Informations- und Erfahrungsaustausch keine Einbahnstraße ist […].“[9] Die Direktive für Reichelts Besuch formulierte also einen expliziten Anspruch auf Gleichberechtigung beider Staaten. In Bezug auf den Informationsaustausch, der in einer entspannten und interessierten Atmosphäre stattfand, mag dies durchaus zutreffen. Doch wie sah es bei der materiellen Unterstützung aus? Während Reichelts Besuch in der Bundesrepublik verabschiedeten beide Seiten eine weitere Vereinbarung. Diese sollte sechs westdeutsche Pilotprojekte in DDR-Betrieben ermöglichen. Bedingung war, dass sie Vorbildcharakter für den Westen besitzen und eine Reduzierung der Luft- und Gewässerverschmutzung in der Bundesrepublik und West-Berlin nach sich ziehen mussten. So lässt sich erklären, weshalb beispielsweise das kleinere Kraftwerk Staaken an der Grenze zu West-Berlin eine Filteranlage erhalten sollte, der größere Umweltverschmutzer, das Kraftwerk Boxberg nahe der Grenze zur Volksrepublik Polen, jedoch nicht.

Insbesondere der DDR-Seite war in dieser Beziehung aber daran gelegen, Ausgewogenheit zwischen beiden Ländern zu wahren. Das zeigte sich beispielsweise in der Erlaubnis, dass der westdeutsche Bund für Umwelt und

8 Vgl. Vereinbarung zwischen der Regierung der Bundesrepublik Deutschland und der Regierung der Deutschen Demokratischen Republik über die weitere Gestaltung der Beziehungen auf dem Gebiet des Umweltschutzes, in: Bulletin der Bundesregierung, Nr. 83, 10. 9. 1987, S. 716 f.

9 Direktive für den Aufenthalt des Stellvertreters des Vorsitzenden des Ministerrates und Minister für Umweltschutz und Wasserwirtschaft [Hans Reichelt] in der Bundesrepublik vom 6. bis 8. Juli 1989, BArch, DK 5/3384.

Naturschutz die Ausstellung „Grün kaputt“ 1989 an ausgewählten Standorten in der DDR zeigen konnte. Im Gegenzug sollte die ostdeutsche Gesellschaft für Natur und Umwelt ein Ausstellungs-Äquivalent erarbeiten, um es in der Bundesrepublik zu präsentieren. Erhielt die DDR nun Umwelttechnik aus dem Westen, sollten deshalb ebenso ostdeutsche Produkte den Weg in die Bundesrepublik finden. Tatsächlich erwarteten die DDR-Delegierten, dass sich aus dem Informations- und Erfahrungsaustausch „konkrete kommerzielle Lieferungen der DDR in die BRD ergeben“. Als Beispiele hierfür nannten sie vor allem Verfahren zur kommunalen Abwasserreinigung wie die „biologische Phosphateliminierung“ und „enzymatische Schlammstabilisierung“. Letztere wurde bereits im südniedersächsischen Duderstadt in der Bundesrepublik angewandt und sollte nach den Vorstellungen der Verhandler auf weitere Weststädte ausgedehnt werden.[10]

Doch obwohl Töpfer wie auch die DDR-Delegierten einen gleichberechtigten, reziproken Austausch von Umwelttechnik in die Wege leiten wollten, blieb die Waage in Schräglage. Den Planungen zufolge sollte ab 1990 westliche Umwelttechnik verstärkt ihren Weg in den Osten finden – umgekehrt blieb das jedoch die Ausnahme. Allein im Zuge verstärkter Beziehungen zum Bundesland Niedersachsen gelang der DDR der ersehnte Ausgleich: Im vereinbarten Umweltfonds von 1989 mit Ministerpräsident Ernst Albrecht (CDU) zahlten beide Seiten eine Summe von 15 Millionen DM/M, die hauptsächlich der Reinhaltung der Elbe dienen sollte. Niedersachsen wollte sich mittels einer Quecksilbereliminierungsanlage an Reinigungsmaßnahmen in Bitterfeld beteiligen. Die DDR-Seite steuerte die „enzymatische Schlammbehandlung“ als Bestandteil der niedersächsischen Klärwerke in Scheeßel und Seesen bei.[11] Obwohl eine

10 Information über die Gespräche zur Durchführung der Regierungsvereinbarung zwischen der DDR und der Bundesrepublik auf dem Gebiet des Umweltschutzes, ohne Datum, Direktive vom 28. 11. 1988, BArch, DK 5/5792, Teil 1. Die Gespräche zwischen Frank Herrmann (DDR) und Egon Herfeldt (Bundesrepublik) fanden am 5. und 6. 12. 1988 statt.

11 Vgl. Werner Remmers, Drittes deutsch-deutsches Abwasserprojekt entsteht in Scheeßel, Pressemitteilung, 26. 4. 1989, BArch, DK 5/3365 und das Gespräch des Ministerpräsidenten Ernst Albrecht mit Erich Honecker, 27. 4. 1989, Berlin-Ost, Dok. 78, in: Heinrich Potthoff (Hrsg.), Die „Koalition der Vernunft“. Deutschlandpolitik in den 1980er Jahren. Dokumente, München 1995, S. 877.

Abb. 3:
Umweltminister Klaus Töpfer (CDU) links neben Hans Reichelt (DBD) beim Briefing im Klärwerk Nord, Berlin (Bezirk Berlin) DDR am 11. 7. 1988.
Bundesstiftung Aufarbeitung, 88_0711_UMW_Toepfer_07, Fotograf: Klaus Mehner

Kooperation im Ost-West-Konflikt nicht immer einfach war, zeigt diese Ausnahme, dass die deutsch-deutschen Beziehungen im umwelttechnologischen Bereich trotz allem keine Einbahnstraße von West nach Ost blieben.

Wenngleich die Offiziellen einem Mantra gleich zwar gegenseitig betonten, dass keine Einbahnstraße gewollt beziehungsweise vorhanden sei, so lag doch in Sachen Umweltschutz eine eindeutige Asymmetrie vor. Vor allem bedingt durch die Wirtschafts- und Umweltkrise in der DDR konnte die sozialistische Republik einem gleichberechtigten Austausch nicht gerecht werden: Es fehlte an Rauchgasentschwefelungsanlagen, Messsystemen, Klärwerken. Darüber hinaus konnten die im Sommer 1989 beschlossenen sechs Pilotprojekte in der DDR, unter anderem zur Rauchgasentschwefelung und Quecksilbereliminierung im Abwasser von Chemiebetrieben, nicht so umgesetzt werden wie zuvor geplant. Die Friedliche Revolution im November desselben Jahres, die Wiedervereinigung beider deutscher Staaten sowie der damit einhergehende strukturelle Umbruch in Ostdeutschland führten dazu, dass umweltverschmutzende Industrien geschlossen wurden und dadurch diese Projekte zum Teil überholt waren oder schnell durch neue ersetzt wurden (vgl. Abb. 3).

Bilanz am Runden Tisch – die Umweltpolitik der DDR

Im diplomatischen Bereich und hinsichtlich des deutschen-deutschen Techniktransfers ist das Bild der Einbahnstraße vehement abgelehnt beziehungsweise gerade der wechselseitige Charakter von Umweltpolitik beschworen worden. Ganz anders stellte sich dies bei der Bestandsaufnahme der DDR-Umweltpolitik in der Umbruchzeit von 1989/90 dar; hier wurde die Zuschreibung ganz bewusst und aktiv angewendet: Demgemäß sei in der Vergangenheit die Zusammenarbeit zwischen Ministerium, Zentralkomitee (ZK) der SED und Politbüro im wahrsten Sinne des Wortes zu einer „Einbahnstraße" verkommen. So bilanzierte der Runde Tisch die bisherige DDR-Umweltpolitik wie folgt:

> „In den letzten 30 Jahren befasste sich weder ein ZK-Plenum der SED noch die wöchentliche Sitzung des Politbüros jemals umfassend mit Umweltfragen. Selbst der spärlichsten Öffentlichkeitsarbeit des Ministeriums für Umweltschutz stand man im ZK mit größtem Misstrauen gegenüber; Rüffel, sogar Entlassungen waren die Folge. Im Gegensatz zur Haltung von Willi Stoph durften die Begriffe ‚Ökologie' bzw. ‚Umweltschutz' im Umfeld von Erich Honecker und zuletzt auch G[ünter] Mittag nicht gebraucht werden, ohne Unwillen zu erregen."[12]

Zwar seien Daten und Informationen zur Umweltsituation immer wieder ins politische Zentrum berichtet worden, doch seien aus dieser Richtung keine Anweisungen zurückgekommen. Bereits im Laufe der 1970er-Jahre

12 Information PDS: Zwischenbericht der PDS-Arbeitsgruppe: Zu den Ursachen der bisherigen Nicht-Umweltpolitik der DDR (Information 10/8), 10. Tagung, 29. 1. 1990, in: Uwe Thaysen (Hrsg.), Der Zentrale Runde Tisch der DDR. Wortprotokoll und Dokumente, Bd. V: Dokumente, Wiesbaden 2000, S. 179–183, hier S. 180 f.

hatte das Politbüro die öffentlich verfügbaren Informationen zum Umweltschutz immer weiter eingeschränkt. Dies gipfelte schließlich im Politbüro-Beschluss 1982, dass Umweltdaten als „geheim“ einzustufen seien. Es hatte einerseits zur Folge, dass sich Umweltgruppen sowie Aktivistinnen und Aktivisten, wenn sie doch an solche brisanten Informationen gelangten und diese weitergaben, strafbar machten. Andererseits wurde damit der Kreis derer, denen dieses Wissen letztlich zufloss, immer kleiner: Zuletzt waren dies nur noch der für Umweltschutz zuständige ZK-Sekretär der SED für Wirtschaftsfragen Günter Mittag, der Vorsitzende des Ministerrats Willi Stoph und der Minister für Staatssicherheit Erich Mielke. Da die Informationen, die ihnen Umweltminister Reichelt zukommen ließ, regelrecht im Zentralkomitee „versackten“, sprachen die Bürgerrechtler und Bürgerrechtlerinnen am Runden Tisch von einer „Einbahnstraße“. Im ZK der SED gab es für Umweltpolitik keinen direkt Bevollmächtigten. Umweltfragen lagen hier im Verantwortungsbereich des Sekretärs für Wirtschaftsfragen; politischen Vorrang hatte die Wirtschafts- und Sozialpolitik. Zwar gab Reichelt regelmäßig Informationen über den ökologischen Zustand des Landes an Mittag, doch dass dieser die Briefe des Umweltministers mitunter gar nicht öffnete – wie spätere Archivfunde zeigen –, verweist auf die geringe Priorität, die er diesem Themenbereich beimaß. Damit blieben Initiativen, die aus dem ohnehin spärlich geteilten Wissen hätten resultieren können, aufgrund von politischem Unwillen, Geldmangel und dem Primat der Wirtschaft aus. Diese einseitige Informationsvermittlung und Kommunikation vom Ministerium und dessen Institutionen, also der Administration, in den innersten politischen Zirkel entsprach insofern sehr dem Bild einer Einbahnstraße.

(K)eine Einbahnstraße?

Dass das Bild der Einbahnstraße im Bereich von Umweltpolitik und Umweltschutz ein besonders beliebtes Stilmittel darstellt(e), ist kein Zufall. Gerade weil Umweltphänomene, wie Schadstoffausstoß und verschmutzte Gewässer, keine nationalen Grenzen kennen und zugleich die Menschen direkt in ihren alltäglichen Lebensumständen treffen, wirkt sich Einbahnstraßenpolitik hier so fatal aus. Zum einen lässt sich mit der entschiedenen Distanzierung von Einbahnstraßenpolitik der Anspruch formulieren, mehrere Staaten seien gleichermaßen für Umweltschäden und deren Behebung verantwortlich – so geschehen bei den Berliner und deutsch-deutschen Gesprächen. Mit der Ablehnung der „Einbahnstraße" wird insbesondere der grenzüberschreitende und universelle, das heißt alle Seiten betreffende, Charakter von Umweltproblemen gut eingefangen. Zum anderen versinnbildlicht die „Einbahnstraße" politische und ökologische Realitäten, wenn politische Aktion aus nur einer Richtung – und wie im Falle der DDR-Umweltpolitik: von unten nach oben – erfolgt und die Einbahnstraße geradezu zur Sackgasse wird, die mit reichlichen Problemen gepflastert ist.

Kämpfe

JOHANNES MÜHLE

Bereit sein ist alles

Kriegsgefahr und Gefechtsbereitschaft als Dauerzustand des „sozialistischen Friedensstaates" DDR

Wöchentlich wurden in der DDR die Sirenen geprüft. Dazu ertönte jeden Mittwoch um 13 Uhr über den Dächern der Städte und Dörfer ein einminütiger auf- und abschwellender Ton.[1] Vorrangig diente das installierte Sirenensystem den örtlichen Freiwilligen Feuerwehren zur Alarmierung oder zur Warnung vor Katastrophen wie Unwettern, Hochwasser oder Industrieunfällen. Der Blick auf die Merktafeln für die Sirenensignale verdeutlicht die weitere Funktion im Angesicht des Ost-West-Konfliktes,[2] denn die Sirenen sollten mit ihren spezifischen Signalen die Bevölkerung genauso vor Angriffen aus der Luft, mit Nuklear- oder chemischen Waffen warnen.

Mit einem dreiminütigen Dauerton existierte schließlich ein Signal, um allgemein eine Gefahrensituation anzukündigen und Bürgerinnen und Bürger dazu aufzurufen, Rundfunkgeräte einzuschalten oder auf Durchsagen zu achten. Dieser Dauerton hätte gleichfalls vor einer vom Nationalen Verteidigungsrat als oberstes militärisches Führungsorgan

1 Im Gegensatz zur Bundesrepublik, die es jährlich bei zwei Sirenenproben bewenden ließ. Siehe dazu o. V., Die Geschichte der Sirene in Deutschland. Warntag am 10. September 2020, in: MDR Zeitreise, 14. 12. 2020, www.mdr.de/zeitreise/zivilschutz-sirenen-ddr-bundesrepublik-100.html [13. 5. 2021].

2 Exemplarisch hierfür: o. V., Merkblatt „Auslösung Sirenensignale", in: DDR-Museum/Objektliste; www.ddr-museum.de/de/objects/1017897 [12. 4. 2022].

Abb. 1:
Eine typische Alarmsirene in der Mitte des Dorfes auf dem Dach einer ehemaligen Verkaufsstelle, hier in Ostbrandenburg, 2021. *Johannes Mühle*

beschlossenen Mobilmachung ertönen können.[3] Am Ende des Bestehens der DDR wären so über 400 000 Reservisten und auch Reservistinnen von Nationaler Volksarmee (NVA), Polizei und Staatssicherheit zu den Waffen gerufen worden. Das weitverzweigte Sirenennetz ist somit auch Ausdruck eines umfänglichen Vorbereitungssystems, das sich auf alle Bereiche der DDR als Staat und Gesellschaft erstreckte. Es machte sich mal mehr (durch die benannten Sirenentöne oder spontane Mobilmachungsübungen), mal weniger (durch die umfänglichen Planungen im Hintergrund) im Alltag der DDR-Bevölkerung bemerkbar.

3 Vgl. Protokoll der 49. Sitzung des Nationalen Verteidigungsrates, 12. 3. 1976, Vervollkommnung der Benachrichtigung der Reservisten und Leistungspflichtigen zur Durchführung der Mobilmachung der NVA und der anderen Organe der Landesverteidigung, BArch, DVW 1/39508, Bl. 92.

Die Permanenz des Krieges

Die fortlaufend gesteigerte Akribie und Konsequenz, mit der die „Partei- und Staatsführung" in Gestalt der obersten SED-Funktionäre die DDR spätestens seit den 1950er-Jahren auf einen etwaigen Schlagabtausch zwischen den Systemen vorbereiten ließ, sind nur im Kontext der ideologischen Vorbedingungen des Sozialismus in der sowjetischen Deutungshoheit und schließlich der geostrategischen Lage Ostdeutschlands zu verstehen. Dieser Gemengelage lag die Annahme eines „gesetzmäßig" aggressiv nach Expansion strebenden kapitalistischen oder imperialistischen Westens zugrunde, der die sozialistischen Staaten in Mittel- und Osteuropa existenziell infrage stellte. Dafür galten der Russische Bürgerkrieg nach der Oktoberrevolution 1917 zwischen den kommunistischen Bolschewiki und der „Weißen Garde" – einer Bewegung beziehungsweise Streitmacht, die politisch vor allem die Gegnerschaft zum Kommunismus einte – einschließlich westlicher Interventionen bis 1922, insbesondere aber der deutsche Überfall 1941 als Belege.[4] Für die Eliten der sozialistischen und kommunistischen Parteien im Warschauer Pakt stellte sich daher nie die Frage, ob, sondern lediglich wann ein Angriff der NATO stattfinden würde. Die Antwort auf einen solchen Angriff schrieb die bis Mitte der 1980er-Jahre gültige sowjetische Militärdoktrin fest, die für alle Paktstaaten verbindlich war. Vorgesehen war, den angenommenen Angriff aus dem Westen möglichst früh und grenznah zu stoppen und sofort zur Gegenoffensive überzugehen. Kampfhandlungen hätten so vor allem vom sowjetischen Kernterritorium, aber nach Möglichkeit auch von den vorgelagerten Ländern im Warschauer Pakt ferngehalten werden sollen. Für militärische Operationen auf der Grundlage solcher Planungen wären nicht nur zu Beginn eines Krieges starke Truppenkontingente erforderlich gewesen. Insbesondere um die Kampfhandlungen auf westeuropäisches Territorium zu tragen und bis zur Kanal- und Atlantikküste fortführen zu können, hätten dem Schlachtfeld weitere Armeen aus Polen und der westlichen Sowjetunion zugeführt werden müssen.[5]

4 Vgl. Susanne Schattenberg, Der Sieg der Bolschewiki, in: Informationen zur politischen Bildung (2014) 2, S. 6–39, hier S. 17–24.

5 Vgl. Oliver Bange, Sicherheit und Staat. Die Bündnis- und Militärpolitik der DDR im internationalen Kontext 1969 bis 1990, Berlin 2017, S. 188, 305–310.

Unter diesen Bedingungen reichte in der DDR mit ihrer strategisch herausgehobenen Lage an der Schnittstelle zwischen den Militärbündnissen die alleinige Befähigung der NVA als Bündnisstreitkraft nicht aus. Vielmehr musste ein Mobilmachungssystem entwickelt werden, das die gesamte Gesellschaft in den Dienst einer solchen Gegenoffensive hätte stellen können. Dazu war die personelle und materielle Auffüllung der Streitkräfte und paramilitärischen Verbände wie Volkspolizeibereitschaften, Kampfgruppen und Unterstützungsorganisationen gleichermaßen sicherzustellen wie die sowjetischerseits eingeforderte Bewegungsfreiheit der Vereinten Streitkräfte des Warschauer Paktes auf dem Gebiet der DDR. Angesichts der im Laufe des Ost-West-Konflikts immer kürzer kalkulierten Zeitfenster für eine solche Eskalationsspirale kam es weiter darauf an, alles das, was im Krieg gebraucht wurde, bereits im Frieden so vorzubereiten, dass es ohne Zeitverzug innerhalb weniger Tage abrufbar war. Mobilmachung des Landes bedeutete in diesem Kontext nicht allein die Mobilmachung der Streitkräfte, wozu sowohl Einsatzbereitschaft als auch Ergänzungsplanungen zählten. Sie hätte zudem die Umstellung des Staatsapparates und der Wirtschaft auf Kriegsbedingungen beinhalten müssen, wenn diese Bereiche auch nach dem Abzug einer Vielzahl von Arbeitskräften, Materialien und unter den Bedingungen eines antizipierten Krieges weiter funktionieren sollten. Der Ausbau der heimischen Infrastruktur nach militärischen Vorgaben aus Moskau bedeutete keine Mobilmachungsmaßnahme im eigentlichen Sinne, war aber hinsichtlich der Masse von Truppen, die sich im Ernstfall durch die DDR schlängeln sollten, unerlässlich und daher in den Plänen genauso zu beachten.

Sirenen als Schlachtruf

Die wöchentliche Sirenenprobe kam einem wiederkehrenden, aber zur Normalität gewordenen Schlachtruf gleich. Sirenen waren lediglich die akustische Verlautbarung davon, dass eine ganze Gesellschaft in den Dienst der militärischen Verteidigung des Sozialismus gestellt und auf ihre „Funktion als Operationsraum“[6] reduziert wurde.

6 Ebenda, S. 168.

Abb. 2: Als Sinnbild für gefechtsnahe Ausbildung angesichts permanent wahrgenommener Kriegsgefahr muss die Napalm-Kampfbahn gelten, die hier von einem Soldaten in Peenemünde im Jahr 1975 durchlaufen wird.
ddrbildarchiv.de, 58140, Fotograf: Lothar Willmann

Zuallererst zeigte sich das in einer Armee, die zeit ihres Bestehens von rund drei Millionen Bürgern sowie Bürgerinnen durchlaufen wurde. Das Dogma der „ständigen Gefechtsbereitschaft" zwang permanent 85 Prozent des Personals, in den Kasernen zumeist fernab der eigenen Heimatorte und Familien zu verbleiben. Urlaub und Freizeit waren so kaum möglich. Hinzu kam der Drang der Armeeführung zu einer möglichst gefechtsnahen Ausbildung (vgl. Abb. 2), die auch als Ursache für die unverhältnismäßig hohe Zahl an Toten und Unfallverletzten im Dienst oder bei Übungen vermutet wird.[7]

Allein zwischen Ende 1980 und Ende 1984 starben im Verantwortungsbereich des DDR-Verteidigungsministeriums 562 Menschen, wobei die 182 Suizide hier noch nicht einbezogen sind. Das bedeutet, dass im

7 Vgl. Matthias Rogg, Armee des Volkes? Militär und Gesellschaft in der DDR, Berlin 2008, S. 280–287.

Schnitt alle zwei Tage ein Toter in der NVA oder in den Grenztruppen zu beklagen war.[8]

Für die Bevölkerung unausweichlich war die Konfrontation mit der permanent verkündeten Kriegsgefahr aus dem Westen als ideologische Dauerbeschallung: sei es zu besonderen Jahrestagen, anlässlich tagespolitischer Geschehnisse oder letztlich im Wehrunterricht und in der vormilitärischen Ausbildung der Jugendlichen. Die Präsenz starker sowjetischer Truppenkontingente auf DDR-Boden mit teilweise bis zu 500 000 Mann ist ein weiterer Beleg für die offizielle Kriegsangst, die sich der Öffentlichkeit vor allem bei Einzelübungen und auch Großmanövern zeigte, bei denen neben den ohnehin schon zahlreichen militärischen Sperrzonen weitere Gebiete in Mitleidenschaft gezogen wurden.

Das allein konnte aber noch nicht für erfolgversprechende Operationen auf dem sogenannten Westlichen Kriegsschauplatz ausreichen. Um die Armeen des Warschauer Paktes mit mehreren hunderttausend Mann über DDR-Gebiet in Bereitstellungsräume an der Grenze zur Bundesrepublik oder darüber hinweg bewegen zu können, mussten Straßen, Schienen, Flüsse und Häfen in den Zustand versetzt werden, einen solchen Strom an Mensch und Material zu fassen. Zusätzlich waren Reserven an Schienen, Straßen- und Brückenbaumaterialien anzulegen, die im Angesicht der Wirkung moderner Waffensysteme auch nach Zerstörungen den Verkehrsfluss und damit Nachschub und militärische Operationen hätten sicherstellen können. Ausdruck dessen waren schwerlastfähige Straßen durch Deichgebiete oder Gleise, die beispielsweise an der Oder bei Neurüdnitz, Kietz und Frankfurt ins Leere führten und als vorbereitete Anschlüsse für zusätzliche schnell zu errichtende Brücken über den Fluss oder an anderer Stelle über Elbe, Saale und Mulde fungierten. Betonierte Wege durch Wälder dienten als vorgeplante Marschstraßen für Panzer. Bei sämtlichen mittleren und größeren Bauvorhaben hatte

8 Vgl. Protokoll der Sitzung des Kollegiums des Ministeriums für Nationale Verteidigung, 27. 6. 1985, Bericht über den Stand und die Entwicklung der Kriminalität, besonderen Vorkommnisse und des Disziplinargeschehens sowie der Durchsetzung der sozialistischen Gesetzlichkeit in der NVA und den Grenztruppen der DDR für den Zeitraum vom 1. 12. 1982 bis 30. 11. 1984, BArch, DVW 1/55636, Bl. 61.

Abb. 3: Die DDR-Infrastruktur war für umfangreiche Truppentransporte ausgelegt. Die hier im April 1989 abgebildeten Panzer werden abgerüstet, das Panzerregiment jedoch zu einem schnell zu mobilisierenden Reserveverband umgegliedert.
Bundesstiftung Aufarbeitung, 89_0428_POL_NVA_42, Fotograf: Klaus Mehner

letztlich das Militär ein Mitspracherecht und konnte Änderungen für eine bessere militärische Nutzung dieser eigentlich zivilen Projekte einfordern (vgl. Abb. 3).

Sirenen als Warnung vor dem Ausscheren

All diese infrastrukturellen Maßnahmen liefen unter der Bezeichnung „operative Vorbereitung des Territoriums", dienten allein der „Gewährleistung der Operationsfreiheit der Vereinten Streitkräfte" und beanspruchten die ohnehin knappen Ressourcen der DDR übermäßig. Dabei war es mit dem Ausbau der Infrastruktur für die militärische Operationsfreiheit allein nicht getan. Einerseits bedurfte es Personal zur Absicherung von Marschstraßen, Brücken und Eisenbahnverbindungen, welches zusätzlich zum Militär zu rekrutieren war. Andererseits galt es, im „Hinterland" Ordnung und Sicherheit im Sinne dieser Operationsfreiheit aufrechtzuerhalten. Diese Aufgabe wurde insbesondere dem Repressionsapparat aus Staatssicherheit und Polizei zuteil, der auf Oppositionelle und sonstige „Feinde“ abzielte. Das zeigte sich bereits im Frieden, der argumentatorisch mit dem Sozialismus untrennbar verknüpft war, da der Kapitalismus in der sozialistischen Logik zur (kriegerischen) Expansion gezwungen sei und damit die Wurzel des Krieges bereits in sich trage. Der Sieg des Sozialismus über den Kapitalismus würde Kriege schließlich unmöglich machen und zu einer friedlichen Ordnung beitragen.[9]

Ein sanktionsfreies Abweichen von der offiziellen Parteinorm war damit so gut wie unmöglich. Bausoldaten, Wehrdienstverweigerer und Nichtteilnehmende an vormilitärischer Ausbildung oder Zivilschutzübungen waren nach dieser Interpretation immer aus dem Westen gesteuerte feindliche Akteurinnen und Akteure gegenüber Frieden *und* Sozialismus.[10] Jene sahen sich häufig mit persönlichen Konsequenzen wie dem Ausschluss von Berufs- und Karrierewegen oder gar einem Gefängnisaufenthalt konfrontiert. In jedem Fall folgte auf allzu stark geäußerte oder gelebte Kritik am System beziehungsweise an der offiziellen „Friedensrhetorik“ der Partei die Verzeichnung in Verhaftungs- und Internierungslisten der Staatssicherheit für den Kriegsfall. In bereits durchgeplanten Verhaftungsaktionen sollten dann Oppositionelle, ausländische Personen wie Botschaftspersonal, Journalistinnen und Journalisten oder auch Transitreisende am Übergang einer möglichen Spannungsperiode zu einem Krieg in geeignet erscheinenden Anlagen inhaftiert oder interniert werden. Das konnten gängige Haftanstalten oder beispielsweise auch Ferienlager sein.[11]

9 Vgl. Wladimir Iljitsch Lenin, Das Militärprogramm der proletarischen Revolution, in: ders., Werke, Bd. 23: August 1916–März 1917, Berlin (Ost) 1975, S. 72–83, hier S. 74 f.

10 Vgl. Jens Gieseke, Das Ministerium für Staatssicherheit (1950–1990), in: Torsten Diedrich/Hans Ehlert/Rüdiger Wenzke (Hrsg.), Im Dienste der Partei. Handbuch der bewaffneten Organe der DDR, Berlin 1998, S. 371–422, hier S. 371, 385.

11 Vgl. Thomas Auerbach, Vorbereitung auf Tag X. Die geplanten Isolierungslager des MfS, Berlin 2000.

Abb. 4: Eine Studentin der Technischen Universität Dresden bei einer Zivilverteidigungsübung 1970 im Schutzanzug. Während Studenten obligatorisch zum Reservistendienst eingezogen wurden, mussten sich Studentinnen zwangsweise in der Zivilverteidigung einbringen. Weigerungen konnten eine Exmatrikulation nach sich ziehen.
Wikimedia Commons, www.commons.wikimedia.org/wiki/File:19700703400NR_TU_Dresden_Zivilschutzausbildung_der_Studenten.jpg, CC BY-SA 4.0, www.creativecommons.org/licenses/by-sa/4.0/deed.de, unbearbeitet, Fotograf: Jörg Blobelt

Übertönte Entspannung

Als Effekt einer verselbstständigten Abschreckungslogik, die einem potenziellen Angreifer kaum die Möglichkeit ließ, die eigene Friedfertigkeit unter Beweis zu stellen, waren die Parteiführungen des Warschauer Paktes auch nicht willens oder fähig, nachhaltig an die Entspannung der 1970er-Jahre zu glauben.[12] Während also politisch über Annäherung verhandelt wurde, hielten die militärischen Planer weiterhin an ihrer Offensivdoktrin fest, bis diese angesichts neuer Waffensysteme und Einsatzkonzepte im Westen nicht mehr haltbar war. Das allmähliche Umschwenken auf eine defensive Doktrin ab den 1980er-Jahren hätte jedoch in einem Schlagabtausch der Militärblöcke die DDR als Verteidigungsstreifen gänzlich preisgegeben. So führte also die reine Verteidigungshaltung des Warschauer Paktes oder mehr noch seiner sowjetischen Hegemonialmacht in der DDR nicht zu einer Entkrampfung des militärischen Regiments. Im Gegenteil: Sie bewirkte eine weitere Verschärfung des Vorbereitungssystems, das unter Aufbringung aller Kräfte die Verteidigung Ostdeutschlands und damit das eigene Überleben hätte garantieren sollen.

Der Bevölkerung war jedoch der Spagat zwischen Annäherung an den „Feind" im Westen einerseits und der ungebändigten Militarisierung andererseits, mit der man sich eigentlich vom Kapitalismus abgrenzen wollte, nicht mehr vermittelbar. Angesichts solcher Paradoxien und Unglaubwürdigkeiten wurde vor dem Hintergrund einer erstarkenden DDR-Friedensbewegung zusehends die Politik der Staatspartei delegitimiert.[13] Das wöchentliche Sirenengeheul als selbstverordneter Alarmismus übertönte im übertragenen Sinne somit die Effekte der Entspannung beziehungsweise machte die Entscheidungsträger im SED-Politbüro taub für die Zeichen der Zeit.

In der Konsequenz hatten sich Ende der 1980er-Jahre die Planungen des Mobilmachungs- oder Vorbereitungssystems der DDR auf alle Bereiche

12 Siehe dazu Dieter Senghaas, Abschreckung und Frieden. Studien zur Kritik organisierter Friedlosigkeit, Frankfurt a. M. 1981, S. 87, 95; Bange, Sicherheit und Staat, S. 427 f.

13 Vgl. Rogg, Armee des Volkes, S. 211, 217, 391–400.

der Gesellschaft erstreckt und führten zu einer Annäherung von zivilen und militärischen Strukturen. Es erfasste mindestens zwei Millionen Frauen und Männer, die im Dienste der Streitkräfte, ihrer Unterstützung und Operationsfreiheit eingesetzt wurden. Dazu kamen mehrere zehntausend Fahrzeuge sowie Maschinen und Materialien im Wert mehrerer Milliarden Ost-Mark, die im Kriegsfall dem zivilen Bereich entzogen worden wären und zweifelsohne bei der Versorgung der Bevölkerung gefehlt hätten – ganz zu schweigen von jenen Potenzialen, die bereits im Frieden für die Kriegsvorbereitung aufgewendet wurden. Zugleich ist die Mobilmachungsplanung und -vorbereitung der DDR als Multiplikator für eine Militarisierung über den beschriebenen Zugriff auf gesellschaftliche Ressourcen hinaus zu verstehen. Das Gesamtsystem Mobilmachung trug militärische Effekte in die vermeintliche Zivilgesellschaft, sollte die militärische Sicherheit von Staat, Warschauer Pakt und Sozialismus nach außen gewähren und wirkte gleichermaßen als Herrschaftssicherung disziplinierend nach innen.

VÍCTOR MANUEL LAFUENTE

Auf der Südseite des Kalten Krieges

Die DDR-Diplomatie und der Falklandkrieg

Am 2. April 1982 überraschte die argentinische Militärjunta die Welt mit der „Rückeroberung" der Falklandinseln. Der ca. 500 km vor der argentinischen Küste liegende Archipel war bis 1816 von der spanischen Kolonialregierung verwaltet worden und bis 1833 von der argentinischen Regierung. Anschließend besetzte Großbritannien die Falklandinseln, seitdem werden die Eilande von Argentinien beansprucht. Die Regierung von Margaret Thatcher reagierte hart auf die argentinische Aktion vom Frühjahr 1982. Sie entsandte die britische Flotte in die abgelegene Region, die die argentinischen Truppen besiegte. Der bis Mitte Juni 1982 andauernde Krieg zeigte erstmals das Konfliktpotenzial innerhalb des Westens: Es bekriegten sich zwei Staaten, die auf derselben Seite des „Eisernen Vorhangs" standen. Wie aber reagierten die sozialistischen Staaten auf eben der anderen Seite des Eisernen Vorhangs auf diesen innerwestlichen Konflikt? In diesem Beitrag wird beleuchtet, inwiefern dieses Ereignis einen positiven Wendepunkt für die Beziehungen zwischen Argentinien und der DDR darstellte.

Die Beziehungen zwischen Argentinien und der DDR vor dem Falklandkrieg

Argentinien und die DDR hatten 1973 diplomatische Beziehungen aufgenommen. In den ersten Jahren entwickelten sie sich jedoch nur sehr zögerlich. Während die DDR auf einen Ausbau der Kontakte drängte, wirkte sich die innenpolitische Instabilität Argentiniens bremsend aus. Die zivilen Regierungen von 1973 bis 1976 waren von inneren Widersprüchen geprägt: Linker und rechter Flügel der Regierungspartei boykottierten sich nicht nur gegenseitig, sie trugen ihre Auseinandersetzungen bisweilen auch in bürgerkriegsähnlichen Konfrontationen aus. Diese Konfliktsituation wirkte sich auch auf die diplomatischen Beziehungen zwischen Buenos Aires und Ost-Berlin aus: Jeder Versuch des linken Flügels, die politischen und wirtschaftlichen Verhandlungen mit der DDR auszubauen, wurde vom rechten Flügel (der das Außenministerium und das Ministerium des Innern kontrollierte) boykottiert.

Das Interesse der DDR am Ausbau der Beziehungen mit Argentinien wiederum war vielschichtig. Anfang der 1970er-Jahre zählte die internationale Anerkennung noch zu den wesentlichen Anliegen des ostdeutschen Teilstaates. Hier unterschied sich die DDR von den anderen Ostblockstaaten, die seit Jahrzehnten in Buenos Aires diplomatisch vertreten waren. Argentinien hatte zu den Schwerpunktländern der DDR-Außenpolitik in Südamerika gehört, was unter anderem durch das ökonomische Potenzial des lateinamerikanischen Staates erklärbar ist. Auch seine geopolitische Lage gewann Anfang der 1970er-Jahre für die DDR an Bedeutung. Im September 1973 – drei Monate nach der Aufnahme der diplomatischen Beziehungen zwischen Ost-Berlin und Buenos Aires – hatte General Augusto Pinochet gegen die sozialistische Regierung Salvador Allendes in Chile geputscht. Dies war ein enormer Rückschlag für die Südamerika-Politik der DDR, da ihre bis dahin hervorragenden Beziehungen zu Chile nahezu völlig zum Erliegen kamen. Argentinien, das nun von Staaten mit Militärdiktaturen umringt wurde, war damit trotz aller innenpolitischen Schwierigkeiten für die DDR der zu diesem Zeitpunkt bestmögliche Partner in Südamerika.

Als im März 1976 auch in Argentinien eine Militärregierung die Macht ergriff, war die chilenische Erfahrung noch sehr lebendig. Zwar ging die argentinische Junta nicht weniger brutal als ihr südamerikanischer Nachbar vor, sie war jedoch sehr bemüht, ihre Übergriffe auf die Zivilbevölkerung möglichst geheim zu halten und sich nach außen als gemäßigt darzustellen. Die Politik der Ostblockländer folgte der Interpretation der Kommunistischen Partei Argentiniens (KPA), wonach es sich in Argentinien um einen Putsch der „Tauben“ innerhalb der Sicherheitskräfte gehandelt habe. Diese seien zwar antikommunistisch, jedoch gemäßigter als die radikaleren „Falken“, die nach einer Diktatur à la Pinochet strebten. Somit galt es für die KPA, mit der Regierung der „Tauben“ zusammenzuarbeiten, um eine Eskalation der Gewalt seitens der „Falken“ zu vermeiden.[1]

Während die DDR den Putsch im sozialistischen Chile scharf kritisiert und den Flüchtlingen aktiv beigestanden hatte, verhielt sie sich bezüglich der Situation in Argentinien sehr vorsichtig. Die SED vermied jede offene Kritik an der argentinischen Junta, die Unterstützung Verfolgter verlief mit höchster Diskretion.[2] Die Militärjunta honorierte diese politische Zurückhaltung und die wenig kompromittierende Berichterstattung über die Lage in Argentinien im „Neuen Deutschland“: So ratifizierte die argentinische Diktatur 1977 zum Beispiel das noch unter der zivilen Regierung ausgearbeitete Handelsabkommen mit der DDR – das erste der Militärregierung überhaupt.[3]

Mit dem Abkommen konnte die DDR endlich ihre Argentinienpolitik entfalten. Klar war, dass dies nur auf wirtschaftlichem Gebiet möglich war. Denn anders als noch in der Periode 1973 bis 1976 lehnte die Junta jede Zusammenarbeit auf politischem oder kulturellem Gebiet ab, wohingegen die Wirtschaftsbeziehungen keinerlei Einschränkungen unterworfen wurden. Schließlich wurde im Rahmen der Entwicklung der Europäischen Wirtschaftsgemeinschaft der immer stärkere Rückgang bei der Abnahme argentinischer Agrarerzeugnisse nun von der DDR und dem Ostblock kompensiert. Die UdSSR entwickelte sich zur Hauptabnehmerin argentinischen Getreides. Während also die wirtschaftlichen Beziehungen zwischen der Junta und dem Ostblock zunehmend an Bedeutung gewannen und in der Folge rasch ausgebaut wurden, verschlechterte sich das Verhältnis zwischen Argentinien und dem Westen. Dies geschah sowohl

1 Vgl. Jorge Cernadasu/Horacio Tarcus, Las izquierdas argentinas y el golpe del 24 de marzo de 1976. Una selección documental, in: Políticas de Memoria (2006/07) 6/7, S. 29–78, hier S. 31 f.

2 Vgl. Angela Abmeier, Kalte Krieger am Rio de la Plata? Die beiden deutschen Staaten und die argentinische Militärdiktatur (1976–1983), Düsseldorf 2017, S. 517 f.

3 Vgl. Aktennotiz über ein Gespräch mit dem Generalsekretär der Präsidialkanzlei, Brigadegeneral Villareal am 3. 2. 1977 vom 7. 2. 1977, PA AA, MfAA, C3391, Bl. 65.

auf wirtschaftlichem Gebiet als auch in politischer Hinsicht: Die verheerenden Menschenrechtsverletzungen führten zu einer immer größeren internationalen Isolierung der Militärjunta, die ihren Höhepunkt 1982 mit dem Falklandkrieg gegen Großbritannien erreichte.

Die DDR und die Falklandfrage

Zu dem Zeitpunkt, als Argentinien und die DDR diplomatische Beziehungen aufnahmen, befanden sich die Verhandlungen um die Inseln gerade in einer Sackgasse: London spielte auf Zeit, um die Frage der Souveränität über den Archipel nicht thematisieren zu müssen. Die DDR hatte die Auseinandersetzungen um die Inseln registriert und die Abteilung Lateinamerika beim Ministerium für Auswärtige Angelegenheiten der DDR (MfAA) konkrete Anweisungen für die Benennung des Archipels gegeben, mit der sie den argentinischen Ansprüchen Rechnung trug: Die Inseln wurden fortan in kartografischen Erzeugnissen der DDR als „Falklandinseln/Malwinen (brit., von Argentinien beansprucht)" verzeichnet. Damit folgte die DDR der argentinischen Argumentation, nach der die Inseln 1833, als sie von Großbritannien als Kolonie eingenommen wurden, zu Argentinien gehört hatten. Folglich hatte das südamerikanische Land seine territorialen Ansprüche auf die Falklandinseln nie aufgegeben.[4]

Im wirtschaftlichen Bereich wurde die Frage der Falklandinseln und des Südatlantiks zu einem der Hauptaspekte der Beziehungen zwischen Buenos Aires und Ost-Berlin: Der Südatlantik war das zweitwichtigste Fangrevier der DDR-Fischereiflotte. Die Bestände vor der afrikanischen Küste waren überfischt, und man konnte von dort nicht mehr den in der Planung festgelegten Fang erzielen. Dieser sollte gleichermaßen dazu dienen, die eigene Bevölkerung zu ernähren sowie durch die Wiederausfuhr von Teilen des Fangs Devisen zu erwirtschaften. Besonderes Interesse hatte die DDR daher an der Fischerei vor der argentinischen Küste, sowohl im internationalen Gewässer als auch im argentinischen. Schon während der Regierung der Junta hatte die DDR versucht, eine Erlaubnis für die

4 Vgl. Information der Abt. LA beim MfAA, 4. 4. 1974, PA AA, MfAA, C3373, Bl. 7.

Abb. 1: Das DDR-Hochseefischereischiff Atlantik-Supertrawler ROS 335 Arnold Zweig operierte vor der argentinischen Küste.
Mit freundlicher Genehmigung von Kapitän Günther Kröger

Fischerei in argentinischen Gewässern zu erhalten, was ihr zunächst aus bürokratischen Gründen jedoch nicht gelang.[5]

Vor dem Hintergrund der allgemein guten wirtschaftlichen Beziehungen zur Junta hielt sich die UdSSR während der Invasion der Inseln durch argentinische Truppen bedeckt. Sie kritisierte nicht die argentinische Aktion zur gewaltsamen Eroberung der Inseln, erkannte aber genauso wenig die argentinische Souveränität über diese an. Allerdings verurteilte die UdSSR die Versuche Großbritanniens, „mit Hilfe von Gewalt den Kolonialstatus dieser Inseln wiederherzustellen", als unzulässig und trat „offen gegen solche Versuche auf".[6] Die DDR dagegen unterstützte die

5 Vgl. Vermerk für Minister Böhm über Lizenzfischerei durch Vermittlung einer französischen Firma, 7. 12. 1977, BArch, DN 1/19064.

6 Information der KPdSU an die SED über die Linie im Zusammenhang mit dem englisch-argentinischen Konflikt, 12. 4. 1982, SAPMO-BArch, DY 30/11503, Bl. 38 f.

argentinischen Forderungen, bestand dabei aber stets ausdrücklich auf einer friedlichen Lösung des Konflikts. Die argentinischen Anrechte auf die Inseln sah sie durch das Völkerrecht bestätigt.[7] Dass die DDR die Falklandfrage als ein koloniales Überbleibsel betrachtete, wurde der argentinischen Botschaft auch in offiziellen Dokumenten mitgeteilt, zum Beispiel als sie Argentinien ihre Unterstützung vor internationalen Organisationen zusicherte.[8] Die Haltung der DDR kann wie folgt zusammengefasst werden: Sie forderte zwar nicht, die argentinischen Truppen zurückzuziehen, wohl aber die bewaffneten Auseinandersetzungen zu beenden (die Inseln waren noch von Argentinien besetzt) und dem Kolonialismus weltweit ein Ende zu bereiten. Da die Inseln aus geostrategischen Gründen unmöglich zu einem autonomen Staat werden konnten, sollten sie unter der Kontrolle Argentiniens bleiben.[9] In offiziellen Gesprächen mit dem argentinischen Botschafter Enrique Candioti in Ost-Berlin erklärte Erich Honecker sogar, dass

> „seine Regierung ihre positive Haltung gegenüber einer Verhandlungslösung gemäß den Resolutionen der Vereinten Nationen, ihrer Unterstützung für die Souveränitätsrechte Argentiniens und der Notwendigkeit, diese Kolonialsituation so schnell wie möglich zu beenden, beibehalten werde".[10]

Deutsche und britische Quellen belegen ebenfalls, dass die DDR ihre Haltung zugunsten Argentiniens durchaus auch der anderen Kriegspartei, dem Vereinigten Königreich, gegenüber deutlich aussprach. Dies zeigen zum Beispiel die Berichte des britischen Botschafters in Ost-Berlin über

7 Vgl. Anlage 1 zu Falklandinseln, PA AA, MfAA, ZR 2442/13, Bl. 2.

8 Vgl. Cable 531 de Berlín a Buenos Aires, 27. 9. 1983, AMREC, Comunicaciones Actas, AH 146.

9 So wurde es dem Verfasser des vorliegenden Beitrags im Gespräch mit den DDR-Botschaftern in Argentinien Horst Neumann und Walter Neumann im Juni 2015 in Berlin und mit dem argentinischen Botschafter Enrique Candioti im Februar 2017 in Berlin erläutert.

10 Cable secreto 110 de Berlín a Buenos Aires, 2. 3. 1983, AMREC, Comunicaciones Actas, AH 146.

die Gespräche mit dem stellvertretenden Minister für Auswärtige Angelegenheiten, Kurt Nier.[11]

Die Position der DDR bezüglich des Falklandkrieges darf nicht über ihre grundsätzliche Haltung hinsichtlich der innenpolitischen Situation in Argentinien hinwegtäuschen. Die KPA und die SED pflegten sehr gute Beziehungen zueinander. In Anlehnung an die Position der argentinischen Schwesterpartei sah die SED in der Regierung der Junta „ein reaktionäres, pro-imperialistisches Militärregime", das sich bis dahin als „zuverlässiger und bereitwilliger Partner Washingtons im Kampf gegen die nationale und soziale Befreiung in Lateinamerika" erwiesen habe. Der Krieg, der unter nationalistischen Vorzeichen geführt werde, diene innenpolitisch dem Ziel, die argentinische Bevölkerung von der katastrophalen Wirtschaftslage und der politischen Krise abzulenken.[12] Aber eben diese Rolle der Junta als Alliierte der USA in Lateinamerika wurde durch den Krieg gestört. Für die Position der DDR zum Konflikt war es von großer Bedeutung, dass die USA Großbritannien im Falklandkrieg unterstützten. Jene Positionierung wurde dem Konfrontationskurs von US-Präsident Ronald Reagan zugeschrieben. Durch den Aufmarsch der britischen Flotte und die Stationierung ihrer Truppen nach dem Krieg kämen nach offizieller DDR-Lesart die USA ihrem Ziel näher, im Südatlantik einen NATO-Stützpunkt zu errichten.[13]

Für die Vertiefung der Beziehungen zwischen der DDR und Argentinien kam es daher sehr gelegen, dass Bernhard Neugebauer, stellvertretender Minister für Auswärtige Angelegenheiten, schon vor Ausbruch des Krieges zu Konsultationen nach Argentinien eingeladen worden war.[14] Der Besuch erfolgte letztlich inmitten des bereits ausgebrochenen Falklandkonflikts und wurde von diesem wesentlich geprägt. Besonders ist in diesem Zusammenhang das Gespräch vom 6. Mai 1982 mit dem argentinischen Außenminister Nicanor Costa Méndez zu erwähnen.

11 Vgl. Confidential telegram 60 from East Berlin to London, 26. 4. 1982, FO15/5524.

12 Vgl. Information zum Konflikt zwischen Großbritannien und Argentinien um die Falkland-Inseln, 6. 5. 1982, SAPMO-BArch, DY 30/11503, Bl. 24 f.

13 Vgl. ebenda, Bl. 27.

14 Vgl. Mitteilung der Abt. LA an Bernhard Neugebauer, 27. 1. 1982, PA AA, MfAA, ZR1466/88.

Costa Méndez zeigte die argentinische Position in der Auseinandersetzung auf, fügte aber außerdem weitere Aspekte hinzu, um sich der Position der DDR anzunähern: So habe Großbritannien 1833 zur Eroberung der Inseln Gewalt angewendet und boykottiere seitdem in den Vereinten Nationen eine friedliche Lösung. Neugebauer legte ebenfalls die schon oben erwähnte Position der DDR dar, deren Übereinstimmungen mit der argentinischen offensichtlich sind. Zudem erklärte er „das Interesse der DDR am Ausbau der Beziehungen auf allen Gebieten, dabei betreibe die DDR keine Konjunkturpolitik“[15], was auch stimmte: Ost-Berlin hatte (ebenso wie die anderen Staaten des Ostblocks) stets Interesse daran gezeigt, die Beziehungen zu Argentinien auszubauen – und nicht erst während des Krieges. Das Pressekommuniqué des argentinischen Außenministeriums über den Besuch von Neugebauer ließ verlauten, dieser habe sich offen gegen den westlichen Wirtschaftsboykott Argentiniens und zusammen mit Costa Méndez für die „Beseitigung des Kolonialismus und Neokolonialismus“ ausgesprochen und somit Buenos Aires unterstützt.[16] Die antiimperialistische Rhetorik des argentinischen Außenministers kann jedoch durchaus als „Konjunkturpolitik“ bezeichnet werden: Schließlich war Costa Mendez ein überzeugter Antikommunist und hatte etwa 1969 bei einem Außenministerbesuch in West-Berlin die Berliner Mauer noch als ein „Attentat auf die Freiheit des Menschen“ bezeichnet.[17]

Während des Aufenthalts Neugebauers erfolgte auch eine argentinische Anfrage an die DDR bezüglich des Erwerbs von Waffen. Dies geschah, als bekannt wurde, dass die englische Flotte zu den Inseln unterwegs war und der bewaffnete Konflikt länger andauern würde, als Buenos Aires es vorausgesehen hatte. So wandte sich der DDR-Botschafter in Argentinien, Johannes Gompert, nach Rücksprache mit der KPA-Führung und auf eine

15 Aktenvermerk über das Gespräch von Bernhard Neugebauer mit dem Minister Nicanor Costa Mendez, 16. 5. 1982, PA AA, MfAA, ZR1466/88.

16 Comunicado de prensa del MREC sobre visita de Neugebauer, 10. 5. 1982, AMREC, Europa Oriental II, AH 105.

17 Vgl. Philipp Springer, Die Beziehungen zwischen der Bundesrepublik Deutschland und Argentinien 1966–1978. Politische Herausforderungen einer wirtschaftlichen Kooperation, Berlin 2018, S. 23.

Anfrage der Junta hin mit dem Vorschlag an Ost-Berlin, den Verkauf von DDR-Waffen an Argentinien zu befürworten. Dadurch ließen sich die Exporte der DDR steigern und die Beziehungen zu Argentinien vertiefen. Ein Vertreter eines DDR-Betriebes in Argentinien, ein geheimes KPA-Mitglied, sei bereits im Auftrag des argentinischen Heeres in die DDR gereist, um die diesbezüglichen Möglichkeiten zu prüfen. Anschließend sollten dann weitere Heeresbeauftragte in die DDR reisen, um die Verhandlungen zu führen.[18]

Der Vorschlag wurde von Werner Krolikowski, Erster Stellvertretender Vorsitzender des Ministerrates der DDR und Mitglied der Wirtschaftskommission, und von Alexander Schalck-Golodkowski, dem Leiter des Bereiches Kommerzielle Koordinierung, in Ost-Berlin abgelehnt. Die DDR behielt in der Falklandkrise weiterhin konsequent ihre Position bei, die argentinischen Ansprüche nur diplomatisch zu unterstützen und auf eine friedliche Lösung des Konflikts zu drängen. Damit blieben Rüstungsexporte nach Argentinien während des Krieges ausgeschlossen. Außerdem war klar, dass Argentinien kaum Aussichten hatte, den Krieg gegen Großbritannien zu gewinnen. Argentinien militärisch zu unterstützen, hätte damit bedeutet, in diplomatische Schwierigkeiten zu geraten und sich (höchstwahrscheinlich) auf die Seite des Verlierers zu stellen. Zudem war die argentinische Wirtschaft sehr angeschlagen, mit Waffenverkäufen war also kein großer Profit zu erzielen.

Die Militärregierung wurde letztlich durch die Niederlage stark geschwächt, und die Wirtschaft geriet in eine tiefe Krise, die den Wahlen und der Rückkehr zur Demokratie 1983 den Weg bereiteten. Damit veränderte sich die Konstellation der politischen Akteure auf der argentinischen Seite erneut. Eine Schlussfolgerung zu den Konsequenzen des Falklandkrieges für die Beziehungen zwischen der DDR und Argentinien kann nur gezogen werden, wenn die Zeit nach dem Ende der Militärdiktatur ebenfalls berücksichtigt wird.

18 Vgl. Telegramm vvs7/96-9/82 von AV Buenos Aires, 22. 4. 1982, und Telegramm gvs b 7/104 t79/82, 26. 4. 1982, SAPMO-BArch, DY 3023/1286, Bl. 69 f.

Entfaltung der Beziehungen zwischen Argentinien und der DDR nach dem Krieg

Nach 1983 wurden auf allen bisher erwähnten Gebieten, nämlich der Zusammenarbeit in internationalen Gremien, der wirtschaftlichen Kooperation im Südatlantik und sogar bei den Rüstungsgeschäften, die Beziehungen direkt oder indirekt infolge der DDR-Position zur Falklandfrage ausgebaut. Die wirtschaftlichen Schwierigkeiten beider Länder setzten der Zusammenarbeit jedoch weiterhin gewisse Grenzen.

Während die traditionell guten Beziehungen zwischen Argentinien und der Bundesrepublik aufgrund der Unterstützung des westdeutschen Staats für seine NATO-Partner im Laufe des Krieges geschwächt wurden, hatte sich die DDR mit ihrer Position als guter außenpolitischer Partner profiliert. Sie befürwortete weiterhin die argentinischen Forderungen in der Falklandfrage. Finanziell konnte sie zwar keinen wesentlichen Beitrag für die argentinische Wirtschaftsentwicklung leisten, die Handelsbilanz zwischen beiden Ländern fiel aber für Argentinien stets positiv aus. Dies alles stärkte die Position des zweiten deutschen Staates am Río de la Plata. Darüber hinaus fanden hochrangige diplomatische Konsultationen zwischen beiden Staaten statt; und die DDR trat oft auf der internationalen Bühne als Vertreter einer Friedenspolitik und gegen die Einmischung dritter Staaten in regionale Konflikte ein, vor allem in Mittelamerika.

Mit der Rückkehr zur Demokratie wurde das Fischerei-Kooperationsprojekt im Südatlantik wieder aufgenommen. Ab 1985 sollte es dank der Zusammenarbeit der argentinischen Firma Galapesca mit dem VEB Fischkombinat Rostock über seinen Außenhandelsbetrieb Impex für DDR-Fischereischiffe möglich werden, in argentinischen Häfen regelmäßig ihre Mannschaften auszutauschen und in argentinischen Gewässern zu fischen. Im Gegenzug war mit DDR-seitiger Unterstützung der Bau eines Fischereihafens auf den Staateninseln geplant.[19] Auch wenn Argentinien den Deal zunächst befürwortete, wartete es die internationalen Reaktionen

19 Vgl. Beschluss zum Projekt über die Vercharterung von drei Atlantik-Supertrawlern des VEB Fischkombinat Rostock an die argentinische Firma Galapesca SA, 16. 12. 1985, SAPMO-BArch, DY 30/6230.

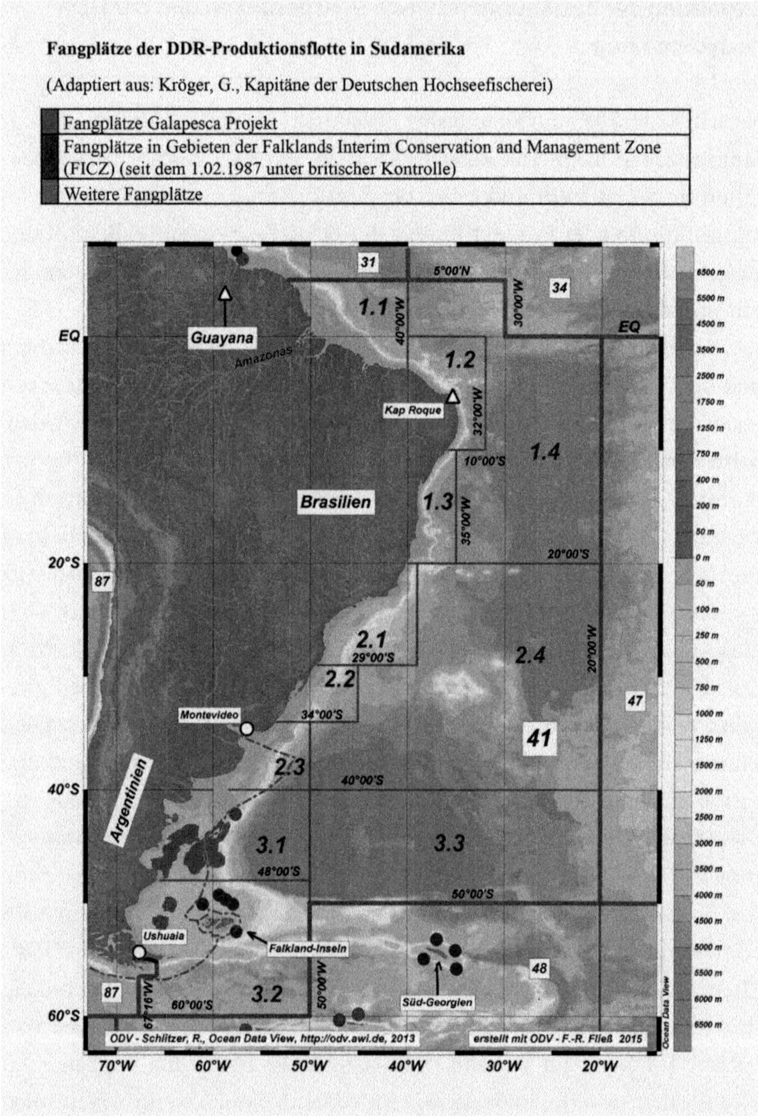

Abb. 2: Fangplätze der DDR-Produktionsflotte in Südamerika.
Karte adaptiert aus: Günther Kröger, Kapitäne der Deutschen Hochseefischerei. Was sind das für Männer, diese Fischereikapitäne … Kapitänsbilder und die Beschreibung ihres Arbeitsumfeldes, Plauen 2016, S. 227. Mit freundlicher Genehmigung von Kapitän Günther Kröger

auf die bereits mit der UdSSR und mit Bulgarien unterzeichneten Fischereiabkommen ab. Diese fielen heftig aus: Großbritannien erweiterte ab 1987 den Radius um die Inseln unter seiner Kontrolle. Schiffe, die dort fischen wollten, mussten nun Fischereilizenzen bei der britischen Verwaltung der Inseln erwerben. Auch der US-Botschafter in Buenos Aires protestierte gegen das Abkommen mit zwei Staaten des Ostblocks. Damit wurde das Projekt mit der DDR vorerst ad acta gelegt. Das Fischkombinat Rostock bemühte sich seinerseits darum, direkte Verhandlungen mit der britischen Verwaltung aufnehmen zu dürfen, was vom MfAA jedoch strikt unterbunden wurde.[20] Man hoffte auf neue Verhandlungen nach dem Machtwechsel in Argentinien 1989. Dazu kam es bekanntlich nicht mehr: Das geopolitische Interesse der DDR im Südatlantik löste sich mit ihr selbst auf.

20 Vgl. Notiz für Kollegen Neumann der Abt. LA beim MfAA, 17. 1. 1990, PA AA, MfAA, ZR1622/13.

DANIEL R. BONENKAMP

Frauen bei der Stasi

Sozialprofile in der ostdeutschen Geheimpolizei

Zu Beginn der zweiten Staffel der Fernsehserie „Weissensee" findet 1987 im Ministerium für Staatssicherheit (MfS) eine Leiterbesprechung der Hauptabteilung XX (Staatsapparat, Kultur, Kirche, Untergrund) statt (vgl. Abb. 1). In einem Konferenzraum in der Berliner Normannenstraße ist mittig der Leiter der Hauptabteilung zu sehen. Während ihn zu beiden Seiten MfS-Offiziere und eine Offizierin flankieren, findet am Tisch auch eine Frau ohne Uniform Platz. Diese vorne links sitzende ältere Dame übernimmt vermutlich Aufgaben einer Stenotypistin und scheint mit der Abfassung des Sitzungsprotokolls beschäftigt. Unklar bleibt, ob die Verantwortlichen der Serie hiermit bewusst eine geschlechterspezifische Rollenzuschreibung der Staatssicherheit inszenierten, ließen sie sich doch von dem DDR-Historiker Ilko-Sascha Kowalczuk beraten.

Wenngleich die formale Gleichberechtigung zwischen Mann und Frau bereits in der ersten Verfassung der DDR 1949 verankert worden war, lag der durchschnittliche Frauenanteil bei der ostdeutschen Geheimpolizei selbst zu Spitzenzeiten in den 1950er-Jahren selten höher als bei 20 Prozent. Zudem endete die weibliche Uniformgarnitur im Jahr 1981 beim Dienstgrad eines Oberstleutnants. War es im MfS demnach nicht vorgesehen, dass Frauen entsprechende Dienstränge besetzten, oder lag es an der Tatsache, dass es kaum Frauen in höchsten Positionen gab? Mitarbeiterinnen fanden sich zumeist in subalternen Dienstleistungsfunktionen wieder, wie jenen der Sekretärin, der Übersetzerin oder im Zentralen Medizinischen Dienst. Für „operative Tätigkeiten" waren sie in aller Regel

Abb. 1: Eine Abteilungsleitersitzung der Hauptabteilung XX in der zweiten Staffel der Serie „Weissensee". *ARD/MDR/ARD Degeto/Ziegler Film*

nicht vorgesehen. Dazu zählten zum Beispiel der Außeneinsatz und die Führung Inoffizieller Mitarbeiter und Mitarbeiterinnen (IM).

Die untergeordnete Rolle von weiblichen Angestellten erklärt die Forschung bislang mit den militärischen Strukturen, „durchdrungen vom gleichen Frauenbild und vom gleichen Korpsgeist männlicher Angehöriger wie etwa die Nationale Volksarmee".[1] Dazu kamen die zeitliche Belastung durch Haushalt und Kindererziehung. Beides hatten hauptsächlich Frauen zu stemmen und erschwerte es ihnen, sich für höhere Positionen zu qualifizieren beziehungsweise den damit häufig verbundenen längeren Arbeitszeiten nachzukommen. Schließlich war da noch der innerministerielle Zweifel, ob Frauen die erforderlichen „tschekistischen Persönlichkeitsmerkmale" überhaupt mitbrächten.[2]

Der vorliegende Beitrag möchte die weiblichen Beschäftigten des MfS in den Mittelpunkt der Betrachtung rücken und danach fragen, welches Sozialprofil Mitarbeiterinnen bei der ostdeutschen Geheimpolizei zugrunde lag. Aus welchen Gründen ließen sich Frauen auf diese Tätigkeit ein, und welche gesellschaftlichen Voraussetzungen waren dafür erforderlich?

1 Philipp Springer, Die Genossinnen arbeiten doch am zuverlässigsten. Frauen im Ministerium für Staatssicherheit, in: Einsichten und Perspektiven. Bayerische Zeitschrift für Politik und Geschichte (2019) 3, S. 12–23, hier S. 14.

2 Vgl. Jens Gieseke, Die hauptamtlichen Mitarbeiter des Ministeriums für Staatssicherheit (MfS-Handbuch), Berlin 1996, S. 57 f.

Durch den Vergleich mit den männlichen Kollegen sollen Gemeinsamkeiten und Unterschiede identifiziert und festgehalten werden, inwiefern sich bei einem Karriereweg im MfS die Kategorie Geschlecht bemerkbar machte. Dafür werden Lebensläufe nach unterschiedlichen Merkmalen untersucht: Familienverhältnisse und soziale Herkunft, Bildungsweg, politische Einstellung und Pflichtbewusstsein sowie der Weg ins MfS und der sich daran anschließende Karriereweg.

Die Untersuchungsgrundlage bilden vier zusammengefasste Gespräche mit ehemaligen Mitarbeiterinnen und Mitarbeitern aus einer soziologischen Studie von Uwe Krähnke zu Angehörigen der Staatssicherheit aus dem Jahr 2017. Für die Druckfassung des Projektes wurden die Namen anonymisiert, wobei Frauen die Namen von Nadelbäumen und Männer die von Laubbäumen erhielten.[3] Um geeignete Vergleichsparameter zu schaffen, wurden bei der Auswahl ausschließlich Geheimpolizistinnen und -polizisten der dritten Generation im MfS herangezogen. Diese waren bereits „Kinder der DDR", also nach 1945 geboren, und „weniger geprägt durch die Euphorie des Anfangs als durch nüchterne Analyse dessen, was ihnen der Staat bieten konnte".[4] Neben der kleinen Untersuchungsgruppe gilt es für etwaige Schlussfolgerungen vor allem, den retrospektiven Charakter der Gesprächsaussagen zu berücksichtigen; diese konnten aufgrund der Anonymisierung der Interviewten nicht mit Primärquellen wie etwa den Personalakten im Stasi-Unterlagen-Archiv abgeglichen werden. Gleichwohl offenbart der präsentierte Ansatz wertvolle Innenansichten des MfS.

Der Weg ins Ministerium

Die weiblichen Protagonistinnen, Frau Kiefer und Frau Lärche, wurden drei Jahre nach Kriegsende in jeweils instabile Familienverhältnisse hineingeboren. Letztere wuchs zunächst als Einzelkind auf, bis sie nach

3 Vgl. Uwe Krähnke u. a., Im Dienst der Staatssicherheit. Eine soziologische Studie über die hauptamtlichen Mitarbeiter des DDR-Geheimdienstes, Frankfurt a. M. u. a. 2017, insbesondere die abgedruckten Gespräche mit Herrn Birke und Herrn Erle auf S. 76–86 sowie mit Frau Lärche und Frau Kiefer auf S. 66–76.

4 Springer, Genossinnen, S. 16.

dem Tod des Vaters und der erneuten Heirat der Mutter einen Stiefbruder bekam. Dadurch fühlte sie sich „sehr viel allein“ und nahm sich in ihrer Kindheit „so ein bisschen [als] Außenseiter“ wahr.[5] Auch Frau Kiefer wuchs als Scheidungskind auf, was dazu führte, dass sie in den ersten Lebensjahren zu ihrem Vater keinen Kontakt hatte. Bis zum Tod der Großmutter verbrachte sie ihre Kindheit bei den Großeltern und kam im Anschluss zunächst in eine Pflegefamilie, die sie jedoch als „fremde Leute“ erlebte. Die Wahrnehmung, anschließend in ein Heim mit Kindern gekommen zu sein, „die praktisch keine Eltern mehr hatten“, gibt zumindest einen kleinen Einblick, mit welchen emotionalen Schicksalsschlägen sich Frau Kiefer bereits in jungen Jahren konfrontiert sah.[6] Erst als ihre Mutter wiederholt die Arbeitsstätte gewechselt hatte, nahm sie ihre Tochter zu sich, und beide zogen in eine gemeinsame Wohnung.

Bereits hier lässt sich ein Unterschied zu den männlichen Protagonisten konstatieren, da Herr Erle und Herr Birke ihre Jugend in weitgehend gefestigten Familienverhältnissen verbracht hatten. Herr Erle kam als Sohn eines Vermessungsingenieurs in der zweiten Hälfte der 1950er-Jahre zur Welt. Als drittes von insgesamt acht Kindern wurde Herr Birke im Jahr 1952 geboren. Der Vater ging der Funktionärskarriere als SED-Bürgermeister einer Kleinstadt nach. Dies zwang die Familie, mehrere Male umzuziehen, weshalb besonders zu den älteren Brüdern eine starke Bindung entstand.

Wenngleich sich bei den Familienverhältnissen und der sozialen Herkunft einige Unterschiede festhalten lassen, zeigt der Bildungsweg große Gemeinsamkeiten: Alle Protagonistinnen und Protagonisten beendeten ihre schulische Laufbahn nach der zehnten Klasse und begannen anschließend eine Ausbildung. Da Frau Kiefer aufgrund der damit verbundenen körperlichen Anstrengungen vom Beruf einer technischen Zeichnerin abgeraten wurde, absolvierte sie eine Ausbildung zur Facharbeiterin für Betriebs- und Verkehrswesen. Dabei erwies sie sich als ausgesprochen begabt und engagiert, weshalb sie als Teil einer Gruppe von Auszubildenden für die Leitungsebene der Reichsbahndirektion vorgesehen war.

5 Zitiert nach Krähnke, Im Dienst der Staatssicherheit, S. 66.
6 Zitiert nach ebenda, S. 70.

Zeitgleich engagierte sie sich in der Freien Deutschen Jugend (FDJ), die zu den wichtigsten Kaderreservoirs des Ministeriums für Staatssicherheit gehörte. Von der FDJ wurde Frau Kiefer zu einem einjährigen Parteistudium delegiert, wo sie tiefergehende Kenntnisse im Marxismus-Leninismus erlangen sollte. Neben der Gelegenheit, dadurch der schwierigen Familiensituation zu entfliehen, lernte Frau Kiefer während des Internatsaufenthaltes ihren späteren Ehemann kennen.

Frau Lärche entschloss sich zu einer Lehre als Stenotypistin, die sie mit Auszeichnung beendete. Zuvor hatte sie bereits erfolgreich an mehreren nationalen Stenografie-Wettbewerben teilgenommen. Weil man dort „ganz wenig Geld verdient", lehnte sie die Übernahme in den Ausbildungsbetrieb ab und nahm eine besser dotierte Stelle als Sekretärin an.[7] Nach einer weiteren Tätigkeit in einem größeren Industriekombinat wechselte sie als Schreibkraft in ein städtisches Modernisierungsprojekt. Anders als Frau Kiefer engagierte sich Frau Lärche nicht nur in der FDJ, sondern hatte während ihrer Berufsschulzeit einen Antrag auf Mitgliedschaft in der SED gestellt.

Herr Erle entschied sich für eine Lehre zum Facharbeiter für geologische Bohrungen und war nach der Übernahme in den Betrieb häufig auf Montage. Nach der Hochzeit mit einer Krankenschwester im Jahr 1975 wurde er Vater zweier Kinder. Schon zu Jugendzeiten hatte er sich für Beat- und Popmusik begeistert – auch aus dem Westen – und betrieb damals mit einem Freund eine mobile Diskothek. Er bekleidete führende FDJ-Ämter und trat früh in die SED ein, traf diese Entscheidung jedoch losgelöst von seinem eher liberal eingestellten Elternhaus. Bedingt durch sein politisches Engagement im Jugendverband studierte auch Herr Erle an der Parteihochschule, jedoch unter der Prämisse, anschließend kein Teil der Kadernomenklatur werden zu müssen. Vielmehr wollte er ein Ingenieurstudium aufnehmen. Noch während des einjährigen Parteilehrjahres erfolgte die obligatorische Sicherheitsüberprüfung durch das MfS, das anschließend auf ihn aufmerksam werden sollte.

Herr Birke hingegen absolvierte eine Fachausbildung zum Matrosen in der Binnenschifffahrt. Auch er hatte führende FDJ-Ämter inne und trat

7 Zitiert nach ebenda, S. 66.

in die SED ein, was für ihn „ein logischer Werdegang" gewesen ist, „schon vom Elternhaus her".[8] Nach seiner Ausbildung absolvierte Herr Birke zudem den vorgeschriebenen Grundwehrdienst, allerdings länger als die üblichen 18 Monate. Durch seine älteren Brüder in seiner Entscheidung beeinflusst, entschloss er sich zum Eintritt in das MfS-eigene Wachregiment. Ähnlich wie seine Geschwister sah er sich in einer „Bringschuld" gegenüber dem Vater. Obschon alle vier Protagonistinnen und Protagonisten aus unterschiedlichen Familienverhältnissen stammten, wiesen sie ähnliche bildungsmäßige und politische Voraussetzungen für einen Dienst in der ostdeutschen Staatssicherheit auf. In der Folge sollten sich jedoch zwischen den einzelnen Karrierewegen merkliche Unterschiede herauskristallisieren.

Im Dienst der Staatssicherheit

Während Frau Lärche auf ihrer Arbeitsstelle vom MfS angesprochen wurde, führte bei Frau Kiefer der Weg ins Ministerium – wie damals oft üblich – über den Ehemann. Die Rekrutierung im Milieu der eigenen Belegschaft reduzierte dabei die Gefahr, dass durch „pillow talk" (Bettgeflüster) geheime Informationen nach außen gelangen konnten. Für die Einstellung im MfS brachen beide den familiären Westkontakt ab. Frau Kiefer begründete dies mit ihrer Loyalität gegenüber der DDR: „Ich meine, ich bin hier groß geworden im Land, ich hab mich engagiert und bin so aufgewachsen."[9] Mit Anfang 20 trat sie in die Abteilung Kader und Schulung der Dresdner Bezirksverwaltung ein, die als Personalabteilung der Staatssicherheit fungierte. Beim Eintritt von Frau Lärche in das MfS machten sich die eingangs erwähnten Eigenschaften der dritten Generation bemerkbar, da sie einige Bedingungen formulierte: Dabei ging es ihr vorrangig um ein entsprechendes soziales Sicherheitsgefühl und um ein Minimum an materiellem Wohlstand, dem das MfS beispielsweise mit einer zur Verfügung gestellten Wohnung sowie einer besseren Bezahlung nachkam.

8 Zitiert nach ebenda, S. 77.
9 Zitiert nach ebenda, S. 72.

Über einen Freund für die ostdeutsche Geheimpolizei rekrutiert, entschied sich Herr Erle gegen das Ingenieurwesen und für den Dienst im MfS mit einem darin enthaltenen Jurastudium. Herrn Birke führte es mit 20 Jahren ins Wachregiment. Da ihn die Tätigkeit im Wachregiment jedoch beruflich nicht befriedigte, entschloss er sich dazu, das MfS wieder zu verlassen. Zuvor hatte er vergebens gehofft, in einer anderen Abteilung eine anspruchsvollere Aufgabe übernehmen zu können. Nach eigener Aussage stellte Birke insgesamt drei Entlassungsgesuche, die er aber schließlich jeweils wieder zurückzog. Als er zum ersten Mal entpflichtet werden wollte, ist er laut Interviewprotokoll vom einfachen Wachsoldat auf eine Stelle mit Personalverantwortung für 20 Mitarbeiterinnen und Mitarbeiter versetzt worden. Inwiefern Herr Birke mit seinen Entlassungsversuchen dem MfS gezielt bessere Aufstiegsmöglichkeiten „abpressen" wollte oder ob er sich vielmehr durch entsprechende Angebote jedes Mal wieder „breitschlagen" ließ, wie er selbst sagt, kann hier nicht abschließend beantwortet werden. Klar ist jedenfalls, dass die Staatssicherheit Versuche, durch „erpresserische Weise" an andere Dienstposten zu gelangen mit dem Ziel, persönliche „Interessen unbedingt durchzusetzen", zumeist mit disziplinarischen Maßnahmen beantwortete.[10] Dass Mitarbeiter oder Mitarbeiterinnen mit einem solchen Vorhaben dennoch durchkamen, lässt sich vermutlich mit der Einbeziehung in „operative Kenntnisse" und den Grad der Konspiration erklären, die oftmals einer Entpflichtung entgegenstanden. Zudem führte der steigende Personalbedarf besonders in den 1970er- und 1980er-Jahren dazu, dass auch der Belegschaft im MfS entsprechende Arbeitsangebote gemacht werden mussten, um diese an die Geheimpolizei zu binden.

Obwohl Frau Lärche mit einer Tätigkeit als Schreibkraft gerechnet hatte, begann ihre Arbeit im Schichtdienst in der Abteilung VIII. Diese hatte die Aufgabe, für andere Dienststellen des MfS „operative" Tätigkeiten zu übernehmen, wozu Beobachtungen, Ermittlungen und Personenkontrollen gehörten. Damit bildete sie eine Ausnahme innerhalb ihrer Einheit, da MfS-Mitarbeiterinnen üblicherweise nicht für diese Art von Einsatz herangezogen wurden. Angesichts der vorhandenen Westverwandtschaft blieb sie

10 Beschlüsse über die Erteilung und Löschung von Parteistrafen, 6. 3. 1984, BArch, MfS, SED-KL, Nr. 9430, Bl. 86.

den Familienfeiern fern, weshalb auch, so Frau Lärche, niemand von ihrer Tätigkeit bei der Staatssicherheit Kenntnis bekam. Auch bei der Familienplanung verhielt sie sich zunächst linientreu: Die zwei Jahre nach Diensteintritt geborene Tochter entstammte der Beziehung mit einem Mann außerhalb des Ministeriums. Aus welchen Gründen die Staatssicherheit den Vater ihres Kindes als unpassend erachtete, ist aus der Interviewzusammenfassung nicht ersichtlich. Frau Lärche musste nun eine Entscheidung treffen: Um ihre Tätigkeit weiter ausüben zu können, „hab ich mich gegen den Mann entschieden".[11] Die spätere Versetzung von Frau Lärche in den Innendienst – nun als Schreibkraft – war auf den ersten Blick selbstgewählt: Sie war jedoch der Dreifachbelastung von Beruf, Haushalt und Familienleben geschuldet, da sie ihre Tochter nicht länger in einer Wochenkrippe unterbringen wollte. Dieses Angebot bestand in der DDR für berufstätige Eltern, die in der Woche arbeitsbedingt keine Zeit für ihre Kinder hatten und diese daher von Montag bis Samstag in einer solchen Einrichtung unterbrachten. Ab dem Alter von 13 Jahren besuchte die Tochter ein Sportinternat in Berlin und wohnte seitdem nicht mehr zu Hause. Wie sehr dies auf dem freiwilligen Wunsch der Tochter basierte oder inwieweit Frau Lärche sich davon, dass sie ihr Kind auf ein Internat schickte, mehr Ressourcen zur Ausübung ihres MfS-Dienstes erhoffte, lässt sich nicht final ermitteln.

Während ihrer Tätigkeit im MfS absolvierte Frau Lärche ein Fachschulstudium zur Juristin an der hauseigenen Juristischen Hochschule (JHS) in Potsdam, das für viele Angestellte als Weiterqualifizierung obligatorisch war. In der Folge stieg sie bis zur Sekretärin für Haushalt und Finanzen auf, wo sie bis zum Ende der DDR bleiben sollte. Über ihre Tätigkeit beim MfS stellte Frau Lärche fest, dass sie „mit Leib und Seele Mitarbeiter der Staatssicherheit" gewesen ist und „die Sache auch gern gemacht" hat. Als Gründe für ihre Mitarbeit bei der Geheimpolizei nannte sie das Sicherheitsbedürfnis zur Versorgung mit Wohnraum, den Wohlstand durch höheren Verdienst sowie die politische Linientreue zur Partei. Bereits als Kind ist sie fest davon überzeugt gewesen, dass „der Sozialismus siegen wird eines Tages".[12]

11 Zitiert nach Krähnke, Im Dienst der Staatssicherheit, S. 67.

12 Zitiert nach ebenda, S. 68.

Während ihrer Tätigkeit in der Personalabteilung des Ministeriums war Frau Kiefer für die Einstellungsverfahren neuer Mitarbeiterinnen und Mitarbeiter zuständig. In dieser Eigenschaft war es als Sachbearbeiterin beispielsweise ihre Aufgabe, etwaigen Trennungsentscheidungen der Beschäftigten – in der Art, wie sie hier zu Frau Lärche und dem Vater ihres Kindes geschildert worden ist – nachzugehen und ein entsprechendes Dossier zu erstellen. Da sich Frau Kiefer bei ihrer Arbeit positiv hervortat, folgte in den 1970er-Jahren die Beförderung zur Instrukteurin, verbunden mit einem Fernstudium ebenfalls zur Fachjuristin. Nach einigen Jahren mit ihrer Tätigkeit unzufrieden, stellte sie einen Antrag auf Versetzung in die Auslandsaufklärung der Staatssicherheit, der Hauptverwaltung A (HV A). Bei der von Markus Wolf geleiteten Diensteinheit arbeitete die Elite des MfS, weshalb diese neue Position für Frau Kiefer einen positiven beruflichen Entwicklungsschritt bedeutete. Zu ihrer Tätigkeit im Personalbereich gehörten nunmehr auch die Überprüfung von Beförderungen und die Besoldung der Angestellten, wofür sie unter anderem auch deren Privatleben durchleuchten musste, um etwaige „Sicherheitsprobleme" auszuschließen. Ihre berufliche Tätigkeit schränkte sie jedoch derart ein, dass auch sie für die 1979 geborene Tochter kaum Zeit hatte. Die „Wendezeit" erlebte sie im Dienstgrad eines Majors als Referatsleiterin in einer mittleren Führungsposition.

Auch Herr Birke und Herr Erle absolvierten das MfS-eigene Jurastudium in Potsdam. Im Gegensatz zu Herrn Erle ging bei Herrn Birke dem Studienaufenthalt ein weiteres Entlassungsgesuch voraus, das von der Staatssicherheit entsprechend berücksichtigt werden musste. Herr Birke begründete diesen Schritt retrospektiv damit, dass „alles das, was ich wollte, und das, was man versprochen hat", nicht eingehalten worden ist.[13] Was tatsächlich zu den Entlassungsgesuchen Herrn Birkes führte und warum sie alle abgelehnt wurden, kann im Nachhinein nicht aufgeklärt werden. Sie lassen aber den Schluss zu, dass er die Staatssicherheit als reinen Arbeitgeber ansah und die Tätigkeit dort nicht als ideologisch notwendige Geheimdienstarbeit betrachtete. Durch den Abschluss an der JHS

13 Zitiert nach ebenda, S. 78. Um was genau es sich dabei handelte, wird im entsprechenden Interview nicht ausgeführt.

qualifizierte sich Herr Birke für die Passkontrolle (Hauptabteilung VI), die einer anspruchsvolleren Tätigkeit gleichkam. Zu den Pflichten der Mitarbeiterinnen und Mitarbeiter der Staatssicherheit gehörte jedoch auch die ständige Bereitschaft, sich jederzeit auf andere Dienstposten versetzen zu lassen. Da Herr Birke sich dieser Anordnung widersetzte und sich nicht abkommandieren ließ, wurde er militärisch nicht mehr befördert und blieb bis zum Ausscheiden aus dem MfS Oberleutnant.

Herr Erle war bereits acht Jahre nach Dienstantritt Referatsleiter, und dies gleichfalls im Range eines Oberleutnants. Dabei leitete er insgesamt vier hauptamtliche und 80 inoffizielle Mitarbeiterinnen und Mitarbeiter an. Auch bei den Erles herrschte das patriarchale Familienverständnis vor, weshalb seine Gattin neben ihrer Berufstätigkeit als Krankenschwester auch für den Haushalt und die Kindererziehung zuständig war. Dabei ermöglichte das Ministerium der Familie Erle lediglich eine Schichtanpassung im Krankenhaus, damit sich die Arbeitszeiten nicht mit Herrn Erles Tätigkeit bei der Geheimpolizei überschnitten.

Geschlechterbedingte Unterschiede im Ministerium für Staatssicherheit?

Wenngleich alle vier Protagonistinnen und Protagonisten mit ähnlichen politischen Überzeugungen ihren Dienst in der ostdeutschen Geheimpolizei antraten, wird bei Frau Lärche und Frau Kiefer ein höheres Engagement im Rahmen ihrer Arbeit für das Ministerium erkennbar. Das wäre möglicherweise dadurch zu erklären, dass sie das Gefühl hatten, sich in einer „Männerwelt" beweisen zu müssen.[14] Die historische Forschung weist hierbei darauf hin, dass weibliche Angestellte oftmals motivierter an ihren Arbeitsbereich herangingen, um den vermeintlichen „Makel ihres Geschlechts […] durch bedingungsloses Engagement, totale ideologische

14 Vgl. Philipp Springer, „Müde Einzelgänger" und „ganze Kerle". Personalstruktur und Lebenswelt hauptamtlicher Mitarbeiter der Abteilung XII, in: Karsten Jedlitschka/Philipp Springer (Hrsg.), Das Gedächtnis der Staatssicherheit. Die Kartei- und Archivabteilung des MfS, Göttingen 2015, S. 199–272, hier S. 237.

Überzeugung und [...] Kinder- oder Ehelosigkeit" auszugleichen.[15] Zudem findet sich bei den männlichen und weiblichen Figuren in diesem Beitrag das patriarchale Gesellschaftsmuster der DDR wieder: Während die Männer sich mehr auf die Arbeit konzentrieren konnten, sahen sich die weiblichen Angestellten stärker mit der klassischen Dreifachbelastung aus Haushalt, Familie und geheimdienstlicher Tätigkeit konfrontiert.

Trotz gleicher Bildung und jeweils absolvierten Jurastudiums nach Eintritt ins Ministerium werden auch Unterschiede bezüglich des Geschlechts deutlich. Während Frau Lärche und Frau Kiefer im MfS eine Art Ersatzfamilie gefunden zu haben scheinen, fällt bei den männlichen Protagonisten diesbezüglich doch ein gewisser Abstand auf. Die engere Bindung zur Staatssicherheit von Frau Lärche und Frau Kiefer kommt etwa dadurch zum Ausdruck, dass sie berufliche Belange oft über private Interessen stellten. Während Frau Kiefer – untypisch für Frauen beim MfS – ein durchaus „ansehnlicher" beruflicher Werdegang ermöglicht worden ist, sind Frau Lärche die privaten Entbehrungen nicht mit einem besonderen beruflichen Aufstieg vergolten worden. Die historische Forschung hat die Geschichten von Frauen im Ministerium für Staatssicherheit bislang nur gestreift hat. Der vorliegende Beitrag legt nahe, dass es deutliche Unterschiede in der Kategorie Geschlecht gegeben hat.

15 Ebenda.

PHILIPP SCHULTHEISS

Der demilitarisierte Mann

Ehemalige NVA-Angehörige und ihr Ankommen in der postmilitärischen Gesellschaft des wiedervereinigten Deutschlands

Am 2. Oktober 1990 endete mit dem letzten Appell der Nationalen Volksarmee (NVA) die Geschichte einer der Säulen des SED-Staats DDR. Der im Laufe des Sommers 1990 ausgehandelte Einigungsvertrag gab vor, dass der Großteil der Armeeangehörigen nicht in die Bundeswehr übernommen werden sollte. Für viele der Berufssoldaten[1] brachen Selbstbilder, Identifikationsmomente und alltägliche Routinen weg. Auf sie beziehen sich die Ausführungen in diesem Beitrag. Als empirische Grundlage dienen unter anderem Interviews, die ich im Rahmen meines Dissertationsprojekts mit Mitgliedern dieser Gruppe führte.[2] Weil die Berufssoldaten in der DDR-Gesellschaft noch eine Sonderstellung als „Verteidiger des Friedens" innegehabt hatten, mussten gerade die nicht in die Bundeswehr übernommenen ehemaligen NVA-Angehörigen ihren militärisch geprägten Verhaltenskodex und Wertekanon an das zivile Leben anpassen. Ein Übergang, der sich als besonders schwierig erweisen sollte.

1 Da sich dieser Beitrag speziell auf die gesellschaftliche Integration männlicher Ex-Berufssoldaten fokussiert, wird in der Regel die rein männliche Form verwendet. Für generelle Aussagen, die alle Armeeangehörigen der NVA betreffen, werden gendergerechte Formulierungen genutzt.

2 Konkret führte ich Fokusgruppeninterviews wie auch leitfadengestützte, stark narrativ geprägte Einzelinterviews mit 70 ehemaligen NVA-Angehörigen. Die Interviews fanden 2017 und 2018 statt.

Denn gleichzeitig hatten sich vor allem in Westdeutschland die zivil-militärischen Beziehungen seit den 1980er-Jahren gewandelt. Große Teile der Bevölkerung standen militärischen Belangen indifferent bis kritisch gegenüber. Diese Entwicklung trieb vor allem die Institutionalisierung der spätestens ab 1981 mit der Großdemonstration im Bonner Hofgarten erstarkenden westdeutschen Friedensbewegung voran. Zur gleichen Zeit hatte es auch in der DDR neben der staatlich vereinnahmten Friedenspolitik kirchliche Friedensarbeit und Friedensbewegungen ohne staatliche Anbindung gegeben, die in engem Austausch mit westlichen Gruppen arbeiteten und sich vorrangig mit den gesellschaftlichen Auswirkungen der militärischen Abschreckung auseinandersetzten (vgl. Abb. 2). Zusammen mit den kritischen Berichten vieler Wehrpflichtiger im direkten Umfeld bestanden somit Gegenerzählungen zur militärpolitischen Öffentlichkeitsarbeit. In der Folge mussten die ehemaligen NVA-Angehörigen ab 1990 ihren Weg in eine wiedervereinigte Gesellschaft finden, die dem Militär in Ost wie West indifferent bis kritisch gegenüberstand.

Sie erlebten ein subjektiv empfundenes Wegbrechen von gesellschaftlicher Anerkennung, das auch mit einem Wandel von Männlichkeitsbildern zusammenfiel. So hatte bereits 1977 Klaus Theweleit mit „Männerphantasien“ eine besonders im studentischen Milieu wirkmächtige Problematisierung von heroisch-soldatischen Männlichkeitsentwürfen vorgelegt. 1990 wies dann die von Walter Hollstein durchgeführte Berliner Männer-Untersuchung nach, dass partnerschaftliches und gefühlvolles Verhalten immer mehr zum neuen Ideal unter Männern wurde.[3] Dieser Trend stabilisierte sich in der Folgezeit und stellte die ehemaligen NVA-Angehörigen vor eine zusätzliche Herausforderung. Die Entwertung der militarisierten Männlichkeit und die Suche nach neuen Formen der Anerkennung sorgten dafür, dass sich viele ehemalige NVA-Angehörige dem Deutschen Bundeswehrverband anschlossen. Dort fühlten sie sich als „Soldaten unter Soldaten“ anerkannt.

3 Vgl. Walter Hollstein, Die Männer – vorwärts oder zurück?, Stuttgart 1990.

Der schwierige Weg der gesellschaftlichen Integration

Die NVA war bis 1990 ein Kernelement der gesellschaftlichen Ordnung der DDR und eine Säule der Verteidigungsarchitektur des Warschauer Pakts. In den Augen der politischen Führung diente sie als „eine große Schule der sozialistischen Erziehung“.[4] Sie sollte Männer zu „sozialistischen Soldatenpersönlichkeiten“ formen, wie es im DDR-Sprachgebrauch hieß. Zudem diente die Verflechtung von gesellschaftlichem Alltag mit militärischen Werten und Strukturen dazu, die ideologische Herrschaft der SED nach innen abzusichern. Aufgrund dieses Charakters der DDR als stark militarisierter Staat erschien 1990 allen, die für die Aufarbeitung der SED-Diktatur eintraten, ein deutlicher Bruch mit diesen Strukturen und Traditionen notwendig.

Für die folgende Analyse des Aufarbeitungsprozesses ist es wichtig zu wissen, dass Aufarbeitung hier im Sinne der vor allem international etablierten Transitional-Justice-Theorie verstanden wird. Hierbei sollen durch geeignete Instrumente und Reformen diktatorische oder kriegerische Vergangenheiten adressiert werden, um den Übergang in eine nachhaltig friedliche Gesellschaftsordnung zu ermöglichen. Das klassische Maßnahmenbündel umfasst die strafrechtliche Aufarbeitung, die Ermittlung des Ausmaßes der begangenen Verbrechen durch Wahrheitskommissionen, Reparationen in materieller wie auch symbolischer Form, die Reform öffentlicher Institutionen inklusive der Entlassung von belastetem Personal (Lustration) und die Errichtung von Gedenkstätten und Museen. Reformen des Sicherheitssektors, also vorrangig der beiden Institutionen Armee und Polizei, sind ein besonders relevanter Aspekt eben jener Lustrationsverfahren, weil alten Eliten und Tätergruppen der Zugang zu Waffen genommen wird.

Tatsächlich mussten sich auch im Kontext der DDR-Aufarbeitung ehemalige NVA-Angehörige, die eine Weiterbeschäftigung in der Bundeswehr anstrebten, als Mitglieder des Sicherheitssektors einer Überprüfung unterziehen. Zudem hatten grundsätzlich alle Generäle, Offiziere über

4 Matthias Rogg, Armee des Volkes? Militär und Gesellschaft in der DDR, Berlin 2008, S. 51.

55 Jahre, Politoffiziere und auch die meisten weiblichen Angehörigen der NVA (außer Offizierinnen im Sanitätsdienst) die militärische Lebenswelt 1990 endgültig zu verlassen. Alle weiteren 51 000 Zeit- und Berufssoldaten sowie 39 000 Wehrdienstleistende der NVA wurden von der Bundeswehr zumindest vorläufig aufgenommen (vgl. Abb. 1). Als Berufssoldaten dauerhaft übernommen wurden am Ende dieses Prozesses insgesamt 10 800 NVA-Angehörige.

Abseits dieses Entfernens von politisch belasteten Berufssoldaten wurden die DDR-Armee und ihr Personal im Aufarbeitungsprozess kaum als ein Kernelement des Staatsaufbaus gesehen, dessen Vergangenheit aktiv aufgearbeitet werden müsste. Bestimmte Besonderheiten der Armee wie das systematische Schikanieren von Wehrpflichtigen, die politische Durchdringung der Armee oder auch die starke Kultivierung eines emotionalisierten Feindbildes hätten sich vermutlich für die Aufarbeitenden zur näheren Untersuchung angeboten.[5] Überraschenderweise entschieden die Mitglieder der ersten Enquete-Kommission des Deutschen Bundestages zur Aufarbeitung der SED-Diktatur, das Thema der NVA-Vergangenheit aus ihren Beratungen explizit auszunehmen.[6]

Der Umgang mit dem Personal und den Hinterlassenschaften der Armee zielte eher darauf, die bestehenden Strukturen koordiniert abzuwickeln oder in das politische System einzugliedern. Diese Maßnahmen standen unter dem von der Bundeswehr ausgegebenen Motto, eine „Armee der Einheit" zu schaffen. Jedoch zeigte sich schon kurz nach der Auflösung der NVA, dass sich dieses wohlklingende Konzept für viele ehemalige NVA-Angehörige nicht bewahrheiten sollte. Übernommene Berufssoldaten mussten Herabstufungen bei der Überführung des alten NVA-Dienstgrades in den neuen Bundeswehr-Dienstgrad hinnehmen, die sich aufgrund der unterschiedlichen Laufbahnordnungen in den beiden

5 Vgl. Winfried Heinemann, Die DDR und ihr Militär, München 2011, S. 143.

6 In der Einleitung des Schlussberichts der ersten Kommission wird dies mit einer nötigen „Schwerpunktbildung" angesichts der „Komplexität des Themas" begründet, vgl. Deutscher Bundestag, Bericht der Enquete-Kommission „Aufarbeitung von Geschichte und Folgen der SED-Diktatur in Deutschland", Bundestag-Drucksache 12/7820, 31. 5. 1994, S. 11.

Abb. 1: Jörg Schönbohm führt am 4. 10. 1990 als neuer Befehlshaber des Bundeswehrkommandos Ost Gespräche mit Soldaten und Offizieren.
Bundesarchiv, Bild 183-1990-1004-026, Fotograf: Friedrich Gahlbeck

Armeen ergaben.[7] Eine deutliche Schlechterstellung bei den materiellen Bezügen war zudem aufgrund der niedriger angesetzten Ostbezüge bei gleichzeitiger Zusatzprämie für die in den neuen Bundesländern eingesetzten Soldaten der Bundeswehr zu verzeichnen. Außerdem legte der Einigungsvertrag fest, dass ehemalige Berufssoldaten der NVA ihren letzten Dienstgrad nicht mit dem Zusatz „a. D." (außer Dienst) oder „d. R." (der Reserve) führen durften. Die formelle Begründung, dass diese Berufssoldaten als „gedient in fremden Streitkräften" zu führen seien, steigerte die Empörung bei den Betroffenen zusätzlich.[8] Zu alledem sorgte eine Schlechterstellung gegenüber Bundeswehrsoldaten bei den Pensions-

7 Vgl. Rolf Thiemann, Die ehemaligen Soldaten der Nationalen Volksarmee und ihre Rechtsverhältnisse zum Dienstherrn Bundesrepublik Deutschland, in: Neue Zeitschrift für Wehrrecht 35 (1993) 4, S. 147–164, hier S. 157.

8 Vgl. Rüdiger Wenzke, Nationale Volksarmee. Die Geschichte, München 2014, S. 177.

ansprüchen und Rentenzahlungen für ein Gefühl der symbolischen Herabsetzung und Degradierung.

Für ehemalige NVA-Angehörige, die nicht als Soldaten auf Zeit oder Berufssoldaten übernommen wurden, brachte die Transformation wieder andere Herausforderungen. Sie blieben von der symbolischen Gemeinschaft der Uniformträger ausgeschlossen. In einer Phase des Übergangs galt es für sie, den militärischen Verhaltenskodex und Wertekanon an das zivile Leben anzupassen. Unter anderem mussten sie versuchen, das stark binäre Denken in Freund und Feind oder in Befehlsgeber und -empfänger aufzugeben und sich eine eigenständige Identität als Zivilist zu erschließen. Gleichzeitig war der existenziellen Herausforderung zu begegnen, neue Erwerbsmöglichkeiten aufzutun, während oftmals gleichzeitig auch die Partnerinnen arbeitslos wurden. Ein Interviewter beschreibt diese Phase als „eine sehr, sehr schwierige Zeit, nervenaufreibend, weil jeden Tag andere Hiobsbotschaften, neue Hiobsbotschaften auf einen zukamen“.[9]

Der tiefe Fall in der Anerkennungspyramide

Die besondere Herausforderung dieser Transformation ergab sich für die ehemaligen NVA-Angehörigen auch aus der großen Fallhöhe ihrer gesellschaftlichen Stellung in der DDR. Dort wurden sie von der politischen Führung als „Verteidiger des Friedens“ dargestellt. Diesem Konzept eingeschrieben war eine dichotome Gegenüberstellung der schützenswerten Sphäre des Familiären beziehungsweise Weiblichen und der männlichen Aufopferung zu deren Verteidigung. Die Gemeinschaft unter Männern, das Tragen der gleichen Uniform oder auch die Belohnung besonderer Leistungen durch Orden und Beförderungen garantierten Anerkennung und stabilisierten Identitätskonzepte. Erlebnisse wie das gemeinsame Absolvieren von Ausbildungen oder Einsatzübungen kreierten geteilte Erfahrungsräume und Kommunikationsformen. Die Uniformen der NVA wiederum markierten als wichtiger Teil militärischer Kultur die heraus-

9 Ehemaliger Oberstleutnant aus Halberstadt, der aufgrund seines Einsatzes an der Grenze nicht in die Bundeswehr übernommen wurde.

gehobene Stellung der Soldaten in der Gesellschaft und schufen ein Symbol der Distinktion gegenüber der Sphäre des Zivilen.[10]

Die in dieser Weise etablierte und abgesicherte militarisierte Männlichkeit erfuhr mit dem Datum der Wiedervereinigung ihr abruptes Ende. Sie war nicht länger das hegemoniale Männlichkeitskonzept, also das im politischen und kulturellen Raum der DDR-Gesellschaft akzeptierte Ideal der Männlichkeit, dem sich andere Verständnisse des Mannseins unterzuordnen hatten.[11] Abzulesen war dies am Beispiel der NVA-Uniformen, die zuvor die herausgehobene Stellung der Soldaten in der Gesellschaft markiert und ein Symbol der Distinktion gegenüber der Sphäre des Zivilen geschaffen hatten. Indem sie 1990 abgegeben werden mussten, wurde der Wandel nun auch physisch erfahrbar (vgl. Abb. 1). Mit dieser performativen Neubestimmung der Kleidung begann ein neuer Alltag, der entweder durch den Vergleich zu den besser besoldeten Bundeswehr-Angehörigen oder durch die Neuorientierung auf dem Arbeitsmarkt geprägt war.

Das Ankommen in der postmilitärischen Gesellschaft

Neben dem Einfinden in das neue Wirtschaftssystem der sozialen Marktwirtschaft bestand eine zusätzliche Herausforderung für die ehemaligen NVA-Angehörigen darin, sich zu Beginn der 1990er-Jahre an eine Gesellschaft anzupassen, die von einem indifferenten bis kritischen Verhältnis zum Militär geprägt war. Die militärkritische Entwicklung in Deutschland, die sich besonders im eingangs beschriebenen Agieren der Friedensbewegungen in Ost und West ausdrückte, war letztlich ein globales Phänomen. Mit Ende des Ost-West-Konflikts löste sich gleichzeitig die bipolare Weltordnung auf. Was folgte, waren eine Phase der Multipolarität, eine neue Welle von Demokratisierung und die Renaissance nationaler Unabhängigkeitsbestrebungen. Dadurch fiel die Gefahr einer Invasion

10 Vgl. Hannah C. Hale, The Development of British Military Masculinities through Symbolic Resources, in: Culture & Psychology 14 (2008) 3, S. 305–322, hier S. 322.

11 Zum Konzept der hegemonialen Männlichkeit sei als Lektüre empfohlen: Robert W. Connell, Der gemachte Mann. Konstruktion und Krise von Männlichkeiten, Wiesbaden 1999.

durch andere Streitkräfte weg, und es entstanden neue Probleme für die internationale Sicherheitspolitik wie innerstaatliche Konflikte und Menschenrechtsverbrechen. Deren Folgen waren die Entwicklung eines neuen Armeetyps, der stärker auf das schnelle Eingreifen in Konflikte ausgerichtet sein sollte, und ein Wandel der zivil-militärischen Beziehungen.

Daneben hatte sich eine immer stärker postheroische Prägung westlicher Gesellschaften in der zweiten Hälfte des 20. Jahrhunderts entwickelt. Die Schrecken des Ersten und Zweiten Weltkrieges, die Entglorifizierung der Begriffe „Ehre“ und „Opfer“ nach dem Nationalsozialismus und der Bedeutungsverlust von Religionen und Ideologien führten zu einer Abkehr von der Verehrung des soldatischen Helden.[12] Daraus resultierte eine Skepsis gegenüber der Sphäre des Militärischen. Diese Entwicklung fassen Forscher wie Charles Moskos oder Bernhard Shaw mit dem Begriff der „postmilitärischen Gesellschaft“.[13]

In beiden deutschen Staaten beruhte das Verhältnis von Militär und Gesellschaft auch schon vor 1990 auf zunehmender Distanz. In der DDR war es durch die ungefilterten Berichte der Wehrpflichtigen über die realen Lebensbedingungen in der Armee geprägt, die im Kontrast zur staatlichen militärpolitischen Öffentlichkeitsarbeit standen. Auch trotz größter Anstrengungen im Bereich der Militärpropaganda konnten die kritischen Berichte aus erster Hand nicht ausgeglichen werden und sorgten zusammen mit vermuteten oder auch tatsächlichen Privilegien der Berufssoldat:innen, wie etwa die gesonderte Wohnversorgung in den Siedlungen der NVA, für ein distanziertes Verhältnis der DDR-Bevölkerung zur Armee (vgl. Abb. 2).

In Westdeutschland wurde die Wahrnehmung der Bundeswehr vor allem durch die gesellschaftliche Transformation infolge der 1968er-Bewegung und das Erstarken der Friedensbewegung ab 1981 geprägt. Auch wenn die Distanzierung der Gesellschaft von der Bundeswehr durch die Militärreform von Verteidigungsminister Helmut Schmidt (SPD) ab

12 Vgl. Herfried Münkler, Heroic and post-heroic societies. Heroische und postheroische Gesellschaften, in: Merkur 61 (2007) 8/9, S. 742–752, hier S. 742.

13 Martin Shaw, Post-Military Society. Militarism, Demilitarization and War at the End of the Twentieth Century, Cambridge 1991.

Abb. 2: In Mutlangen protestieren die ehemaligen DDR-Bürgerrechtler Peter Rösch (l.) und Roland Jahn (r.) am 1. 9. 1983 gegen die Stationierung von Pershing-II Raketen. *Bundesstiftung Aufarbeitung, DDR Opposition Roland Jahn Peter Roesch 00830901, Fotografin: Ann-Christine Jansson*

1969 abgeschwächt worden war,[14] gelang es in den 1980er-Jahren nicht, die Forderungen der Friedensbewegung für eine gesellschaftliche Integration zu nutzen. In der Folge entstand ein deutlicher Riss, der durch ein schlichtes Fernbleiben weiter Kreise des Bürgertums vom Wehrdienst markiert und verstärkt wurde.

Somit verwundert es kaum, dass sich angesichts der belasteten Verhältnisse von Armee und Bevölkerung in beiden deutschen Staaten eine Indifferenz bis kritische Haltung der Gesellschaft zum Militär auch nach der Wiedervereinigung fortsetzte. Auf den Punkt gebracht hat diese Diagnose im Jahr 2005 Bundespräsident Horst Köhler mit dem Schlagwort

14 Zur Reform gehörten u. a. die Einrichtung eines in Teilen zivil besetzten Planungsstabes im Verteidigungsministerium und die Reformen des militäreigenen Bildungssystems und der sozialen Rekrutierung.

des „freundlichen Desinteresse[s]“, wonach die Bundeswehr zwar sehr großes Vertrauen in der Gesellschaft genieße, „ein wirkliches Interesse an ihr oder gar Stolz auf sie eher selten“ seien.[15]

Dieser Umstand wirkte sich auch auf die Integration ehemaliger NVA-Angehöriger in die Gesellschaft aus. Das Zusammentreffen mit einer anderen Gesellschaftsordnung nach 1990 und die Entwertung der militarisierten Männlichkeit sorgten dafür, dass sie ihre zentralen Resonanzräume der Anerkennung verloren. In dieser Situation, in der für den Aufbau neuer Anerkennungsbeziehungen kaum soziale Räume der Begegnung zu finden waren, erschien eine Hinwendung zum Deutschen Bundeswehrverband als adäquate Lösung für diese Herausforderung.

Der Deutsche Bundeswehrverband als Verbindung zur militärischen Lebenswelt

Der Deutsche Bundeswehrverband wiederum musste sich 1990 relativ schnell für eine Strategie im Umgang mit den Berufssoldat:innen der NVA entscheiden, die kurz zuvor ja noch auf der anderen Seite des Kalten Krieges gestanden hatten. Während sich diese im Herbst 1990 um ihre berufliche Zukunft und die materielle Versorgung ihrer Familien kümmern mussten, beschloss der Verband, allen ehemaligen NVA-Angehörigen unabhängig von einer Weiterverwendung in der Bundeswehr eine Mitgliedschaft zu ermöglichen. Daraufhin löste sich der noch Anfang 1990 gegründete Verband der Berufssoldaten der Nationalen Volksarmee (VBS) zum 31. Oktober 1990 auf und empfahl seinen rund 40 000 Mitgliedern, individuell dem Deutschen Bundeswehrverband beizutreten. Bereits bei der Gründung des VBS am 20. Januar 1990 hatte der westdeutsche Soldatenverband beratend zur Seite gestanden.[16] Trotz der inhaltlichen Bekenntnisse zu einer Verbesserung sozialer Missstände in der Armee und

15 Horst Köhler, Rede bei der Kommandeurtagung der Bundeswehr in Bonn, 10. 10. 2005, in: Webseite des Bundespräsidenten, www.tbit.ly/3qj3rFS [9. 11. 2021].

16 Vgl. Peter Heinze, Bundeswehr beeindruckt Deutschlands Osten. Ein Journalist erlebte die Armee der Einheit, Baden-Baden 2019, S. 353.

einer Reform der DDR hatten sich die NVA-Angehörigen bereits unmittelbar am westdeutschen Vorbild eines Soldatenverbandes orientiert. Somit waren die Strukturen des Bundeswehrverbandes vielen durch ihre Mitgliedschaft im VBS bekannt, und sie konnten ihr Engagement relativ einfach weiterführen.

Daneben war eine Mitgliedschaft gerade für diejenigen reizvoll, die auf eine dauerhafte Übernahme in der Armee des wiedervereinigten Staates gehofft hatten, jedoch spätestens nach dem Dienst als Soldat auf Zeit aussortiert worden waren. Für sie versprach eine Zugehörigkeit zum Deutschen Bundeswehrverband zumindest den teilweisen Verbleib in der militärischen Lebenswelt. Gleichzeitig war ein Beitritt zum Verband auch für die dauerhaft in die Bundeswehr übernommenen Berufssoldaten sinnvoll. Letztlich fungiert(e) der Deutsche Bundeswehrverband neben seinen Angeboten regelmäßiger regionaler Stammtische und dem politischen Eintreten für eine rechtliche Gleichstellung aller Soldat:innen nämlich hauptsächlich als Spitzenorganisation des öffentlichen Dienstes mit gewerkschaftlichen Befugnissen.

Nicht nur für die Vertretung eigener Interessen erschien die Mitgliedschaft vielen Ehemaligen als adäquate Lösung. Vor allem auch die beschriebene Suche nach Anerkennungsbeziehungen in der neuen Gesellschaft wirkte als Anreiz. Wie ehemalige NVA-Angehörige in Interviews häufig betonten, war der Bundeswehrverband ein wichtiger sozialer Treffpunkt. Hier konnten sie als „Soldaten unter Soldaten" zwischenmenschliche Anerkennung und gegenseitige Wertschätzung erfahren. In diesem soldatischen Kosmos wurden und werden andere Werte und Leistungen sozial wertgeschätzt als in der gesamtdeutschen Gesellschaft im Allgemeinen.

Dass die Soldaten aus Ost und West zusätzlich zu dem geteilten soldatischen Wertehorizont dabei auch gemeinsam dafür einstanden, die eingangs beschriebenen Ungleichbehandlungen zu beseitigen, ließ geteilte Interessen in den Vordergrund und Differenzen, die aus der unterschiedlichen historischen Prägung resultierten, in den Hintergrund treten. So äußerten Verbandsvertreter:innen beispielsweise entschiedene Kritik an dem Verbot, den letzten NVA-Dienstgrad mit dem Zusatz „a. D." öffentlich zu führen, und brachten die Angelegenheit sogar vor den Verteidigungsausschuss des Deutschen Bundestages. Auch die Entschädigung radarstrahlengeschädigter Soldat:innen wurde für ehemalige Bundeswehr- wie auch für NVA-Angehörige erstritten. Indem ein Bündnis unterschiedlicher Militärangehöriger auf eine Lösung bestimmter Probleme pochte, bauten ehemals west- und ostdeutsche Armeeangehörige gegenseitige Anerkennungsbeziehungen auf. Durch das Entstehen physischer Nähe über gemeinsame Unternehmungen wie auch den intellektuellen Austausch über gemeinsame Ziele zwischen den Gruppenmitgliedern ließ sich eine Art der Kooperation schaffen, die gegenseitig Vertrauen und Wertschätzung beförderte.

Gelungene Transformation dank soldatischer Interessenvertretung?

Letztlich mag es teilweise an der Rolle des Bundeswehrverbandes gelegen haben, dass sich in den 1990er-Jahren keine größeren öffentlichen Proteste oder Sabotageaktionen während des Prozesses der Demilitarisierung ereigneten. So beschreiben viele ehemalige NVA-Angehörige den Verband als Akteur, der sich nach außen für eine politische Beendigung der Ungleichbehandlungen einsetzte und der nach innen als sozialer Raum gegenseitiger Anerkennungsbeziehungen wirkte. In diesem Sinne erfüllte sich in den Augen vieler Ehemaliger der Leitspruch einer „Armee der Einheit" nicht auf der großen Ebene des Umgangs der Bundeswehr mit ihrer Statusgruppe, sondern in der Aufnahme durch den Bundeswehrverband und das anschließende gemeinsame Einstehen für rechtliche und materielle Verbesserungen.

Der Verband wirkte demnach auch als zivilgesellschaftlicher Akteur der gesellschaftlichen Eingliederung. Denn als sozialer Raum, in dem die gesamtgesellschaftliche Distanzierung von militärischen Belangen wenig spürbar war, fungierte der Verband als Treffpunkt für Vertreter:innen eines gesellschaftlich nicht mehr wertgeschätzten Wertekanons, die sich gegenseitig unterstützten. Im Zuge dieser anerkennenden Kooperation für gemeinsame Ziele, wie ich sie nennen will, scheint der Verband den Ehemaligen aufgezeigt zu haben, dass sie in der neuen Gesellschaft erwünscht sind und eine Integration in diese erstrebenswert sein kann.

Damit erfüllte der Bundeswehrverband eine wichtige Scharnierfunktion. Für eine strukturierte Entwaffnung des Sicherheitssektors der SED-Diktatur und den Aufbau neuer polizeilicher und militärischer Strukturen in Ostdeutschland mussten die alten Eliten und Tätergruppen in ein demokratisches Staatswesen integriert werden. Dazu gehört es, Anreize zu schaffen, damit ehemalige Waffentragende den Übergang in ein ziviles Leben leichter meistern können. Für diese Aufgabe war der Bundeswehrverband der ideale Akteur, da er als Organisation von und für Soldat:innen großes Vertrauen bei ihnen aufbauen konnte. Gleichzeitig war eine Vertretung der Interessen ehemaliger Funktionsträger:innen des SED-Staats auf der politischen Ebene nur durch eine Institution möglich, die sich in der alten Bundesrepublik bereits ein hohes Ansehen erarbeitet hatte. Indem der Verband auf dieser Basis die durchgeführten Maßnahmen der Überprüfung und Entfernung belasteten Personals ebenso kritisch begleitete wie die Reform des Sicherheitssektors, bestätigte er das entgegengebrachte Vertrauen und zeigte auf, dass durch verbandspolitische Organisation und Beteiligung in einer Demokratie Reformen erreicht werden können. Dieses historische Beispiel unterstreicht, dass nichtstaatliche Institutionen einen entscheidenden Beitrag zum Erfolg von Aufarbeitungsprozessen im Ganzen und zur Reform militärischer Strukturen im Speziellen leisten können.

Künste

FLORIAN KORN

„Wenige Künstler sind diesem ungeheuerlichen Thema gerecht geworden"

Künstlerische Auseinandersetzungen mit der nationalsozialistischen Vergangenheit als verbindender Bezugspunkt im Ost-West-Konflikt [1]

Am 7. Oktober 1970 eröffnete im Kunstpavillon im Alten Botanischen Garten in München eine Ausstellung mit Werken des Ost-Berliner Grafikers und Karikaturisten Herbert Sandberg. Ungeachtet der vergleichsweise kleinen Ausstellungsräumlichkeiten abseits des Münchner Kunstareals sorgte die Schau dennoch für eine beachtliche Presseresonanz. Schließlich bot sich für das westdeutsche Publikum erstmals eine Gelegenheit, zahlreiche Arbeiten des seinerzeit bekanntesten Künstlers der DDR im Original zu betrachten. Zu den in den westdeutschen Ausstellungsrezensionen besonders hervorgehobenen Kunstwerken gehörte der zwischen den Jahren 1958 und 1965 angefertigte insgesamt 70 Aquatinta-Radierungen zählende Grafikzyklus „Der Weg". In diesen Grafiken verarbeitet der 1908 in Posen (Poznań) geborene Künstler autobiografisch seinen durch den nationalsozialistischen Terror gekennzeichneten Lebensweg und seine Erlebnisse im Konzentrationslager Buchenwald. Dort wurde er aufgrund seiner jüdischen Herkunft und als Kommunist von 1937 bis zur Befreiung des Konzentrationslagers gefangen gehalten.

1 Der vorliegende Aufsatz basiert auf der Dissertation des Verfassers. Vgl. Florian Korn, Künstlerische Aufarbeitung. Die NS-Vergangenheit im deutsch-deutschen Erinnerungsdiskurs, Bielefeld 2022, bes. S. 87–97.

Sandbergs künstlerisch verarbeiteter „Passionsweg", so waren sich die westdeutschen Pressestimmen einig, sei nicht nur das herausragende Kernstück der Ausstellung, sondern auch wesentlich für das Verständnis des Œuvres des 62-Jährigen. „Wenige Künstler sind diesem ungeheuerlichen Thema gerecht geworden", urteilten beispielsweise die „Nürnberger Nachrichten" am 13. Oktober 1970 und schlussfolgerten sichtlich beeindruckt: „Sandberg ist es, weil seine Gestaltung formal unprätentiös ist, weil er zeichnete, was er sah und erlebte."[2]

Dass westdeutsche Zeitungen ostdeutsche künstlerische Auseinandersetzungen mit der nationalsozialistischen Vergangenheit derart lobten und anerkannten, scheint auf den ersten Blick zu überraschen. So waren doch nicht nur die unterschiedlichen Umgangsweisen mit der gemeinsamen Vergangenheit, sondern auch die gegensätzlichen Künste und Kunstsysteme Bestandteile der Systemkonkurrenz zwischen beiden deutschen Staaten. In diesem Sinne veranschaulichten zahlreiche ostdeutsche Kunstwerke ebenfalls den antifaschistischen Gründungsmythos. In dem parteipolitisch propagierten Antifaschismus wurde vorrangig der kommunistische Widerstand gegen den Nationalsozialismus verherrlicht, die Shoah marginalisiert und die DDR von jedweder Verantwortung und Schuld freigesprochen. Zugleich prangerten umfangreiche Propagandakampagnen die Bundesrepublik als faschistischen Staat an. Besondere Bedeutung für den Mythos hatte die im Jahr 1958 eröffnete Nationale Mahn- und Gedenkstätte in Buchenwald. Dort wurde eine vermeintlich erfolgreiche antifaschistische Widerstandserzählung konstruiert, die in die neue sozialistische Gesellschaftsordnung mündete.[3] Andersherum lehnte eine westdeutsche kunst- und kulturjournalistische Öffentlichkeit das künstlerische Schaffen in der DDR lange Zeit kategorisch ab.

2 „Passionsweg", zitiert nach Walter Fenn, Engagement in der Feder, in: Nürnberger Nachrichten, 13. 10. 1970, S. 19. Zuvor wurde die Ausstellung bereits in Augsburg gezeigt, vgl. o. V., Ein Graphiker aus der DDR, in: Süddeutsche Zeitung, 16. 10. 1970, S. 39.

3 Als Überblick vgl. Katrin Hammerstein, Gemeinsame Vergangenheit – getrennte Erinnerung? Der Nationalsozialismus in Gedächtnisdiskursen und Identitätskonstruktionen von Bundesrepublik Deutschland, DDR und Österreich, Göttingen 2017, bes. S. 49–56.

Ostdeutsche Ausstellungsbeteiligungen in der Bundesrepublik waren bis in die 1970er-Jahre eine Seltenheit, und der in der DDR zur Staatskunst erklärte „sozialistische Realismus" wurde oftmals pauschal mit nationalsozialistischer Propagandakunst gleichgestellt.[4] Demgegenüber verdeutlicht die wertschätzende westdeutsche Berichterstattung über den prominenten Ost-Berliner Künstler Herbert Sandberg exemplarisch einen seit den 1970er-Jahren eintretenden Wahrnehmungswandel. Dabei erfuhren die in der Bundesrepublik ausgestellten ostdeutschen Kunstwerke nunmehr eine eindringliche Resonanz, die sich den ideologischen Gegensätzen im Ost-West-Konflikt entzog. Ostdeutsche künstlerische Auseinandersetzungen mit der NS-Vergangenheit galten nicht nur als authentisch, vielmehr wurde ihnen auch eine gesamtdeutsche Bedeutung zugesprochen. Aber wie setzten sich ostdeutsche Künstlerinnen und Künstler im Spannungsverhältnis zum parteipolitischen Antifaschismus mit der NS-Vergangenheit auseinander? In welchen Zusammenhängen wurden die entsprechenden Kunstwerke in der Bundesrepublik ausgestellt und in der kunstjournalistischen Berichterstattung diskutiert? Zur Beantwortung dieser Fragen lohnt sich ein Blick auf Herbert Sandbergs Grafikzyklus „Der Weg" sowie dessen westdeutsche Ausstellungs- und Rezeptionsgeschichte.

NS-Vergangenheit in der DDR im Spannungsverhältnis zum parteipolitischen Antifaschismus

Nach der Befreiung des Konzentrationslagers Buchenwald durch US-amerikanische Truppen entschied sich Herbert Sandberg bewusst für ein Leben in der SBZ/DDR. Auch als die SED dazu überging, die alleinige Verantwortung für die NS-Zeit der Bundesrepublik zuzuschieben, den kommunistischen Widerstand zu glorifizieren und im Gegenzug die aus antisemitischen, rassistischen oder anderweitigen Gründen verfolgten

4 Vgl. Kathleen Schröter, Zur westdeutschen Rezeption ostdeutscher Kunst seit 1945 – eine Chronologie, in: Markus Gloe/Lutz Haarmann/Tom Thieme (Hrsg.), Standortbestimmung Deutschlandforschung, Berlin 2016, S. 185–202, hier S. 187.

Menschen im Nationalsozialismus im öffentlichen Gedenken zu marginalisieren, blieb er in der DDR. Als ein in der KPD sozialisierter Künstler und überzeugter Sozialist glaubte Sandberg an den selbsternannten antifaschistischen Staat. Aufgrund der zentralen Bedeutung Buchenwalds für den Gründungsmythos der DDR bot sein Leben und Wirken gleichfalls einen vielversprechenden Anknüpfungspunkt für die antifaschistische Propaganda. Dementsprechend wurde er mehrfach staatlich ausgezeichnet und als künstlerischer Widerstandskämpfer vereinnahmt.[5]

Auch der gesamte Entstehungs- und Gestaltungszeitraum des Grafikzyklus stand unter ideologischen Vorzeichen. Es ist kein Zufall, dass er die Anfrage, seinen Lebensweg künstlerisch zu verarbeiten, im selben Jahr der feierlichen Eröffnung der Nationalen Mahn- und Gedenkstätte Buchenwald (1958) erhielt. Der Abschluss fiel wiederum mit dem als Staatsfeiertag begangenen 20. Jahrestag der „Befreiung des deutschen Volkes vom Hitlerfaschismus“ (1965) zusammen. Es verwundert in diesem Zusammenhang nicht, dass „Der Weg“ eng an den Gründungsmythos der DDR angelehnt ist. Während eine vermeintlich erfolgreiche kommunistische Widerstandserzählung in den sozialistischen Wiederaufbau mündet, blendet Sandberg seine eigene antisemitische Verfolgungsgeschichte und die ermordeten Jüdinnen und Juden aus.[6] Erwartungsgemäß avancierte „Der Weg“ in den darauffolgenden Jahren zu einem der bedeutendsten Grafikzyklen der DDR und wurde regelmäßig auf kunst- und kulturpolitisch repräsentativen Kunstausstellungen gezeigt sowie im Jahr 1966 auch in Buchform im Verlag der Kunst publiziert.

Dennoch beschränkte sich Sandberg thematisch nicht ausschließlich auf die parteipolitisch propagierten Mythen. Nachdem er beauftragt worden war, seinen Lebensweg künstlerisch zu verarbeiten, fertigte er zunächst mehrere Bleistiftskizzen an, die seine Gefangenschaft thematisieren.

5 Zur Biografie vgl. Karin Hartewig, Sandberg, Herbert, in: Neue Deutsche Biographie 22 (2005), S. 414 f., www.deutsche-biographie.de/pnd118605356.html#ndbcontent [7. 5. 2021].

6 Vgl. Kathrin Hoffmann-Curtius, Bilder zum Judenmord. Eine kommentierte Sichtung zur Malerei und Zeichenkunst in Deutschland von 1945 bis zum Auschwitz-Prozess, Marburg 2014, S. 178.

Anschließend entschloss er sich, seine figürlich-gegenständlichen Vorzeichnungen als Aquatinta-Radierungen und nicht wie sonst für ihn üblich als Holzschnitte auszuführen. Mit dieser Tiefdrucktechnik wollte er eine malerische und durch Halbtöne sowie Hell-Dunkel-Kontraste dramatischere Wirkung erzielen, als es ihm mit dem Hochdruckverfahren möglich gewesen wäre.[7] Insgesamt 20 der 70 Aquatinten des Zyklus thematisieren ausdrücklich seine persönlichen Erlebnisse und Eindrücke im Konzentrationslager, ohne die NS-Verbrechen für politische Zwecke zu instrumentalisieren. Einzelne dieser Grafiken wurden wiederum auch unabhängig vom Zyklus ausgestellt und als eigenständige Kunstwerke präsentiert. Gerade diese Bilder vermochten es, die Ausstellungsbesuchenden mit der NS-Vergangenheit zu konfrontieren.

Besonders nachdrucklich geschieht das bei dem 196 mal 249 Millimeter messenden Blatt „Das haben wir nicht gewusst!" aus dem Jahr 1964 (vgl. Abb. 1). In der linken Bildhälfte steht der dürre, kahlgeschorene und in gestreiften KZ-Lumpen gekleidete Herbert Sandberg.[8] Ein dunkelgrauer Pfad verbindet ihn kompositorisch mit etlichen Leichen, die in der hinteren linken Bildhälfte zwischen einem Verbrennungsofen und einer Ziegelsteinmauer zu einem Berg aufgetürmt übereinandergestapelt liegen. Mit seinen ausgemergelten Gesichtszügen blickt er zornig auf einige ihm schräg gegenüber positionierte Frauen und Männer. Mit erhobener Hand fordert er sie dazu auf, sich den begangenen Verbrechen zu stellen. Anders als der Künstler erscheinen sie wohlgenährt und mit Kostüm, Hut und Anzug bürgerlich gekleidet. Die hellen Farbtöne ihrer Kleidung kontrastieren den dunklen Untergrund und suggerieren eine angespannte Atmosphäre. Während eine der Frauen angesichts des Leichenberges ihr Gesicht weinend mit einem Taschentuch bedeckt, blicken andere mit trotzig anmutenden Gesichtszügen und mit erhobenem Haupt auf die Ermordeten.

7 So die Selbstaussage Sandbergs. Vgl. Herbert Sandberg, Spiegel eines Lebens. Herbert Sandberg. Erinnerungen, Aufsätze, Notizen und Anekdoten, Berlin (Ost) 1988, S. 204, 207.

8 Zur Bildbeschreibung vgl. Stiftung Gedenkstätten Buchenwald und Mittelbau-Dora, Sammlungen, Kunstsammlungen, Ausgewählte Kunstwerke, Bild des Monats April 2008, www.buchenwald.de/831 [7. 5. 2021].

Abb. 1: Herbert Sandberg, „Das haben wir nicht gewusst!“, 1964.
akg-images/ddrbildarchiv.de, AKG862252

Sandberg verarbeitet künstlerisch, wie die nach der Befreiung des Konzentrationslagers von der US-Militärpolizei und den KZ-Überlebenden durch Buchenwald geführte Weimarer Bevölkerung mit den begangenen Verbrechen konfrontiert worden war. Dabei setzte er sich selbst in Szene. Der Werktitel sowie die Gestik und Mimik der Personen veranschaulichen unmissverständlich, dass ein Großteil der deutschen Zivilbevölkerung eine Mitverantwortung abwiegelte und behauptete, von den Verbrechen nichts gewusst zu haben.

Da die Betrachtenden der Grafik „Das haben wir nicht gewusst!“ aus Sicht des Künstlers auf die Leichen blicken, ergab sich kein Widerspruch zum parteipolitischen Antifaschismus und der bis zum Ende der DDR ausgeblendeten Schuld und Verantwortung für die NS-Verbrechen. Demzufolge löste das Bild auch keine kritischen Diskussionen über den Umgang mit der Vergangenheit aus. Vielmehr bildete der Grafikzyklus

Abb. 2: Herbert Sandberg, „Das haben wir nicht gewusst“, 1980.
akg-images/ddrbildarchiv.de, AKG983269

einen Ausgangspunkt, um die gesamte ostdeutsche Bevölkerung in die heraufbeschworene Widerstandsgesellschaft zu integrieren. „Sein Weg“, so verkündete es beispielsweise die „Sächsische Zeitung“ vom 29. Mai 1965 unverblümt, „ist der Weg tausender, seine Bildfolge ein rund vier Jahrzehnte umfassendes graphisches Dokument der Geschichte unseres Volkes“.[9] Erst bei einer im Jahr 1980 angefertigten 188 mal 195 Millimeter messenden Neufassung des Blattes fehlt der Protagonist Herbert Sandberg (vgl. Abb. 2). Auf diesem Blatt blicken die Betrachtenden lediglich aus Sicht der Bevölkerung auf die Leichen und werden so expliziter mit den begangenen Verbrechen konfrontiert.

9 W. Wehrtmann, „Der Weg“, in: Sächsische Zeitung, 22. 5. 1965, S. 4.

Staatsübergreifender Kunstaustausch: „Der Weg" in der Bundesrepublik und der westdeutsche Wahrnehmungswandel

Angesichts dieser konsequenten Vereinnahmung für den DDR-Gründungsmythos schien „Der Weg" besonders geeignet, um auch in der Bundesrepublik ausgestellt zu werden. Schließlich war es eines der erklärten kunst- und kulturpolitischen Ziele der SED, die DDR durch Auslandsausstellungen als antifaschistischen Staat zu idealisieren. Ausstellungen ostdeutscher Künstlerinnen und Künstler in der Bundesrepublik wurden von den Verbänden, Kunst- und Kulturbehörden der DDR zentral organisiert. Andersherum waren westdeutsche Galerien, Kunstvereine und Museen auf eine Zusammenarbeit mit den Kulturinstitutionen des SED-Regimes oder auf die Vermittlung durch die DKP angewiesen. Dies traf oftmals auf heftige Kritik und wurde erst durch das im Jahr 1986 verabschiedete deutsch-deutsche Kulturabkommen administrativ verändert.[10] Besonders in den 1950er- und 1960er-Jahren sorgten antikommunistische Einstellungen in der westdeutschen Öffentlichkeit für eine undifferenzierte Ablehnung der sozialistisch-realistischen „Ostkunst", die gegenüber der als freiheitlich-demokratisch stilisierten abstrakten „Westkunst" abgewertet wurde. Auch wenn es regelmäßig staatsübergreifende Ausstellungsprojekte gab und sich das künstlerische Schaffen in beiden deutschen Staaten keineswegs in den jeweiligen „Geltungskünsten" erschöpfte, überwogen die in der Öffentlichkeit postulierten Gegensätze.[11]

Mit den beginnenden 1970er-Jahren setzte dann aber ein deutlicher Wahrnehmungswandel ein, der sich besonders in der westdeutschen Rezeption der ostdeutschen künstlerischen Auseinandersetzungen mit der NS-Vergangenheit niederschlug. Bekanntlich sorgten die Berichterstattung über die Frankfurter Auschwitzprozesse, die studentische Protest-

10 Vgl. Schröter, Rezeption, S. 190, 193.

11 Ebenda, S. 187 f. Zu den Begriffen „Westkunst", „Ostkunst" und „Geltungskünste" vgl. Karl-Siegbert Rehberg, „Westkunst" versus „Ostkunst". Geltungskünste und die Flucht aus der geschichtlichen Kontinuität im geteilten Deutschland, in: Gerhard Panzer/Franziska Völz/Karl-Siegbert Rehberg (Hrsg.), Beziehungsanalysen. Bildende Künste in Westdeutschland nach 1956. Akteure, Institutionen und Kontexte, Wiesbaden 2015, S. 15–41, hier S. 15, 23 ff., 27 ff.

bewegung an den westdeutschen Universitäten und die daraus resultierenden gesellschaftspolitischen Veränderungen Ende der 1960er-Jahre in der Bundesrepublik für einen kritischeren Blick auf die eigene Vergangenheit. Ein symbolisches Zeichen setzte anschließend Bundeskanzler Willy Brandt, als er sich mit seinem Kniefall vor dem Denkmal für die „Kämpfer des Warschauer Ghettoaufstandes“ im Dezember 1970 in Warschau schuldig bekannte und stellvertretend Verantwortung für die begangenen NS-Verbrechen übernahm. Infolge der gleichzeitig eingeleiteten Neuen Ostpolitik und der damit verbundenen Verständigungspolitik entschärfte sich außerdem der zwischenstaatliche Ost-West-Konflikt, wobei sich auch die künstlerischen Beziehungen zwischen beiden deutschen Staaten verbesserten. Zum Beispiel begannen sich westdeutsche Kunsthistorikerinnen und -historiker, Künstlerverbände sowie Vereine nun verstärkt für Kunst aus der DDR zu interessieren und Ausstellungsprojekte zu veranstalten.[12]

Ausgehend von diesen veränderten Ausstellungs- und Rezeptionsbedingungen hatte der Schutzverband Bildender Künstler, ein politisch links stehender Kunstverband, die einleitend genannte Sandberg-Schau im Münchner Kunstpavillon organisiert. Nun erfuhren die ausgestellten Aquatinten auf verschiedenen Ebenen eine wertschätzende Resonanz. So betonte die „Süddeutsche Zeitung“ vom 16. Oktober 1970 die in der künstlerischen Tradition der 1920er-Jahre stehende figürlich und expressionistisch anmutende Formensprache des Künstlers.[13] Damit bemühte die Zeitung einen für die beiden deutschen Staaten annehmbaren kunsthistorischen Bezugspunkt. Daneben korrespondierten die Grafiken auch auf einer inhaltlichen Ebene mit der bundesrepublikanischen Sicht auf die Vergangenheit. In westdeutschen Zeitungen galt der autobiografische Zyklus als authentisch, wobei Sandberg als ein „Zeitzeuge“ besonderen Zuspruch erhielt.[14] So konnte der Bildinhalt unabhängig von den zugrunde liegenden ideologischen Rahmenbedingungen ohne Weiteres angenommen werden. „Schließlich“, so machte die „Süddeutsche Zeitung“ unmissverständlich klar, „sind wir im Westen lebenden Menschen auch

12 Vgl. Schröter, Rezeption, S. 192 f.

13 Vgl. o. V., Graphiker, S. 39.

14 Vgl. Fenn, Engagement, S. 19.

gegen Krieg und Gewalt, gegen Unterdrückung und KZ."[15] Demnach bildeten ostdeutsche künstlerische Auseinandersetzungen einen staatsübergreifenden Ausgangs- und Anknüpfungspunkt, um sich kritisch mit der gemeinsamen NS-Vergangenheit auseinanderzusetzen.

Ende der 1970er-Jahre wurde der Grafikzyklus erneut auf verschiedenen Kunstausstellungen in der Bundesrepublik ausgestellt, wobei sich die wertschätzende Rezeption fortsetzte. Gleichzeitig pflegte Sandberg freundschaftliche Kontakte zu westdeutschen Kunstschaffenden, die er nicht nur regelmäßig besuchte, sondern mit denen er auch gemeinsam künstlerisch arbeitete. Im Jahr 1978 illustrierte er zusammen mit dem Künstler HAP Grieshaber Gedichte über das KZ Buchenwald, welche die Schriftstellerin Margarete Hansmann verfasst hatte.[16] Da die im Januar 1979 ausgestrahlte Fernsehserie „Holocaust" in der Bundesrepublik intensive Debatten über die NS-Verbrechen befördert hatte, erhielt nun auch Sandbergs antisemitische Verfolgungsgeschichte mehr Aufmerksamkeit. So hob das „Hamburger Abendblatt" vom 2. August 1979 anlässlich einer vom Evangelischen Kunstdienst veranstalteten Sandberg-Schau ausdrücklich seine jüdische Herkunft hervor, die er besonders eindringlich künstlerisch verarbeitet habe.[17]

Eine dann im Frühjahr 1981 in der Abendgalerie in Osnabrück und anschließend in der Bremer Weserburg gezeigte umfangreiche Retrospektive wurde wiederum wesentlich durch den Ost-West-Konflikt beeinflusst. Die Ausstellung hatte die Osnabrücker Professorin für Kunstgeschichte Jutta Held gemeinsam mit Studierenden kuratiert. Anders als bei den vorangegangenen Präsentationen wurde das Ausstellungsprojekt auch von kommunalpolitischer Seite unterstützt. Zu den Förderern gehörten beispielsweise der Osnabrücker Oberbürgermeister Ernst Weber (SPD) und der Bremer Senator für Wissenschaft und Kunst, Horst-Werner Franke (SPD), welche die Präsentation kulturpolitisch im Ost-West-Konflikt

15 Vgl. o. V., Graphiker, S. 39.

16 Vgl. Margarete Hannsmann, Aufzeichnungen über Buchenwald. Mit Holzschnitten von HAP Grieshaber und Zeichnungen von Herbert Sandberg, Frankfurt a. M. 1978. Zu den freundschaftlichen Kontakten vgl. Sandberg, Spiegel, S. 195 f.

17 O. V., Sandbergs Zeitkritik mit spitzer Feder, in: Hamburger Abendblatt, 2. 8. 1979, S. 15.

verorteten. Dieser hatte sich mit den Diskussionen über den NATO-Doppelbeschluss und die Stationierung nuklearer Mittelstreckenraketen Anfang der 1980er-Jahre erneut zugespitzt. „Die Ausstellung", so die Verantwortlichen im Vorwort des Kataloges, „ist angesichts der beängstigenden weltpolitischen Lage vor allem als ein Bekenntnis zum Frieden und zur Entspannung zu verstehen, zu deren Erhaltung beizutragen alle aufgerufen sind – Sandberg zeigt einen Weg dazu."[18]

Kunst als verbindender Bezugspunkt im Ost-West-Konflikt

Festzuhalten ist, dass sich ostdeutsche Kunstschaffende jenseits des parteipolitisch propagierten Antifaschismus mit den NS-Verbrechen auseinandersetzten. Die westdeutsche Ausstellungs- und Rezeptionsgeschichte des Grafikzyklus verdeutlicht zudem exemplarisch, dass ostdeutsche Kunst in der Bundesrepublik – unabhängig von den ideologischen Rahmenbedingungen – aus einer gesamtdeutschen Perspektive wertgeschätzt wurde. So gesehen konnte die künstlerisch verarbeitete NS-Vergangenheit eine Brückenfunktion übernehmen und als ein verbindender Bezugspunkt[19] im Ost-West-Konflikt dienen. Die ostdeutsche Berichterstattung verbreitete diese anerkennende westdeutsche Rezeption allerdings nicht weiter. In der Presse der DDR erschienen lediglich kurze Ausstellungsankündigungen mit allgemein gehaltenen Informationen über die Anzahl der ausgestellten Arbeiten und der Ausstellungsbesuchenden. Die in den westdeutschen Zeitungen bemühten gesamtdeutschen Bezüge auf die gemeinsame Vergangenheit hätten das antifaschistische Staats- und Selbstverständnis unterminiert.

18 Neben Weber und Funke gehörten dazu der Kunstverbandspräsident Jürgen Waller und der Universitätsdirektor Manfred Weber. Vgl. Jutta Held (Hrsg.), Herbert Sandberg. Politische Grafik, Ausstellungskatalog, Osnabrück, Abendgalerie, An der Bocksmauer, 5. 5. bis 4. 6. 1981, In der Weserburg, Bremen, 14. 6. bis 21. 7. 1981, Osnabrück 1981, S. 5.

19 Dass Kunst als „verbindendes Element" dienen konnte, stellte bereits Schröter allgemeingültig fest. Vgl. Schröter, Rezeption, S. 185.

KERSTIN HOHNER

Sturmböen über der Ostsee

Wie die Erzählung „Die Reise nach Jarosław" von Rolf Schneider den Rostocker Hinstorff Verlag ins Wanken brachte

Als am 8. Juli 1974 im „Spiegel" der Artikel „Mit Jeans und Hemingway nach Polen" erschien, schlugen die Wellen hoch.[1] Es ging um das neue Manuskript von Rolf Schneider, das im Rostocker Hinstorff Verlag auf seine Veröffentlichung wartete. Im Mittelpunkt der Erzählung kehrt eine 18-jährige Jugendliche, enttäuscht von Schule und Elternhaus, ihrem Heimatort den Rücken und reist in das DDR-Nachbarland Polen. Neben zahlreichen Tabus wie der Suche nach Identität, dem jugendsprachlichen Stil und der spießig dargestellten Elterngeneration erregte vor allem die in der Erzählung dargestellte Tristheit des DDR-Alltags großes Aufsehen. „Häuser ‚riechen ganz unbeschreiblich alt und verbraucht und nach Bier', und die ‚neuen Klötze' mit den ‚hellgelben Pinkelbudenkacheln' und den ‚engen, verwinkelten Treppen' erinnern ‚irgendwie an Knast'",[2] zitierte der „Spiegel". Rolf Schneiders Manuskript wurde als „neuer DDR-Ausflipper-Roman" gefeiert, der das wahre Bild der DDR und Ost-Berlins zeige. Doch was den „Spiegel"-Leserinnen und -Lesern ein interessantes und damit abwechslungsreiches Lesevergnügen versprach, war für die Genossinnen und Genossen der SED-Bezirksleitung Rostock und das Zentralkomitee

1 Die folgenden Ausführungen basieren auf meiner Dissertation: Kerstin Hohner, Abseits vom Kurs. Die Geschichte des VEB Hinstorff Verlag 1959–1977, Berlin 2022.

2 O. V., DDR: Mit Jeans und Hemingway nach Polen, in: Der Spiegel, Nr. 28, 8. 7. 1974, S. 92.

(ZK) der SED ein riesiges politisches Ärgernis. Sie sahen in dem Manuskript eine Diskriminierung der DDR und ihrer Kulturpolitik und forderten die Absetzung des parteilosen Cheflektors im Rostocker Hinstorff Verlag, Kurt Batt. Zuvor hatte dieser allerdings noch dafür zu sorgen, dass kein weiteres Aufsehen um dieses Buch erregt werde und das Interesse an dem Titel schnellstmöglich zurückgehen sollte.

Die Ruhe vor dem Sturm

An einem lauen Sommertag im Jahr 1973 hatte Rolf Schneider seinem Lektor Kurt Batt das Manuskript vorgelegt. Für Rolf Schneider war es nicht die erste Zusammenarbeit mit dem Hinstorff Verlag. Er war fünf Jahre zuvor vom Mitteldeutschen Verlag in Halle an der Saale nach Rostock gewechselt und hatte dort seither vier Manuskripte veröffentlicht. Der erste Prosatext des 1932 in Chemnitz geborenen Autors, „W. zum Beispiel (Wernigerode)“, erschien in der Hinstorff-Anthologie „Städte und Stationen“. Es folgten der Hörspielband „Stimmen danach“, der Roman „Der Tod des Nibelungen“ sowie der Erzählband „Nekrolog. Unernste Geschichten“. Das Manuskript „Die Reise nach Jarosław“, das zunächst den Titel „Die Reise nach Przemysl“ trug, der aufgrund der schwierigen Aussprache aber schließlich in „Jarosław“ geändert wurde, sollte das fünfte Projekt des Autors im Hinstorff Verlag sein. Das Manuskript schlug einen deutlich kritischeren Ton gegenüber den Zuständen in der DDR an als die zuvor erschienenen. Es lehnte sich inhaltlich und sprachlich stark an den wenige Monate zuvor in eben jenem Verlag publizierten Roman „Die neuen Leiden des jungen W.“ von Ulrich Plenzdorf an. Dieser war innerhalb kürzester Zeit zum Kultbuch avanciert und hatte dem Hinstorff Verlag überregionale Bedeutung eingebracht. Plenzdorfs Hauptfigur, der Jugendliche Edgar Wibeau, schmeißt – im wahrsten Sinne des Wortes – seine Lehre hin und geht nach Berlin, wo er in einer abbruchreifen Gartenlaube unterkommt, sich unglücklich verliebt und bei dem Versuch, eine selbst gebaute Spritzvorrichtung in seiner Laube in Betrieb zu nehmen, ums Leben kommt. Der Autor überlässt es dabei seinen Leserinnen und Lesern, das Ende als Unfalltod oder als Selbstmord zu interpretieren.

Abb. 1: Rolf Schneider vor dem Hinstorff-Verlagsstand auf der Leipziger Frühjahrsmesse, 1979.
Bundesstiftung Aufarbeitung, 79_0312_WIF_Messe_03, Fotograf: Klaus Mehner

Auch die Protagonistin in „Die Reise nach Jarosław", Brigitte Marczinkowski, genannt Gittie, rebelliert, flüchtet von zu Hause und verliebt sich. Sie unterscheidet sich in ihren Charakterzügen jedoch von Edgar, liest andere Bücher, hört andere Musik, hat bessere Schulnoten und findet am Ende den Weg zurück.

Im Hinstorff Verlag stieß Schneiders Manuskript zunächst nicht auf Beifall. Die starke Kritik, welcher der Verlag nach der Veröffentlichung der Plenzdorf'schen „Neuen Leiden" vonseiten der SED-Bezirksleitung Rostock ausgesetzt gewesen war, hallte noch nach. Denn für die Genossinnen und Genossen entsprach Plenzdorfs Text aufgrund seiner Selbstmordthematik, der Verunglimpfung des klassisch-humanistischen Literaturerbes, insbesondere Johann Wolfgang von Goethes, sowie wegen der Vielzahl an Amerikanismen nicht dem Ideal eines sozialistisch-realistischen Werkes. Der Verlagsleiter Konrad Reich und der Cheflektor Kurt Batt, die Plenzdorf ins Verlagsprogramm geholt hatten, standen seit dem Erscheinen des Buches unter Druck. Disziplinierung und Selbstkritik waren ebenso die Folge wie die Zurückstellung der zweiten Auflage. Konrad Reich konstatierte rückblickend: „Seit der Veröffentlichung hatten wir keine ganz guten Tage mehr."[3] Um die negative Stimmung nicht noch weiter anzuheizen, waren sich Kurt Batt und Konrad Reich einig, das „Reise"-Manuskript in seiner vorliegenden Form aufgrund seiner Brisanz nicht zu veröffentlichen. Sie befürchteten erneute Kritik von der Bezirksleitung der SED. Kurt Batt wollte das Manuskript des renommierten Autors Schneider aber auch nicht zurückgeben. So blieb nur noch, den Text einer umfassenden inhaltlichen und sprachlichen Kontrolle zu unterziehen und Änderungsvorschläge zu unterbreiten. Dafür hatten sich auch zwei hinzugezogene Gutachter – Werner Neubert, Chefredakteur der Zeitschrift „Neue Deutsche Literatur", und der Rostocker Literaturwissenschaftler Hans Joachim Bernhard – sowie die weiteren Hinstorff-Lektorinnen und -Lektoren ausgesprochen, die in einer Lektoratssitzung über das Manuskript berieten. Sie plädierten dafür, dass die Nähe zu Plenzdorfs „Neuen Leiden" gemindert, vor allem aber der Sprachstil der Protagonistin Gittie von dem jugendsprachlichen Gestus befreit, Schule und Elternhaus nicht so spießig dargestellt sowie das Bild der DDR differenzierter gestaltet werden sollten. Daraufhin setzte eine intensive Phase der Überarbeitung ein, in der sich der Autor allerdings nur bedingt kompromissbereit zeigte und nur wenige Änderungsvorschläge umsetzte.

Doch obgleich nicht alle Änderungen übernommen worden waren, stellte sich Kurt Batt hinter das Manuskript. Im September 1973 reichte er den Druckgenehmigungsantrag bei der Hauptverwaltung (HV) Verlage und Buchhandel ein. Die Zensurbehörde entschied über die Veröffentlichung und Nichtveröffentlichung von Manuskripten in der DDR. Vor der HV Verlage und Buchhandel versuchte der Hinstorff Verlag, die Vorzüge des Manuskriptes hervorzuheben und die Nähe zu den „Neuen Leiden" zu verneinen. Im Verlagsgutachten heißt es:

> „Wir halten das Manuskript, das offenbar mit leichter Hand geschrieben und deshalb leicht lesbar ist, vor allem im Hinblick auf das Grund-

3 Zitiert nach Jan-Peter Schröder, Büchermacher mit Stil und Haltung, in: Ostsee-Zeitung, 22.6.2003, S. 1.

> motiv – die Reise in ein Bruderland als Traumreise, die sich, in anderer Weise als erhofft, schließlich als sinnvoll erweist – sowie überhaupt im Hinblick auf das hier gezeichnete Bild polnischen Lebens für einen Gewinn für unsere Literatur und bitten um Druckgenehmigung."[4]

Knapp einen Monat nach Eingang des Druckantrages erteilte die HV Verlage und Buchhandel die Druckgenehmigung – überraschenderweise ohne Einwände.[5] Im Verlag hatte man sich schon darauf eingestellt, bezüglich einiger Änderungen mit dem Autor weiter im Gespräch bleiben zu müssen. Stattdessen konnte nun unmittelbar die Veröffentlichung vorbereitet werden. Kurt Batt übergab das Manuskript der Herstellungsabteilung. Alles ging scheinbar seinen gewohnten Gang. Die Auslieferung des Buches war für Mai 1974 anvisiert. Doch dazu kam es nicht, denn in Westdeutschland war man inzwischen auf die Erzählung aufmerksam geworden.

Gewitterwolken ziehen auf

Ein Artikel in der „Frankfurter Rundschau" vom 5. Januar 1974 machte auf die Brisanz des Manuskriptes aufmerksam:

> „Von Rolf Schneider liegt eine Erzählung im Hinstorff Verlag, die derzeit auch noch umstritten ist. In dieser Erzählung wollen manche eine Weiterführung von Plenzdorf sehen, bis an die Grenze des in der DDR Möglichen und vielleicht sogar darüber hinaus. […] Am Schicksal dieser Erzählung, die zudem einen bislang unbekannten Rolf Schneider zeigt, könnte sich herausstellen, welche Früchte die Plenzdorf-Diskussion in der DDR wirklich getragen hat."[6]

4 Kurt Batt, Verlagsgutachten: Rolf Schneider: Die Reise nach Jarosław, 27. 9. 1973, BArch DR 1/2152a, Bl. 548–551, hier Bl. 551.

5 Vgl. HV Verlage und Buchhandel, Druckgenehmigung (Durchschlag), 22. 10. 1973, BArch, DR 1/2152a, Bl. 574.

6 Lothar Blume, Kein Kulturpapst mehr. Perten, zurück in Rostock, mag Plenzdorf nicht, in: Frankfurter Rundschau, 5. 1. 1974, S. 2.

Abb. 2: Das Verlagsgebäude Hinstorff in Rostock, ca. 1975.
Stadtarchiv Rostock, 2.1.9, Bd. 980, Karton 25

Die Rostocker SED-Bezirksleitung schlug sofort Alarm. Die Genossinnen und Genossen fühlten sich hintergangen und zitierten den Verlagsleiter Konrad Reich zu sich. Dieser hatte ausführlich über den Inhalt des Manuskriptes und den Arbeitsgang im Lektorat zu berichten. Der Erste Sekretär der SED-Bezirksleitung, Harry Tisch, wurde über den Inhalt des Textes in Kenntnis gesetzt und Konrad Reich aufgefordert, die Überarbeitung zu veranlassen. Die Diskussion erbrachte eine siebenseitige Liste mit über 100 Änderungsvorschlägen.

Doch nicht nur in Rostock war man über die Berichterstattung erzürnt, sondern auch in Berlin, im ZK der SED. Um der Sache nachzugehen und zu prüfen, warum eine Druckgenehmigung für dieses Manuskript ausgestellt worden war, hatte die Leiterin des Sektors Verlage, Buchhandel und wissenschaftliche Bibliotheken der Abteilung Wissenschaften, Lucie Pflug, die Aushändigung des Manuskriptes verlangt. Nach der Lektüre stand für sie fest, das Manuskript hätte in der vorliegenden Form keine Druckgenehmigung erhalten sollen. Der Leiter der HV Verlage und Buchhandel, Klaus Höpcke, wurde aufgefordert, ein Gespräch mit dem Autor zu führen, um ihn zu umfassenden Änderungen zu bewegen. Dieser erklärte sich nach dem Gespräch bereit, noch einmal an dem Manuskript zu arbeiten.

Der Hinstorff Verlag geriet somit erneut in den Brennpunkt. Dieses Mal blieb es jedoch nicht bei Disziplinierung und Selbstkritik, sondern personelle Veränderungen wurden gefordert. Am 10. April 1974 trafen sich Lucie Pflug sowie die Genossinnen und Genossen von der SED-Bezirksleitung in Rostock, um über die weitere personelle Zukunft des Hinstorff Verlages zu beraten. Sie waren sich einig, dass die Funktion des Cheflektors nicht länger mit einem Parteilosen besetzt sein sollte. Des Weiteren wollten sie den Parteieinfluss im Lektorat sowie die politisch-ideologische Qualifizierung des Verlagsleiters erhöhen.

Sturm und Hagel erfassen das Hinstorff-Schiff

Wieder sollte ein Artikel in einer westdeutschen Zeitung dem Buchvorhaben einen Strich durch die Rechnung machen. Der Titel war schon in der Buchbinderei, als am 8. Juli 1974 das Hamburger Wochenmagazin

„Der Spiegel“ die DDR-Jugendliche Gittie in Jeans und mit Hemingway-Roman im Rucksack die DDR in Richtung Polen verlassen sah. Der Artikel prophezeite noch heftigere Diskussionen als Plenzdorfs „Neue Leiden“. Für die SED-Bezirksleitung Rostock und das ZK der SED war die Grenze des Tolerierbaren überschritten. Die Entwicklungen im Verlag, insbesondere die ideologische Arbeit im Lektorat, schienen aus Sicht der Partei nun gänzlich aus dem Ruder zu laufen. Verantwortlich für diese Entwicklungen machte sie den Cheflektor Batt. Seine Absetzung wurde daraufhin forciert: Bei der für den 17. Juli anberaumten Bezirksleitungssitzung beauftragte die Partei den Verlagsleiter, bis zum Ende des Jahres ein verbindliches „Kaderperspektivprogramm“ zu erarbeiten – das hieß, einen parteilosen Cheflektor sollte es im Verlag nicht mehr geben. Batt wurde vor die Alternative gestellt, entweder in die SED einzutreten oder den Verlag zu verlassen. Er trat nicht in die Partei ein. Seine Entlassung schien also unausweichlich. Konrad Reich wurde daraufhin aufgefordert, sich um einen Genossen als Cheflektor zu bemühen und sich an den Universitäten nach einem geeigneten Ersatz umzusehen.

Sanktionen folgten auch für den Autor. Dieser hatte in einer schriftlichen Stellungnahme seine Verbundenheit mit der DDR und seine Freundschaft mit Polen zum Ausdruck zu bringen. Wenige Tage nach dem Erscheinen des „Spiegel“-Artikels, am 11. Juli 1974, bekundete Schneider, er „liebe die Deutsche Demokratische Republik und ihre schöne, lebendige, reizvolle Hauptstadt Berlin“.[7] Die Stellungnahme wurde zur weiteren Kenntnisnahme an den Minister für Kultur, Hans-Joachim Hoffmann, den Leiter der Abteilung Kultur, Peter Heldt, sowie Lucie Pflug und Harry Tisch übersandt. Auch im Hinstorff Verlag war man erzürnt über den „Spiegel“-Artikel. Konrad Reich beabsichtigte, die Zusammenarbeit mit Rolf Schneider zu beenden. Doch dazu kam es nicht. Höchstwahrscheinlich, um nicht noch mehr Staub aufzuwirbeln und weitere negative Schlagzeilen zu vermeiden, blieb Schneider Hinstorff-Autor.

Der Termin für die Auslieferung Anfang August wurde von der Abteilung Kultur des ZK der SED gestrichen. Genauere Anweisungen

7 Rolf Schneider, In diesen Tagen wird die Volksrepublik Polen dreißig Jahre alt, 11. 7. 1974, BArch, DR 1/2152a, Bl. 577–579, hier Bl. 578.

folgten von der Zensurbehörde. Die HV Verlage und Buchhandel forderte Kurt Batt auf, den Druck so zu verschieben, dass die Auslieferung im November/Anfang Dezember 1974 erfolgen würde, also zum Weihnachtsgeschäft. Denn in diesem gehe das Buch unter und errege kein Aufsehen. Hierfür solle er in die Druckerei fahren und nicht nur den Druck verschieben lassen, sondern auch persönlich mit dem dortigen Leiter sprechen, dass dieser dem Verlag einen offiziellen Brief schicke. In diesem solle die Verzögerung der Auslieferung mit technischen Schwierigkeiten in der Druckerei begründet werden. Das wiederum hatte der Verlag auch dem Autor als Begründung mitzuteilen. Das Gespräch war streng vertraulich zu behandeln. Außer dem Cheflektor sollte keiner etwas über diese Vorgehensweise erfahren, auch nicht im Verlag. Auch wurde Batt angehalten, dafür zu sorgen, dass der Titel erst kurz vor der Auslieferung in den Medien besprochen würde.[8] Es galt, das Interesse an dem Titel im Zaum zu halten und weitere Schlagzeilen zu vermeiden.

Ob sich der Cheflektor an die Anweisungen gehalten hat, kann im Nachhinein nicht mehr rekonstruiert werden, da keine weiteren Dokumente über diesen Vorgang überliefert sind. Tatsache ist jedoch, dass die erste Rezension des Textes nach der Auslieferung des Buches veröffentlicht wurde. Am 1. Dezember 1974 erschien in der Wochenzeitung „Sonntag" ein Werkstattgespräch mit dem Autor, in dem der Titel dem DDR-Publikum vorgestellt wurde.[9] Im November war die Erzählung an die Buchhandlungen ausgeliefert worden, nachdem die Abteilung Kultur des ZK der SED ihr Einverständnis gegeben hatte.[10] Die Prophezeiung, dass das Buch im Weihnachtsverkauf untergehen würde, erfüllte sich nicht. Nachdem die Rezension im „Sonntag" veröffentlicht worden war, schnellte die Zahl der Vorbestellungen in die Höhe. Das Buch wurde ein Erfolg.

8 Vgl. Erika Thormann (HV Verlage und Buchhandel), Aktennotiz über ein Telefongespräch des Genossen Lindorf am 18. 7. 1974 mit Kollegen Dr. Batt, Hinstorff Verlag, 19. 7. 1974, BArch, DR 1/2152a, Bl. 590.

9 Vgl. o. V., Werkstattgespräch: Komisches und Melancholisches über die Liebe. Rolf Schneider zu seinem neuen Buch, in: Sonntag, 1. 12. 1974, S. 6.

10 Vgl. Peter Heldt (ZK der SED, Abt. Kultur), Information über die Herausgabe von Rolf Schneiders Buch „Die Reise nach Jarosław", 17. 7. 1974, SAPMO-BArch, DY 30/IV B2/9.06/93.

Wenige Wochen nach der Veröffentlichung starb Kurt Batt. Am 20. Februar 1975 erlag er im Alter von 43 Jahren einem Herzinfarkt – noch bevor seine Abberufung vollzogen wurde. Batts plötzlicher Tod wurde im Nachhinein von zahlreichen Schriftstellerinnen und Schriftstellern als Folge der unermüdlichen Arbeit, vor allem aber als Folge des psychischen Drucks, den die SED-Bezirksleitung Rostock und das ZK der SED im Zusammenhang mit seiner Tätigkeit als Cheflektor ausgeübt hatte, angesehen. Kurze Zeit später legte Konrad Reich sein Amt als Verlagsleiter nieder. Er schien zu ahnen, dass die erfolgreichen Zeiten des Verlages vorbei waren. Reich selbst begründete seine Entscheidung damit, sich in Zukunft eigenen literarischen Plänen widmen zu wollen. Bei einer Autorenkonferenz des Verlages am 29. und 30. September 1976 wurde das Ausscheiden Konrad Reichs offiziell bekannt gegeben. Damit endete die Ära Batt und Reich im Hinstorff Verlag. Unter der neuen Verlagsspitze Horst Simon und Harry Fauth verblasste der Ruf des Verlages in den folgenden Jahren auf dem Gebiet der DDR-Literatur. Indes erlebte „Die Reise nach Jarosław“, die 1975 auch im westdeutschen Luchterhand Verlag publiziert worden war, bis 1987 fünf weitere Auflagen im Hinstorff Verlag.

PHILIPP WILLE

Vom Leutnant zum Kommissar

Wandel in der Darstellung der Deutschen Volkspolizei in der DDR-Kriminalfilmreihe „Polizeiruf 110"

Mit dem Machtwechsel von Walter Ulbricht zu Erich Honecker im Jahr 1971 wurden in der DDR neben der beschlossenen „Einheit von Wirtschafts- und Sozialpolitik" vor allem kulturpolitisch neue Akzente gesetzt. Der neue Generalsekretär verkündete nicht nur, dass es auf dem Gebiet von Kunst und Literatur „keine Tabus" geben dürfe. In seiner Rede auf dem VIII. Parteitag der SED kritisierte Honecker auch das DDR-Fernsehen für „eine bestimmte Langeweile" und forderte mehr Unterhaltung.[1] In der Folge wurden bereits beschlossene Programmreformen beschleunigt und erweitert, sodass in den frühen 1970er-Jahren zahlreiche populäre Fernsehsendungen anliefen, wie unter anderem die Samstagabendshow „Ein Kessel Buntes" und die auf Kuriositäten spezialisierte Reportageserie „Außenseiter Spitzenreiter". Ausgestattet mit größtem Budget, standen im Zentrum eines betont spannenden und unterhaltsamen Fernsehprogramms jedoch die ab 1971 ausgestrahlten und auch heute noch sehenswerten Kriminalfilme aus der Reihe „Polizeiruf 110".

Gewissermaßen als Märchen für Erwachsene sind Krimis von einer besonderen Attraktivität, da sie dunkle Gesellschaftsporträts zeichnen

1 Erich Honecker, Bericht des Zentralkomitees an den VIII. Parteitag der Sozialistischen Einheitspartei Deutschlands. Abschnitt „Die ideologisch-theoretische Arbeit der Sozialistischen Einheitspartei Deutschlands. Die Agitation und Propaganda und ihr Beitrag zur Offensive des Marxismus-Leninismus", in: Neues Deutschland (Berliner Ausgabe), 16. 6. 1971, S. 3–9, hier S. 9, Sp. 4.

und dabei aktuelle Probleme thematisieren, einen großen Spannungs- beziehungsweise Gruselgehalt versprechen und schließlich eine Moral präsentieren, wenn Kriminelle am Ende ihrer gerechten Strafe zugeführt werden. In der DDR gab es zwar schon vor 1971 einzelne DEFA-Kriminalfilme, im Fernsehen etwa die Krimiserie „Blaulicht" und seit 1965 die nach realen Gerichtsfällen gestalteten Fernsehspiele aus der Reihe „Der Staatsanwalt hat das Wort". Jedoch spiegeln sich in den frühen Versuchen häufig die großen ideologischen Schwierigkeiten der Ulbricht-Ära wider, Kapitalverbrechen im Staatssozialismus – die es offiziell nicht geben durfte – zu thematisieren: Fast immer kommen die Täter:innen direkt aus dem Westen oder entstammen einem total verkommenen Milieu „bürgerlicher Rudimente". Der „Polizeiruf 110" zeichnete sich nicht nur durch eine weitaus größere Realitätstreue gegenüber negativen Aspekten in der DDR-Gesellschaft aus, auch fällt auf, dass deutlich mehr typische Merkmale des Krimigenres verwendet wurden. Dies kommt in spektakulären Fahndungen mit teilweise rasanten Verfolgungsjagden zum Ausdruck, aber auch in einer neuen Qualität bei der Darstellung von physischer Gewalt.[2]

Der Paradigmenwechsel zu einem größeren Ausmaß an realistischen Abbildungen gesellschaftlicher Verhältnisse und ihrer kriminellen Schattenseiten, der in der DDR mit dem „Polizeiruf 110" eingeleitet wurde, passte sich gleichsam in einen internationalen Trend ein. In den westlichen Ländern wurde nach dem gesellschaftskritischen Aufbruch von 1968 auch der Kriminalfilm völlig umgekrempelt, vor allem in Frankreich und Italien mit sehr radikalen Filmen sowie mit den US-amerikanischen Thrillern des „New Hollywood", in denen sich die Grenze zwischen Gut und Böse auflöst. Für das deutsch-deutsche Konkurrenzverhältnis, deren Spielarten der Schaufensterpolitik nach dem Mauerbau 1961 besonders über das Fernsehen asymmetrisch vermittelt wurden, ist für den „Polizeiruf 110" von großer Bedeutung, dass 1970 in der Bundesrepublik die höchst populäre Krimireihe „Tatort" anlief. Bezeichnenderweise führt der erste „Tatort"-Fall – ganz im Zeichen der „Neuen Ostpolitik" von Kanzler

2 Vgl. Andrea Guder, Genosse Hauptmann auf Verbrecherjagd. Der Krimi in Film und Fernsehen der DDR, Bonn 2003, S. 123–127.

Willy Brandt – den Hamburger Hauptkommissar Paul Trimmel aufgrund eines DDR-Amtshilfeersuchens im „Taxi nach Leipzig".

Ideologischer Anspruch

Trotz der neuen kulturpolitischen Parteilinie sah sich das Krimigenre in der DDR in den frühen 1970er-Jahren noch etlichen Anfeindungen von konservativen Stimmen in der SED ausgesetzt. Auch aus diesem Grund rechtfertigten die konzeptionellen Köpfe hinter dem „Polizeiruf 110", die diesen als genuinen Typus des „sozialistischen Gegenwartskriminalfilms" definiert hatten, den Einsatz von Spannung (ganz im Sinne von Honeckers kulturpolitischem Pragmatismus) zum Zweck einer effektiveren Didaktik:

> „Wenn das sozialistische Fernsehen ideologiewirksam seine Zuschauer erreichen will, muss es vor allem deren Bedürfnisse nach ästhetischer Unterhaltung befriedigen [...] Wo die unterhaltende Funktion zu wenig Berücksichtigung findet, wird die Massenwirksamkeit eine geringe sein! Wo aber das sozialistische Fernsehen seine Zuschauer nicht erreicht, erreicht sie der Gegner."[3]

Über die Hervorhebung einer besonderen „Dialektik" in der Dramaturgie wurde die Darstellung von Kriminalität mit der ideologischen Wirkungsabsicht verbunden, durch Aufzeigen „noch" bestehender negativer Seiten in der DDR ein stärkeres sozialistisches Bewusstsein der Zuschauer:innen zu fördern: „Indem wir Böses zeigen, einen Kriminalfall sozusagen, wecken wir gleichzeitig die Sehnsucht, dass das Gute siegen möge."[4]

Das „Gute" wird im „Polizeiruf 110" von vielen „ganz normalen" Menschen aus dem sozialen Umfeld verkörpert, von freundschaftlichen Arbeitskolleg:innen und Bekannten aus der Nachbarschaft, die sich durch

3 Eberhard Görner, Zur publizistisch-unterhaltenden Funktion als Wirkungsabsicht in der Reihe „Polizeiruf 110" des Fernsehens der DDR [Diplomarbeit, Hochschule für Film und Fernsehen], Potsdam/Berlin (Ost) 1975, S. 9.

4 Eberhard Görner, Die Dialektik des „Polizeirufs", in: Die Weltbühne 76 (1981) 32, S. 1012–1014, hier S. 1014.

Ehrlichkeit, Bescheidenheit, Hilfsbereitschaft und Solidarität auszeichnen. *In nuce* werden die Ideale der staatssozialistischen Weltanschauung jedoch von den ermittelnden Kriminalist:innen der Deutschen Volkspolizei (VP) repräsentiert, die als Vertreter:innen von Partei und Staat die Funktion innehaben, die Verletzung der Normen zu ahnden und deren Geltung durchzusetzen. Das Ministerium des Innern, dem die VP unterstellt war, begriff die Filmreihe als Werbung in eigener Sache und unterstützte die Dreharbeiten mit der kostenfreien Bereitstellung von Komparsen, Einsatzfahrzeugen und durch fachliche Beratung. Es ist daher aufschlussreich, den Fernsehauftritt der VP in den Filmen von 1971 bis 1991 mit einigen Schlaglichtern zu beleuchten. Bei den historischen Wandlungserscheinungen der dargestellten Polizist:innen – von der *Funktion* über die *Figur* zum *Charakter* – lassen sich Anzeichen eines gesamtgesellschaftlichen Zerfallsprozesses erkennen, der auch beim Verständnis helfen kann, warum vom Sicherheitsapparat im Herbst 1989 „keine Gewalt" ausging.

Das Ermittlungskollektiv

Der genuin staatssozialistische Charakter der Filmreihe „Polizeiruf 110" kommt unter anderem darin zum Ausdruck, dass die kriminalistische Untersuchung als kollektive Ermittlung inszeniert wurde. Am Tatort sind die Ermittler:innen umgeben von einem großen Stab an Kriminaltechniker:innen, deren wissenschaftlich-technische Auswertungen wichtige Hinweise für die weitere Ermittlungsrichtung geben. Die Offiziere kommandieren rangniedere Polizist:innen, müssen aber genauso beim Rapport ihren Vorgesetzten Bericht erstatten und Befehle entgegennehmen. Auch innerhalb der Spezial-Einsatzgruppe, deren Mitglieder die Zuschauer:innen näher kennenlernen, herrscht eine militärische Rangordnung und operative Arbeitsteilung. Dienstältester und Befehlshaber ist Oberleutnant, ab 1978 Hauptmann, Peter Fuchs (vgl. Abb. 1, links). Fuchs zeichnet sich durch analytische Schärfe und gute Menschenkenntnis aus, ebenso durch eine ruhige und bedachte Vorgehensweise bei der Befragung. Auffallend häufig hat er das sichere Gespür für die richtigen Indizien und verfügt über die größte Kompetenz in Kombination und

Abb. 1: „Der Fall Lisa Murnau", 1971, Oberleutnant Fuchs und Leutnant Arndt beim Verhör.
„Polizeiruf 110", Erstausstrahlung: 27. 6. 1971 im DFF 1, Screenshot aus einer Wiederholung im MDR (1 h 07 m 11 s); Stiftung Deutsches Rundfunkarchiv

Schlussfolgerung. Unterstützt, teilweise auch vertreten, wird Fuchs von Oberleutnant Jürgen Hübner, der eine eher soldatische und sportliche Art sowie einen kameradschaftlichen Umgang mit Befragten und Vorbestraften an den Tag legt.

Ebenfalls eine fast gleichrangige Ermittlungsleiterin ist Leutnant Vera Arndt, die in den frühen Filmen sicherlich interessanteste Figur im VP-Kollektiv (vgl. Abb. 1, rechts). Als Psychologin und Kriminalistik-Wissenschaftlerin ist Arndt vielen ihrer männlichen Genossen intellektuell überlegen, gleichwohl ist sie besonders empathisch und sensibel. Sie ist die einzige, von der es manchmal kleine Einblicke ins familiäre Privatleben und in die persönliche Gefühlswelt gibt. Da neben Arndt zu Beginn auch noch eine andere Frau die Ermittlungen führt (deren Figur aber bald wieder aufgegeben wird), muss in diesem Zusammenhang der tatsächlich progressive Charakter von „Polizeiruf 110" hervorgehoben werden – der im Vergleich zum „Tatort" erkennbar ist, wo erstmalig 1978 in „Der Mann auf dem Hochsitz" eine Kommissarin zu sehen war, die aber im Persönlichen eher als verkrachte Existenz daherkommt. Zur ursprünglichen Besetzung gehört schließlich noch Kriminalmeister Lutz Subras. Der junge Offiziersanwärter ist in den ersten Filmen der klassische Lehrling, der zum Teil als „Laufbursche" einfache Überprüfungen erledigen muss, manchmal auch Fehler macht und mitunter von seinen Vorgesetzten harsch zurechtgewiesen wird. Jedoch ist im Laufe der Zeit ein deutlicher Lerneffekt zu sehen, sodass sich Subras in der zweiten Hälfte der 1970er-Jahre als Leutnant zum gleichrangigen Genossen mausert.

Die sogenannte Einsatzgruppe Fuchs wurde bewusst in repräsentativer Form dargestellt, bei der es nicht um die einzelnen Kriminalist:innen geht, sondern um die VP als staatliche Institution. Dies lässt sich auch daran erkennen, dass – anders als im Westkrimi – die Polizist:innen nicht mit einer bestimmten Region verbunden sind. Egal wo eine Straftat geschieht, ob an der Ostsee, in Dresden oder im Thüringer Wald, die Berliner Spezialist:innen sind bereits da oder beziehen unmittelbar darauf ihre Büros vor Ort. Der repräsentative Charakter geht so weit, dass Fuchs und Genossen in dem gleichnamigen Film sogar ausschließlich in dem schuldkomplexbeladenen „Albtraum" (1981) eines Häftlings ermitteln.

Aufgrund dieser repräsentativen Funktion sind alle Polizist:innen ganz eindeutig als vorbildliche Beispiele der staatssozialistischen Ideale gezeichnet. Sie verhalten sich stets korrekt und anständig, rauchen und trinken nicht, sind hilfsbereit, freundlich und vor allem sehr darum bemüht, menschlichen Schaden zu verhindern. Auch fällt auf, dass die VP attraktiv sein sollte, denn die gut aussehenden Ermittler:innen werden immer wieder von Befragten mehr oder weniger offen angeflirtet. Zugleich wurde gerade in den frühen 1970er-Jahren aber auch keineswegs verhehlt, dass die VP gegenüber normativen Abweichungen sehr hart war. Mitmenschen aus dem Umfeld eines Verbrechens, die dieses durch unkorrektes Verhalten, Vernachlässigung dienstlicher und sozialer Pflichten oder schlicht durch Egoismus indirekt begünstigt haben, halten Fuchs und seine Genossen strenge Moralpredigten. Die kriminellen Drahtzieher:innen aber werden vor allem bei niederen Motiven mit kalter Verachtung behandelt – als gefährliche Elemente, die man wegsperren muss.

Wandlungserscheinungen ab den späten 1970er-Jahren

Mit einer fast 20-jährigen Laufzeit ist die Filmreihe „Polizeiruf 110" ein hervorragender Quellenbestand, um mentalitätsgeschichtlich den gravierenden Wandel des Wertekanons in der späten DDR nachzuvollziehen. Insgesamt zeichnet sich eine zunehmende Verschiebung von starken normativen Aussagen zum empirisch-deskriptiven, psycho- und sozialanalytischen Charakter der Geschichten ab, zusätzlich in der zweiten Hälfte der 1980er-Jahre schließlich die Auflösung der staatssozialistischen Normen selbst. Diese Wandlungserscheinungen lassen sich wiederum in konzentrierter Form anhand der dargestellten Kriminalist:innen erkennen.

1978 trat die Figur des Leutnant Subras ab, nachdem sein Darsteller Alfred Rücker infolge der Ausbürgerung des Liedermachers Wolf Biermann einen Ausreiseantrag gestellt hatte. An seine Stelle rückte Leutnant Woltersdorf, der mit seiner fast philosophischen Grundhaltung die insgesamt nachdenkliche und analytische Phase der Filmreihe in den späten 1970er-Jahren am deutlichsten verkörpert. Nach 1980 ist jedoch auch Woltersdorf wieder verschwunden – und mit ihm der ausgeprägte Hang zu sozialkritischen Betrachtungen, die besonders eindringlich in „Schuldig" (1978) und „Der Einzelgänger" (1980) zu sehen sind. 1983 hatte außerdem Leutnant Arndt ihren letzten Fall, um sich anschließend einer rein akademischen Lehrtätigkeit zu widmen. Ihre Nachfolge übernahm Oberleutnant Lutz Zimmermann, der insofern interessant ist, weil es sich bei dieser Figur um die ziemlich realistische Darstellung eines DDR-Polizisten in den 1980er-Jahren handelt (vgl. Abb. 2, rechts). Zimmermann, der bei gemeingefährlichen Verbrecher:innen keine Gnade kennt, ist in seiner oft kühlen, strengen und misstrauischen Art die staatssozialistische Variante eines „Hardboiled Detective". Es ist jedoch bemerkenswert, dass gerade bei dieser Figur, die das repressive Wesen des Systems am wenigsten verschleiert, als erstes ambivalente individuelle Charaktermerkmale entwickelt wurden. In „Kein Tag ist wie der andere" (1986) wird

Abb. 2: „Ihr faßt mich nie", 1988, Leutnant Grawe, leger, ohne Krawatte, und Oberleutnant Zimmermann.
„Polizeiruf 110", Erstausstrahlung: 24. 1. 1988 im Fernsehen der DDR 1, Screenshot aus einer Wiederholung im MDR (1 h 02 m 34 s); Stiftung Deutsches Rundfunkarchiv

Zimmermann nicht als Polizist, sondern als *Mensch* vorgestellt, der genauso von sozialer Entfremdung betroffen sein kann: Privat ist er jemand, der seine Scheidung und die Trennung vom Kind nicht verwindet, der von der Arbeit überfordert ist und dabei teilweise grobe Fehler begeht, der Schwierigkeiten in seiner neuen Beziehung hat und oftmals erst spät in der Nacht in seine einsame Wohnung nach Hause kommt.

Analog zur charakterlichen Entfaltung dieser Figur verstärkte sich insgesamt die Tendenz zu einem kritischeren Realismus bei der Darstellung der Polizeiarbeit. Sicherlich auch als Ausdruck der zunehmenden Legitimationskrise des Systems häuften sich in der zweiten Hälfte der 1980er-Jahre die diskursiven Thematisierungen der gesetzlichen Grenzen bei der Ermittlung. Zum Beispiel zeigt „Der zersprungene Spiegel" (1985), wie ein unschuldig Verdächtigter sehr zum Ärger von Fuchs jede Kooperation mit der VP verweigert und unter genauer Kenntnis der Rechtslage penibel auf deren Einhaltung besteht.

Doch auch wenn solche Tendenzen zu mehr Realismus bei kritischeren Themen ab der zweiten Hälfte der 1980er-Jahre zunahmen, wurde versucht, diesen ab 1986 über die Einführung des Leutnants, ab 1988 Oberleutnant, Thomas Grawe auf blendende Weise einen positiven Kontrapunkt entgegenzusetzen (vgl. Abb. 2, links). Grawe unterscheidet sich von den vorherigen Ermittler:innen erheblich: Der smarte, schöne, junge und dynamische Kriminalist, der auch mal mit dem Fahrrad zum Tatort kommt, macht die Polizeiarbeit auf seine ganz eigene Art. Er nimmt es mit den Kleidungsvorschriften nicht so genau, zeichnet sich durch eine kecke und gewitzte Art aus und schlägt auch kriminalistisch innovative Wege ein – so wie seine „irre", aber erfolgreiche Idee, im „Kreuzworträtselfall" (1988) den Täter über hunderttausendfache Schriftvergleiche zu ermitteln. Vor allem an seinem schnellen Aufstieg ist ersichtlich, dass man sich um ein jüngeres und attraktiveres Profil – sozusagen als ostdeutsches Pendant zum stilprägenden „Tatort"-Ruhrpott-Proll Horst Schimanski – bemühte. Zugleich darf dabei nicht übersehen werden, dass Fuchs und Hübner, die von Beginn an die Ermittlungen geführt haben, weiterhin Befehlshaber bleiben und in ihrer sichtlichen Alterung gewissermaßen die personelle Erstarrung der SED und des gesamten Staatsapparats illustrieren. Da sich insgesamt im späten „Polizeiruf" die gesellschaftlichen Verhältnisse jedoch erheblich und rapide verdüstern, scheint ein einfaches „Weiter so" langfristig keine Perspektive mehr zu haben.

Mehrere Filme wurden zum Ende der 1980er-Jahre ausgestrahlt, in denen die repressiven Mechanismen des Systems so detailliert beschrieben werden, dass sich kritische Schlussfolgerungen bei den Zuschauer:innen aufdrängen mussten: „Die alte Frau im Lehnstuhl" (1987) schildert akribisch die ausgeklügelten psychologischen Manipulationstechniken, mit denen ein schweigender Untersuchungshäftling dazu gebracht wird, seine Täterschaft zu verraten. „Im Kreis" (1987) und „Variante Tramper" (1989) thematisieren hauptsächlich die Zermürbung unschuldiger Tatverdächtiger durch Isolationshaft und permanente Verhöre. Diese durch den deskriptiven Charakter eher nur latent systemkritische Seite wurde vor allem ab 1988 mit der Einführung von Hauptmann Günther Beck manifest.

Abb. 3: „Das Duell“, 1990, Hauptmann Beck in der Nacht vom 7. auf den 8. Oktober 1989 beim Ministerium für Staatssicherheit.
„Polizeiruf 110“, Erstausstrahlung: 4. 11. 1990 im DFF 1, Screenshot aus einer Wiederholung im MDR (18 m 40 s); Stiftung Deutsches Rundfunkarchiv

Der durch den höchsten Offiziersrang und sein fortgeschrittenes Alter als heimlicher Gegenentwurf zum parteikonformen Fuchs daherkommende Beck personifizierte den Wunsch nach „Glasnost und Perestroika“ in der untergehenden DDR. Schon in seinem ersten Auftritt im schon erwähnten „Kreuzworträtselfall“ spricht er sich gegen schematische Vorgehensweisen aus. Offiziell „Der Wahrheit verpflichtet“ (1989) – das heißt den Dogmen der Partei von gesetzmäßiger Objektivität –, erkennt Beck in großen inneren Kämpfen, dass eine juristisch Schuldige in moralischer Hinsicht nicht falsch gehandelt hat. Er erklärt zum Ende des Films seiner jungen Genossin, dass Gerechtigkeit nicht objektiv sei und auch Gesetze ungerecht sein können. In „Das Duell“ (1990), das rückblickend im Herbst 1989 in Ost-Berlin spielt, ist er auf der Suche nach seinem Sohn, der bei den Demonstrationen am 7. Oktober von der Staatssicherheit verhaftet wird (vgl. Abb. 3). Angesichts der massenhaft zugeführten und misshandelten Bürger:innen bricht Beck schließlich endgültig mit der SED und dem Staatssozialismus.

Historisch gesehen wurde die voranschreitende Individualisierung der Ermittler:innen damit zum Vehikel, um über ihre Herauslösung aus der Rolle als Funktionsträger:in im SED-Staat den Menschen hinter der Uniform gegen diesen selbst zu wenden. Besonders in der Figur des Hauptmann Beck wird transparent, wie stark der allgemeine Legitimationsverfall und die zunehmende Unglaubwürdigkeit der ideologischen Verheißungen zum Ende der 1980er-Jahre auch die wichtigsten Stützen des Systems paralysiert hatten. In Anbetracht immer massiver werdender ökonomischer, politischer, ökologischer und sozialer Strukturprobleme im gesamten Ostblock ließ sich schlicht nicht mehr leugnen, dass die alten Parolen diese nicht lösen konnten. Da sich die DDR schon vor dem Beginn der Massendemonstrationen im Prozess des Zusammenbruchs befunden hatte – spätestens seit Öffnung der ungarischen Grenze im Spätsommer 1989 –, entfielen somit im Augenblick der finalen Konfrontation mit der friedlich protestierenden Bevölkerung für viele Mitarbeiter:innen im Sicherheitsapparat alle rationalen Gründe zu ihrer Verteidigung mit repressiven Mitteln.

Das Ende des „sozialistischen Gegenwartskriminalfilms"

Nach dem Beitritt der DDR zur Bundesrepublik 1990 passten sich dann endgültig die Geschichten wie die Charaktere der Polizist:innen an die spektakulären Vorbilder aus dem Westen an: „Mit dem Anruf kommt der Tod" (1991) endet im zwischenmenschlichen Zerwürfnis zwischen Grawe und Beck. Für einen anderen Kriminalisten wird „Ein verhängnisvoller Verdacht" (1991) zur Gewissheit und sein eigener Stiefsohn als Totschläger überführt. Der wiederum sehr „ostige" Schlusspunkt einer ganzen Ära wurde jedoch in Fuchs' Abgesang „Thanners neuer Job" (1991) mit ätzendem Zynismus inszeniert. In diesem letzten „Polizeiruf" vor der Abwicklung des DDR-Fernsehens wird Schimanskis Partner Christian Thanner kommissarischer Leiter der Ost-Berliner Kriminalpolizei für die

Übergangsphase ihrer bundesdeutschen Neustrukturierung und herrscht als selbstgefälliger und anmaßender „Besserwessi". Nichts ist hier mehr übrig von der rauschhaften Verbrüderung ost- und westdeutscher Kriminalisten, die es ein Jahr zuvor in „Unter Brüdern" (1990) gegeben hatte, vielmehr spalten aufgrund der Arbeitsplatzverlustängste nun tiefes Misstrauen und Konkurrenzdenken auch die Gruppe der wendigen Ex-Genossen. Durch die allgemeine Umstrukturierung und Thanners Inkompetenz agiert die einst mit wissenschaftlicher Gesetzmäßigkeit erfolgreiche Polizei zum ersten Mal vollkommen hilflos. Fuchs, der von einer rechtsterroristischen Untergrundgruppe nach einem Banküberfall in Geiselhaft genommen und gefoltert wird, kann nicht gefunden werden und hat schließlich nur durch die Skrupel eines Mittäters das Glück, seiner fast vollstreckten Hinrichtung zu entkommen. Als am Ende des Films die Neonazis durch das totale Polizeiversagen quasi gewonnen haben, der neue „Boss" aber einfach so weitermachen will wie bisher, tritt der Held einer vergangenen Zeit schweigend ab als geschlagener alter Mann.

Wende …

CHRISTOPHER BANDITT

„Die hatten ja auch alle kein Telefon“

Ostdeutsche Telefonverhältnisse vor und nach der „Wende“

Es ist so simpel wie einleuchtend: „Wenn ein Telefon irgendwo steht, klingelt es auch.“ So heißt es in Jenny Erpenbecks Roman „Heimsuchung“, in dem die Geschichte eines Hauses in der brandenburgischen Mark erzählt wird. In vielen ostdeutschen Wohnungen jedoch stand und klingelte lange Zeit nichts. Im Jahr 1983 fertigte die Staatliche Zentralverwaltung für Statistik der DDR eine interne Aufstellung an, in der sie die durchschnittliche Ausstattung von ost- und westdeutschen Haushalten miteinander verglich. Während in der Bundesrepublik 88 Prozent der Privathaushalte über ein Telefon verfügten, mussten die DDR-Statistiker:innen erkennen, dass es in ihrem Land gerade einmal 13 Prozent waren.[1] Bis 1989 sollte dieser Wert auf lediglich 17 Prozent steigen. Für westliche Beobachter:innen, die zur „Wendezeit“ erstmals einen ungetrübten Einblick in die Lebensverhältnisse des „anderen Deutschlands“ erhielten, war es demnach ziemlich überraschend, dass das Telefon im Osten keine alltägliche Normalität darstellte. So berichtet etwa der westdeutsche Fußballtrainer Uwe Reinders, der 1990 den Verein Hansa Rostock übernahm: „Nach dem ersten Training habe ich den Spielern meine Telefonnummer gegeben [...]. Als ich nach ihren Telefonnummern fragte, meldete sich Juri Schlünz und meinte, er habe kein Telefon. Als ich dann fragte, wer

1 Vgl. Staatliche Zentralverwaltung für Statistik, Ausstattung der Haushalte mit langlebigen Konsumgütern 1983. Vergleich DDR – BRD, BArch, DE 2/4496.

noch kein Telefon besäße, haben alle ihre Hand gehoben. Darauf wäre ich gar nicht erst gekommen.“[2]

Wie es kam, dass am Ende der DDR in nicht einmal jedem fünften Haushalt ein Telefon stand, soll im Folgenden beleuchtet werden. Neben den Auswirkungen der geringen Telefondichte auf das ostdeutsche Kommunikationsverhalten geht es insbesondere darum, wie sich gesellschaftliche Verhältnisse im Telefonbesitz widerspiegelten. Inwiefern galt das Telefon als Merkmal für soziale Ungleichheit? Diese Frage soll nicht allein für die Jahre vor der Wende beantwortet werden. Zugleich geht der Blick darüber hinaus, um zu erkunden, wie sich die ostdeutschen Telefonverhältnisse nach dem Umbruch entwickelten. Ebneten sich mit dem rasanten Ausbau des Telefonnetzes alte Ungleichheiten ein oder kamen gar neue hinzu?

Telefonieren in der DDR

Das Telefonwesen der DDR lag in der Verantwortung der Deutschen Post, die dem Ministerium für Post- und Fernmeldewesen untergeordnet war. Ökonomisch war die Deutsche Post in die zentrale Planwirtschaft eingegliedert. Jedoch ist im Vergleich zu den Industriesektoren den Bereichen Infrastruktur und Dienstleistungen in der DDR nur eine untergeordnete Priorität bei der wirtschaftlichen Ressourcenzuweisung eingeräumt worden – so auch dem Fernmeldewesen. Dies machte sich in mangelnder Ausstattung und ausbleibenden Modernisierungen bemerkbar. Im Jahr 1989 stammten über 40 Prozent der Telefonvermittlungstechnik aus den 1950er-Jahren, ein Fünftel sogar noch aus den 1920er- und 1930er-Jahren, was nicht nur einen immensen Instandhaltungsaufwand bedeutete. Der veraltete Technikstand hatte zudem eine schlechte Übertragungsqualität zur Folge, was sich in knisternden und knackenden Nebengeräuschen, Lautstärkeverlusten sowie Gesprächsunterbrechungen niederschlug. Demgemäß kam auch der DDR-Ministerrat 1988 intern zu dem Schluss, dass

2 Tim Jürgens, „Alle beim selben Friseur“, in: 11Freunde, 25. 4. 2011, www.11freunde.de/artikel/alle-beim-selben-friseur/575682 [21. 9. 2021].

eine „insgesamt unbefriedigende Versorgungslage bei der Bereitstellung von Fernsprechhauptanschlüssen“ herrsche.[3]

Die – verhältnismäßig wenigen – Telefonanschlüsse, über die die Bevölkerung 1989 verfügte, waren in 98 Prozent der Fälle Mehrfachanschlüsse. In aller Regel waren dies „Zweieranschlüsse“, wobei sich zwei Haushalte eine gemeinsame Leitung zur Ortsvermittlungsstelle teilten. Wesentlich seltener kamen „Viereranschlüsse“ und „Zeitgemeinschaftsanschlüsse“ vor, welche vorrangig für Betriebe und Geschäfte reserviert waren und nur außerhalb der üblichen Geschäftszeiten von den gekoppelten Privathaushalten genutzt werden durften. Zwar lief die Abrechnung der Teilnehmerhaushalte von solchen Mehrfachanschlüssen getrennt, aber telefonieren konnten sie weder gleichzeitig noch miteinander. Wollte man also den Nachbarhaushalt ärgern, ließ man den abgenommenen Telefonhörer einfach neben dem Gerät liegen und blockierte somit die Leitung. Besonders perfide Mitmenschen sollen gar versucht haben, den Apparat so zu manipulieren, dass der Nachbarhaushalt die eigene Telefonrechnung zahlte.

Doch die Mangelausstattung mit Telefonen zeitigte auch manch positiven Effekt innerhalb der Kommunikationskultur der DDR. Beispielsweise die Nachbarschaftshilfe: So ließen für gewöhnlich die wenigen Haushalte mit einem Telefonanschluss ihre Nachbarn und Nachbarinnen diesen für einzelne Telefongespräche mitbenutzen. Oft genug boten solche Kontakte Anlass für einen nachbarschaftlichen Plausch, wenn man beispielsweise bei der Nachbarsfamilie in der Wohnung saß und auf einen zuvor angemeldeten Anruf aus dem Westen wartete. Telefonische Besorgungen wurden auch am Arbeitsplatz erledigt. Angesichts des allgemeinen Telefonmangels wurden private Telefonate dort durchaus toleriert, mitunter aber für die korrekte innerbetriebliche Abrechnung gleichzeitig protokolliert. Neben den 1,1 Millionen Wohnungsanschlüssen existierten 1989 rund 40 000 öffentliche Sprechstellen in Postämtern oder als Münzfernsprecher. Als Ersatz für ein eigenes Telefon wurden diese rege genutzt.

3 Ministerrat, Beschluß zum Bericht über die Durchführung der Aufgabenstellung des XI. Parteitages der SED zur Einrichtung von mindestens 300 000 Fernsprechanschlüssen bis 1990, 5. 5. 1988, BArch, DC 20/I/3/2647.

Abb. 1: Wartende vor einem öffentlichen Telefon am Teutoburger Platz in Berlin, 1986. *Bundesstiftung Aufarbeitung, Ostkreuz, HH01419_01, Fotograf: Harald Hauswald*

Ein typisches Bild in der DDR waren die Warteschlangen vor Telefonzellen (vgl. Abb. 1). Wenn keine Schlange vor dem Telefonhäuschen stand, konnte das gut daran liegen, dass der Apparat kaputt war – ebenfalls nicht ganz untypisch.

In Filmen oder auch mit Fernsehsendungen wie „Portrait per Telefon", bei der die Zuschauer:innen die Möglichkeit hatten, prominenten Gästen im Studio live Fragen übers Telefon zu stellen, ist zwar medial ein Bild vermittelt worden, wonach das Telefon etwas Alltägliches sei. Jedoch gerade im Bereich der privaten Kommunikation hatte das Telefon wegen seiner geringen Verbreitung nur einen eingeschränkten Nutzwert. Auf den Punkt brachte dies der Teilnehmer einer späteren Studie zum „Kommunikativen Alltag in der DDR": „[M]it wem sollte ich denn telefonieren? Die hatten ja auch alle kein Telefon."[4] Insofern verwundert es nicht, dass andere postalische Kommunikationsformen, wie Briefe oder auch Inlandstelegramme,

4 Zitiert nach Christoph Gehrmann/Katharina Müller, (Nah)Sprechen – (Fern) Sehen: Kommunikativer Alltag in der DDR, Berlin 2006, S. 148.

einen hohen Stellenwert einnahmen. Weiterhin war es in der DDR aufgrund der fehlenden spontanen Ankündigungsmöglichkeiten durchaus Usus, Bekannte und Verwandte einfach auf gut Glück zu besuchen.

Ungleichheiten

Wollten sich allerdings Berliner:innen zu einem Treffen verabreden, war die Wahrscheinlichkeit größer, dass sie dies telefonisch tun konnten – schließlich herrschte in der Hauptstadt ein deutlich höherer Grad an privaten Telefonanschlüssen. Im Jahr 1981 verfügte mehr als jeder dritte Berliner Haushalt über ein Telefon, in den anderen DDR-Bezirken lediglich jeder zehnte. 1988 war es in Berlin jeder zweite und im Rest der DDR nicht einmal jeder siebte Haushalt. Zugleich existierten auch zwischen den Bezirken abseits von Berlin einige, jedoch merklich geringere Unterschiede (vgl. Abb. 2).

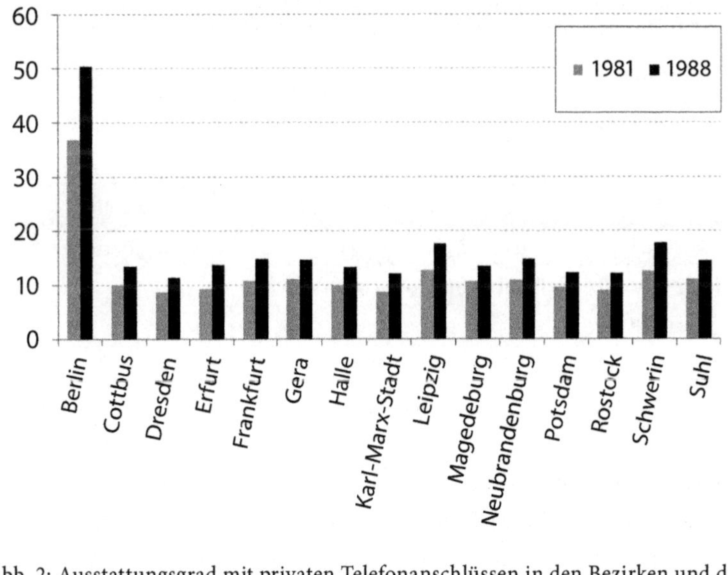

Abb. 2: Ausstattungsgrad mit privaten Telefonanschlüssen in den Bezirken und der Hauptstadt der DDR 1981 und 1988 (in Prozent).
Eigene Berechnung nach: Staatliche Zentralverwaltung für Statistik, Statistisches Jahrbuch, Berlin (Ost) 1982, S. 218 und 1989, S. 228, 285

Gleichwohl gab es auch innerhalb Ost-Berlins lokale Unterschiede, indem etwa in den – baulich vernachlässigten – Altbaugebieten Friedrichshain und Prenzlauer Berg sowie dem seinerzeit noch „luftigeren" Hellersdorf eine geringere Telefonausstattung vorherrschte als in den anderen Stadtbezirken. Von den Bewohnern und Bewohnerinnen des Neubauviertels Berlin-Marzahn, die 1980 in einer sozialwissenschaftlichen Erhebung befragt worden sind, besaßen überdurchschnittliche 42 Prozent ein Telefon. Die Telefonverkabelung von Neubaugebieten, noch dazu in der Hauptstadt der Republik, hatte absoluten Vorrang gegenüber ländlicheren Regionen. Zudem war insbesondere die Marzahner Wohnbevölkerung verhältnismäßig stark durch Angehörige staatlicher Einrichtungen geprägt. Um eine der begehrten Vollkomfortwohnungen mit Heizung und Bad/Dusche zugewiesen zu bekommen, konnte es neben dem Status als junge Familie mit Kindern nicht schaden, eine gewisse Staats- und Parteinähe aufzuweisen. Dennoch gab es im vergleichsweise privilegierten Marzahn soziale Ungleichheiten, wie sie auch anderswo in der DDR vorherrschten. Je höher das individuelle Einkommen der Befragten lag, umso größer war der durchschnittliche Ausstattungsgrad mit einem Telefon.

Tabelle 1: Ausstattungsgrad mit Telefonen (in Prozent)
nach einer Umfrage in Berlin-Marzahn 1980

	Telefon	
	ja	**nein**
individuelles Nettoeinkommen (monatlich)		
unter 600 Mark	30	70
600 bis unter 1200 Mark	44	56
ab 1200 Mark	79	21
Arbeitsbereich		
Industrie	37	63
staatliche/gesellschaftliche Einrichtung	55	44
insgesamt	**42**	**58**

Eigene Auswertung nach: Humboldt-Universität zu Berlin, Berlin-Marzahn 1980, in: GESIS Datenarchiv, ZA6426

Und Beschäftigte in der Industrie hatten im Arbeiter- und Bauernstaat statistisch gesehen seltener ein Telefon als Angehörige staatlicher und gesellschaftlicher Einrichtungen (vgl. Tab. 1).

Die berufliche Position war ein bestimmendes Merkmal bei der Telefonvergabe. Stellten Personen, die als gesellschaftlich oder politisch wichtig galten, einen Antrag auf ein Telefon, schrieb die Deutsche Post diesem eine größere Dringlichkeit zu. Somit hatten Staats- und Parteifunktionäre, Angehörige von Polizei, Armee und Staatssicherheit wie auch Ärzte und Ärztinnen und höher gestellte Beschäftigte der Volkswirtschaft bessere Chancen, einen Telefonanschluss bewilligt zu bekommen. Anhand des Telefonbesitzes wird deutlich, woraus sich eine materielle Privilegierung in der DDR speiste: die berufliche Position, das jeweilige Einkommensniveau, die offen sichtbare Loyalität zum Staat – diese sozialen Merkmale bildeten eine Gemengelage. Das aktive sozialistische Bekenntnis, das vor allem in einer SED-Mitgliedschaft zum Ausdruck kam, war nicht nur auf dem Weg zu einer höheren beruflichen Qualifikation von Vorteil, sondern konnte dann auch zum Erreichen und Sichern einer gut dotierten Tätigkeit beitragen. Eine gehobene berufliche Funktion, die im Übrigen häufiger Männern als Frauen vorbehalten blieb, vergrößerte wiederum die Chance auf einen Telefonanschluss. Dies insbesondere, wenn man als Teil des Staats- und Sicherheitsapparates eine dringende Notwendigkeit der eigenen telefonischen Erreichbarkeit geltend machte. Ferner konnten politische Kontakte und Beziehungen ganz unmittelbar zu einem Telefon verhelfen. So sind in der Wendezeit einige Fälle ruchbar geworden, in denen die Söhne von SED-Größen Zweitanschlüsse auf ihren Wochenendgrundstücken an allen Dringlichkeits- und Wartelisten vorbei erhalten hatten.[5]

Vor diesem Hintergrund verwundern die statistischen Zusammenhänge nicht, die eine im Jahr 1987 in drei DDR-Bezirken durchgeführte soziologische Erhebung hervorbringt. Insgesamt verfügten 19 Prozent der dort befragten Privathaushalte über ein Telefon. Während von den Haushalten ohne SED-Mitglied nur 13 Prozent einen Telefonanschluss hatten,

5 Vgl. Komitee der Arbeiter-und-Bauern-Inspektion, Bericht über die Ergebnisse der Kontrolle zur Vergabe von Fernsprechanschlüssen im Bereich der Bezirksdirektion Deutsche Post Berlin und in ausgewählten Kreisen angrenzender Bezirke, 15. 12. 1989, BArch, DC 14/2489.

war dies bei 30 Prozent der Haushalte mit mindestens einem SED-Mitglied der Fall.[6] In einer weiteren Umfrage, die 1988 hauptsächlich unter Arbeitern und Arbeiterinnen in Industriebetrieben stattfand, gaben lediglich 11 Prozent an, dass sie ein Telefon besitzen. 22 Prozent sagten aus, dass sie auch künftig keines haben möchten, wohingegen die große Mehrheit von 67 Prozent gerne ein Telefon haben wollte.[7] Der Wunsch innerhalb der „einfachen Bevölkerung" nach einem eigenen Anschluss war also sehr ausgeprägt.

Warten auf ein Telefon

Ende 1989 hatten sich rund 1,3 Millionen unerfüllte Telefonanträge aus der Bevölkerung angesammelt – wobei dies nicht den wirklichen Bedarf abbildete, da viele Bürger:innen wegen geringer Erfolgsaussichten erst gar keinen Antrag gestellt hatten. Die Wartezeit auf ein Telefon konnte in der DDR durchaus 10, 15 oder gar 20 Jahre betragen. Es gab aber auch die sehr seltenen Ausnahmen: Der Bürgerrechtler Stephan Krawczyk berichtet, dass in seinem Fall zwischen Antragstellung und Anschlusslegung nur 14 Tage vergangen seien. Die Staatssicherheit hatte die sich ihr bietende Möglichkeit zum Überwachen durch Telefonabhören eilig ergriffen.[8] Den weder „dissidentischen" noch politisch privilegierten Antragstellern und Antragstellerinnen blieb indes nicht viel anderes übrig, als einfach weiter zu warten, regelmäßig bei der zuständigen Postbehörde nachzufragen oder dem Wunsch nach einem Telefonanschluss auf dem Eingabeweg

6 Eigene Auswertung nach: Institut für marxistisch-leninistische Soziologie, Sozialstruktur und Lebensweise in den Städten und Dörfern 1987, in: GESIS Datenarchiv, ZA6336.

7 Eigene Auswertung nach: Institut für Soziologie und Sozialpolitik, Entwicklung der familialen Lebensweise beim Übergang zur umfassenden Intensivierung 1988, in: GESIS Datenarchiv, ZA6997.

8 Vgl. Stephan Krawczyk, Privileg, in: Joachim Kallinich/Sylvia de Pasquale (Hrsg.), Ein offenes Geheimnis. Post- und Telefonkontrolle in der DDR, 2. Aufl., Berlin 2003, S. 141–143. Zum hier nicht behandelten Abhörapparat siehe: Arno Polzin, Postkontrolle, Telefonüberwachung, Funkaufklärung, in: Daniela Münkel (Hrsg.), Staatssicherheit. Ein Lesebuch zur DDR-Geheimpolizei, Berlin 2015, S. 104–112.

Nachdruck zu verleihen. Für 1987 sind rund 34 000 Telefoneingaben an die Organe gezählt worden. In diesen brachten die Bürger:innen „in sehr kritischer Form ihren Unmut und ihr Unverständnis über die unzureichende Versorgung und die langen Wartezeiten“ zum Ausdruck, wie die Staatsführung intern einräumte.[9]

So bemerkte ein enttäuschter Bürger 1987 in seinem Eingabetext ganz unumwunden, dass er sich „durch die Arbeitsweise des Fernsprechamtes veralbert“ fühle.[10] Eine Bürgerin kommentierte mit satirischem Zungenschlag, „daß auch unsere Familie im 750. Jubiläumsjahr Berlins ein persönliches Jubiläum begeht, nämlich das 10-jährige Warten auf die Umverlegung unseres Fernsprechanschlusses“. Sehr oft machten die Eingabenschreiber:innen gesundheitliche Beeinträchtigungen oder eine Pflegebedürftigkeit ihrer Familienmitglieder geltend, um die Notwendigkeit eines Telefonschlusses zu unterstreichen. Daneben verstanden sie das Spiel auf der terminologischen Klaviatur des Sozialismus, wenn sie – nicht zuletzt unter Vorlage von Dringlichkeitsbescheinigungen ihres Betriebs oder einer öffentlichen Einrichtung – den gesellschaftlichen und volkswirtschaftlichen Nutzen eines privaten Anschlusses untermauerten. Oder sie packten den SED-Staat bei seinen eigenen Beschlüssen, indem sie etwa darauf hinwiesen, dass „der Genosse Erich Honecker [...] auf dem 11. Parteitag die Steigerung und Verbesserung der Dienstleistungen für die Bevölkerung angekündigt [hat]. Das gleiche versprach er schon auf dem 10. Parteitag.“ Dem standen in den Eingaben mitunter Schilderungen des schwierigen Alltagslebens ohne eigenes Telefon gegenüber, dass man nach „eine[m] Rundlauf von einigen Kilometern [...] nur streikende Münzfernsprecher vorfindet“. Wie unangenehm es sei, regelmäßig die telefonbesitzenden Nachbarn zu belästigen, denn „die können doch auf die Dauer keine Telefonzelle sein“. Oder dass man sich einfach ärgere, „wenn im Fernsehen Sendungen kommen mit der Aufforderung: ‚Rufen Sie mal an!‘“

Während einige Eingaben durchaus zu einer erfolgreichen Neuprüfung des Antrags führten, kam in der Mehrzahl der Fälle als typische Antwort des

9 Ministerrat, Beschluß zum Bericht.

10 Die folgenden Eingabenbeispiele entstammen den Akten BArch, DM 3/35164 und DM 3/35165.

Postministeriums, dass „weder freie Leitungen noch Anschlußnummern vorhanden“ seien. Oftmals wurde der Hinweis angefügt, wonach „die Neueinrichtung von Fernsprechanschlüssen nur möglich [ist], wenn in Ihrem Versorgungsbereich vermittlungstechnische Kapazitäten durch Kündigung bestehender Anschlüsse frei werden“. Die Knappheit der zu vergebenden Anschlüsse ließ die Haushalte zu Konkurrent:innen werden, die sich mitunter gegenseitig beäugten. In ihren Eingaben vermeldeten die Antragsteller:innen bisweilen sehr konkret, wenn in der Nachbarschaft Anschlüsse frei geworden waren. Gleichzeitig konnten sie benennen, „daß in der Zeit seit der Antragstellung im Wohngebiet mehrere Anschlüsse eingerichtet wurden“. Dies kritisierten sie insbesondere dann, wenn andere Haushalte mit einer vermeintlich geringeren Dringlichkeit oder einer kürzeren Wartezeit den ersehnten Anschluss bereits erhalten hatten. Auf diese Weise wurde die Wahrnehmung der materiellen Ungleichheiten zwischen den Menschen nicht nur einfach verstärkt, sondern auch bis hin zu Neid und Missgunst angefacht. Dies war gerade dann der Fall, wenn der eigene Nachteil mit dem Vorteil der anderen direkt in Beziehung gebracht werden konnte.

Neue Verfügbarkeiten, neue Ungleichheiten

Die Praxis des Eingabenschreibens hielt auch nach dem Mauerfall bis ins Jahr 1990 an. Nun wurde weit weniger verklausuliert die Vergabepolitik beklagt, mit der „ältere Wohngebiete […] und da wiederum bestimmte Bevölkerungsgruppen“ bisher ausgegrenzt worden seien.[11] Dass jetzt mit dem Umbruch die Verbesserung des Telefonwesens besonders dringlich war, dieser Meinung war die übergroße Mehrheit der Noch-DDR-Bürger:innen, nämlich 88 Prozent in einer Umfrage aus dem April 1990.[12] Nach ersten Sofortmaßnahmen, die die Bundesrepublik bereits 1989 finanziert hatte, wurde im Mai 1990 das Infrastrukturprogramm „Telekom 2000“ verabschiedet. Die Deutsche Bundespost Telekom und die Deutsche Post

11 Eingabe in: BArch, DC 14/2490.

12 Eigene Auswertung nach: Concret, Veränderungen territorialer Lebensbedingungen 1990, in: GESIS Datenarchiv, ZA6416.

der DDR entwickelten in diesem Rahmen das Konzept zum Ausbau des ostdeutschen Telefonnetzes. Dabei wurden zunächst Ballungsräume und Wirtschaftszentren mit neuen Telefonleitungen erschlossen, während ländliche Regionen vorerst hintenanstanden. Zugleich wurden Geschäftskunden bevorzugt, um die Wirtschaft anzukurbeln. Diese unterschiedlichen Geschwindigkeiten des Aufbauprogramms führten in den ersten Jahren nach dem Ende der DDR zu einigen Ungleichheiten: So hatten etwa die einkommensstärkeren Haushalte, die häufiger in den erstversorgten urbanen Zentren beheimatet waren, eine höhere Telefonausstattung. Oder es verfügten Haushalte von Selbstständigen im Durchschnitt öfter über einen Telefonanschluss als andere soziale Gruppen. Daneben hatte bis 1993 das berlinnahe Land Brandenburg stärker vom Netzaufbau profitiert als die anderen ostdeutschen Bundesländer (vgl. Tab. 2). Mitunter führte es auch zu Unmut über die Telekom, wenn die Bürger:innen das Gefühl hatten, es dauere zu lange mit der Realisierung ihres Antrags (der nun in der Marktwirtschaft eigentlich kein Antrag mehr war, sondern ein Auftrag). Doch spätestens mit dem Abschluss des Aufbauprogramms 1997 waren so gut wie alle „Auftraggeber:innen" mit einem Telefon versorgt. Mit einem Investitionsvolumen von 50 Milliarden D-Mark hatte die Telekom in Ostdeutschland eines der weltweit modernsten Telefonnetze mit vollends digitalen Vermittlungssystemen geschaffen. Zudem hatte bereits der Mobilfunkausbau Gestalt angenommen.

Im Jahr 1998 herrschte mit 96 Prozent praktisch Vollausstattung der ostdeutschen Haushalte mit Telefonen. Sämtliche Ungleichheiten zwischen Einkommens- und sozialen Gruppen sowie zwischen den Bundesländern hatten sich damit nahezu aufgelöst (vgl. Tab. 2). Doch obwohl das zuvor nur wenig verbreitete Telefon plötzlich in fast jedem Haushalt stand, musste der Umgang damit nicht erlernt oder eingeübt werden, was bei anderen neuen technischen Gütern wie dem Heimcomputer oder der Mikrowelle in aller Regel der Fall war.[13] Die Ostdeutschen waren schließlich bereits „telefonsozialisiert" durch die zwar wenigen, aber durchaus vorhandenen Nutzungsmöglichkeiten auf der Arbeit oder in der Nachbarschaft.

13 Siehe dazu auch die „Mikrowellenepisode" bei Clemens Meyer, Als wir träumten, 4. Aufl., Frankfurt a. M. 2007, S. 56–66.

Gleichwohl brachte die massive Verbreitung des Telefons eine Veränderung der gesellschaftlichen Kommunikationskultur mit sich. Der Austausch mit Familienmitgliedern, Freund:innen und Bekannten erhöhte sich dank der neuen Möglichkeiten.

Tabelle 2: Ausstattungsgrad mit Telekommunikationsgeräten (in Prozent) nach Haushaltstypen in Ostdeutschland

	Telefon insgesamt		Anrufbeantworter	Mobiltelefon	Internet	ISDN
	1993	1998	1998			
Einkommensgruppe (monatliches Pro-Kopf-Einkommen)						
unterstes Fünftel	40	93	31	8	5	2
unteres Fünftel	46	96	30	9	4	2
mittleres Fünftel	52	97	27	9	4	2
oberes Fünftel	55	97	34	10	5	3
oberstes Fünftel	69	98	41	16	9	6
Soziale Stellung des Haushaltsvorstands						
Selbstständige:r	78	100	68	45	24	21
Angestellte:r	61	97	43	14	8	4
Arbeiter:in	43	95	35	11	3	2
Arbeitslose:r	42	94	35	7	5	3
Rentner:in	57	96	16	3	1	1
Bundesland						
Ost-Berlin	63	98	57	12	8	4
Brandenburg	71	98	35	11	6	3
Mecklenburg-V.	52	95	30	10	4	2
Sachsen	46	95	28	10	5	3
Sachsen-Anhalt	44	96	31	10	5	2
Thüringen	48	96	29	10	5	4
insgesamt	**52**	**96**	**33**	**10**	**5**	**3**

Eigene Auswertung nach: Einkommens- und Verbrauchsstichprobe 1993 und 1998, in: Forschungsdatenzentrum des Statistischen Bundesamts

Weil sich aufgrund berufsbedingter Umzüge die sozialen Netzwerke mehr verstreuten, war das Telefon auch umso nötiger, den Kontakt zu halten. Daneben brachte es nicht nur Alltagserleichterungen; für arbeitslos gewordene Ostdeutsche wurde es zu einem notwendigen Kommunikationsmittel bei der Stellensuche. Ferner ging das Briefeschreiben ebenso zurück wie die in der DDR üblichen Spontanbesuche. Nun wurde sich auf telefonischem Wege verabredet.

Mit dem Wandel des Telefons „vom raren Luxusgut zum selbstverständlichen Gebrauchsgegenstand“[14] verschwand die größte und „harte“ Ungleichheit zwischen jenen Haushalten, die über einen Anschluss verfügten, und jenen, die dies nicht taten. Doch ähnlich wie aus vormaligen PKW-Besitzer:innen und -Nichtbesitzer:innen nun Mercedes- oder Opel-Fahrer:innen geworden waren, ließen sich bei der Telekommunikation ebenfalls neue, feinere Ungleichheiten beobachten. Wenngleich weicher ausgeprägt, waren auch nach der Wende die Telefonverhältnisse noch ein Marker für soziale Ungleichheit. Einkommensstärkere Haushalte besaßen zum Beispiel öfter einen Anrufbeantworter oder ein Mobiltelefon als einkommensschwache Haushalte. Dem lagen allerdings nicht immer die Finanzkraft oder ein zur Schau getragenes Abgrenzungsbestreben zugrunde. Ebenfalls spielten individuelle Nutzenaspekte eine Rolle: wenn etwa ein Selbstständiger zur Abwicklung seines Geschäfts einen Internetzugang oder einen leistungsfähigen ISDN-Anschluss hatte, worauf eine Rentnerin (noch) weitgehend verzichten konnte (vgl. Tab. 2). Indem sich diese neuen Ungleichheiten auch aus regional verschiedenen Möglichkeiten des Netzzugangs ergaben, können sie zugleich als Vorboten heutiger telekommunikativer Differenzen in Ostdeutschland gelten. Zu denken ist hierbei an die Unterschiede bei der Funkabdeckung oder dem Breitbandausbau zwischen Städten und ländlichen Gebieten.

14 Ralph Jessen, Telekommunikation in der Wiedervereinigung – Historische Voraussetzungen und politische Rahmenbedingungen, in: Klaus Kinkel (Hrsg.), Grenzenlose Lei(s)tung – Die deutsche Einheit und der Einsatz der Telekom beim „Aufbau Ost“, München 2014, S. 15–29, hier S. 15.

HELENA GAND

„Auferstanden aus Ruinen und Europa zugewandt"

Zuschriften an Politikerinnen und Politiker zur Hymnenfrage 1990

Ironie der Geschichte? Am 3. Oktober, dem von der DDR-Volkskammer festgelegten Tag der Deutschen Einheit, feierte 149 Jahre zuvor ein Lied seine Uraufführung: Das „Lied der Deutschen" von August Heinrich Hoffmann von Fallersleben erklang erstmals über dem Jungfernstieg in Hamburg. Das Lied hatte seither eine wechselvolle und umkämpfte Geschichte als Nationalhymne der Deutschen. Umstritten blieb es auch 150 Jahre später, als die Hymnenfrage nach dem Umbruch in der DDR 1989/90 im Vereinigungsprozess erneut aufkam: Welches Lied konnte ein vereinigtes Deutschland repräsentieren? Welches gleichsam nach innen integrierend wirken?

Diese Fragen stellten sich nicht nur Politikerinnen und Politiker. Die Diskussion darüber wurde auch in beiden Teilen Deutschlands in der Gesellschaft geführt. Im folgenden Beitrag werden Briefe aus der DDR, der Bundesrepublik und dem vereinigten Deutschland exemplarisch betrachtet, die sich mit der Hymnenfrage 1990 auseinandersetzen.[1] Die untersuchten Briefe waren an den Ministerpräsidenten der DDR Lothar de Maizière, an die Präsidentin der Volkskammer Sabine Bergmann-Pohl, an den ehemaligen Bundeskanzler Willy Brandt und an Bundespräsident Richard von Weizsäcker gerichtet und allesamt im Laufe des Jahres 1990 verfasst. Allen

1 Die hier exemplarisch betrachteten Briefe stammen aus einer breiteren Recherche von mehreren hundert Briefen aus der Umbruchzeit 1989/90, die sich mit Fragen der nationalen Entwicklung Deutschlands auseinandersetzen.

Briefen gemeinsam ist, dass sie auf Veränderung pochten und sich für die Lossagung von der alten bundesrepublikanischen Hymne aussprachen.

In zahlreichen Zuschriften an Politiker und Politikerinnen wurde nach dem Mauerfall ein teilweise überaus kreativer Prozess der Bevölkerung sichtbar, der den Wunsch nach politischer Teilhabe und Gestaltung der Einheit ausdrückte.[2] Darin formulierten die Bürgerinnen und Bürger ihre Hoffnungen und machten Vorschläge für ein konkretes Zukunftshandeln. Die Briefschreibenden bildeten eine breite Masse der Bevölkerung ab mit unterschiedlichem sozialen Status. Das Mittel des Briefschreibens war gerade für Menschen, die aufgrund beispielsweise fehlender formaler Bildung von sonstiger Teilhabe ausgeschlossen waren, ein bewährtes Mittel, sich in den politischen Prozess einzubringen. Zudem war die Schreibpraxis in der DDR durch die Tradition des Eingabewesens bereits geübt.[3] Auch wenn sich die Schreibenden mehrheitlich selbstkritisch eingestanden, nur über „amateurpolitisch[e] Einsicht[en]“[4] zu verfügen, oder Angst davor hatten, sich mit ihren Schreiben zu „blamieren“[5], nutzten dennoch viele diesen direkten Weg zur politischen Führungsebene. Der Wunsch, „Argumentationsunterstützung“[6] zu liefern oder auch Missfallen auszudrücken, zeugte von der Hoffnung auf politische Partizipation und Selbstwirksamkeit.

Tatsächlich erreichten die Politiker:innen in der Bundesrepublik und der DDR je nach Popularität und Zuständigkeit in der Regel monatlich mehrere hundert Briefe. Dennoch ergeben sich aus den heute archivierten Zuschriften an die Politiker:innen aus Ost und West keine repräsentativen Aussagen. Als qualitativer Eindruck zeigen sie jedoch auf, welche Überzeugungen in ihrer Vielfalt kursierten und dass ein Austausch über

2 Vgl. zur Bedeutung des Bürger:innenbriefes Michaela Fenske, Schreiben als Praxis der Selbst-Beheimatung. Briefe aus der Bevölkerung an Politiker und politische Institutionen nach 1950, in: BIOS 27 (2014) 1–2, S. 125–138, hier S. 127.

3 Vgl. Frank Mühlberg, Bürger, Bitten und Behörden. Geschichte der Eingabe in der DDR, Berlin 2004; Siegfried Suckut (Hrsg.), Volkes Stimme. „Ehrlich, aber deutlich“ – Privatbriefe an die DDR-Regierung, München 2016.

4 Brief aus der DDR an Willy Brandt, 11. 3. 1990, FES, WBA A 10.1, 174, Bl. 199.

5 Brief aus der DDR an Sabine Bergmann-Pohl, 27. 8. 1990, BArch, DA 1/17583.

6 Brief aus der Bundesrepublik an Lothar de Maizière, 3. 8. 1990, BArch, DA 1/17583.

die Staatssymbole im Vereinigungsprozess auch für die Gesellschaft von Bedeutung war. Um die Argumente der Schreibenden nachvollziehen zu können, ist zunächst ein kurzer Abriss über die Geschichte der Hymne grundlegend.

Die wechselvolle Hymnengeschichte der Deutschen

Als 1841 das Deutschlandlied erstmals öffentlich gesungen wurde, drückten die Zeilen „Deutschland, Deutschland über alles" noch eine „politisch-romantische Sehnsucht" aus, die mit der Hoffnung verbunden war, die Zerrissenheit der deutschen Länder zu überwinden.[7] Spätestens mit dem Mythos von Langemarck im Ersten Weltkrieg änderte sich die Interpretation des Liedes, als Truppen des deutschen Heeres unter dem Gesang jenes Textes französische Truppen erfolglos angriffen. Seitdem wurde das Lied zur Melodie des Komponisten Joseph Haydn vor allem im Lager der Deutschnationalen und Völkischen beliebt. Um einer Vereinnahmung durch die Rechten entgegenzuwirken, erklärte Reichspräsident Friedrich Ebert (SPD) das Lied 1922 zur deutschen Nationalhymne. Im Nationalsozialismus wurde es im Verbund mit dem Kampflied der SA, dem Horst-Wessel-Lied, zur Doppelhymne des Deutschen Reichs und verkörperte nun primär den Expansionsgedanken der NS-Ideologie.

Nach dem Zweiten Weltkrieg untersagten die Alliierten vorerst das öffentliche Singen des Liedes in der US-amerikanischen Besatzungszone. Es war Bundeskanzler Konrad Adenauer selbst, der in der Bundesrepublik einen „Hymnenstreit" anzettelte, um dem „Lied der Deutschen" zu einem demokratischen Charakter zu verhelfen. Am 6. Mai 1952 wurde das „Lied der Deutschen" erneut zur Nationalhymne der Bundesrepublik erklärt, nun aber reduziert auf die dritte Strophe „Einigkeit und Recht und Freiheit".

7 Vgl. hier und im Folgenden für die Ausführungen zur Geschichte des „Lieds der Deutschen" Peter Reichel, Glanz und Elend deutscher Selbstdarstellung. Nationalsymbole in Reich und Republik, Göttingen 2012, S. 73 ff.; für die Geschichte der DDR-Hymne Heike Amos, Auferstanden aus Ruinen … Die Nationalhymne der DDR 1949 bis 1990, Berlin 1997.

Abb. 1: Der Transformationsprozess, der mit dem Umbruch in der DDR 1989 einsetzte, brachte auch eine symbolpolitische Ebene mit sich. Staatssymbole der DDR wurden in der Folge demontiert.
Bundesstiftung Aufarbeitung, 001-A027-2017, Fotograf: Günter Bersch

In der DDR indes wurde kurz nach ihrer Gründung im Oktober 1949 die Schöpfung einer neuen Hymne beauftragt. Der Dichter Johannes R. Becher und der Komponist Hanns Eisler verfassten eine „Friedenshymne", die mit den Worten „Auferstanden aus Ruinen" begann und ein „einig Vaterland" beschwor. Das volkstümliche Lied wurde in der DDR schnell populär, doch politisch avancierte es zu einem Problem. Die im Text besungene Einigkeit Deutschlands passte nicht mehr zum nationalen Selbstverständnis der DDR und wurde zugunsten der Propaganda für eine sozialistische Nation aufgegeben. Die DDR-Hymne durfte fortan nur noch in einer instrumentalen Fassung gespielt werden, um die unliebsame Zeile „Deutschland einig Vaterland" aus der Erinnerung zu tilgen.

Im Vereinigungsprozess 1989/90 war die Frage der Nationalhymne zunächst wieder offen. Die politischen Vertreter:innen der DDR forderten in den Verhandlungen zum deutsch-deutschen Einigungsvertrag, das „Lied der Deutschen" zumindest um eine neue Strophe aus der Becher-

Eisler-Hymne zu erweitern. Auch die Vorschläge einer Verbindung beider Hymnen oder einer gänzlichen Neukomposition wurden diskutiert. Ein erneuter Hymnenstreit 1990 blieb jedoch vermutlich auch deswegen aus, da nach dem Umbruch in der DDR viele drängendere Fragen, beispielsweise der Sozial- und Wirtschaftspolitik, geklärt werden mussten. Dennoch war die symbolpolitische Diskussion mehr als eine Randnotiz der Auseinandersetzungen im Transformationsprozess. Sie fand im Plenarsaal und in der Presse statt, und sie war Thema in der Gesellschaft. Insbesondere die untersuchten Briefe zeugen von einer regen Erwartungshaltung an die Einheit auch auf symbolpolitischer Ebene.

Gegen den Nationalismus – die Erinnerung an den Nationalsozialismus

In den untersuchten Zuschriften zeigte sich die symbolpolitische Kraft der Hymnenfrage unter anderem in einer spürbaren Vorsicht vor dem Nationalen und dem Umgang mit der Erinnerung an Hitler-Deutschland. Im Juli 1990, kurz nach der vollzogenen Währungs-, Wirtschafts- und Sozialunion und wenige Monate vor der offiziellen Wiedervereinigung, wandte sich beispielsweise ein Bürger aus Rheinland-Pfalz in einem Brief an den Bundespräsidenten Richard von Weizsäcker, um ihm seine Gedanken zur künftigen Nationalhymne mitzuteilen. Als Vertriebener aus dem heutigen Polen und Kriegsbeschädigter habe er den Wunsch, „gleichzeitig mit der Vereinigung der beiden deutschen Staaten […] eine andere Hymne mit anderem Text und anderer Melodie“ einzuführen. Denn abschreckend sei – so der Absender – „allein der Klang des Deutschlandliedes[, der] bei vielen Millionen der Opfer des Nationalsozialismus in aller Welt depressive Gefühle auslöst“. Zudem bestehe das „Nationalbewußtsein der Deutschen“ heutzutage in „wesentlich geringerem Maße“, als es das Lied der Deutschen rechtfertigen würde. Seine persönliche „Abneigung“[8] gegen das Haydn-Hoffmann-Lied steht als Beispiel dafür, dass 45 Jahre nach

8 Brief aus der Bundesrepublik an Richard von Weizsäcker, 23.7.1990, BArch, DA 1/17583.

Kriegsende die Erinnerungen an das nach Expansion strebende „Deutschland, Deutschland über alles“ bei Weitem nicht vergessen waren. Vor allem Briefschreibende der Kriegsgeneration bezogen sich oftmals auf die erschütternden Erfahrungen im Krieg und sprachen sich für einen sensibleren Umgang im Hinblick auf das nationale Selbstverständnis aus. Der Brief zeigt, dass mit dem Umbruch in Deutschland ein verantwortungsvoller Umgang mit der NS-Vergangenheit auch bezogen auf die symbolpolitische Ebene in Form der Hymne eingefordert wurde.

In einem Schreiben aus dem sächsischen Glauchau vom 23. August 1990 an die Präsidentin der ersten freien Volkskammer der DDR, Sabine Bergmann-Pohl, sprach sich der Absender für die „Absagung jeglicher Deutschtümelei“ aus und schlug stattdessen einen neuen Text des Deutschlandliedes vor, den er selbst folgendermaßen formulierte: „Von der Oder bis zum Rheine / von den Alpen bis zur See / singt, daß Friede uns vereine / für ein Deutschland Wohl und Weh“.[9] Statt einer Beteuerung des Kampfwillens sollten der Frieden und die kleindeutsche Lösung besungen werden. Damit wollte der Verfasser einen deutlichen Trennstrich zu jeglichen Expansionsbestrebungen der Vergangenheit ziehen. Er selbst hatte sich 1940 zum Kriegsdienst gemeldet. Seine Erfahrungen dort befeuerten seine nunmehr pazifistische Motivation. Den Pazifismus als nationalen Wert der Hymne einzuschreiben, sollte diesem Streben auch künftig mehr Ausdruck verleihen.

Die Angst vor einem neuerlichen Nationalismus kam nicht von ungefähr. Zum einen wurde sie durch Stimmen aus dem Ausland befeuert, denn international wurde ein sich vereinigendes Deutschland mit einer gewissen Skepsis aufgrund der Erinnerungen an den Zweiten Weltkrieg beäugt. Briefschreibende mahnten deshalb zur Vorsicht vor der internationalen Wirkung eines neuen deutschen Nationalismus. Der Text der neuen Hymne solle – so ein Bürger aus Heiligenstadt an Lothar de Maizière – „auf keinen Fall unsere europäischen Nachbarn beängstigen im Sinne ‚Deutschland über alles‘“.[10] Zum anderen hatte sich im gesamten Deutschland spätestens seit den 1980er-Jahren eine Zunahme von Rassismus und rechtsextremem

9 Brief aus der DDR an Sabine Bergmann-Pohl, 23. 8. 1990, BArch, DA 1/17583.

10 Brief aus der DDR an Lothar de Maizière, 9. 10. 1990, BArch, B 135/189, Bl. 15.

Gedankengut gezeigt, die Befürchtungen vor rechten Gewaltexzessen bei Briefschreibenden aufkommen ließen. Ein Deutschland zu besingen, das die Erinnerung an den übersteigerten Nationalismus der Deutschen wachhielt, war deshalb für einige der Briefschreibenden inakzeptabel. Motiviert meist aus dem eigenen biografischen Hintergrund, wollten sie solchen Entwicklungen entgegenwirken.

Ein „politische[s] Kabarettstück", wie es der Autor selbst betitelte, eingesendet aus Freiburg im Breisgau zum Jahresende 1990 und adressiert an Lothar de Maizière, zeigte diese Abneigung gegenüber jeglichem Nationalismus in zugespitzter Form. In bewusst satirischem Ton sprach sich der Autor „gegen alle Hymnen dieser Welt und den Mißbrauch des Nationalismus" aus. Sein Entwurf der „Pseudonationalen", angelehnt an das sozialistische Kampflied „Die Internationale", rechnete mit dem Glauben an einen positiven Nationalismus ab. „Es rettet uns kein höherer Besen, kein Gott, kein Caesar noch Taifun" dichtete der Verfasser. Er forderte die „Völker" zum „Rückzugs-Gefecht" und Lothar de Maizière zu Tatendrang auf, die bevorstehenden politischen Herausforderungen anzugehen.[11]

Die hier angeführten Briefe zeugen davon, dass die Schreibenden das neue Deutschland auch daran maßen, wie es sich mit der NS-Vergangenheit auseinandersetzte. Zugleich zeigt sich auch, dass sich etwas Neues im Selbstverständnis der Nation entwickelt hatte und sich darin – neben dem Umgang mit der Vergangenheit – auch ein Wunsch an die Zukunft verband: an ein demokratisches Deutschland mit gemäßigtem Nationalismus.

Für den Frieden – die Erwartungen an Europa

Die Betonung der Friedfertigkeit und einer Politik der internationalen Gemeinschaftlichkeit war den Briefschreibenden aus der Bundesrepublik und der DDR bei der Frage nach der Gestaltung einer neuen Hymne ebenfalls wichtig. Es ginge dabei, so die Absender:innen, um die Wirkung im Ausland und zugleich um die Überwindung der Spaltung Europas. „Es stände

11 Brief aus der Bundesrepublik an Lothar de Maizière, 27.12.1990, BArch, B 135/189, Bl. 72.

den Deutschen gut zu Gesicht, wenn sie eine Hymne wählten, die geeignet wäre, die Hymne der Vereinigten Staaten von Europa zu werden“[12] – so das Fazit eines Bundesbürgers an Lothar de Maizière. Von Deutschland solle „auch ueber den Text seiner Hymne ein Zeichen gesetzt werden“, plädierte ein Bürger aus Hamburg, der beide deutschen Hymnen vereinen wollte. Seine Version eines neuen Deutschlandliedes endet mit der Zeile: „Fuer Europa, fuer die Menschen, für die Schoepfung tretet ein, dass der Friede über alle strahle.“[13] Eine Bundesbürgerin schlug dem DDR-Ministerpräsidenten einen neuen Text für die Haydn-Hoffmann-Hymne vor:

> „Einigkeit und Recht und Freiheit nicht nur für das eigne Land
> Recht auf Leben stets in Frieden Euren Nachbarn reicht die Hand
> Anstatt all der Todeswaffen laßt uns Haus und Nahrung schaffen
> für die Ärmsten dieser Erde, daß die Menschheit glücklich werde
> Achtung vor des Andren Leben wird den Menschen Würde geben.“[14]

Die Intention dieser Textvorschläge, die sich für Internationalisierung und Pazifismus aussprachen, spielte auf den Beginn einer neuen Ära an. Mit dem Ende des Kalten Kriegs, der eine über 40-jährige Weltaufteilung in antagonistisch gegenüberstehenden Blöcken und ein andauerndes Gefahrenpotenzial mit sich gebracht hatte, verbanden sich der Wunsch einer neuen Weltordnung und die Möglichkeit einer friedlichen Zukunft. Endlich konnten die über Jahrzehnte hinweg konträren und konkurrierenden Gesellschaftsordnungen überwunden werden. Und die Wiedervereinigung Deutschlands konnte zu einem Kernelement der europäischen Friedensordnung werden und dies zu einem Bedeutungsverlust der Grenzen in Europa führen, so die Hoffnungen in den Briefen. Im besten Fall sollte – so das Credo in diesen Briefen – eine friedliche Zukunft der Europäischen Gemeinschaft, in der das Nationale zurücktrat, möglich werden.

12 Brief aus der Bundesrepublik an Lothar de Maizière, 23. 7. 1990, BArch, DA 1/17583.

13 Brief aus der Bundesrepublik an Lothar de Maizière, 9. 10. 1990, BArch, B 135/189, Bl. 15.

14 Brief aus der Bundesrepublik an Lothar de Maizière, 20. 7. 1990, BArch, B 135/194, Bl. 52 f.

Für das Zusammenwachsen – Neudefinition der deutschen Nation

Schließlich verbanden Bürgerinnen und Bürger mit der Gestaltung der Nationalhymne die Hoffnung, auch die beiden Teilgesellschaften aus Ost- und Westdeutschland zusammenzubringen und eine symbolische Geste der Gemeinsamkeit zu schaffen. Sie forderten, dass für das Zusammenwachsen beider Teile Deutschlands auch vonseiten der Bundesrepublik einige Anpassungsleistungen nötig seien, die sich unter anderem in der Staatssymbolik zeigen sollten, darüber hinaus aber auszubauen seien:

> „Die Veränderungen in der Welt müssen auch manchmal einen Wandel der staatlichen Symbolik nach sich ziehen. Aber gerade Ihre Parteifreunde [in der CDU – Anm. d. Verf.] in Bonn haben die starke Tendenz, die Vereinigung als Einverleibung der DDR in eine BRD zu betreiben, an der wegen ihrer Erfolgsstory und aus grundsätzlicher konservativer Neigung zur Bewahrung des status quo möglichst nichts verändert werden soll. Es geht ja natürlich nicht nur um Name und Hymne."

So führte dies zum Beispiel ein Bürger aus Baden-Württemberg an Lothar de Maizière im August 1990 aus. Neben den hier anklingenden ersten Enttäuschungen hinsichtlich der Verständigung zwischen den Deutschen in Ost und West über einen respektvollen Umgang im Vereinigungsprozess deuteten sich in seinen folgenden Worten auch Hoffnungen an: Er plädierte dafür, die einmalige Chance des Neuanfangs zu nutzen, um auch Reformschritte für die alte Bundesrepublik anzugehen. Für die in der Hymne zu besingenden Werte schlug er „Liebe und Leben" vor, da sie weltweit nicht ideologisch aufgeladen seien und zugleich die höchsten Güter der Menschheit darstellten. Eine so gestaltete Hymne könne dem Autor zufolge dazu beitragen, dass die „Nation nicht als Trauergemeinde akzentuier[t]" werden müsse.[15]

Neben der Reformierung der bundesrepublikanischen Staatssymbole sei es – so ein anderer Briefschreiber aus der Bundesrepublik an Lothar de

15 Brief aus der Bundesrepublik an Lothar de Maizière, 3. 8. 1990, BArch, DA 1/17583.

Maizière – bedeutsam, auch „Identität und bleibende Werte der DDR“ zu erhalten. Sein Vorschlag lautete daher:

> „Geschichte und Wuensche fuer Bleibendes sollten ebenfalls zum Ausdruck kommen. Somit liegt es nahe, sowohl Worte von Johannes R. Becher wie auch von Hoffmann v. Fallersleben zu beruecksichtigen.“[16]

Das Bewusstsein für die Unterschiede zwischen Ost- und Westdeutschen und für deren Wertschätzung war folglich auch in der bundesrepublikanischen Bevölkerung vorhanden. Rücksicht auf das Selbstgefühl der DDR-Bürgerinnen und -Bürger zu nehmen und auch ihre Werte anzuerkennen und dies nicht allein als großzügige Geste der mächtigeren Bundesrepublik zu verstehen, war den Briefschreibenden für ein gelingendes Zusammenwachsen wichtig.

Das Ende der Hymnenfrage – die Entscheidung auf politischer Ebene

Doch wurde diese Haltung zu einer gemeinschaftsstiftenden Symbolpolitik von einem Gros der Bonner Politiker:innen nicht geteilt. Wie die Entscheidung durch die oberste politische Ebene zeigt, blieb der Vereinigungsprozess in der Hymnenfrage von einer Machtasymmetrie gekennzeichnet: Während der Berliner Kundgebung am 3. Oktober 1990 erklang zu den Feierlichkeiten des Tags der Deutschen Einheit die dritte Strophe des Deutschlandliedes. Damit war die Hymnenfrage quasi beantwortet.[17]

Offiziell beendeten Bundespräsident Richard von Weizsäcker und Bundeskanzler Helmut Kohl die Frage über die Nationalhymne im August ein Jahr später, in einem Briefwechsel untereinander: „Der Wille der Deutschen Einheit in freier Selbstbestimmung ist die zentrale Aussage der 3. Strophe des Deutschlandliedes. Deshalb stimme ich Ihnen namens der Bundesregierung zu, daß sie Nationalhymne der Bundesrepublik

16 Brief aus der Bundesrepublik an Lothar de Maizière, 9. 10. 1990, BArch, B 135/189, Bl. 15.

17 Vgl. Amos, Auferstanden, S. 168, die von einer „Vorentscheidung“ spricht.

Abb. 2: Zum Festakt des Tages der Deutschen Einheit am 3. Oktober 1990 wurde das Deutschlandlied in der Berliner Philharmonie gespielt.
Bundesarchiv, Bild 183-1990-1003-415, Fotograf: Peter Grimm

Deutschland ist", lautete die Antwort des Bundeskanzlers in einem Brief auf den Vorschlag des Bundespräsidenten.[18] Eine weitere Diskussion war damit abgewendet. Die Chance blieb ungenutzt, die unterschiedlichen kollektiven Identitäten beiderseits der ehemaligen Grenze symbolpolitisch in einer gemeinsamen Nationalhymne als Bekenntnis zur Anerkennung von Diversität und Pluralismus zu verbinden. Die Diskussionen in den Briefen zeigen an, dass 1990 auch die Zeit war, in der etwas Neues, Gemeinsames hätte entstehen können. Eine neue Symbolsprache hätte verbindende Werte wie Pazifismus, internationale Gemeinschaft und Zusammengehörigkeit nach innen und außen repräsentieren können. Die Nicht-Nutzung dieser Ressource kann somit in symbolpolitischer Hinsicht das verbreitete Enttäuschungsnarrativ, das rückblickend die Transformationserfahrung oftmals begleitete, stützen.

18 Bulletin des Presse- und Informationsamtes der Bundesregierung, Nr. 89, 1991, S. 713.

JESSICA BOCK

„Wenn wir nicht losgehen, geht niemand los"

1989/90 und der ostdeutsche Feminismus

Am 31. Januar 2019 schrieb der Brandenburgische Landtag Geschichte. Er verabschiedete das erste Paritätsgesetz in Deutschland. Es sah vor, die Wahllisten auf Landesebene nach dem Reißverschlussprinzip abwechselnd mit Männern und Frauen zu besetzen. Dieser feministische Coup ging auf ein breites Bündnis aus Politikerinnen und Frauenorganisationen zurück, die die geringe Repräsentanz beziehungsweise Beteiligung von Frauen in den Parlamenten als unvereinbar mit den demokratischen Grundprinzipen ansehen. Ein knappes halbes Jahr später verabschiedete Thüringen als zweites Bundesland ein Paritätsgesetz. Allerdings hatte die Gesetzgebung in beiden Ländern nicht lange Bestand und wurde von den jeweiligen Landesverfassungsgerichten gekippt.

Es ist wohl kein Zufall, dass die Initiative für eine Geschlechterparität im Parlament ausgerechnet aus zwei ostdeutschen Bundesländern kam. Bereits vor mehr als dreißig Jahren wirbelte die ostdeutsche Frauenbewegung die Friedliche Revolution 1989 zu einem feministischen Herbststurm auf. „Ohne Frauen ist kein Staat zu machen!", schallte es auf den Straßen in der DDR. Die Frauen wollten nicht nur Demokratie, sondern auch eine Gleichberechtigung, die ihren Namen verdient. Dazu gehörte auch eine paritätische Quote für Frauen auf allen relevanten Macht- und Entscheidungsebenen.

Am Beispiel Leipzigs gibt der folgende Beitrag einen Überblick über den Frauenaufbruch im Herbst 1989 und dessen Bedeutung für einen ostdeutschen Feminismus.

Die Frauen gehen los

Im Sommer 1989 waren die Stagnation und der Verfall der DDR überall sichtbar. Nichts schien sich mehr zu bewegen. Selbst die nichtstaatliche Frauenbewegung, die sich zu Beginn der 1980er-Jahre herausgebildet hatte, schien auf der Stelle zu treten. „Es kann doch nicht sein, daß es wieder und wieder nicht los geht", klagte eine Frau in einem Leserinnenbrief in der informellen Lesbenzeitschrift „frau anders" im Nachgang des Frauenkirchentagstreffs vom 8. Juli 1989 in Leipzig. Sie schlussfolgerte zugleich: „Wenn wir nicht losgehen, geht niemand los."[1]

Den Wunsch, endlich loszugehen, teilten viele Menschen in der DDR. Tausende machten sich auf und flohen über Botschaften und Grenzen in die Bundesrepublik. Andere entschlossen sich zu bleiben – mit dem Willen, selbst Veränderungen herbeizuführen. Unmittelbar nach der Gründung des Neuen Forums am 9. September 1989 entstanden vor allem in den größeren Städten der DDR zahlreiche neue Frauengruppen, die die sich anbahnenden Umbrüche mit anstießen und prägten. Zu ihnen zählte die Fraueninitiative Leipzig (FIL), die sich im Oktober 1989 zunächst innerhalb des Neuen Forums formierte. Sophia Bickhardt, Petra Lux, Cornelia Matzke und Dietlind Starke gehörten zum Gründerinnenkreis. Sie alle waren bereits zuvor in den 1980er-Jahren in Gruppen der nichtstaatlichen Frauenbewegung aktiv und verfügten über ein DDR-weites Netzwerk.

In den darauffolgenden Wochen und Monaten folgten weitere Zusammenschlüsse wie die Fraueninitiative Magdeburg, Frauen im Aufbruch Karl-Marx-Stadt und Lila Offensive in Ost-Berlin. Bereits die Namen der Frauengruppen machen deutlich, worum es den Frauen im Herbst 1989 ging: Sie ergriffen die Initiative und gingen in die Offensive. Sie wollten sich befreien aus 40 Jahren Diktatur und Patriarchat. Sie wollten raus aus der Rolle der passiven Empfängerinnen staatlicher frauen- und familienpolitischer Maßnahmen. Sie wollten Veränderungen im bestehenden System und diese selbst mitgestalten und entscheiden.

1 O. V., Zum Frauenkirchentagstreff – Leipzig. 3 Beiträge, in: frau anders 1 (1989) 5, S. 4–7, hier S. 7.

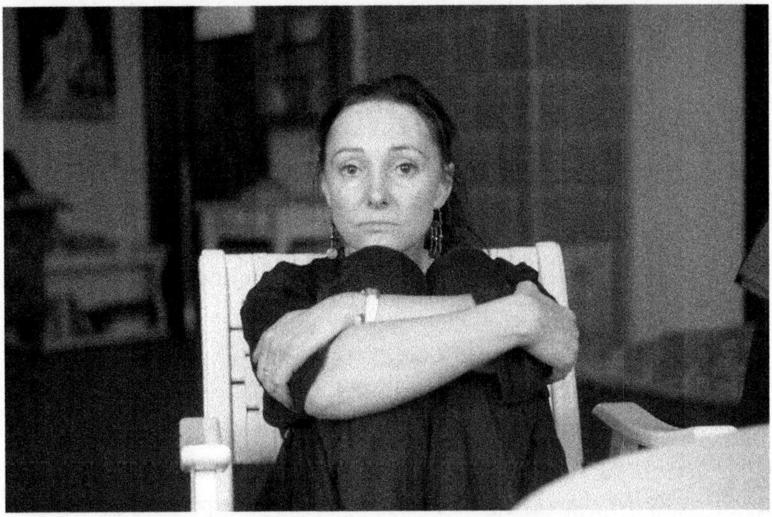

Abb. 1: Petra Lux, Januar 1990.
Archiv Bürgerbewegung Leipzig, Foto 035-009-021, Fotografin: Karin Wieckhorst

Die Bürgerbewegungen wie das Neue Forum, Demokratie Jetzt und Demokratischer Aufbruch zeigten sich für die Themen Frauen und Gleichberechtigung wenig sensibel. Ihnen war das selbstbewusste und feministische Auftreten der Frauen eher suspekt. Frauengruppen wie die FIL berichteten davon, dass ihre Themen und Forderungen im Neuen Forum kaum Gehör fanden und zum Teil auf heftige Widerstände stießen. Als Konsequenz beschloss die FIL am 10. Januar 1990 auf einer Vollversammlung den Austritt aus dem Neuen Forum und ferner, sich fortan autonom zu organisieren. Für die Formierung einer quasi feministischen Bürgerinnenbewegung waren die Frauen gut gerüstet. Ihnen kamen die in den ab Anfang der 1980er-Jahre bestehenden informellen Frauen- und Lesbengruppen erlernten Fähigkeiten nun zugute, sich und ihre Bedürfnisse ernst zu nehmen. Dort hatten sie sich auch im Argumentieren und Diskutieren geübt und sich mittels Eingaben, Widersprüchen oder direkt durch persönliche Vorsprache mit Vertreter:innen der SED auseinandergesetzt. Das hatte sie teilweise die Angst vor der Staatsmacht verlieren lassen.

Katharina Marlow, Mitbegründerin der Frauengruppe für ein Frauenzentrum in Leipzig, beschreibt rückblickend ihre Zeit in der Gruppe als einen wichtigen Lernprozess, von dem sie während der Friedlichen Revolution profitierte: „Ich bin in erster Linie dankbar dafür, dass sich diese Gelegenheiten ergeben haben, sozusagen in den eng gestrickten DDR-Zeiten schon mal diesen Aufstand, diese Selbstbestimmung, diese Gemeinschaft bis zu einer bestimmten David-und-Goliath-Grenze geprobt zu haben."[2] Ähnlich erging es Petra Nora Karrasch, die gegen Ende der 1980er-Jahre in der Leipziger Frauengruppe Grünau aktiv war. Sie charakterisiert ihr Engagement als „ein[en] Lernweg erster Güte", der für ihren weiteren Werdegang eine enorme Bedeutung hatte: „Also, ich hätte in bestimmten Dingen nicht die Rolle spielen können, die ich dann gespielt habe, wenn ich diese Erfahrungsebene dort nicht gehabt hätte."[3]

Wer waren also diese Frauen? In der Gründungsphase der FIL engagierten sich vor allem Frauen, die zwischen 1961 und 1968 geboren waren. In der Initiative waren Akademikerinnen und Facharbeiterinnen zu gleichen Teilen aktiv. Sie waren hauptsächlich in „frauentypischen Berufen" des Handels und des Gesundheitswesens tätig, die „reinen" Arbeiterinnen fehlten.

Die Frauen der FIL gehörten zu jener Generation, die von den frauenpolitischen Maßnahmen der SED (zum Beispiel berufliche Qualifizierung und Ausbau von Kinderbetreuungsplätzen) profitiert, aber zugleich die stagnierende beziehungsweise teils rückwärtsgewandte, auf Geburtensteigerung ausgerichtete „Mütterpolitik" der 1980er-Jahre (etwa Erhöhung des Kindergeldes und Verlängerung des Babyjahres) miterlebt hatte. Zudem hatten die Aktivistinnen bestehende Diskriminierungs- und Gewaltstrukturen wahrgenommen, die jedoch in der Öffentlichkeit nicht thematisiert worden waren. Die FIL-Mitbegründerin Gabriele Eßbach zum Beispiel war in Leipzig als Krankenschwester tätig gewesen. Dort hatte sie Patientinnen behandelt, die aus Verzweiflung Selbstmordversuche unternommen hatten, um ihrem gewalttätigen Partner oder Ehemann zu

2 Zitiert nach Jessica Bock, Frauenbewegung in Ostdeutschland. Aufbruch, Revolte und Transformation in Leipzig 1980–2000, Halle (Saale) 2020, S. 113.

3 Zitiert nach ebenda, S. 152.

entfliehen. Frauenhäuser gab es in der DDR nicht. Die Pfarrerstochter Sophia Bickhardt stellte fest, dass nicht nur im Politbüro Frauen fehlten, sondern auch in den Leitungsebenen kleinerer Betriebe:

> „Ich habe eine Ausbildung in einer Apotheke gemacht und habe mit 19 Jahren viel Verantwortung übernommen. [...] Und das finde ich auch im Nachhinein toll. Also in dem Sinne war das eine gute Zeit. Auf der anderen Seite war mir schon im ersten Lehrjahr klargeworden: ‚Sehr schön, ist ein reiner Frauenladen, die Apotheke. Und die zwei Männer, die dort arbeiten, die sind der Chef und der Stellvertreter.‘“[4]

Demokratie ohne Patriarchat

Zahlreiche Frauen aus den neuen Frauengruppen hatten sich bereits in den 1980er-Jahren kritisch mit den im eigenen Land herrschenden Frauen- und Geschlechterverhältnissen auseinandergesetzt. Einige Gruppen hatten Schulbücher auf stereotype Geschlechterrollen untersucht, andere Frauen eine Umfrage über erlittene sexualisierte Gewalt durchgeführt. All diese Analysen, Erfahrungen und Diskussionen bildeten das Fundament für die seit Spätsommer 1989 entstehenden Reformkonzepte der Frauengruppen. Zugleich rezipierten und zitierten sie auch Texte und Strategien internationaler Frauenorganisationen wie die der Internationalen Demokratischen Frauenföderation, die 1973 verabschiedete Schlussakte der Konferenz über Sicherheit und Zusammenarbeit in Europa in Helsinki und die Ergebnisse der Weltfrauenkonferenz in Nairobi 1985.

Die zwischen September 1989 und Januar 1990 verfassten und veröffentlichten Reden und Schriften waren keine bis ins letzte Detail ausgeklügelten Programme. Sie entstanden meist binnen kürzester Zeit in einer Phase rasend schneller Veränderungen. Häufig umfassten die Papiere nur wenige Seiten, die stichpunktartig den aktuellen Diskussionsstand inner-

4 Zitiert nach ebenda, S. 36.

halb der jeweiligen Frauengruppe und die aus ihrer Sicht notwendigen Reformmaßnahmen und Ziele wiedergaben. Zugleich luden die Frauengruppen mit ihren Schriften die weibliche Bevölkerung dazu ein, die Ideen und Forderungen aufzugreifen und weiterzuentwickeln.

In ihrem Programmentwurf vom 18. Oktober 1989 forderte die FIL – wie andere Bürgerrechts- und Frauengruppen zu diesem Zeitpunkt auch – eine Reform des Sozialismus beziehungsweise der DDR zu einem demokratischen Staat, der die Gewaltenteilung und Menschenrechte wahren sollte. Zugleich warnte sie davor, die Frauenfrage aus der öffentlichen Diskussion ins Private zu verbannen. Dies führe nicht nur zu einer „Vereinseitigung der Entscheidung“, sondern verhindere auch die Demokratie.[5] Nach Ansicht der FIL waren Demokratie und Gleichberechtigung untrennbar miteinander verbunden. Damit wollte sie den „männlich geprägten Vorstellungen von der Demokratisierung der sozialistischen Gesellschaft ein feministisches Reformprojekt als Korrektiv“[6] entgegenstellen. Nach Ansicht der FIL konnte die Demokratisierung nur gelingen, wenn Frauen mittels einer Quote in den „Ämtern mit öffentlicher Entscheidungsbefugnis“ paritätisch vertreten sind.[7]

Ihre Forderung nach einer paritätischen Besetzung von Entscheidungsgremien griff die Fraueninitiative am 18. November 1989 bei der ersten genehmigten Kundgebung des Neuen Forums erneut auf. Cornelia Matzke und Petra Lux stellten in ihren Redebeiträgen ganz klar die Frauenfrage als Machtfrage: „Frauenfrage – keine Frage? […] Ich denke, diese Frage ist eine zentrale Frage, muß es sein, weil sie Macht von Grund her in Frage stellt. Macht, wie sie bis zum heutigen Tag funktioniert.“[8] Allerdings war den Leipzigerinnen auch klar, dass eine Quote allein nicht ausreichte. Denn auch die Frauen waren gefragt: „Die erfolgreiche Durchsetzung

5 Programmentwurf der Frauengruppe im Neuen Forum, 18. 10. 1989, Leipzig 1989, S. 2, Privatarchiv Jessica Bock.

6 Eva Maleck-Lewy, Frauenaufbruch zwischen Utopie und Realität, in: dies. (Hrsg.): Entmännlichung der Utopie. Beiträge zur Utopiediskussion in feministischer Theorie und Praxis, Berlin 1991, S. 117–133, hier S. 126.

7 Programmentwurf der Frauengruppe im Neuen Forum, S. 2.

8 Kundgebung des Neuen Forums am 18. 11. 1989 auf dem Georgi-Dimitroff-Platz in Leipzig, ABL, 4.28.117, Bl. 19.

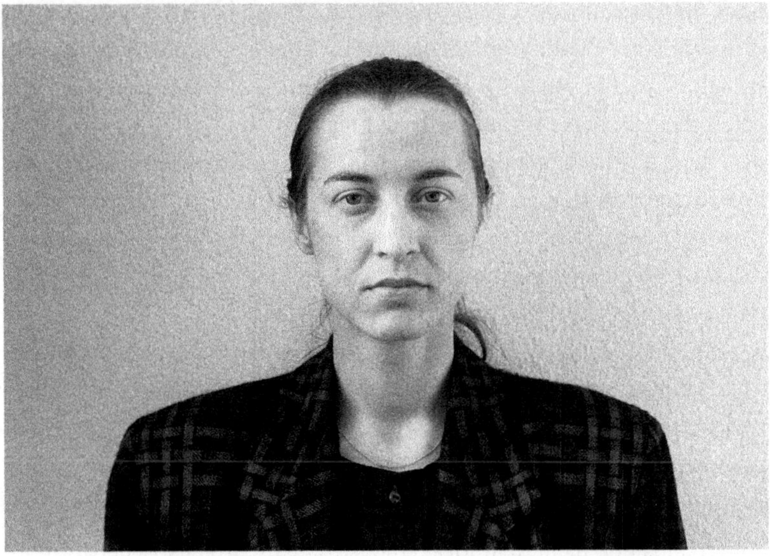

Abb. 2: Cornelia Matzke, April 1990.
Archiv Bürgerbewegung Leipzig, Foto 035-009-106, Fotografin: Karin Wieckhorst

hängt natürlich nicht zuletzt von uns Frauen ab. Ich-kann-nicht-Haltungen müssen selbstbewusster, problembezogener [sic] Verantwortlichkeiten weichen.“[9] Damit machte die FIL deutlich, dass sich nicht nur die Rahmenbedingungen ändern müssten, sondern die Einstellungen der Frauen zu Macht und Politik.

Um jedoch eine gleichberechtigte Teilhabe an Macht zu ermöglichen, bedurfte es nach Ansicht der FIL einer fundamentalen Revision der gesamten sozialen, politischen und ökonomischen Ordnung. Anders als in der DDR sollten Männer ebenfalls in die Emanzipationspolitik einbezogen werden: „Wie die Einbeziehung der Frau in die Arbeitswelt erfolgte, [sollte] auch die Einbeziehung der Männer in die Welt der Familie und Haushaltung“ stattfinden.[10] Indem Männer mehr Verantwortung im Privaten übernähmen, könnte die Doppelbelastung, unter dem „das

9 Programmentwurf der Frauengruppe im Neuen Forum, S. 2.
10 Ebenda, S. 2 f.

Gros der Frauen leidet", abgebaut werden. Dadurch hätten Frauen mehr Zeit und Kraft, politische (Leitungs-)Funktionen zu übernehmen und sich aktiv einzubringen. Parallel zur Erweiterung der politischen Teilhabe von Frauen sollten institutionelle Rahmenbedingungen geschaffen werden, die die Umsetzung der frauenpolitischen Forderungen ermöglichen, Ressourcen bereitstellen und eine Kontinuität in der emanzipatorischen Arbeit gewährleisten sollten. Dazu gehörten die Schaffung eines Ministeriums für Gleichstellung, die Installation von Gleichstellungsbeauftragten und die Gründung von Frauenkulturzentren.

Neben der Frage der Gleichberechtigung sahen die Leipzigerinnen in weiteren gesellschaftlich relevanten Bereichen einen enormen Reformbedarf. Zum Beispiel plädierte die FIL für eine Umgestaltung der Arbeitswelt nach menschlichen Bedürfnissen, etwa durch Arbeitserleichterung und Arbeitszeitverkürzung. Vor dem Hintergrund der fatalen Auswirkungen der DDR-Industrie auf die Umwelt forderte die Fraueninitiative eine ökologische und ressourcenschonende Ausrichtung der Industrie. Die Entmilitarisierung stellte ebenfalls eine wichtige Forderung im Herbst 1989 dar. Anstelle der Wehrpflicht sollte ein ziviler Ersatzdienst für Männer und Frauen eingeführt werden.

Reform und Einheit auf Augenhöhe

Obwohl nach der Maueröffnung am 9. November 1989 noch vieles ungewiss schien, lehnte die FIL, wie die übrigen Frauengruppen auch, eine Vereinigung beider deutscher Staaten und eine damit einhergehende Übernahme westlicher Strukturen und Bestimmungen ab. Sie befürchteten die Fortsetzung patriarchaler Machtverhältnisse diesmal unter kapitalistischen Vorzeichen. Bereits unmittelbar nach der Maueröffnung warnte die ostdeutsche Frauenbewegung – in Anspielung auf den westdeutschen Bundeskanzler Helmut Kohl – vor der „Kohl-Suppe". Provokant fragte Ina Merkel in dem von ihr verfassten und am 3. Dezember 1989 in der Berliner Volksbühne vorgetragenen Manifest „Ohne Frauen ist kein Staat zu machen": „Wollen wir uns etwa mit den Herren in Bonn zusammentun, die Diktatur des Politbüros durch die Diktatur des Bundeskanzler-

Abb. 3: Stand des Unabhängigen Frauenverbandes auf der Maifeier im Clara-Zetkin-Park in Leipzig, 1. Mai 1990.
Archiv Bürgerbewegung Leipzig, Foto 035-002-025, Fotografin: Karin Wieckhorst

amts ersetzen?“[11] Sofern es jedoch zu einer staatlichen Einheit kommen sollte, plädierte die ostdeutsche Frauenbewegung für einen wechselseitigen Reformprozess auf Augenhöhe. Die ostdeutschen Frauengruppen sahen nicht nur in der DDR erheblichen Reformbedarf, sondern auch in der Bundesrepublik.

Obgleich im Dezember 1989 die Rufe nach der deutschen Einheit unüberhörbar waren, setzte die ostdeutsche Frauenbewegung ihr Engagement für eine Demokratisierung der DDR fort. Am Zentralen Runden Tisch in Ost-Berlin beteiligten sich Vertreter:innen des Unabhängigen Frauenverbandes (UFV) an der Ausarbeitung eines Verfassungsentwurfs für die DDR und forderten im Februar 1990 eine Sozialcharta, die die sozialen Rechte der DDR-Bürger:innen im Vereinigungsprozess sichern sollte. Auch auf kommunaler Ebene waren die Frauengruppen an den

11 Ina Merkel, Ohne Frauen ist kein Staat zu machen. Einige Frauen-Fragen an ein alternatives Gesellschaftskonzept oder: Manifest für eine autonome Frauenbewegung, in: Katrin Rohnstock (Hrsg.), Frauen in die Offensive. Texte und Arbeitspapiere der Gruppe „Lila Offensive“, Berlin (Ost) 1990, S. 16–28, hier S. 18 f.

Runden Tischen vertreten. Die FIL gründete am Runden Tisch der Stadt Leipzig die „Kommission Frauenpolitik". In diesem Gremium schuf sie die notwendigen strukturellen Voraussetzungen, um städtische Gleichstellungsbeauftragte zu etablieren und ein Frauenkulturzentrum sowie ein Frauenhaus zu eröffnen.

Parallel zur Arbeit an den Runden Tischen bereitete sich die Fraueninitiative Leipzig auf die anstehenden Wahlen vor. Für die Volkskammerwahl am 18. März 1990 und vor allem für die Kommunalwahl wenige Wochen später am 6. Mai 1990 mussten nicht nur eiligst Kandidatinnen gefunden, sondern auch Wahlprogramme geschrieben und Wahlplakate hergestellt werden. Zentral blieb nach wie vor ihre gesamtgesellschaftliche Perspektive auf die Frauenfrage. Folglich findet sich im Programmentwurf die Forderung nach einer bedürfnisorientierten Wirtschaft, die Ökologie, Demokratie und eine progressive Sozialpolitik miteinander verband. Die FIL sah in der weiblichen Weltsicht „eine Chance für alle".[12] Sie wollte den fortwährenden Ausschluss von Frauen aus Entscheidungs- und Führungsgremien nicht weiter hinnehmen. Demnach plädierte sie weiterhin für eine Quotierung und setzte sich für eine „gleichberechtigte Teilnahme von Frauen in allen Entscheidungsgremien von Politik, Wirtschaft, Wissenschaft und Kultur bis zur höchsten Ebene ein".[13]

Wie bereits in ihrem Programmentwurf vom 18. Oktober 1989 machte sich die FIL für eine Ausrichtung der Arbeitswelt nach menschlichen Bedürfnissen stark. Konkret bedeutete dies die Möglichkeit der Teilzeit für Frauen *und* Männer, gleicher Lohn für beide Geschlechter, die Unterstützung *beider* Elternteile beim Wiedereinstieg in den Beruf nach der Erziehungszeit und die Möglichkeit einer bezahlten Freistellung zur Pflege Erkrankter oder nahestehender Verwandter.

Mit diesem Maßnahmenpaket wollte die FIL die Reproduktions- und Sorgearbeit, die zuvor in der DDR als selbstverständliche Frauenaufgabe angesehen und unbezahlt erbracht worden war, als gesellschaftlich wichtige Arbeit aufwerten, die von Frauen und Männern zu gleichen Teilen

12 O. V., Programm der Fraueninitiative Leipzig, in: Informationen der Fraueninitiative Leipzig im Unabhängigen Frauenverband 2 (1990) 6, S. 2-7, hier S. 2.

13 Ebenda.

geleistet werden sollte. Des Weiteren beinhaltete ihr Programmentwurf die Etablierung einer lokalen feministischen Infrastruktur, bestehend aus einem kommunalen Dezernat für Gleichstellung, einem Frauenkulturzentrum und Frauenhaus sowie einer medialen Öffentlichkeit für Frauenbelange.

Vor dem Hintergrund der Beitrittsverhandlungen und der absehbaren Übernahme der westdeutschen Gesetzgebung pochte die FIL darauf, den in der DDR legalen und kostenfreien Schwangerschaftsabbruch beizubehalten. Sie forderte zugleich einen erweiterten Zugang zu Verhütungsmethoden, bessere Sexualaufklärung und den Ausbau von Sexualberatungsstellen. Mit ihrer Programmatik erreichte die FIL bei den Kommunalwahlen 1990 in Leipzig einen Stimmenanteil von 0,7 Prozent und zog so mit einem Mandat in das Stadtparlament ein. Insgesamt gelang es den Frauengruppen bei den DDR-weiten Kommunalwahlen, 58 Mandate zu erringen, während zuvor bei der Volkskammerwahl im März der Unabhängige Frauenverband noch leer ausgegangen war.

Ein ostdeutscher Feminismus?

Gab es einen ostdeutschen Feminismus? Obwohl in der DDR im Vergleich zur Bundesrepublik zahlreiche fortschrittliche Gesetze eine gewisse Gleichberechtigung der Frauen ermöglichten, existierten weiterhin patriarchale Strukturen, Diskriminierung und Sexismus. Zur Gleichberechtigung gehören nicht nur Berufstätigkeit, gleiche Bezahlung und das Recht auf Schwangerschaftsabbruch. Fundamentale Grundrechte wie freie Meinungsäußerung, Versammlungsfreiheit und politische Mitbestimmung sind ebenso zentral. Das Verdienst der ostdeutschen Frauenbewegung besteht darin, diese Interdependenz zwischen Demokratie und Gleichberechtigung im Herbst 1989 aufgezeigt und zum zentralen Kern ihres Verständnisses von Feminismus gemacht zu haben. Gruppen wie die Fraueninitiative Leipzig stellten radikal die Machtfrage. In ihren Augen waren alle Demokratisierungs- und Reformversuche zum Scheitern verurteilt, solange den Frauen eine paritätische Vertretung auf allen Machtebenen weiterhin verweigert werde.

Ein weiteres Signum des ostdeutschen Feminismus war ein erweiterter Emanzipationsbegriff. Dieser schloss auch die Männer mit ein. Sie sollten nicht nur 50 Prozent der Macht abgeben, sondern zugleich die Hälfte der Sorge- und Familienarbeit übernehmen. Die ostdeutschen Frauengruppen haben nicht „typische Frauenfragen" zu ihrem Anliegen gemacht, sondern gesamtgesellschaftliche Probleme zu Frauenfragen erklärt.[14] Tatsächliche Gleichberechtigung lasse sich nur erreichen, wenn die Ungleichheit zwischen den Geschlechtern in der sozialen, ökonomischen, politischen und kulturellen Erneuerung mitgedacht werde. Neben der Programmatik der FIL sind hierfür auch die Sozialcharta und der Verfassungsentwurf für die DDR eindrückliche Zeugnisse.

Zwar stehen derzeit die Belege noch aus, dass es eine direkte Kontinuität gibt von der in die DDR-Zeit zurückreichenden ostdeutschen Frauenbewegung bis hin zu den ostdeutschen Paritätsgesetzen der Gegenwart. Ob und inwiefern Frauen und feministische Interessengruppen sowie Institutionen die im Herbst 1989 entwickelten Forderungen und Programme in ihre Arbeit aufnahmen und weiterverfolgten, ist bis heute eine offene Forschungsfrage. Gleichwohl liefert der vorliegende Beitrag Indizien dafür, dass die ostdeutschen Frauenbewegungen der Wendezeit für das heutige Stellen der Machtfrage aus feministischer Sicht den Nährboden bereitet haben.

14 Irene Dölling, Frauenpolitischer Aufbruch 1989 – Ambivalenzen unseres Erbes eines „frauenpolitischen Experiments", in: Eva Schäfer u. a. (Hrsg.), Frauenaufbruch '89. Was wir wollten – Was wir wurden, Berlin 2001, S. 17–29, hier S. 22.

FELIX SCHNEIDER

Unbewusste Koalition

Die Rückkehr ehemaliger Gutsbesitzer:innen im Spiegel der Lokalpresse

Zu den Binsenweisheiten der jüngeren deutschen Geschichte gehört die Feststellung, dass bis 1989 zwar eine Vielzahl von Büchern über die Umwandlung des Kapitalismus zum Sozialismus geschrieben wurde, aber kaum eines über den umgekehrten Weg. Die Besonderheit dieses Vorgangs in der Bundesrepublik der 1990er-Jahre lässt sich an den jeweiligen Erfahrungen und Erwartungen, Hoffnungen und Ängsten festmachen, die die sogenannten alten und neuen Bundesbürger:innen aus den Jahrzehnten der Teilung mitbrachten. Zu den Erfahrungen gehörte auch die grundverschiedene Rolle des Privateigentums in beiden Systemen. Die Bezeichnung „volkseigen" war dabei nicht bloß das Gegenstück zu „privat" – wie in „privat versus staatlich" –, sondern zumindest abstrakt ein Ausdruck für die Beteiligung aller an den gemeinsamen Produktionsmitteln. Eine tatsächliche Beteiligung erfolgte allerdings nie, was die spätere Privatisierung durch die Treuhandanstalt wesentlich erleichtern sollte.

Etwas anders stellte sich die Situation in der Landwirtschaft dar. Schon im September 1945 hatte etwa die Sowjetische Militäradministration in Deutschland (SMAD) als einzige der vier Besatzungsmächte mit der Etablierung des Staatssozialismus in Form der sogenannten demokratischen Bodenreform begonnen. In mehreren Schritten wurden vor allem große Güter von über 100 Hektar, aber auch mittlere und kleine Betriebe enteignet und die ehemaligen Eigentümer:innen vertrieben oder inhaftiert. Ein Teil der Flächen ging an sogenannte Neubauern, denen jeweils nur wenige

Hektar zugeteilt wurden. Später mussten sie, auch unter Anwendung von Zwangsmitteln, Landwirtschaftliche Produktionsgenossenschaften (LPG) bilden und ergänzten damit die staatseigenen Betriebe (Volkseigene Güter: VEG). Der Propagandaslogan der Bodenreform lautete 1945 martialisch und verallgemeinernd: „Junkerland in Bauernhand – Rottet dieses Unkraut aus!"[1] Wichtig in diesem Zusammenhang ist, dass einige Landwirtschaftsbetriebe oder kleinere Besitzungen unangetastet blieben und dann in der Regel zu einem späteren Zeitpunkt konfisziert wurden, so sich keine Erb:innen in der DDR fanden.

Dieser so geschaffene Zustand hatte im Grunde bis 1989 Bestand, während die in die Bundesrepublik übergesiedelten ehemaligen Eigentümer:innen dort durch eine Rechtsordnung geprägt wurden, die den Schutz des Eigentums zu einem zentralen Anliegen machte und Enteignungen nur gegen Entschädigung und mit hohen Hürden zuließ. Daher ist in juristischen Texten zu den Folgen der sogenannten demokratischen Bodenreform in der Regel auch von Konfiskationen die Rede, was nichts anderes heißt als entschädigungslose Enteignung. Nach dem Mauerfall 1989 ergab sich die Möglichkeit zur Rückkehr, und es entstand auch eine gewisse Erwartungshaltung zur Rückgabe ehemaligen Eigentums. Letzteres war zwar völkerrechtlich ausgeschlossen, wurde aber besonders durch die CDU/CSU lange aufrechterhalten. Verschiedene politische und rechtliche Erwägungen führten schließlich zum sogenannten Restitutionsausschluss. Es galt die grundsätzliche Vorgabe, dass die Entschädigung vor der Rückgabe für Betroffene der Bodenreform präferiert werden sollte. Ausnahmen bildeten nur diejenigen Fälle, bei denen bereits eine Enteignung durch das NS-Regime erfolgt war. Von jedweder Leistung sollten hingegen diejenigen ausgeschlossen werden, die dem NS-Regime „erheblichen Vorschub geleistet" hatten.[2]

1 Plakat mit gleichnamigem Slogan, abgedruckt in: Rüdiger Fikentscher/Boje Schmuhl (Hrsg.), Die Bodenreform in Sachsen-Anhalt. Durchführung – Zeitzeugen – Folgen. Tagung in Stendal am 21. und 22. November 1997, Halle (Saale) 1999, S. 222.

2 Hermann-Josef Rodenbach/Otto Löffler, Entschädigungen und Ausgleichsleistungen für Vermögensverluste in der ehemaligen DDR und SBZ, Berlin 1995, S. 122.

Trotz dieser Startbedingung wagten einige ehemalige Eigentümer:innen und/oder ihre Nachkommen den Schritt und verlegten ihren Lebensmittelpunkt (wieder) an einen der Orte, von dem sie oder ihre Verwandten nach Kriegsende fliehen mussten. Dabei wurden sie zum Gegenstand einer Medienberichterstattung auf lokaler Ebene – zu einer Zeit, als die dortigen Zeitungen ihre neue Rolle als freie Presse suchten beziehungsweise sich in ihr einfanden. Anhand der so entstandenen Quellen, die hier im Mittelpunkt stehen sollen, können einige Aspekte der Rückkehr ehemaliger Gutsbesitzer:innen aufgezeigt werden. Hierzu dienen im Kern drei Beispielfälle aus Sachsen-Anhalt. Es soll darum gehen, was, aber vor allem wie über die Rückkehrer:innen und ihre Aktivitäten berichtet wurde und welche Bedeutung diese Berichterstattung hatte. Die so gewonnenen Erkenntnisse ermöglichen anschließend einen Ausblick auf die Bedeutung des Phänomens der Rückkehrer:innen im Transformationsprozess.

Die Rückkehr als Nachricht

Als im Jahr 1991 ein Zweig der Familie von Bismarck nach Döbbelin, einem Ortsteil der Stadt Stendal in Sachsen-Anhalt, zurückkehrte, berichtete die dortige „Volksstimme" gleich drei Mal innerhalb weniger Tage darüber. Immerhin, so beginnt gleich der erste Artikel äußerst wohlwollend, habe mit Alexander von Bismarck der „rechtmäßige Erbe […] den alten Familienbesitz von der Gemeinde zurück[gekauft]", auf dem schon seit 1344 seine Vorfahren gelebt hatten.[3] Diese positive Grundhaltung wird durch die selbstlos wirkende Motivation des Rückkehrers unterfüttert: „Aber letztendlich spielte das Gefühl gegenüber dem Geld doch die dominante Rolle. Es geht ja um unseren Familienbesitz, den es für Sebastian als den derzeit jüngsten Sproß des Döbbeliner Zweigs der Bismarckschen Familie zu erhalten gilt."[4]

3 O. V., Alexander von Bismarck kaufte den Familienbesitz in Döbbelin zurück, in: Volksstimme Stendal, 13. 7. 1991, S. 9.

4 Ebenda.

Der wenig später erschienene zweite Artikel berichtet über den „‚Einstand' mit 38prozentigem Doppelkorn“[5] – natürlich trug der Korn dabei das Konterfei des ehemaligen Reichskanzlers Otto von Bismarck. Schließlich kommen in einem dritten Artikel Einwohner:innen zu Wort, die während der kornseligen Feier befragt wurden. Auch hier ist der Tenor durchweg positiv. Es dominieren zwei Argumente – nämlich Rechtmäßigkeit und Wirtschaftlichkeit, die der dort zitierte Altbürgermeister Helmut Zech zusammenfasste: „Dadurch ist es in die rechtmäßigen Hände gekommen, und die Gemeinde ist die Sorge los, woher das Geld für die Unterhaltung des Objekts nehmen.“[6]

Folgt man dieser Darstellung, so befanden sich die Einwohner:innen von Döbbelin und die Familie von Bismarck in einer win-win-Situation. Das Schloss wurde renoviert, bewohnt und bewirtschaftet. Von den Arbeiten profitierten auch die „vorwiegend jungen Unternehmer“[7], deren besondere Berücksichtigung bei den nötigen Arbeiten am Döbbeliner Gutshaus Alexander von Bismarck ebenfalls ankündigte.

In Kamern bei Havelberg, nordöstlich von Döbbelin, wurde die Rückkehr eines Teils der ebenfalls nicht unbekannten Familie von Katte – man erinnere sich an den Jugendfreund Friedrichs II. – wesentlich unharmonischer dargestellt. Den stückweisen Rückkauf von landwirtschaftlichen Flächen und besonders die Bemühungen um einen See, der der örtlichen Bevölkerung auch als Naherholungsgebiet diente, kommentierte die „Volksstimme“ mit dem Satz: „So manchem sollen die ‚vons', wie sie im Ort genannt werden, schon ihr Land fürn Appel und 'n Ei abgeschwatzt haben.“[8]

Ganz anders stellte das der Rückkehrer und ehemalige Polizeipräsident von Braunschweig, Christoph von Katte, zwei Jahre später in einem Aufsatz dar:

5 O. V., Zünftiger „Einstand“ mit 38prozentigem Doppelkorn, in: Volksstimme Stendal, 15. 7. 1991, S. 9.

6 O. V., Wie denken Sie über die Rückkehr der v. Bismarcks?, in: Volksstimme Stendal, 24. 7. 1991, S. 12.

7 Ebenda.

8 O. V., Die Kattes wollen ihren See zurück, in: Volksstimme Stendal, 15. 10. 1992, S. 5.

> „Unter der Bodenreform wurde Gut Hohenkamern größtenteils aufgesiedelt. Wir haben, im Rahmen unserer finanziellen Möglichkeiten, von den Siedlern Land zurückgekauft. Der Sohn unseres letzten Schweizers wohnt auf Hohenkamern. Er hat uns sein gesiedeltes Land geschenkt. Andere sagten zu unserem fast 80-jährigen Vater beim Notar: ‚Otto, wir haben das Land für Dich treuhänderisch verwaltet. Jetzt bekommen es Deine Kinder zurück.' Ebenso konnten wir die dem Staat gehörenden Flächen pachten."[9]

Ohne die genaue Konturierung der Konfliktparteien zu kennen, lässt sich nur begründet annehmen, dass es zumindest eine Pro- und eine Contra-Katte-Partei gab, über deren Existenz hier aber nur einseitige Quellen aus dem Blickwinkel des jeweils anderen Lagers berichten.

Diese beiden Fälle von Katte und von Bismarck sind verhältnismäßig simple Beispiele für die Rückkehr der Familien ehemaliger Großgrundbesitzer:innen, weil die Zahl der Gebäude und auch der Umfang der land- und forstwirtschaftlichen Flächen überschaubar sind. Ein deutlich komplexerer Fall ist der der Familie Wentzel. Dafür richten wir den Blick nach Teutschenthal in der Nähe von Halle (Saale) im Süden Sachsen-Anhalts. Eingangs ist bereits erwähnt worden, dass der Restitutionsausschluss im Verlauf des Transformationsprozesses nicht für diejenigen galt, deren Eigentum bereits durch das NS-Regime nachhaltig konfisziert worden war, also noch entschädigungslos enteignet war, als im September 1945 die sogenannte demokratische Bodenreform begann. Die Familie Wentzel ist nicht adlig. Ihren Wohlstand verdankt sie Carl Wentzel, der als Mitglied des Schattenkabinetts Carl Friedrich Goerdelers – Carl Wentzel sollte Landwirtschaftsminister werden – durch den Volksgerichtshof im Anschluss an das gescheiterte Attentat auf Adolf Hitler vom 20. Juli 1944 verurteilt und wenig später hingerichtet wurde. Carl Wentzel war mit einigen tausend Hektar landwirtschaftlicher Nutzfläche und diversen weiterverarbeitenden Betrieben wohl der bedeutendste nichtadlige Landwirt

9 Christoph von Katte/Elisabeth von Katte, Die Familie von Katte und die Gutsanlage Hohenkamern, in: Bruno J. Sobotka (Hrsg.), Burgen, Schlösser, Gutshäuser in Sachsen-Anhalt, Witten (Ruhr) 1994, S. 128–131, hier S. 129.

WIRTSCHAFT

Carl Friedrich Wentzel vor dem Schloß Teutschenthal (links). Mit moderner Agrartechnik und kompetenten, kapitalkräftigen Partnern will er das Unternehmen Wentzel wieder aufbauen. MZ-Fotos: Jürgen Lukaschek

LANDWIRTSCHAFT / Unternehmen

Wentzels Gut künftig von alter Stabilität und Größe

Im Agrarbereich sollen noch in diesem Jahr zehn Millionen Mark investiert werden

Von unserer Redakteurin
EVA PRASE

Teutschenthal/MZ. Carl Friedrich Wentzel, Enkel des 1944 von den Nazis hingerichteten Carl Wentzel, hat seinen einträglichen Job als Banker bei einer amerikanischen Bank kurz nach der Wende 1989 aufgegeben. In den kommenden Jahren will er gemeinsam mit Bruder Stefan das Landwirtschaftliche Gut Teutschenthal, zu dem vor dem Krieg stattliche 30 800 Morgen (7 700 Hektar) Eigentumsland, 1 500 Hektar Pachtland und zahlreiche Betriebe gehörten, wieder flott machen. Allein für acht Millionen Mark soll das Schloß in ein Hotel umgebaut werden.

Derzeit vordringliche Aufgabe sei es, erzählt der 1950 in Krefeld geborene Carl Friedrich Wentzel, „einfach Ordnung in unsere Sachen zu bringen." Die Grundbücher fehlten oder seien aufgrund der mehrfachen Enteignung der Großgrundbesitzerfamilie unvollständig. Es falle schwer, meint Wentzel, nachzuweisen, was einst zum Familienbesitz gehörte. Er habe deshalb vier Leute einzig und allein dafür eingestellt, um in den Liegenschaftsämtern nach Grundbüchern und anderen Unterlagen zu forschen, die Auskunft über das Eigentum der Familie geben.

Wentzel will jedoch nicht warten, bis alle Eigentumsfragen geklärt sind, und deshalb wendet er sich direkt an die heutigen Nutzer, versucht den Boden zu pachten oder zu kaufen. Die Ländereien des Wentzelschen Agrarunternehmens wurden zur Bodenreform an nahezu 800 Neubauern verteilt, was die Kompliziertheit der Aufgabe unterstreiche. Wenn auch mühsam, so kommt Wentzel doch voran und kann im Herbst etwa 2 000 Hektar bestellen.

Geplant sind eine moderne Agrarproduktion mit Pflanzenbau und Tierzucht, eine weitgefächerte Verarbeitungskapazität sowie Handels- und Dienstleistungseinrichtungen. Gegenwärtig sucht Wentzel Kooperationspartner, mit denen er sein Vorhaben verwirklichen kann. Dabei müsse es sich um Unternehmen handeln, die ökonomisch in der Lage sind, „eine gewisse Durststrecke zu überwinden" und die über entsprechendes internationales Know how verfügen. Im Agrarbereich wird Wentzel mit der Südzucker AG zusammenarbeiten und noch in diesem Jahr zehn Millionen Mark investieren. Die Feldbestellung in den kommenden Monaten werde schon unter der Regie von Südzucker, ein Agrarunternehmen, welches im süddeutschen Raum etwa 7 200 Hektar bewirtschaftet, laufen. Es sei jedoch vorgesehen, daß alle zehn bis zwölf Arbeitskräfte, die im Pflanzenbau arbeiten werden, aus dem Gut Salzmünde oder aus der LPG Teutschenthal kommen. Nur die „Aufbauleitung" komme aus dem Westen.

Insgesamt will Wentzel, der in Salzmünde eine Brennerei, vielleicht auch eine Mühle und andere Verarbeitungsbetriebe (nähere Angaben macht er hierzu noch nicht) bauen möchte, daß seine „Unternehmung in zwei, drei Jahren voll läuft". Er ist sich seines Erfolges sicher. „Bekommen wir hier die Beregnung der Felder richtig in den Griff, dann werden wir die Erträge extrem steigern können", schätzt er. Wirtschaftlich werde das Ganze vor allem, weil modernste amerikanische Technik zum Einsatz kommt, die sich aufgrund der großen Flächen gut auslasten läßt. Mit minimalem Kostenaufwand könne hier eine hohes wirtschaftliches Ergebnis erzielt werden. „Eine so betriebene Landwirtschaft hat Zukunft", ist sich Wentzel, der sich inzwischen auf Schloß Teutschenthal heimisch fühlt, sicher.

Abb. 1: Eva Prase, „Wentzels Gut künftig von alter Stabilität und Größe". *Mitteldeutsche Zeitung, Ausgabe Halle und Saalekreis, 17. 8. 1991, S. 5, Fotograf: Jürgen Lukaschek* des Deutschen Reiches. Die Restitution dieses umfangreichen Eigentums erfolgte allerdings nicht von jetzt auf gleich im Sinne einer Schlüsselübergabe, sondern Stück für Stück. Beispielsweise stand die Restitution von Häusern, die lange als eine Art Betriebswohnungen für die Mitarbeiter:innen der Zuckerfabrik der Wentzels gedient hatten, im Raum. Bei der Übernahme von Betrieben war es außerdem fraglich, ob die Brüder Carl-Stefan und Carl-Friedrich Wentzel als Enkel und Erben Carl Wentzels die weiter zu zahlenden Löhne aufbringen konnten.[10] Dazu kamen noch die Probleme der Zersiedelung, also der Verteilung von Land während der Bodenreform, wie sie schon beim Fall der von Kattes Gegenstand waren.

Mit einer Vielzahl von Artikeln hat die „Mitteldeutsche Zeitung" die Rückkehr und das Wirken der Wentzels in den 1990er-Jahren begleitet. Grundsätzlich lässt sich hier keine missgünstige, kritische Kommentierung feststellen, sondern ganz im Gegenteil eine wohlwollende Perspektive, die den Rückkehrer:innen bewusst auch Raum gab, die eigene Position darzulegen. Besonders anschaulich wird dies durch die beigefügten Fotografien, die – wie Abb. 1 zeigt – eine fast schon herrschaftliche Inszenierung mit technischem Fortschritt verbinden.

Auf die Wiedergabe von Stimmen aus der Bevölkerung wurde hingegen verzichtet. Eine Äußerung von Christiane Wentzel, der Frau Carl-Stefan Wentzels, eröffnet dabei eine weitere Ebene der Selbstdarstellung und Selbstwahrnehmung. Sie folgte der Ankündigung, auf die erwähnten Häuser – über hundert an der Zahl – zu verzichten:

> „Im übrigen […] fühlen wir uns nicht als Schloßherren. Uns wurde ein schweres Erbe übergeben, dem wir nun verpflichtet sind, dessen schrittweise Rekultivierung jedoch viel Kraft und persönlichen Einsatz erfordert. Aber ich glaube, daß sich Vertrauen und Verständnis nur durch eigenes Vorbild, zumal durch menschlichen Kontakt schaffen lassen. Mit offenen Armen sind wir jedenfalls nicht empfangen worden."[11]

10 Vgl. Carl-Friedrich Wentzel, Carl-Friedrich Wentzel (Teutschenthal), in: Fikentscher/Schmuhl (Hrsg.), Bodenreform, S. 200–206, hier S. 205.

11 Matthias Frede, Ein bißchen Athen in fremder Landschaft, in: Mitteldeutsche Zeitung (Ausgabe Halle und Saalekreis), 16. 7. 1994, S. 6.

Christiane Wentzel erhielt hier Raum, um ihr Unbehagen mit der neuen Rolle auszudrücken, in die sie sich, ihren Mann und dessen Bruder offenbar gedrängt sah. Ihre Position, sich „durch eigenes Vorbild" und die Kontaktaufnahme maßgeblich in die Befriedung dieser Missstimmung einzubringen, zeigt entgegen einer vermeintlich (schloss-)herrischen eine durchaus verantwortungs- und problembewusste Position gegenüber der komplizierten Gemengelage. Von wem sie dabei konkret nicht mit offenen Armen empfangen wurden, bleibt zwar offen, aber angesichts der vorher benannten Auseinandersetzung um die fraglichen Häuser gab es um die Wentzels und ihren wiedererlangten Besitz mindestens einen Konflikt von lokaler Reichweite.

Die Dimensionen der Rückkehr

Die ausgewählten Beispiele zeigen ein Spektrum auf, das Zustimmung und Ablehnung, Rückkauf und Restitution, neue Ansätze für die Bewirtschaftung und Altbewährtes umfasst. Wichtig ist, dass keines dieser Beispiele genauso ein zweites Mal zu finden ist. Weder war die Schilderung einheitlich, noch waren es die Bedingungen vor Ort. Eine Gegenüberstellung der friedlich wirkenden Rückkehr Alexander von Bismarcks und seiner Familie mit der umstrittenen Rückkehr Christoph von Kattes suggeriert zumindest eine sich die Waage haltende Berichterstattung. Die Fundamentalopposition, die die Überschrift des oben zitierten Artikels „Die Kattes wollen ihren See zurück – ein Dorf wehrt sich" unterstellt, spiegelt sich in den Ausgaben der „Mitteldeutschen Zeitung" für Halle und den Saalekreis und der „Volksstimme" für die 1990er-Jahre nicht wider.[12] Nur ein weiterer Artikel zu einem konkreten örtlich begrenzten, aber gänzlich anderen Konflikt war dort zu finden: Hier stritten zwei Wiedereinrichter, also Landwirte, die schon einmal am gleichen Ort selbstständig gewesen

12 Diese Erkenntnis basiert auf einem Teil der Masterarbeit des Autors. Durch eine Inhaltsanalyse der Zeitungsartikel konnte festgestellt werden, dass die überwältigende Mehrheit der Beiträge eher positive Einstellungen und Ansichten über Rückkehrer:innen enthielt.

waren, und ein Rückkehrer um Pachtflächen, was martialisch mit der Überschrift „Schlacht um die Pacht“ versehen wurde.[13]

Ein wichtiger Grund für diese wohlwollende Tendenz der Berichterstattung liegt in der Art und Weise, wie die Lokalpresse historische Bezüge in den 1990er-Jahren einsetzte, um die Verbindung mit Land und Leuten darzustellen, und dadurch auch zur Legitimität der Rückkehr beitrug. Das wesentliche Merkmal dieser historischen Bezüge ist die Abwesenheit der DDR oder die negative Tendenz entsprechender Erwähnungen sowie die positive Bezugnahme auf eine Zeit vor der Enteignung. Diese reicht dann gleich, wie im Fall der Familie von Bismarck, bis ins Mittelalter (1344) zurück und wurde dann durch die Enteignung lediglich unterbrochen. Dabei handelt es sich um ein spezifisches Geschichtsbild, das sich auch in Selbstzeugnissen von Rückkehrer:innen wiederfindet. Christoph und Elisabeth von Katte beziehen sich etwa im bereits zuvor zitierten Aufsatz auf einen ehemals im Herrenhaus verbauten Findling, der die Inschrift „Jahrhunderte auf Felsen, ewig auf Gott 1859“ trägt:

> „‚Ewig auf Gott‘ – was sind schon 40 Jahre in einer Geschichte von mehr als 800 Jahren. Wie oft haben unsere Vorfahren Haus und Heimat verloren und doch nicht aufgegeben.“[14]

Zugleich ist es ihnen aber offenbar wichtig zu betonen, dass diese gerade vergangenen 40 Jahre auch keinen negativen Einfluss auf die Beziehung zu den Menschen vor Ort hatten:

> „Der Friedhof ist von unseren Nachbarn aufgerichtet, gesäubert, liebevoll bepflanzt worden, auf den Knien, mit den Händen und einem kleinen Trabbi, der die Baustoffe den Berg zum Friedhof hochgefahren hat. Ohne uns ein Wort zu sagen [...]. Wohl jeder, der zurück-

13 Heidi Pohle, Die Schlacht um die Pacht, in: Mitteldeutsche Zeitung (Ausgabe Halle und Saalekreis), 26. 3. 1996, S. 3.

14 Christoph von Katte/Elisabeth von Katte, Die Familie von Katte und die Gutsanlage Hohenkamern, in: Bruno J. Sobotka (Hrsg.): Burgen, Schlösser, Gutshäuser in Sachsen-Anhalt, Witten (Ruhr) 1994, S. 128–131, hier S. 128.

kommt, kann von solchen Erlebnissen berichten und bekommt Kraft und Zuversicht.“[15]

Diese Darstellung stellt die Verbundenheit und Zugewandtheit der örtlichen Bevölkerung gegenüber den Rückkehrer:innen als ein breites Phänomen dar, von dem jeder berichten könne. Darin liegt beinahe etwas von einer vorauseilenden Rekonstruktion – gewissermaßen ein Beitrag zur Wiederherstellung des alten Zustands. Besonders in diesem Fall geht dies sicherlich an einigen Problemen und damit an der Realität vorbei, zeigt aber ein starkes Harmoniebedürfnis. Die Tatsache, dass aus einem kurzen Artikel zu den konflikthaften Aspekten der Rückkehr der Familie von Katte keine Serie wurde, kann auch so gedeutet werden, dass die Lokalreporter:innen hier nicht weiter Öl ins Feuer gießen wollten.

Gleichzeitig wurden historische Bezugspunkte auch ohne jahrhundertelange Familiengeschichten zur Untermauerung der Legitimität der Rückkehrer:innen genutzt, wie das Beispiel der Familie Wentzel zeigt. Carl Wentzels Ermordung durch das NS-Regime wurde dafür ebenso erwähnt wie seine wirtschaftlichen Erfolge, wenn ein anderer Artikel etwa ankündigt, dass „Wentzels Gut künftig von alter Stabilität und Größe“[16] sein werde.

Ein weiterer Grund für die positiv klingende Tendenz in der Berichterstattung liegt in der eigentlichen Nachricht, die mit der Rückkehr einhergeht: Es tut sich etwas. Häuser wurden renoviert, wirtschaftliche Konzepte zur Nutzung vorgelegt. Diese Botschaft ist im Kontext der unmittelbaren Nachwendezeit von so großer Bedeutung, weil vielerorts Stillstand und Verfall dominierten, der in der Lokalpresse von Zeit zu Zeit euphemistisch als Dornröschenschlaf bezeichnet wurde.[17] Um die Konsequenzen dieser nicht allzu märchenhaften Leerstände einordnen zu können, muss man sich die Bedeutung der Gutshäuser vor Augen führen: Während der

15 Ebenda.

16 Eva Prase, Wentzels Gut künftig von alter Stabilität und Größe, in: Mitteldeutsche Zeitung (Ausgabe Halle und Saalekreis), 17. 8. 1991, S. 5.

17 Vgl. dazu u. a. Gunther Immenhoff, „Perle des Südharzes“ kann sich einen Dornröschenschlaf nicht leisten, in: Mitteldeutsche Zeitung (Ausgabe Halle und Saalekreis), 19. 1. 1991, S. 3.

Jahrzehnte nach 1945 wurden die Wohnhäuser der ehemaligen Eigentümer:innen verschiedentlich umfunktioniert. Als Herren- und Gutshaus – je nach Größe und Geschichte auch als Schloss bezeichnet – verkörperten sie alles, wogegen sich die Propaganda des SED-Regimes richtete. Sie waren Symbole einer gänzlich anderen Eigentums- und Gesellschaftsordnung. Deshalb war ihr weitgehender Erhalt wohl mehr der Tatsache geschuldet, dass sie nach Kriegsende als Unterkunft für Geflüchtete aus den ehemaligen deutschen Ostgebieten („Umsiedler“) und danach als Altenheime („Feierabendheime“), Wohnungen und Büros dienten.[18] Viele dieser Funktionen endeten mit der DDR: sei es aus eigentumsrechtlichen Gründen, weil Personal abgebaut wurde oder der bauliche Zustand eine Weiternutzung nicht mehr zuließ. Häufig standen dann Gebäude leer, die zuvor das räumliche und meist auch das wirtschaftliche Zentrum vieler Dörfer dargestellt hatten. In einigen Fällen, besonders in sehr ländlichen Gegenden, ist das ein bis in die Gegenwart andauernder Zustand.

Eine Wiederbelebung der Gebäude bedeutete angesichts der, wie im Falle der Familie von Bismarck konstatierten, akuten wirtschaftlichen Entlastung der Gemeinden – so sie denn Eigentümerinnen der Liegenschaften waren – auch eine Perspektive für die Zukunft. Für alle an dieser Stelle bekannten und vergleichbaren Fälle gilt im Übrigen, dass die Rückkehr als nachhaltig im Sinne von bis in die Gegenwart andauernd bezeichnet werden kann. So gesehen waren die Rückkehrer:innen erfolgreich.

Die unbewusste Koalition und ihre Schattenseiten

Es existierte also in den 1990er-Jahren – zumindest bei den zitierten Zeitungen – eine große Übereinstimmung zwischen der normativen Stoßrichtung und argumentativen Ausformung der Berichterstattung über die Rückkehrer:innen und deren Selbstdarstellung. Letztere wurde mitunter einfach durch wörtliche Zitate übernommen. Vor diesem Hintergrund

18 Vgl. Konrad Breitenborn/Manfred Wille, „Fort mit der Junkerherrschaft!“ Die Bodenreform in Sachsen-Anhalt, in: Fikentscher/Schmuhl (Hrsg.): Bodenreform, S. 19–74, hier S. 73.

kann durchaus von einer Koalition gesprochen werden. Eine absichtsvolle Handlung im Sinne von Absprachen oder Medienstrategien zu unterstellen, wäre jedoch unzulässig, da es für ein solch generelles Vorgehen keine Belege gibt. Die Familien von Bismarck und Wentzel haben allem Anschein nach aber sehr wohl den persönlichen Mehrwert einer „guten Presse" erkannt und sich entsprechend in Szene gesetzt. Von den 51 Artikeln, die die Grundlage für die hier getroffenen Aussagen bilden, wurden allein 22 (9 zu den von Bismarcks, 13 zur Familie Wentzel) zu diesen Fällen veröffentlicht. Der weitaus überwiegende Teil der Rückkehrer:innen kam somit mutmaßlich unbewusst in den Genuss einer tendenziell positiven Berichterstattung.

Für die Lokalpresse war diese Koalition vermutlich ebenso eine unbewusste. Über diese verhältnismäßig kleine Zahl von Artikeln lässt sich kein allgemeingültiger Hinweis auf eine generelle Absicht finden, dass hier eine positive Zukunftsvision für den ländlichen Raum durch Erfolgsgeschichten von Rückkehrer:innen geschaffen werden sollte.

Hier könnte die Geschichte zu Ende sein. Viele Interessengruppen und Einzelpersonen buhlten in den 1990er-Jahren um die Aufmerksamkeit der gesamtdeutschen freien Presse und damit auch um die der Lokalpresse. Einige erkannten oder nutzten ihre Chancen besser als andere. Diese Perspektive verkennt allerdings die historische Dimension der Rückkehr und besonders der Tatsache, dass es keine generelle Rückkehr gab. Vielmehr macht die Gruppe von Personen mit Restitutionsanspruch, ähnlich zu den nicht direkt Betroffenen, kaum einen Anteil von einem Prozent der Gesamtheit der landwirtschaftlichen Betriebe aus.[19] Mit dem Restitutionsausschluss besiegelte der Einigungsvertrag den Verlust der wirtschaftlichen Macht, die die Großgrundbesitzer:innen – egal ob adlig oder nicht – bis 1945 noch im Weber'schen Sinne als Chance zur Durchsetzung ihrer Interessen hatten. Selbst diejenigen, die noch genug Kapital für eine Rückkehr aufbringen konnten, nutzten die Chance, mediale Macht zu generieren, weitgehend nicht. Die Angehörigen der so endgültig

19 Vgl. Hans C. Löhr, Der Kampf um das Volkseigentum. Eine Studie zur Privatisierung der Landwirtschaft in den neuen Bundesländern durch die Treuhandanstalt (1990–1994), Berlin 2002, S. 165.

zersplitterten, ohnehin nie homogenen Gruppe sind „Menschen, denen ehemalige Gewissheiten gemeinsam mit ihren ehemaligen Lebensformen abhanden gekommen [sind]“.[20] Sie schreiben keine Geschichte mehr, sondern nur mehr Geschichten – und sind unter diesem Gesichtspunkt den Bürger:innen der ehemaligen DDR im Transformationsprozess wiederum ähnlicher, als es in der Berichterstattung bisweilen gewirkt haben mag.

20 Marcus Funk/Stephan Malinowski, Geschichte von oben. Autobiographien als Quelle einer Sozial- und Kulturgeschichte des deutschen Adels in Kaiserreich und Weimarer Republik, in: Historische Anthropologie. Kultur – Gesellschaft – Alltag 7 (1999) 2, S. 236–270, hier S. 247.

… ohne Ende?

ANNA HESSE

Die „Ostler" in Bonn

Ostdeutsche Bundestagsabgeordnete im Blick westdeutscher Printjournalisten zwischen 1990 und 1994

Katrin Göring-Eckardt ist eine, Frank Ullrich auch und Manfred Grund ist ebenfalls einer von ihnen. Wer das heutige politische Berlin gut kennt, kann dieses Rätsel schnell lösen: Es handelt sich bei den drei Personen um Bundestagsabgeordnete aus Thüringen. Sie vertreten im Parlament die Interessen ihrer Thüringer Wahlkreise, in denen sie verwurzelt sind, denn alle drei sind in der ehemaligen DDR geboren und dort sozialisiert worden. Dies trifft auch auf eine Reihe ihrer Kolleginnen und Kollegen im Deutschen Bundestag zu, die Wahlkreise beispielsweise in Sachsen oder Brandenburg vertreten. Macht sie dieser Umstand, ungeachtet von Parteigrenzen, zu einem gewissen Typus eines Politikers beziehungsweise einer Politikerin? Heute würde man eher nicht auf die Idee kommen, sie als Gruppe zu betrachten und unter dem Sammelbegriff der Ost-Abgeordneten zu fassen. Anfang der 1990er-Jahre war das anders: Damals waren die sogenannten „Ostler in Bonn" ständig im Gespräch. Gemeint waren damit Abgeordnete, die für ihre Wahlkreise in den neuen Bundesländern im Dezember 1990 in den Bundestag eingezogen waren, der sich zu jener Zeit noch tief im Westen der Republik, in Bonn, befand. Als neue politische Akteurinnen und Akteure auf der Bonner Bühne standen sie unter besonderer Beobachtung. Ihre Sozialisation in der DDR, ihre unterschiedlichen Wege in die Politik und ihr scheinbar anderer Politikstil machte sie für die damaligen Journalistinnen und Journalisten besonders interessant.

Die Printjournalisten der „Zeit“ und des „Spiegel“, auf deren Artikel[1] hier näher eingegangen werden soll, waren langjährige Beobachter und Kenner des politischen Betriebes der alten Bundesrepublik. Gleichzeitig waren sie als Medienvertreter selbst Teil der „Bonner Republik“. So berichteten sie in ihren Artikeln und Kommentaren auch über die ostdeutschen Mitglieder des Bundestags (MdBs), die nach der Bundestagswahl am 2. Dezember 1990 in das Parlament eingezogen und dort bis zum Ende der Legislaturperiode im Oktober 1994 tätig waren.[2] Die erste Hälfte der 1990er-Jahre war eine Zeit großer Veränderungen: Mit der deutschen Einheit im Herbst 1990 durchlebte der Osten der Republik einen tiefgreifenden Wandlungsprozess, der die Bundespolitik vor Herausforderungen stellte. Der wirtschaftliche Umbau, der Umgang mit der DDR-Vergangenheit und die Frage, ob denn diese neue Republik auch einen neuen politischen Mittelpunkt, eine neue Hauptstadt, benötigte – all diese Fragen wurden im Bonner Bundestag diskutiert, und die ostdeutschen Abgeordneten mischten in jenen Debatten kräftig mit.

Wer ist ein Ost-MdB und wer nicht?

Doch bevor leidenschaftlich debattiert werden konnte, mussten im Bonner Plenarsaal nach der Bundestagswahl im Dezember 1990 erst einmal die Stühle näher zusammengeschoben werden, um Platz für 139 weitere Parlamentarier und Parlamentarierinnen aus CDU, SPD, FDP und nun auch PDS/Linke Liste und Bündnis 90/Die Grünen zu schaffen. Jene Männer und Frauen, zu denen zu dieser Zeit etwa Wolfgang Thierse, Gregor Gysi, Vera Lengsfeld (damals Wollenberger) oder auch Angela Merkel gehörten, vertraten im Parlament ihre Wahlkreise in den neuen Bundesländern. Schaut man sich die Biografien dieser Politikerinnen und Politiker aber genauer an, so zeigt sich, dass nicht alle Abgeordneten in der

1 Da es sich hierbei um Texte handelt, die – insofern der Name bekannt ist – von Männern verfasst wurden, wird bei den Sammelbezeichnungen auf die Verwendung der doppelten Paarform verzichtet.

2 Vgl. Peter Schindler, Datenhandbuch zur Geschichte des Deutschen Bundestages 1949 bis 1999, Bd. 2: Kapitel 7–13, Berlin/Baden-Baden 1999, S. 1565 f.

DDR sozialisiert worden sind: Unter den 139 MdBs gab es elf Männer und Frauen, die aus der alten Bundesrepublik stammten und nun einen Wahlkreis im Osten vertraten.[3] Dazu zählte etwa der CDU-Abgeordnete Gerhard Reddemann, der schon vor 1990 viele Jahre im Bundestag gesessen hatte, damals noch als Vertreter seines Wahlkreises in Nordrhein-Westfalen, von 1990 bis 1994 dann aber den Thüringer Wahlkreis 296 „Nordhausen – Worbis – Heiligenstadt" vertrat. Im vorliegenden Beitrag sollen diejenigen Frauen und Männer als ostdeutsche Abgeordnete verstanden werden, die ihre „erste Lebenshälfte" in der DDR verbracht hatten.

Was zeichnete diese Gruppe aus? Die Abgeordneten hatten jeweils unterschiedliche Erfahrungen im einstigen „Arbeiter- und Bauernstaat" gemacht. Zudem kamen sie aus ganz verschiedenen politischen Richtungen 1990 nach Bonn. Da waren diejenigen, die in der DDR bereits Mitglied einer sogenannten Blockpartei wie der CDU, der Liberal-Demokratischen Partei (LDPD) oder der Demokratischen Bauernpartei Deutschlands (DBD) gewesen sind, die als Ortsgruppenvorsitzende oder im Vorstand ihrer Partei Aufgaben übernommen hatten und die dann 1990 als CDU- oder FDP-Abgeordnete in den Bundestag einzogen. Dann gab es jene, die sich in der DDR in oppositionellen Gruppen und Kreisen engagiert oder dem kirchlich-oppositionellen Milieu angehört hatten, sich im Herbst 1989 Gruppen und Bewegungen wie dem Neuen Forum oder dem Demokratischen Aufbruch anschlossen oder direkt Parteien beitraten, um dann für SPD, CDU, FDP oder Bündnis 90 in den Bundestag einzuziehen. Und dann waren da noch die Abgeordneten der PDS-Fraktion, die sich vor allem aus ehemaligen SED-Mitgliedern zusammensetzte, wobei gut die Hälfte von ihnen schon in der DDR wichtige Funktionen innerhalb des Parteiapparates übernommen hatte. Dieser kurze Einblick in die Lebenswege der ostdeutschen Abgeordneten von 1990 bis 1994 verdeutlicht, dass es sich hierbei um eine „bunte Truppe" handelte – oder anders gesagt: Die Gemeinsamkeit der Ost-MdBs war es, einer stark heterogenen Gruppe anzugehören. Nichtsdestotrotz hatten sie alle – wenn

3 Zu den Zahlen siehe auch Adalbert Hess, Daten und Aspekte zur Sozialstruktur des 12. Deutschen Bundestages, in: Zeitschrift für Parlamentsfragen, 23 (1992) 2, S. 201–216, hier S. 202 f.

auch an unterschiedlichen Orten in Ostdeutschland und in unterschiedlichen Positionen – das Jahr 1989/90 durchlebt, ob am Zentralen Runden Tisch in Berlin, bei der Gründung einer neuen Partei-Ortsgruppe oder als Abgeordnete in der Volkskammer der DDR. Mit diesen politischen Vorerfahrungen im Gepäck zogen die ostdeutschen MdBs also kurz vor Weihnachten 1990 in den ersten gesamtdeutschen Bundestag ein.

Ein Ost-MdB in Bonn war also nicht gleich ein Ost-MdB. Analytisch betrachtet hatte ein MdB der CDU, was die politischen Vorerfahrungen betrifft, manchmal mit einem MdB der SPD mehr gemein als mit seinem ostdeutschen Fraktionskollegen mit „Blockparteihintergrund". Inwiefern fanden sich die skizzierten feinen Unterschiede auch in der zeitgenössischen Wahrnehmung der Kenner und Beobachter des politischen Bonns, der westdeutschen Journalisten, wieder? Ein Blick in Presseartikel, die in der Wochenzeitung „Die Zeit" und im Nachrichtenmagazin „Der Spiegel" zwischen 1990 und 1994 veröffentlicht wurden, gibt darüber Aufschluss. Die beiden überregionalen und auflagenstarken Blätter[4] hatten schon vor 1990 intensiv über das politische Leben in der Bundesrepublik berichtet und es kommentiert. In den für die Analyse ausgewählten Artikeln aus den 1990er-Jahren wurde über die Ost-MdBs im Parlament im Allgemeinen und in den Fraktionen im Besonderen berichtet. Ergänzend herangezogen werden einzelne Porträts von Abgeordneten, in denen die Journalisten sie mit ihren Kolleginnen und Kollegen im Bundestag verglichen.

„Die Neuen aus dem Osten"

Zeitgenössisch wurden diese MdBs von den Pressevertretern als Gruppe betrachtet und mit entsprechenden Sammelbegriffen beschrieben. Nimmt man diese Bezeichnungen genauer unter die Lupe, so lassen sich zwei Begriffsfelder ausmachen: Den ersten Topos bildet ihre Herkunft aus „dem

4 Diese beiden, der Regierungskoalition gegenüber eher kritisch eingestellten Blätter sind hier beispielhaft ausgewählt und stellen einen Ausschnitt aus der westdeutschen Medienlandschaft dar.

Osten“. Wenn in Presseartikeln von den „Ostabgeordneten“ oder „Ostpolitikern“ die Rede ist, so waren damit MdBs gemeint, deren Wahlkreise sich in den fünf neuen Ländern befanden. Mit der geografischen Verortung wurde ihnen sogleich eine Sozialisation in der DDR zugeschrieben.

So schreibt der „Zeit“-Journalist Gunter Hofmann in seinem Artikel aus dem Februar 1991 ganz allgemein erst von den „Abgeordneten aus den fünf neuen Ländern“, um sie dann, zwei Sätze später, synonym als „Abgeordnete aus der ehemaligen DDR“ zu bezeichnen.[5] Eine Feindifferenzierung findet, wie oben erwähnt, in dieser allgemeinen Beschreibung der Parlamentarierinnen und Parlamentarier nicht statt. Herkunft als Merkmal – das lässt sich auch in einem Artikel über die CDU-Fraktion aus dem Jahr 1992 nachlesen: Dort berichtet der „Spiegel“ über die „Ostler“ beziehungsweise „Ostchristen“ in der Fraktion, die ein wenig rebellieren würden.[6] Auf die unterschiedliche biografische Herkunft dieser MdBs wird aber nicht weiter eingegangen. Einzig bei der PDS-Fraktion sahen die Journalisten genauer hin: In einem Artikel über Streitigkeiten innerhalb der Fraktion im Jahr 1991 wird über die „West-Abgeordneten“ beziehungsweise „Westdeutschen“ unter den Genossen berichtet, die zwar die neuen Länder vertraten, aber nicht in der DDR sozialisiert worden sind.[7]

Der zweite Topos, der sich hinter den Zuschreibungen durch die Journalisten verbirgt, ist die Idee von neuen Akteurinnen und Akteuren: als Individuen in einer neuen Aufgabe und als zusätzliches Personal auf der Bonner Bühne. Diese standen den „Alteingesessenen“[8] gegenüber, was die Vorstellungen von den ostdeutschen MdBs als „taufrische Akteure“ nur noch verstärkte. So wurde auch eine gewisse Angela Merkel, MdB aus der CDU-Fraktion, in einem „Zeit“-Artikel 1991 als „Neupolitikerin“ bezeichnet.[9]

5 Gunter Hofmann, Wer nicht spurt, wird abgekanzelt. Die Neulinge im althergebrachten Parlament stoßen auf Hochmut und Besserwisserei, in: Die Zeit, Nr. 7, 8. 2. 1991, S. 12.

6 O. V., Mal nein sagen, in: Der Spiegel, Nr. 28, 5. 7. 1992, S. 26.

7 O. V., Hand im Feuer, in: Der Spiegel, Nr. 44, 27. 10. 1991, S. 40.

8 Hofmann, Wer nicht spurt.

9 Gunter Hofmann, Des Ostens gesammelte Verwunderung, in: Die Zeit, Nr. 34, 16. 8. 1991, S. 3.

Wolfgang Thierse im Ost-Berliner Büro der SPD der DDR, zu deren Vorsitzenden er damals gerade gewählt worden war, 13. 6. 1990.
Bundesstiftung Aufarbeitung, 90_0613_006, Fotograf: Klaus Mehner

Oftmals kombinierten die Journalisten auch beide Topoi miteinander, sodass die MdBs, gleich welcher Partei sie angehörten oder welche (bedeutende) Rolle sie im Umbruchjahr 1989/90 schon gespielt hatten, als die „Neuen aus dem Osten" bezeichnet wurden. Die Journalisten verwendeten zeitgenössisch also eine Gruppenbezeichnung, die sich aus einer geografischen Großkategorie – „der Osten" – und der Qualität, ein neuer Akteur innerhalb der Parlamentsarena zu sein, zusammensetzte. Über die Dauer der Legislatur verloren die MdBs dieses Etikett nicht: Auch 1994, vier Jahre später, waren sie immer noch „parlamentarisch[e] Neuling[e]" und trotz ihres zeitweiligen Wohnortswechsels nach Bonn immer noch die „Ostabgeordneten".[10]

Das Etikett des „Ostlers" taucht auch in Porträts über einzelne Politikerinnen und Politiker auf, wie beispielsweise in Berichten über Wolfgang

10 O. V., Aufs Arbeitsamt, in: Der Spiegel, Nr. 41, 9. 10. 1994, S. 72–73.

Thierse (SPD).[11] Hier wurde aber auf einen der erwähnten Topoi verzichtet: Die Journalisten bezeichneten ihn eben nicht als Neuling im politischen Betrieb. Für sie gehörte anscheinend dieser in den Medien stark präsente Akteur auch schon Anfang der 1990er-Jahre zum Inventar des Bonner Betriebes. So war jener Ost-MdB Thierse, der erst im Januar 1990 überhaupt Mitglied der Sozialdemokratischen Partei in der DDR (SDP) wurde, seit September 1990 stellvertretender Parteivorsitzender der SPD.

Bonner sein oder nicht sein

Was machte für die Journalisten einen „Ostler“ aus? Sie sahen sie vor allem als Politikerinnen und Politiker, die aus dem Rahmen fielen und nicht in die üblichen Schemata passten. Wie in ihren Berichten deutlich wird, sei den Ost-MdBs anscheinend ein anderer politischer Stil zu eigen: Sie würden die Dinge hinterfragen, gar ganz anders denken, wie Gunter Hofmann in der „Zeit“ beschreibt. Dabei würde ihnen aber die „Fähigkeit der Westpolitiker zur Selbstdarstellung“ fehlen.[12] Demzufolge könne man sie in keine Schublade einordnen. Die Ost-Abgeordneten erinnern die Journalisten gar an die Grünen, die sieben Jahre zuvor, 1983, ebenfalls erstmalig in den Bonner Bundestag eingezogen waren und mit Topfpflanzen und Gesundheitssandalen die Bonner Routine aus dem Takt gebracht hatten. In den Beschreibungen der Journalisten findet sich auch das Narrativ von Abgeordneten zweiter Klasse wieder: Ein „Spiegel“-Journalist bezeichnet die Ost-Abgeordneten innerhalb der CDU-Fraktion noch im Jahr 1992 als die „lange untergebutterten Bundestagsneulinge aus der Ex-DDR“.[13] In ihren Berichten benutzen die Journalisten immer wieder das Bild der zwei Welten: Da gebe es zunächst die Bonner Welt mit ihren etablierten Codes, nicht nur für das Parlament als solches, sondern für die politische Szenerie der alten Bundesrepublik insgesamt. Die „feinen

11 Vgl. dazu z. B. das Porträt über Thierse: Klaus Hartung, Der Zweifel ist sein Erfolgsrezept, in: Die Zeit, Nr. 36, 28. 8. 1992, S. 2.

12 Hofmann, Verwunderung.

13 O. V., Mal nein sagen.

Unterschiede" müssten sich die Ost-MdBs noch „erschließen".[14] Die andere Welt, so wird es impliziert, sei die Welt, aus der die Ost-MdBs kamen, die DDR. Mit der Bonner Welt würden die MdBs „fremdeln", so ein weiteres Narrativ, das in den Berichten häufig auftaucht. In der Wahrnehmung der Journalisten passen auch politisch an Bedeutung gewinnende Akteure wie zum Beispiel Wolfgang Thierse 1991 noch nicht so recht ins Bild der Bonner Politik, auch wenn sie nun ein Teil von ihr sind, wie sie gleichzeitig feststellen:

> „Unter den Bonner Notablen wirkt der ‚Quoten-Ossi' (Thierse) vom Prenzlauer Berg immer noch auf sympathische Weise deplatziert, besonders wenn er wie sie Schlips und Kragen trägt. [...] Aber er gehört dazu."[15]

Gleichwohl wird aber messerscharf beobachtet, dass sich einige bei der Eingewöhnung in diese Welt leichter tun würden als andere: Dies seien Abgeordnete „aus den Blockparteien, aus dem konservativen Lager".[16] Demgegenüber wird wiederholt mit der Frage gespielt, ob Ost-MdBs nun schon richtige „Bonner" seien. Darunter verstanden die Journalisten Parlamentarier und Parlamentarierinnen, die eben nicht aneckten und sich dem Fraktionszwang unterwerfen würden, auch auf die Gefahr hin, sich deshalb verstellen zu müssen und an Authentizität zu verlieren.

„Ex oriente nix?"

Mit dem Einzug der Ost-MdBs in den Bundestag hatte sich die Bonner Welt also neu sortiert; es regte die Journalisten dazu an, anders auf diesen Politikbetrieb zu schauen. Das Dazukommen der „Neuen aus dem Osten" löste in Bonn scheinbar etwas aus – beginnend bei den Journalisten. Die rhetorischen Fähigkeiten eines Wolfgang Thierse zum Beispiel,

14 Hofmann, Verwunderung.

15 O. V., Fast ein Sakrileg, in: Der Spiegel, Nr. 7, 10. 2. 1991, S. 37.

16 Ebenda.

die er im Parlament unter Beweis stellte, versetzten die Journalistinnen und Journalisten ins Staunen und regten sie zur Reflexion über die gegenwärtige parlamentarische Kultur an: So bezeichnet der „Spiegel“ Thierses Eloquenz als „immer seltener gewordene Begabung“, die „wiederbelebt“ worden sei. Damit, so heißt es, „[schien e]ine verschollene Parlamentarierspezies [...] in den Bundestag zurückgekehrt“.[17] Ferner lässt sich feststellen, dass es im Aufeinandertreffen zwischen Journalistinnen und Journalisten und den ostdeutschen Parlamentarierinnen und Parlamentariern zu einer Rollenverschiebung gekommen war: Die Ost-MdBs sind dort diejenigen, die das politische Bonn beobachten und einschätzen, und das aus einer neuen, anderen Perspektive. So berichtet der „Zeit“-Journalist Hofmann von Gesprächen, in denen die Ostdeutschen zu dem Schluss gekommen sind, dass in der bundesrepublikanischen Politik vieles eine Frage des Images beziehungsweise der Selbstdarstellung sei. Jene Einschätzung animierte den Journalisten daraufhin zur Selbstreflexion: „Man wird stutzig beim Zuhören. Ist es nicht so, daß man verlernt, nach den wirklichen Unterschieden hinter den Scheindifferenzen zu suchen?“[18]

Liest man zwischen den Zeilen der Presseberichte, so kann man feststellen, dass der Diskurs über die Ost-MdBs bestimmte narrative Funktionen hatte. Diese lassen sich in drei Aspekten zusammenfassen. Ost-MdBs einzuordnen und den Umgang mit ihnen zu thematisieren, ermöglichte es erstens den Journalisten, direkt oder indirekt Kritik an der bestehenden parlamentarischen Kultur in Bonn zu üben. Indem sie aufzeigen, wie wenig einige Ost-MdBs gehört oder wie sehr sie gar „untergebuttert“ werden, wie zuvor im Fall der CDU-Abgeordneten beschrieben wurde, zeichnen sie das Bild eines ignoranten Parlamentes. Dort scheint es unmöglich zu sein, als neuer Akteur mit neuen Ideen Akzente zu setzen. „Bonn“ wird hier zum Sinnbild eines ergrauten, unflexiblen Ortes der Demokratie, der Veränderungen mürrisch gegenübersteht.

Im Kontrast dazu werden Ost-MdBs, wie zum Beispiel für Wolfgang Thierse oben beschrieben, zweitens als ein Idealtyp eines Parlamentariers

17 Ebenda.

18 Hofmann, Verwunderung.

stilisiert. Auch wenn sie das zu Idealistinnen und Idealisten macht, die in der Bonner Welt ein wenig fehl am Platz wirken, mindert dies nicht die Strahlkraft des Bildes. Ebenjene Ost-MdBs mit ihren Idealen scheinen in Bonn deshalb keine Chance zu haben, da dieser Ort anderen Logiken unterworfen ist, die eben nicht diesem Ideal entsprechen, sondern, wie beschrieben, reformbedürftig sind.

Letztlich führt die Beschäftigung mit den Ost-MdBs die Journalisten drittens zu der Frage, was denn eigentlich diese Bonner Welt ausmache und in welche Richtung sie sich verändern werde. Dabei schließen sie sich selbst als Akteure in dieses System mit ein. Ergebnisoffen und selbstkritisch reflektieren die (westdeutschen) Journalisten aus der alten Bundesrepublik ihre Gegenwart:

> „Man sieht hin und hört zu und erkennt die Meriten und Macken des untergehenden Parlaments, der überdominierenden Parteien, der hochgezüchteten Mediengesellschaft im Spiegel. Die Neuen aus dem Osten, die den ersten Schock mit alledem hinter sich haben und jetzt urlauben in Kalifornien oder Italien, versichern immer noch, sie wollten lernen. Die aus dem Westen, wir, sollten wenigstens die Frage an uns heranlassen, warum wir so sind, wie wir sind.“[19]

So prognostiziert der „Zeit“-Journalist Christian Wernicke im September 1990, dass sich „Bonn“ durch das Dazukommen der ostdeutschen Abgeordneten nachhaltig verändern würde:

> „Also in Bonn alles wie gehabt? Ex oriente nix? Nein, der Bundestag wird mehr innere Veränderungen erleben als nur Jungfernreden in breitestem Sächsisch und Abgeordnete, die in Sandalen mit Socken oder in abgetragenen Anzügen die Kleiderordnung ähnlich strapazieren wie einst die Grünen.“[20]

19 Ebenda.

20 Christian Wernicke, Vorhut im Wasserwerk. Wer geht bis zu den Bundestagswahlen nach Bonn?, in: Die Zeit, Nr. 38, 14. 9. 1990, S. 10.

Impulsgeber aus dem Osten

Dieser kurze und gleichwohl unvollständige Einblick in die zeitgenössische Berichterstattung lässt das Fazit zu, dass die ostdeutschen Abgeordneten von den Journalisten als besondere Akteure wahrgenommen und beschrieben wurden. Dabei wurde ihr DDR-Hintergrund selten differenziert betrachtet. Es überwog die Wahrnehmung einer semi-homogenen Gruppe: Die Abgeordneten zeichneten sich für die Journalisten durch ihre Herkunft und Verankerung im Osten der Republik und dadurch aus, neue Akteure im politischen System zu sein. Ihnen sei zudem ein anderer politischer Stil zu eigen. Die Journalisten thematisierten die Ost-MdBs und gaben ihnen somit die Aufmerksamkeit, die diesen aus ihrer Sicht im Bundestag verwehrt worden war. Sie schrieben ihnen eine bestimmte Rolle in ihrem Bonner Bühnenstück zu: als die Neuen, die der „Bonner Welt“ den Spiegel vorhielten. Die fast schon emphatische Berichterstattung über die Ost-MdBs ermöglichte es den Journalisten, den parlamentarischen Betrieb insgesamt zu kritisieren und das Bild eines alten, behäbigen Parlaments zu zeichnen. Letztlich waren die Ost-MdBs für sie ein Impulsgeber: Die Journalisten reflektierten von nun an anders über ihre Gegenwart. Sie verstanden intuitiv, dass der Transformationsprozess im Osten die Bundesrepublik insgesamt veränderte.

ALEXANDER MENNICKE

„Der Rest von Leipzig"

Geschichtsaneignung und konstruierte Kontinuität im Fußballstadion

Am Rande des Auwaldes, des grünen Bandes, das sich durch Leipzig zieht, erhebt sich eine große doppelrangige Tribüne, die der Schriftsteller Clemens Meyer als „Fels in Leipzig-Leutzsch"[1] bezeichnet. Es ist der sogenannte Norddamm, Teil des Fußballstadions Alfred-Kunze-Sportpark.[2] Seit den 1970er-Jahren sind die steinernen Stufen die Anlaufstelle der Anhänger:innen der Betriebssportgemeinschaft (BSG) Chemie Leipzig, und auch heute stehen die Fans dicht an dicht. Fahnen wehen über den Köpfen, ein Anstimmer mit Megafon steht leicht erhöht vor den Zuschauer:innen, die immer wieder springen, klatschen und ihre Stimmen zu einem Chor vereinigen. Gemeinsam singen sie:

> „Schieß für uns ein Tor, Chemie, schieß für uns ein Tor, hol' uns heute die 3 Punkte, Großes steht uns noch bevor! Oh Chemie Leipzig, du siegst im Kunze-Sportpark, für den grün-weißen Mythos, so wie es

1 Clemens Meyer, Norddamm, in: Alexander Mennicke (Hrsg.), 100 Jahre Alfred-Kunze-Sportpark, BSG Chemie Leipzig e. V., Leipzig 2023.

2 Noch zu Lebzeiten benannt nach Alfred Kunze (8. 9. 1909–19. 7. 1996). Er galt als einer der besten Fußballlehrer der DDR und führte Chemie Leipzig 1964 zur DDR-Meisterschaft und 1966 zum Pokalsieg. Sportlich hoch geachtet, wurde ihm immer wieder fehlende Systemnähe vorgeworfen. In Leutzsch gilt er als die wohl größte und bekannteste Vereinsikone. Erst in den letzten Jahren wurde seine NSDAP-Mitgliedschaft Teil des Diskurses. Eine Aufarbeitung findet im Verein aktuell statt.

einmal war. Der Rest von Leipzig, wie 1964, mit Trainer Alfred Kunze, in unserm Meisterjahr …“

Der Akt des Singens ist die einfachste und niedrigschwelligste Partizipationsmöglichkeit innerhalb der Fankultur. Es bedarf keiner Gesangsausbildung oder Fähigkeiten im Notenlesen, um mitzumachen. Die Texte sind meist simpel und schnell verinnerlicht. Gerade diese einfache Teilnahme schafft Gemeinschaft und lässt Individuen im Kollektiv aufgehen. Dabei drücken die Fangesänge gemeinsames Wissen aus, auf das sich die Singenden, trotz aller Unterschiede, einigen können und das mit Inhalt besetzt ist, der eine eigene Sinnwelt artikuliert. Im konkreten, vorliegenden Fall scheint der angeführte Gesang nur auf den ersten Blick ähnlich zu sein zur typischen, auf Vereinsgeschichte beruhenden Fanfolklore, wie sie in ganz Deutschland, ja auf der ganzen Welt zelebriert wird. Der Text ist Teil einer idealisierten Vereins- und Fanidentität, die ihren Ursprung in der DDR-Sportgeschichte und, wichtiger, in einem oppositionellen Habitus der BSG Chemie Leipzig hat. Der Gesang verbildlicht, so die hier zu prüfende These, einen vielschichtigen Übersetzungsprozess der DDR-Fußballgeschichte ins Jetzt. Die Fans konstruieren in ihrer Selbstwahrnehmung eine – wenngleich mythologisierte – Kontinuität von Geschichte und Identität. Die Beteiligten eignen sich die Fan- und Vereinsgeschichte in der DDR so über den Sport hinaus an, um eine Gemeinschaft zu erzeugen, die Rollenbilder und -erwartungen prägt. Der vorliegende Text, der ebendiese Gemeinschaft in den Blick nimmt und dabei individuelle Abweichungen einzelner Fans vernachlässigt, soll genau diese Zusammenhänge und ihre historische Grundlage vorstellen und nachzeichnen. Es geht dabei in erster Linie um Fanpräsentationen, über die Wissen vermittelt und ein Kollektiv geschaffen wird.

Fußball in der DDR

Heute bemühen sich die nationalen und internationalen Sportverbände stets, wenn auch wenig glaubhaft, die Stadien frei von Politik zu halten und politische Äußerungen von Funktionär:innen, Spieler:innen oder Fans zu sanktionieren. Für die DDR-Führung aber stand der Sport als politische Arena niemals zur Disposition. Natürlich im Sinne der Partei. Mehr noch sollte über den Sport an der Maxime der Schaffung eines „neuen Menschen“ gearbeitet und die Werte der Gesellschaft vermittelt werden. Entsprechend lautete das Motto des 1948 gegründeten Deutschen Sportausschusses: „Sportler sein ist gut – Sportler und fortschrittlicher Mensch sein ist besser“. Der Fußball, in seiner Verfasstheit als Mannschaftssport bereits mit einem Kollektiv verbunden und darüber hinaus der bekannteste und beliebteste Sport weltweit, stand entsprechend im besonderen Fokus von Partei und Bezirksverwaltungen. So waren – nach der Auflösung aller Vorkriegsvereine durch den Alliierten Kontrollrat – neue Vereine[3] an verschiedene Trägerbetriebe und -organisationen angebunden, die für die Ausstattung und Unterstützung dieser Zusammenschlüsse zuständig waren. In Leutzsch entstand zunächst die Sportgemeinschaft (SG) Leipzig-Leutzsch, aus der die Zentrale Sportgemeinschaft (ZSG) Industrie wurde und aus der wiederum 1950 die BSG Chemie Leipzig. Angebunden an die chemische Industrie im Leipziger Westen gewann die BSG Chemie 1951 auf Anhieb die DDR-Meisterschaft. Bedeutungsschwanger hieß es in der Wochenschau „Der Augenzeuge“: „Der neue Meister verpflichtet sich, auch im Kampf für den Frieden Vorbild zu sein.“[4] Aussagen wie diese stehen stellvertretend für den politisierten DDR-Sport, in dem Transparente, Ansprachen oder Texte im Stadion ebenso omnipräsent waren wie die antifaschistische Staatsdoktrin.

Doch staatliche Einflussnahme hieß nicht nur Propaganda. Teil des Spiels waren auch politisch motivierte Eingriffe in den Fußballalltag, wie etwa die Delegierung einzelner Spieler, ihre Sperrung für die höchste Liga (Oberliga) oder für den Spielbetrieb generell, die Versetzung ganzer Mannschaften in andere Städte oder gar deren Auflösung. Parteifunktionär:innen innerhalb der Vereine sollten politische Linientreue und Integration ins sozialistische Kollektiv sicherstellen. Dem Interesse der Partei

3 Die Bezeichnung „Verein“ dient hier der Vereinfachung. Mit dem heutigen Vereinswesen und dessen Organisation hatten die Gemeinschaften bis 1990 keine Gemeinsamkeiten.

4 Der Augenzeuge – DEFA-Wochenschau, Nr. 23/1951.

und ihrer Vertreter:innen hatten sich alle unterzuordnen – auch in Leipzig-Leutzsch, von wo mitten in der Saison 1952/53 gleich die besten acht Spieler zum Sportverein Vorwärts der Kasernierten Volkspolizei Leipzig wechseln mussten, der politisch auserkoren war, zum Aushängeschild der Stadt zu werden. Derartige Interventionen sorgten für Missstimmung unter den Fußballfans und waren Grund für Unmutsäußerungen, Proteste und Ausschreitungen.

Die Leutzscher Legende

Schon zu Beginn der 1950er-Jahre entstand durch Verbandsstrafen und sportpolitische Maßnahmen unter den Fans in Leutzsch das Gefühl, „die da oben wollen uns nicht“. Verstärkt wurde dieser Eindruck nach dem Entzug des Oberligaspielrechts 1954. Auf einer landesweiten Sportkonferenz waren Leistungskonzentrationen an bestimmten Standorten (Sportclubs) nebst Privilegierung beschlossen worden. Ziel war es unter anderem, internationale Wettbewerbsfähigkeit herzustellen, um die Überlegenheit des Sozialismus unter Beweis zu stellen. Alle Spieler der BSG Chemie wechselten gezwungenermaßen geschlossen zum neu gegründeten SC Lokomotive Leipzig. Im Sportpark in Leutzsch gab es daher zwischen 1954 und 1963 nur mehr unterklassigen Fußball vor wenigen Zuschauer:innen.

Allen steuernden Eingriffen zum Trotz blieb der Leipziger Fußball Ende der 1950er- und zu Beginn der 1960er-Jahre weit hinter den Erwartungen zurück. Darum beschloss der Bezirksvorstand Leipzig des Deutschen Turn- und Sportbundes die Einrichtung eines neuen Leistungszentrums im Stadtteil Probstheida. Beim Leutzscher Rivalen SC Leipzig wurden die Ressourcen und die leistungsstärksten Spieler gebündelt. Im Zuge dessen bekam die BSG Chemie Leipzig das Oberligaspielrecht zurück und sollte unter Trainer Alfred Kunze die Saison 1963/64 bestreiten – ihm standen die nach einem Sichtungslehrgang offiziell aussortierten und nominell schlechteren Spieler zur Verfügung. Diese wurden fortan unter der Bezeichnung „Der Rest von Leipzig“ bekannt. Kunze nutzte genau diese Formulierung zur Motivation und formte aus der als Abstiegskandidat gestarteten Mannschaft ein Team, das letztendlich die Meisterschaft

Abb. 1: Auf Händen getragen: Alfred Kunze feiert gemeinsam mit vielen Fans die sensationelle Meisterschaft von 1964.
Westend-Presseagentur

erringen konnte – zur Verwunderung der Außenstehenden und zur Begeisterung der Fans.

Die Aneignung der politisch motivierten Aussortierung der Leutzscher Spieler als „Rest von Leipzig" schuf Zusammenhalt und Siegeswillen innerhalb des Teams, genauso wie es seinen widerständigen Ruf festigte, der auf viele Fans anziehend wirkte. Diese sahen in der neuen Mannschaft und ihrem Erfolg – 1966 kam noch der FDGB-Pokalsieg hinzu[5] – eine Art Aufbegehren gegen die Obrigkeit und eine Möglichkeit des Protestes gegen das SED-Regime. Auch viele Anhänger:innen betrachteten sich als „Rest von Leipzig" und verstanden sich damit als oppositionell. Ein Fan formulierte es so:

5 Der Pokalwettbewerb, unter der Schirmherrschaft des Freien Deutschen Gewerkschaftsbundes (FDGB) ausgespielt, war das Äquivalent zum westdeutschen und noch heute ausgetragenen DFB-Pokalwettbewerb des Deutschen Fußball-Bundes.

> „Es war so rappelvoll beim ersten Spiel gegen Aue, unglaublich. Schon beim ersten Vorbereitungsspiel gegen DHfK [Fußballmannschaft der Deutschen Hochschule für Körperkultur] waren 5000 Leute auf der Nordanlage da, das war schon reine Opposition wegen der ganzen Verfahrensweise. Die Aussortierung war unvergessen, das war ein Politikum für uns. Also war ganz klar, dass wir dahingehen, und es kamen auch viele Leute mit, die vorher gar nicht zum Fußball gegangen sind. Unsere ganze Abi-Klasse stand da vor der Tribüne.“[6]

Es war eine Haltung, die sich in der Lebenswelt der Chemiefans in den nächsten zwei Jahrzehnten institutionalisierte. Auch, weil Chemie, ebenso wie andere Betriebssportgemeinschaften, stetig strukturell eingeschränkt und benachteiligt wurde. Zudem wurden die Anhänger durch das Ministerium für Staatssicherheit (MfS) beobachtet. Inoffizielle Mitarbeiter wurden teilweise unter Androhung von Gefängnisstrafen angeworben, nachdem sie zuvor im Rahmen von Fußballspielen verhaftet worden waren. Fanclubs standen in den 1980er-Jahren als nichtoffizielle, nichtstaatliche Organisationen unter besonderer Beobachtung. Regelmäßig wurden Berichte über die politische Zuverlässigkeit von Betroffenen erstellt und „Rowdys“ öffentlichkeitswirksam verurteilt.

Doch die Masse bot auch Schutz, und für Teile der Anhängerschaft wurde das Stadion zum Raum antistaatlicher Parolen. Gesänge wie „Ran an die Roten!“, „Schlagt dem Erich Mielke die Schädeldecke ein! Blut soll fließen, Blut soll fließen. Hoch lebe die Chemie-Republik!“, aber auch „Nur ein Leutzscher ist ein Deutscher“ oder „Wenn das der Führer wüßt’, was Chemie Leipzig ist, dann wär’ er nur in Leutzsch, denn Leutzsch ist deutsch!“ gehörten neben der Anfeuerung der Mannschaft zur Fanfolklore. Nationalistische oder rechtsradikale Sprüche provozierten wie nichts Vergleichbares den antifaschistischen Staat, waren aber auch Ausdruck neofaschistischer Gesinnung.

Die Weitergabe der Geschichte (von 1964) fungierte als Identitätsgrundlage, die sich über die Tradierung der mystifizierten Historie – die

6 Wolfgang Ulrich (Jg. 1944), hier zitiert nach Jens Fuge, Steigt ein Fahnenwald empor – Chemie Leipzig und seine Fans, Bd. I, Leipzig 2016, S. 99.

nun als „Leutzscher Legende" bekannt war – selbst immer und immer wieder reproduzierte und damit Gemeinschaft und Identifikation schuf. Folgendermaßen beschreibt der langjährige Fan Siegfried Müller (Jg. 1951) seine Sinnwelt:

> „Leutzsch war wie eine kleine Insel, wo man die DDR einfach draußen gelassen hat. Man fühlte sich wie unter Oppositionellen, obwohl man es natürlich nicht war. Auch die Leute, mit denen ich zu Chemie gegangen bin, schimpften wie Rohrspatzen auf die DDR-Sportpolitik, obwohl sie selber Funktionäre des Staates waren. Man fühlte sich schon als etwas Besonderes, obwohl das ganz sicher nur subjektiv so war."[7]

Der Verein verankerte sich auf diese Weise, auch nach dem politischen Umbruch 1989/90, tief in der Lebenswelt der Fans. Besonders deutlich wird die Aufladung der eigenen Geschichte in einer Dokumentation des Mitteldeutschen Rundfunks aus dem Jahr 1993, als ein Fan sichtlich emotional klarstellt: „Chemie ist nicht Fußball, Chemie ist Klassenkampf!" Gemeint ist dabei nicht der Klassenkampf im sozialistischen Sinne, sondern der Arbeiterschaft „da unten" gegen das Parteibonzentum „da oben". Auf einem Freundschafts-Fanschal mit dem Verein Union Berlin, dem eine ähnliche Geschichte zugeschrieben wird, heißt es entsprechend: „Von oben gehasst, von unten geliebt, gemeinsam gegangen." Auch Meistertrainer Kunze reproduziert diese Sichtweise, als er nach der Wiedervereinigung sagte: „Auf meine alten Tage noch eine solch einschneidende politische Wende zu erleben! Es scheint fast unwahrscheinlich, aber die Vorläufer der großen Leipziger Demonstrationen gegen die SED-Herrschaft gab es nach meinen Eindrücken bereits 1963/64 – beim Fußball."[8] Kunze formulierte damit, dass der Erfolg von 1964 über das sportliche Ergebnis hinausgeht und im Wissensvorrat von Fans und Verein mit der DDR-Oppositionsgeschichte verbunden ist.

7 Jens Fuge, Kennst du den Platz, wo die Sonne stets lacht? Chemie Leipzig und seine Fans, Bd. II, Leipzig 2017, S. 67.

8 Thomas Mayer, Alfred Kunze, „Fußball – gegen die Partei …", in: Leipziger Tageblatt 1990, zitiert nach Jens Fuge, Alfred Kunze – das stille Genie, Leipzig 2019, S. 125 f.

Re-Institutionalisierung einer oppositionellen Identität

Unterdessen drehte sich die Welt des Fußballs nach der „Wende“ weiter. Nach dem Tod Alfred Kunzes (1996) und durch einen transformationsbedingt veränderten Wettbewerb, der den Verein – umbenannt in Fußballclub (FC) Sachsen Leipzig – immer wieder an den Rand des finanziellen Ruins brachte, geriet die Traditions- und Geschichtspflege in den Hintergrund. Während die alten Fans noch immer den vergangenen Erfolgen und der „Leutzscher Legende“ nachsannen, wuchs zur Jahrtausendwende eine Fangeneration heran, die sich der aus Italien stammenden Ultrakultur verschrieb. Die Ultras brachten eine Auffrischung der Fanfolklore durch neue Gesänge, Pyrotechnik und Choreografien, aber auch, beeinflusst durch tradierte Erzählungen, eine Re-Institutionalisierung der eigenen Geschichte auf den Weg.

Der Verein war 2003 erstmals seit Ende der 1960er-Jahre sportlich die Nummer 1 der Stadt, wenn auch nur in der dritten und vierten Liga. Und so wurde der FC Sachsen Leipzig vom „Stiefkind“ zum städtisch unterstützten Club, der 2004 seine Heimspielstätte in Leutzsch verließ, um im innerstädtischen, für die Weltmeisterschaft 2006 grundlegend erneuerten Zentralstadion zu spielen. Das aber bewirkte vor allem bei den Ultras eine Hinwendung zur eigenen Geschichte und zur Rolle des oppositionellen Außenseiters, die zum Mittelpunkt der eigenen Lebenswelt wurde; sinnbildlich dargestellt mit dem im Zentralstadion gezeigten Spruchband: „Leutzsch spielt nicht für Leipzig“ (2005). Die Zahl „1964“ auf Buttons, Fahnen und T-Shirts wurde ebenso wie das Konterfei Alfred Kunzes zum signifikanten Symbol. Es entstand eine Kommunikationsform, die die eigene Geschichte greifbar machte, darüber Gemeinschaft generierte und dafür sorgte, dass beides von der jüngsten Stadiongeneration internalisiert wurde. Ein Mitglied der Ultras formuliert das im Interview mit dem Autor so:

> „Anfang der 2000er-Jahre […] beschäftigten wir Ultras uns umso mehr mit der Geschichte. Die legendäre Meisterschaft, das Meisterjahr 1964, sind dabei unweigerlicher Fixpunkt. Der Trainer Alfred Kunze gilt dabei als Vater des Erfolges. […] Die Leutzscher Legende ist

für unseren Verein identitätsstiftend, weshalb wir der Meistermannschaft und unserem Meistertrainer viel zu verdanken haben."[9]

Die oben formulierten historischen Zusammenhänge wurden zum festen Bestandteil der Gruppenidentität. Nun sind Geschichtsaneignungen der Fankultur immanent, weshalb alle Vereine und Anhängergruppen ihre jeweilige Vereinsgeschichte und die damit verknüpften Jahreszahlen als Symbole nutzen. Sie feiern Meisterschaften und Jubiläen. Doch während man zum Beispiel bei Eintracht Frankfurt (1899), Hansa Rostock (1965) oder Dynamo Dresden (1953) das Gründungsjahr der Vereine nutzt, spielt bei den Anhänger:innen der BSG Chemie die eigentliche Vereinsgründung keine Rolle. An deren Stelle ist vielmehr der Gründungsmythos des „Rests von Leipzig" getreten, der allgegenwärtig in der Fan- und Vereinsrepräsentation ist. Das zeigt auch ein Vergleich zur Meisterschaft von 1951, die in den Repräsentationshandlungen der Fankultur keine dauerhafte Rolle spielt(e). Und während in anderen Stadien in Ostdeutschland DDR-Fahnen gezeigt werden, um eine ostdeutsche Herkunft symbolisch nach außen zu tragen, sind diese Artefakte unter den Fans in Leutzsch verpönt. Zu sehr ist die staatliche Repression gegen Fans und Verein im kollektiven Wissensvorrat verankert.

Stattdessen baut man auf die Identifikation mit den „Helden von 1964", wie zum 50. Jubiläum der Meisterschaft am 10. Mai 2014. Neben Graffiti, Plakaten und einem Konzert der ostdeutschen Kultband City waren es vor allem zwei Momente des Zelebrierens von Erinnerungskultur, die die Internalisierung der Historie verdeutlichen: Mit dem Spielende erreichten die noch lebenden Spieler der Meistermannschaft das Stadion und schritten umrahmt von aktuellen Spielern über den Rasen zu den Fans. Diese entzündeten etliche bengalische Fackeln und feierten die Altgedienten ob ihrer vergangenen Taten. Obwohl in erster Linie

9 Die Passage ist einem Interview mit einem Ultra von Chemie Leipzig entnommen (2020). Die Internalisierung der eigenen Rolle und ihrer Erwartung an sich selbst und den Verein führte 2008 gar zur Loslösung vom Stammverein FC Sachsen Leipzig und dem Neubeginn als BSG Chemie in der rangniedersten Liga. Mittlerweile spielt die BSG Chemie wieder in der vierthöchsten deutschen Spielklasse, der Regionalliga Nordost.

Menschen zusammenkamen, die diese Spieler niemals live haben spielen sehen, kam es zu einem emotionalen Empfang. Dabei erinnerten „Rufe und Gesänge, Spruchbänder, Transparente und bengalische Feuer [...] an magische Beschwörungsrituale, die der eigenen Mannschaft Kraft und Energie geben sollen“.[10] Deutlich wird dies in der aufwändig vorbereiteten Choreografie zu Beginn des Spiels. Mit Luftballons, Folien und Stoff wurde die Meisterschaft gefeiert. Auf einem großen Transparent hieß es: „Lasst uns den Geist bewahr'n, Meister vor fünfzig Jahr'n ...“. Der Spruch – entnommen aus einem eigens für das Jubiläum getexteten Fanlied – schafft den direkten Anschluss an die mythologisierte „Leutzscher Legende“. Dabei wohnt bereits der Bezeichnung „Legende“ eine übernatürlich entrückte und religiöse Bedeutung inne, die hier mit der Anrufung eines „Geists“ erneuert wird. Die Fangemeinschaft appelliert an ein Wir und fordert die Bewahrung einer Kraft, die sich aus der Opposition von 1964 speist. Das „Rebellentum“ und seine Einzigartigkeit sollen konserviert und der Gegenwart angepasst werden. Das zeigt sich auch bei anderen BSG-Fangesängen wie dem sogenannten „Zonenlied“, dessen Name bereits Bezüge zur DDR-Vergangenheit herstellt. So heißt es zur Melodie von Uriah Heeps „Lady in Black“: „30 Meter im Quadrat, Minenfeld und Stacheldraht, wisst ihr wo ich wohne? Ich wohne in der Zone! Über uns die Bomber fliegen, unter uns die Minen liegen, wisst ihr wo ich wohne? Ich wohne in der Zone! Doch einmal wird es anders sein, dann knasten wir die Bullen ein! Wisst ihr wo ich wohne? Ich wohne in der Zone!“ Hier wird nicht nur Wissen über DDR-Erfahrungen vermittelt, sondern sich ebenso einer ostdeutschen Herkunft vergewissert und eigene Erfahrungen mit der Polizei verarbeitet und anschlussfähig gemacht. Kollektives Wissen wird so angeeignet und für die Gegenwart aktualisiert.

Gerade in der Kontextualisierung von Repressionen durch Verband und Polizei zeigen sich Kontinuitäten in der Argumentation: Als der Sächsische Fußballverband (SFV) die BSG Chemie nach Vorfällen in einem Spiel gegen Grimma am 21. Februar 2015 zu einem sogenannten „Geisterspiel“ verurteilte, präsentierte sich der Fanblock nach dem Urteil nicht

10 Michael G. Esch, Die Stadt als Spielfeld – Raumbegriffe, Raumnutzungen, Raumdeutungen polnischer Hooligans, Göttingen 2016, S. 23.

Abb. 2: Provokante Gleichsetzung: Der Sächsische Fußballverband wird mit dem Ministerium für Staatssicherheit verglichen.
BSG Chemie Leipzig e. V.

nur in Geisterkostümierung („Die ich rief, die Geister, werd' ich nun nicht los"), sondern entrollte eine Fahne mit einem abgewandelten Wappen des Ministeriums für Staatssicherheit (MfS), das vom Logo des SFV besetzt wurde (vgl. Abb. 2). Auf dem Bajonett war ein Fußball aufgespießt, und aus dem Ministerium für Staatssicherheit wurde das Ministerium für Stadionsicherheit. Wenngleich eine überspitzte Darstellung, bleibt eine Gleichsetzung zutiefst unterschiedlicher Institutionen, die innerhalb des Wissens um die eigene DDR-Vergangenheit kreiert wurde. Das Unrecht, das der Verein und seine Fans durch das MfS erleben mussten, ist inner-

Abb. 3: Das Meisterjahr 1964 ist omnipräsent in den Darstellungen der Chemiefans und funktioniert als Symbol, wie hier, auch ohne weitere Erklärungen.
BSG Chemie Leipzig e. V.

halb der eigenen Sinnwelt noch heute lebendig und wird genutzt, um eine historische Kontinuität zu konstruieren, wenn der Verein in der Eigensicht ungerechtfertigt sanktioniert wird. Gleichzeitig wird der SFV durch die Anknüpfung an das MfS innerhalb des heutigen politischen Systems delegitimiert. Das bedeutet auch: Abgrenzung nach außen, Stärkung der Gemeinschaft nach innen.

„Der Rest von Leipzig“ – eine kollektive Kontinuität

Heute sind sowohl die Zahl 1964 als auch ihr historischer Zusammenhang in der ganzen Stadt weit über den Raum des Stadions hinaus präsent. Merchandise, Aufkleber und Graffiti kommen teilweise ohne die Vereinsbezeichnung aus und werden dennoch verstanden. Es ist ein Zeugnis des Stellenwerts des Ereignisses sowie für die Aneignung von DDR-Geschichte und ihrer Umstände. Und so geht es auch im anfangs angeführten Lied letztendlich um die Kontinuität einer verinnerlichten Kollektividentität. Mit der erneut metaphysischen Beschwörung eines „grün-weißen Mythos" wird auf den besonderen Moment der eigenen Vergangenheit verwiesen. Mit „so wie es einmal war" schließt der Gesang direkt an die Ereignisse von 1964 an und zieht, an heutige Rezipienten appellierend, eine Linie bis in die Gegenwart. Dabei darf der „Rest von Leipzig" nicht fehlen, als der man sich auch heute in einer ausdifferenzierten Leipziger Fußballwelt zwischen den Konkurrenten von Lokomotive und RB Leipzig sieht. Zu denen will man den bewussten Gegenpol bilden, der ohne eine historisch-politische Perspektive kaum zu verstehen ist. Der exklusive historische Moment und dessen Folgen sind so intensiv im Wissensvorrat verankert, dass noch heute Rollenbilder und -erwartungen von den Geschehnissen beeinflusst werden – ebenso wie die fankulturelle Folklore nach diesen Maximen ausgerichtet wird. Wenngleich die Meisterschaft nicht der einzige historische Einflussfaktor ist, macht es die intensive Internalisierung dennoch unmöglich, den heutigen Fußballverein Chemie Leipzig und seine Fans ohne das Jahr 1964 und all seine politischen Facetten zu denken.

MARIELUISE LABRY

„Isn't history over?"

Transkulturelles Erinnern an die DDR in der Gegenwartsliteratur

Nein, die Geschichte ist noch lange nicht vorbei. Im Gegenteil: Wenn das vermeintliche Ende da ist, geht die Arbeit erst richtig los in der Analyse der Geschichte. Über die DDR-Geschichte wird viel geforscht, geschrieben und debattiert. Die Aushandlung des kulturellen Gedächtnisses über die DDR ist im vollen Gange. Bei diesem Prozess geht es darum, woran wir uns zukünftig erinnern wollen und woran nicht. Mehr als 30 Jahre nach der Wiedervereinigung, also gut eine Generation danach, entscheidet sich, welche Erinnerungen in das kulturelle Gedächtnis über die DDR aufgenommen werden sollen. Nicht nur die Wissenschaft und Forschung sind Akteurinnen in diesem Diskurs, sondern auch die Literatur.

Die Gegenwartsliteratur der vergangenen 30 Jahre zeigt, dass die DDR immer wieder Stoff für Romane ist. Besonders hoch im Kurs stehen Geschichts- und Generationenromane, die das Schicksal einer Familie im 20. Jahrhundert erzählen. Beispiele wie „Der Turm" von Uwe Tellkamp aus dem Jahr 2008 oder Eugen Ruges Roman „In Zeiten des abnehmenden Lichts" aus dem Jahr 2011 sind vielen präsent, da die Romane mehrfach ausgezeichnet, diskutiert und zuletzt verfilmt und als Hörspiele aufgenommen wurden. Die Literatur, die seit 1990 an die DDR erinnert, verändert sich mit zunehmendem Abstand, da auch jüngere Autor:innen, wie Lukas Rietzschel oder Judith Schalansky, sich dem Thema DDR widmen und Erinnerungen an ihre Zeit als Kinder und Jugendliche verarbeiten.

Aber auch die Stimmen von Autor:innen, die nicht in der DDR sozialisiert wurden, sind in der Erinnerungsliteratur an die DDR präsent. Ein

Abb. 1:
Der Roman „Die grüne Grenze" der US-Amerikanerin Isabel Fargo Cole war 2018 für den Leipziger Buchpreis nominiert.
Edition Nautilus

Beispiel für die zunehmende Vielstimmigkeit zeigte sich 2018 auf der Liste der Nominierten für den Preis der Leipziger Buchmesse. Der Roman „Die grüne Grenze" der Amerikanerin Isabel Fargo Cole war einer der fünf Nominierten in der Kategorie Belletristik. Das Werk erschien bereits 2017 im Verlag Edition Nautilus, einem unabhängigen Verlag mit Sitz in Hamburg. „Die grüne Grenze" ist ein gutes Beispiel dafür, dass der Prozess des Erinnerns an die DDR in der Literatur nicht nur in den Händen von Zeitzeug:innen liegt, sondern auch transkulturelle Einflüsse birgt. Ein differenziertes Erinnern an die DDR kristallisiert sich heraus. Dieses ist weder mit pauschalisierten Erzählmustern des Scheiterns (ein häufig westdeutsch perspektiviertes Erinnerungsnarrativ) noch mit den um die Jahrtausendwende vor allem massenmedial sehr dominanten Verklärungsnarrativen (Ostalgie-Welle) vereinbar. Vielmehr wird die Form fiktional-literarischen Erzählens genutzt, um ein vielschichtiges und komplexes Bild der DDR zu zeichnen.

Transkulturalität und Erinnern an die DDR

Mit dem Begriff der Transkulturalität etablierte Wolfgang Welsch Anfang der 1990er-Jahre einen neuen Begriff, der beschreibt, wie verschiedene Kulturen miteinander interagieren und sich beeinflussen. Die Begriffe Multi- und Interkulturalität erschienen ihm obsolet, da sie nicht mehr geeignet waren, um aktuelle Kulturphänomene zu beschreiben. Das Problem an den bisherigen Kulturmodellen war laut Welsch, dass sie Kulturen als eine Art Kugeln betrachten, die in sich abgeschlossen sind. Die verschiedenen Kulturen erscheinen in einer solchen Sichtweise als isolierte, gleichsam insulare Einheiten, denen sich die einzelnen Individuen exklusiv zugehörig fühlen. Daher schlägt Welsch vor, Kulturen als Netze und Geflechte zu betrachten, die ineinander verwoben sind, sowohl auf der gesellschaftlichen als auch auf der individuellen Ebene.[1]

Insbesondere bei der Analyse von Erinnerungsprozessen ist die Einbeziehung eines transkulturellen Blickwinkels, der bisher meist vernachlässigt wurde, unerlässlich. In der Auseinandersetzung mit der Erinnerungskultur an die DDR ermöglicht ein transkultureller Ansatz eine differenzierte und komplexe Behandlung des Erinnerungsprozesses, die zeigt, dass dieser vielstimmig und divers ist. In der Gegenwartsliteratur finden sich nicht nur Beispiele dafür, dass es auch in der DDR transkulturelle Einflüsse aus dem Westen oder aus sozialistischen Staaten gab, welche in der Literatur erinnert werden, sondern auch dafür, dass die Autor:innen selbst transkulturellen Einfluss auf den Erinnerungsprozess der DDR nehmen.

Eine Amerikanerin in Berlin

Die 1973 in den USA geborene Schriftstellerin Isabel Fargo Cole studierte Literatur, Geschichte und Philosophie in Chicago sowie Russisch an der Humboldt-Universität zu Berlin. Seit 1995 lebt sie als freie Schriftstellerin und Übersetzerin in Berlin. Sie übersetzte unter anderem Texte von

1 Vgl. Wolfgang Welsch, Transkulturalität. Realität – Geschichte – Aufgabe, Wien 2017, S. 22 f.

Wolfgang Hilbig und Franz Fühmann ins Englische. „Die grüne Grenze" ist der Debütroman der Autorin. Dass eine US-amerikanische Schriftstellerin über die DDR schreibt, ist kein Einzelfall. Beispiele aus dem englischsprachigen Raum sind Jonathan Franzens Roman „Unschuld" aus dem Jahr 2015 und Nicolas Shakespeares Roman „In dieser einen Nacht" aus dem Jahr 2004. Auffällig bei diesen beiden Romanen ist, dass im Zusammenhang mit der DDR als Handlungsort vor allem Schuld und Verrat und insbesondere der Überwachungsapparat der Staatssicherheit im Vordergrund stehen.

In Isabel Fargo Coles Roman hingegen geht es um ein Künstler-Ehepaar, das von Berlin in das Grenzgebiet im Harz zieht. Damit gerät die DDR als Überwachungs- und „Unrechtsstaat" in den Hintergrund, und die persönlichen Probleme und die Vergangenheit der Figuren rücken in den Fokus. Eine weitere Besonderheit an dem Roman und der Autorin ist, dass sie diesen auf Deutsch schrieb. Das macht den Roman nicht nur sprachlich, sondern auch für den literarischen Erinnerungsdiskurs in der deutschen Gegenwartsliteratur interessant. Die Sicht einer US-Amerikanerin auf die DDR ermöglicht einen Perspektivwechsel, der ein wichtiger Beitrag zur Aushandlung des Erinnerungsprozesses und des kulturellen Gedächtnisses ist.

Auch der Handlungsort des Romans sticht heraus: die grüne Grenze, also der Grenzabschnitt zwischen DDR und Bundesrepublik, der durch den Harz verlief. Das Gebiet war eine Sperrzone, in der auf der Seite der DDR nur wenige Menschen leben durften. Der Roman handelt von Editha, die eine angesehene Bildhauerin ist und vor allem Staatsaufträge bekommt, und ihrem Mann Thomas, einem Schriftsteller. Im Jahr 1973 ziehen die beiden von Berlin in genau diese Sperrzone, in den kleinen Ort Sorge. Thomas möchte dort einen Roman über Grenzen schreiben, was ein politisch heikles Unterfangen ist, das sich zunehmend in einen vermeintlich unbefangenen Mittelalter-Roman verwandelt. Die Tochter Eli eckt in der Schule an und vermischt die Sagen- und Mythenwelt des Harzes mit der Realität. Wenige Jahre vor dem Mauerfall wird Thomas von seiner Vergangenheit als jüdisches Waisenkind, das nach dem Krieg von einem sowjetischen Soldaten aufgenommen wurde, eingeholt. Im Zuge seiner Suche nach Antworten auf die Leerstellen seiner Biografie findet er seine ihm

Abb. 2:
Der Roman „Das Gift der Biene" spielt in Ost-Berlin Anfang der 1990er-Jahre.
Edition Nautilus

vorher unbekannte Tochter Vera. Am Ende verschwinden Thomas und Eli unabhängig voneinander im Wald, wahrscheinlich über die Grenze.

Zwei Jahre nach dem Erscheinen des Romans veröffentlichte die Autorin den Roman „Das Gift der Biene", in dem die mysteriöse Geschichte von Thomas und Eli teilweise weitererzählt wird. Die Protagonistin Christina ist eine US-amerikanische Geschichtsstudentin Anfang der 1990er-Jahre in Berlin, die, fasziniert vom Osten der Stadt, in der Hausbesetzerszene im Prenzlauer Berg Anschluss findet. Als eines Tages die Besitzerin des Hauses auftaucht, gerät die Gemeinschaft im Haus durcheinander. Die Hausbesitzerin ist Vera, die uneheliche Tochter von Thomas, die versucht, das geheimnisvolle Verschwinden ihres Vaters aufzuklären. Das Geheimnis um Thomas wird auch hier nicht aufgedeckt, und Vera zerbricht an den vielen Verstrickungen der Vergangenheit.

Die beiden Romane unterscheiden sich nicht nur in ihrem Umfang stark. „Die grüne Grenze" mit fast 500 Seiten deckt mit mehreren Zeitsprüngen die Jahre 1950 bis 1987 ab. „Das Gift der Biene" umfasst dagegen nur 220 Seiten und beschreibt lediglich einige Jahre Anfang der 1990er-Jahre. Die Perspektive ist vor allem von Christina geprägt, und der Schwerpunkt liegt vor allem auf ihr als Beobachterin der Gemeinschaft im Haus. Dadurch ergibt sich eine spannende Außenseiterperspektive auf die Transformationszeit nach der Wiedervereinigung sowie auf die Hausbesetzerszene und ehemalige Bürgerrechtler:innen, die sich in der neuen politisch-gesellschaftlichen Ordnung erst zurechtfinden müssen.

Das Ende der Geschichte

Die Erzählperspektive im Roman „Die grüne Grenze" wechselt in den verschiedenen Kapiteln zwischen Thomas und seiner Tochter Eli. Die Erzählinstanz ist intern fokalisiert und gibt somit jeweils die Sicht und die Gedanken der Figuren wieder. Der Prolog und das letzte Kapitel bilden dabei eine Ausnahme. Im Prolog meldet sich die Erzählinstanz selbst zu Wort, und im letzten Kapitel wird die Perspektive eines Grenzsoldaten eingenommen.

So beginnt der Prolog des Romans, der mit der Jahreszahl 1998 überschrieben ist, folgendermaßen: „Auf dem College damals studierte ich Geschichte. ‚*Isn't history over?*', fragte ein Freund. ‚*That would be boring*', erwiderte ich. So sieht es hier aus, nach dem Ende der Geschichte."[2] Die Erzählinstanz, die nur im Prolog aus der Ich-Perspektive spricht und später die Perspektive der Figuren einnimmt, weist auf den ersten Blick einige biografische Gemeinsamkeiten mit der Autorin auf, wie der Hinweis auf das College und das Studienfach verrät. Berücksichtigt man jedoch den zweiten Roman der Autorin, fällt auf, dass die Erzählinstanz in „Die grüne Grenze" noch mehr Gemeinsamkeiten mit Christina, der Protagonistin des Romans „Das Gift der Biene", hat. Denn die zweite Person, die im Prolog in „Die grüne Grenze" zu Wort kommt, heißt Wolfgang, Christinas Freund in Berlin, der als Grenzsoldat seinen Wehrdienst an der grünen Grenze geleistet hat und der ihr im Prolog das Gebiet im Harz zeigt. Der Prolog, der von diesem Harzbesuch berichtet, erscheint als Anlass und

2 Isabel Fargo Cole, Die grüne Grenze, Hamburg 2017, S. 9 [Hervorhebungen im Original].

Motivation für die Erzählinstanz, die Geschichte von Thomas, Eli und Editha zu erzählen.

Des Weiteren wird der kurze Dialog über das Ende der Geschichte auch in „Das Gift der Biene" wiedergegeben.[3] Der erste Verdacht also, dass die Erzählinstanz die Autorin selbst ist, wird durch die Kenntnis des zweiten Romans ausgeräumt. Viel eher ist anzunehmen, dass die Erzählinstanz, zumindest im Prolog, Christina ist. Auffällig sind die vielen biografischen Übereinstimmungen zwischen Christina und Isabel Fargo Cole, jedoch ist eher davon auszugehen, dass die Autorin eine Art fiktionales Alter Ego mit Christina als Romanfigur erschaffen hat.

Mit der zentralen Frage nach dem Ende der Geschichte am Anfang des Romans stellt die Autorin ihre eigene kulturelle Prägung in den Vordergrund. Sie geht mit ihrer Herkunft als US-Amerikanerin und ihrer eigenen Sozialisation von Anfang an offen um, indem sie auf das in den 1990er-Jahren viel diskutierte Schlagwort vom „Ende der Geschichte" anspielt. Hervorgerufen hatte diese Diskussion ein Text des US-amerikanischen Politikwissenschaftlers Francis Fukuyama, der im Sommer 1989 mit seinem Aufsatz „The End of History" für Furore sorgte. In dem Band „The End of History and the Last Man" führte er 1992 seine These weiter aus. Fukuyama stellt in seiner Zeitdiagnose fest, dass sich die liberale Demokratie als einziges politisches System gegen alle anderen wie Faschismus, Diktatur und Kommunismus durchgesetzt habe.[4] Sein Geschichtsverständnis beruht dabei auf Georg W. F. Hegels Geschichtsbegriff, für den Geschichte keine Aneinanderreihung von Ereignissen ist, sondern die zielgerichtete Entwicklung der verschiedenen Staatsformen. Mit der liberalen Demokratie, die „nicht verbesserungsbedürftig"[5] sei, habe die Menschheit die beste Gesellschaftsform erreicht. Mit dem Mauerfall und dem Zerfall der Sowjetunion war der Kalte Krieg beendet, was eine Zäsur in der Weltpolitik bedeutete. Fukuyamas These, die in ihrer Alternativlosigkeit keinen Bestand mehr hat, ist als Schlagwort bis heute bekannt. Isabel Fargo Cole nimmt durch die Wiederholung der Frage, ob

3 Vgl. Isabel Fargo Cole, Das Gift der Biene, Hamburg 2019, S. 12.

4 Vgl. Francis Fukuyama, Das Ende der Geschichte, München 1992, S. 11.

5 Ebenda.

das Ende der Geschichte erreicht sei, zum einen Bezug auf ihren eigenen kulturellen Hintergrund und ihr Studium in den USA, wo zu ihrer Studienzeit Fukuyamas These viel diskutiert wurde. Zum anderen stellt sie dieser These mit ihrer Antwort „That would be boring" ihre eigene Position beziehungsweise die der Figur Christina eindeutig entgegen. Für sie beginnt mit dem Mauerfall sowie der Erlaubnis zur Einreise in die DDR und ihrem längeren Aufenthalt dort erst die Möglichkeit, die Geschichte dieses Landes und den Erinnerungsraum DDR zu ergründen.

Perspektivwechsel an der grünen Grenze

Im Prolog, in dem die Erzählinstanz von ihrem ersten Harzbesuch im Jahr 1998 berichtet, geht es ferner um die Beschreibung der Lage des Dorfes Sorge im Harz und der grünen Grenze, die eine große Faszination auf die Erzählinstanz ausübt. Besonders auffällig sind dabei ihre Perspektive als Beobachterin der Landschaft und die zeitliche Struktur des Erzählens, da es keinen Abstand zwischen Erleben und Erzählen gibt. So heißt es am Ende des Prologs:

> „All das von oben herab. Alles, was man so sieht und weiß. Das Dorf gibt wenig preis. Nichts, was mir auffiele. Nach einer langen Wanderung, wenn unten der letzte Bus bald fährt, müsste ich mich gegen Hast und Müdigkeit stemmen und einmal wirklich hinschauen. Von oben herab: wie durchs klare Wasser. Ich selbst bleibe oben, mein Blick taucht."[6]

Dieser Blick von oben deutet bereits darauf hin, aus welcher Perspektive die Geschichte der Figuren erzählt werden soll. Auf der einen Seite wird eine Vogelperspektive eingenommen, mit der die Landschaft im Ganzen im Blick behalten wird und somit aus einer gewissen Distanz die Dinge betrachtet werden. Im Kontrast dazu steht auf der anderen Seite der eintauchende Blick der Erzählinstanz, da dieser aus der Nähe alles betrachten

6 Cole, Die grüne Grenze, S. 10.

möchte, um der Distanz etwas entgegenzusetzen und wirklich genau hinschauen möchte. Trotzdem bleibt die Verbindung zwischen dem Oben und dem Unten durch den tauchenden Blick erhalten.

Bezieht man diese Verbindung auf die Autorin, die als US-Amerikanerin die DDR nur aus der Ferne beobachten konnte und erst nach dem Fall der Mauer nach Ost-Berlin kam, lassen sich Parallelen ziehen. Sie ist keine Zeitzeugin der DDR und bleibt somit immer in der Position einer Beobachterin des Endes der DDR und der Transformationszeit. Jedoch gibt ihr das literarisch-fiktionale Erzählen die Möglichkeit, den Blick zu erweitern und einen Roman über ein bestimmtes Gebiet in der DDR zu schreiben. Mithilfe ihrer Figuren lässt sie ihren Blick tauchen, ohne die Verbindung zu der Position als Außenseiterin zu verlieren.

Mit den Kapitelumbrüchen im Roman wechseln die Figurenperspektiven. Anfangs dominiert die Perspektive von Thomas in der Zeit des Umzuges von Berlin nach Sorge. Es werden dabei immer wieder Ausschnitte aus seinem Mittelalter-Roman über einen Mönch, der in der Grenzregion im Harz lebte, eingeschoben. Bereits im Mittelalter verlief zwischen den Orten Sorge und Elend[7], zwischen den Gebieten eines Zisterzienserklosters in Walkenried und eines Benediktinerklosters in Ilsenburg, eine Grenze.[8] Thomas verliert sich in seinen Recherchen zu seinem Roman jedoch mehr und mehr in der Mythenwelt des Harzes. Im dritten Teil, einer Rückblende in das Jahr 1950, wird aus Thomas' Sicht seine Kindheit bei einem sowjetischen Soldaten geschildert.

Im zweiten Teil wird aus der Perspektive von Eli erzählt, die eine Einzelgängerin ist und in der Schule durch ihre verträumte Art und ihre Verweigerung, sich ins Klassenkollektiv zu integrieren, auffällt. Ihre Erzählperspektive wird zunehmend unzuverlässiger, da sie die Realität mit Geschichten aus ihrer Fantasie vermischt. Teilweise ist es auch für die Lesenden schwierig, zwischen Realität und Elis Vorstellung zu unterscheiden. Insbesondere Elis Verschwinden bei einem Klassenausflug im Wald bleibt für die Rezipierenden rätselhaft, da man nur vermuten kann, dass

7 Der Ortsname Sorge ist vom mittelhochdeutschen Wort „zarge" abgeleitet, was Grenze bedeutet. Der Ortsname Elend leitet sich vom mittelhochdeutschen „eli lenti" ab, was fremdes Land bedeutet; vgl. Cole, Die grüne Grenze, S. 25.

8 Vgl. ebenda, S. 26.

sie dabei über die Grenze in den Westen gelangt und dort von einer Art Kommune aufgenommen wird. Aus Elis Perspektive wird nur erzählt, wie sie sich von ihrer Klasse entfernt und durch den Wald läuft. Die Beschreibungen des Weges deuten dabei stark darauf hin, dass sie die Grenze überquert. Sie trifft im Wald auf ein anderes Mädchen, mit dem sie sich anfreundet und das Eli mit zu sich nach Hause einlädt. Das Verschwinden Elis lässt die Familie auseinanderbrechen. Editha zieht zurück nach Berlin, und Thomas verschwindet ebenfalls im Wald.

Im letzten Kapitel des Romans, das mit der Jahreszahl 1987, also sieben Jahre nach Elis Verschwinden, überschrieben ist, wird Eli als Abbild eines Vogels geschildert. Sie betrachtet aus der Vogelperspektive von oben die Landschaft, ähnlich wie die Erzählinstanz im Prolog, mit dem Ziel, wieder nach Hause zurückzukehren. Daran wird sie plötzlich gehindert: „Ein jäher Schmerz, ihr Körper ging noch einmal auf."[9]

Es folgt ein Bruch in der Erzählzeit und -perspektive und es wird aus Wolfgangs Sicht erzählt, der als Grenzsoldat an der grünen Grenze seinen Wehrdienst leistet. Er schießt während seiner Wachschicht auf einen Vogel, um zumindest einmal an der Grenze geschossen zu haben. Dabei ist aber nicht sicher, ob es sich wirklich nur um einen Vogel oder doch um einen Menschen, vielleicht sogar um Eli handelt. So uneindeutig und verschleiert Elis Verschwinden daherkommt, so merkwürdig ist auch ihr Wiederkehren nach sieben Jahren als Vogel. Nur der Figur, die die Perspektive eines Vogels einnimmt, gelingt es, die Landschaft und die Grenze eindeutig zu erkennen. Dies wird jedoch durch den Schuss eines Grenzsoldaten abgebrochen. Der Erzählinstanz selbst bleibt es also verwehrt, allein durch ihre Perspektive von oben alles zu erkennen. Einzig der Figur der Eli ist das möglich, wenn auch nur kurzzeitig.

Die mythische Atmosphäre des Waldes und die Nähe zur Grenze, die Bedrohung und Fluchtmöglichkeit zugleich ist, beeinflussen die Figuren im Roman zunehmend. Insbesondere Thomas und Eli werden im Laufe der Jahre zu fast märchenhaften Gestalten. Lediglich Editha scheint zurechtzukommen. Sie arbeitet viel und fügt sich in die sozialistische Gesellschaft ein, ohne zu bemerken, dass ihre Familie ihr entgleitet.

9 Ebenda, S. 487.

Abb. 3: Die ehemalige innerdeutsche Grenze in Thüringen im Jahr 2003.
Bundesstiftung Aufarbeitung, Grenze 162, Fotograf: Marco Bertram

Komplexes Erzählen, komplexes Erinnern?

Der Roman „Die grüne Grenze" verdeutlicht, welchen Einfluss ein bestimmter Ort und seine Geschichte auf die dort lebenden Menschen haben. Wenn an die Grenze zwischen der Bundesrepublik und der DDR erinnert wird, stehen meistens die Berliner Mauer und die geteilte Hauptstadt symbolisch für die deutsch-deutsche Teilung. Der Roman zeigt aber, dass die Grenze nicht nur in Berlin stets präsent war, sondern auch an den Rändern der DDR. Die grüne Grenze mitten im Harz, der nur dünn besiedelt war, stellt dabei eine Besonderheit dar. Heute ist die Grenze dort kaum erkennbar; wie schon im Prolog festgestellt wird, muss man ganz genau hinschauen, um die Spuren der Teilung überhaupt noch zu sehen. Der Roman stellt die Frage danach, wie wir mit dieser verschwundenen Grenze und der Erinnerung daran umgehen sollen. Zwei der Figuren verschwinden am Ende an dieser Grenze, die mehr als nur eine Schneise im Wald war.

Durch die Distanz, die die Autorin aufgrund ihrer Herkunft einnehmen kann, werden neue Erzählräume erschlossen. Insbesondere ihr Status als Beobachterin ermöglicht es ihr, sich von bereits erzählten Stoffen und Räumen zu lösen und neue Blickwinkel zu eröffnen. Wie der Prolog des Romans „Die grüne Grenze" mit der eröffnenden Frage nach dem Ende der Geschichte gezeigt hat, bringt die Autorin einen US-amerikanischen Diskurs in Zusammenhang mit der DDR-Geschichte. Denn für die Autorin ist das vermeintliche Ende der Geschichte erst der Anfang, die Geschichte der DDR vor Ort zu erforschen. Außerdem kann sie als Außenstehende, die weder in der DDR noch in der Bundesrepublik sozialisiert wurde, weitaus wertfreier auf die DDR schauen. Ihr Blickwinkel ist, im Vergleich zu Autor:innen, die in der DDR sozialisiert wurden, unvoreingenommener. Sie befindet sich außerhalb jedes Schemas, das oftmals ehemalige DDR-Bürger als Opfer, Täter:in, Mitläufer:in oder Mitwisser:in einordnet. Durch den transkulturellen Blickwinkel wird deutlich, wie vielschichtig die Erinnerungsprozesse an die DDR, die in der Literatur ausgehandelt werden, sind. Die transkulturelle Perspektive spielt also, wie am Beispiel des Romans „Die grüne Grenze" gezeigt werden konnte, eine wichtige Rolle in der Ausgestaltung einer Erinnerungskultur an die DDR, da sie es ermöglicht, neue und andere Erinnerungsräume aufzuzeigen.

Diese Komplexität spiegelt sich vor allem in der Erzählweise wider, die von Multiperspektivität, Unzuverlässigkeit und Vieldeutigkeit der Handlung geprägt ist. Der Roman zeigt, dass Erinnerungsprozesse immer von Unsicherheiten und Leerstellen begleitet sind. Literatur hat dabei die Möglichkeit, diese Unsicherheiten und Lücken der Erinnerungen, die immer perspektivgebunden sind, zu verdeutlichen.[10] Den Erinnerungsromanen in der Gegenwartsliteratur kommt damit eine ausgesprochen wichtige Funktion in der Aushandlung des kulturellen Gedächtnisses zu, da sie Leerstellen, aber auch Widersprüchliches und Unausgesprochenes aufzeigen und freilegen.

10 Vgl. Aleida Assmann, Wem gehört die Geschichte? Fakten und Fiktion in der neueren deutschen Erinnerungsliteratur, Berlin/Boston 2011, S. 225.

ROBERT SCHOLZ

Jenseits des Shitstorms

Die Unrechtsstaats-Debatte auf Twitter und ihr geschichtswissenschaftliches Potenzial

Am Morgen des 7. Oktober 2019 – dem 70. Jahrestag der Gründung der DDR – hatten sich die Ministerpräsidentin von Mecklenburg-Vorpommern, Manuela Schwesig (SPD), und der Ministerpräsident von Thüringen, Bodo Ramelow (Die Linke), in einem Interview mit der „Funke"-Mediengruppe dagegen ausgesprochen, die Deutsche Demokratische Republik uneingeschränkt als „Unrechtsstaat" zu bezeichnen. Menschen, die in dieser Diktatur gelebt hätten, empfänden dies als herabwürdigend, so Schwesig. Ramelow hingegen lehnte den Begriff im juristischen Sinne ab. Die Reaktionen darauf ließen nicht lange auf sich warten – und nahmen vor allem im Internet schnell an Fahrt auf: Im Laufe des Vormittags hatten alle größeren Nachrichtenportale in Deutschland auf ihren Webseiten und Social-Media-Kanälen die Wortmeldung aus der Politik gestreut. Auf der Social-Media-Plattform Twitter reagierten Hunderte Nutzerinnen und Nutzer unmittelbar, taten ihre Meinungen kund und antworteten wiederum aufeinander.

Twitter als digitale Arena

Twitter ist aus der heutigen Medienlandschaft nicht mehr wegzudenken. Donald Trump, die MeToo-Debatte oder Black-Lives-Matter-Proteste: Prominente Persönlichkeiten und gesellschaftliche Bewegungen verdanken ihre Reichweite in großen Teilen dem 2006 gegründeten Kurznachrichtendienst. Twitter wiederum profitiert von den hohen Nutzer:innenzahlen: Fast vier Millionen Deutsche machen von diesem Mikroblogging-Dienst aktiv gestaltend Gebrauch, zwölf Millionen lesen dort als Besucherinnen und Besucher passiv mit. Zwei Drittel davon sind zwischen 35 und 65 Jahre alt und haben damit ein deutlich höheres Durchschnittsalter als die Nutzerinnen und Nutzer anderer sozialer Netzwerke.[1] Begrenzt auf mittlerweile höchstens 280 Zeichen setzen sie prägnante Tweets ab und werden Teil des sinnbildlichen „Gezwitschers". In die Tweets können aber auch Verlinkungen zu anderen Webseiten, Fotos, Grafiken, Videos oder animierte Bilder, sogenannte GIFs, eingebettet werden. So erhalten Abonnentinnen und Abonnenten eines Twitter-Kanals mitunter mehr Informationen, als die Zeichenbegrenzung zulässt. Twitternde können Tweets mit einem Herz „liken", ergo mögen, „retweeten", also weiterverbreiten, oder darauf antworten.

Auf diese Weise entstehen für jeden Nutzer und jede Nutzerin der Plattform individuell abgestimmte Informationsströme in Echtzeit („Timelines"), bestehend aus direkten Tweets, Retweets, Likes und Antworten. Diese können zusätzlich in sogenannten „Threads" inhaltlich und chronologisch verbunden werden. Eine Raute (#) markiert Wörter als Schlagwörter, die als „Hashtags" bezeichnet werden. Eine solche Kennzeichnung bündelt auch unabhängig voneinander veröffentlichte und inhaltlich möglicherweise heterogene Tweets zu größeren Themenkomplexen. Hashtags sind ein zentrales Kennzeichen von Twitter und Katalysatoren tausendfacher Meinungsäußerung, die tagtäglich bestimmten Themen innerhalb von wenigen Stunden eine große Reichweite verleihen. Diese häufig nur kurzlebigen Aufmerksamkeitswellen können von der Twitter-Gemeinde selbst angestoßen werden oder aus bereits in der breiteren Öffentlichkeit stattfindenden Debatten herüberschwappen.[2]

1 Vgl. Ying Lin, 10 Twitter Statistics Every Marketer Should Know in 2020 [Infographic], in: Oberlo, 30. 11. 2019, www.oberlo.com/blog/twitter-statistics [28. 7. 2021]; Sasan Abdi-Herrle, Mediale Themensetzung in Zeiten von Web 2.0. Wer beeinflusst wen? Das Agenda-Setting-Verhältnis zwischen Twitter und Online-Leitmedien, Baden-Baden 2018, S. 27.

2 Vgl. Abdi-Herrle, Mediale Themensetzung, S. 26 ff.; siehe auch Jan-Hinrik Schmidt, Social Media, Wiesbaden 2013, S. 8; Gwen Bouvier/Judith E. Rosenbaum,

Letzteres war am 7. Oktober 2019 der Fall: Die Berichterstattung über Schwesigs und Ramelows Äußerungen löste jene beschriebenen Dynamiken aus und führte zu einem Twitter-Diskurs, der sich um die DDR-Vergangenheit und ihre Deutung in der Gegenwart drehte. Dessen Praktiken, Inhalte und Verläufe gilt es zu hinterfragen. Denn nicht zuletzt auf Twitter werden gegenwärtige Formen der Aushandlung und Aufarbeitung von DDR-Vergangenheit sowie deren Konjunkturen sicht- und damit analysierbar, was am Beispiel der Unrechtsstaats-Debatte auf Twitter im Folgenden verdeutlicht werden soll.

Die DDR als „UNRECHTSSTAAT"!

Die am 7. Oktober 2019 geführten, hoch emotionalen und kontroversen Debatten über DDR-Vergangenheit zwangen Bodo Ramelow dazu, noch am Nachmittag des gleichen Tages über seinen privaten[3] Twitter-Kanal selbst aktiv zu werden (vgl. Abb. 1).

Einerseits zitierte Ramelow zu Beginn seines Tweets aus dem eingangs erwähnten Interview, andererseits hängte er dem Beitrag ein Bild an, auf dem vor grauem Hintergrund sein gesamtes – über die Zeichenbegrenzung der Plattform hinausgehendes – Statement zu sehen war. Davon ausgehend forderte Ramelow die Leserinnen und Leser seines Tweets auf, sich eine eigene Meinung zu bilden. Der hier noch intakte Geduldsfaden des Linken-Politikers sollte im Februar erneut auf die Probe gestellt werden – und reißen.

Vier Monate später nämlich entlud sich der aufgestaute Frust auf der Handytastatur (vgl. Abb. 2). Ganze acht Mal tippten Ramelows Finger das

Communication in the Age of Twitter. The Nature of Online Deliberation, in: Gwen Bouvier/Judith E. Rosenbaum (Hrsg.), Twitter, the Public Sphere, and the Chaos of Online Deliberation, Cham 2020, S. 1–22, hier S. 11.

3 Der Twitter-Account von Bodo Ramelow wird über einen privaten Zugang betrieben, der nicht von staatlichen Institutionen betreut wird. Die hier abgebildeten Äußerungen drücken seine private Sicht auf bestimmte Themen aus und sind daher keine regierungsamtlichen Positionen der Landesregierung oder von Bodo Ramelow in seiner amtlichen Funktion als Ministerpräsident des Freistaates Thüringen.

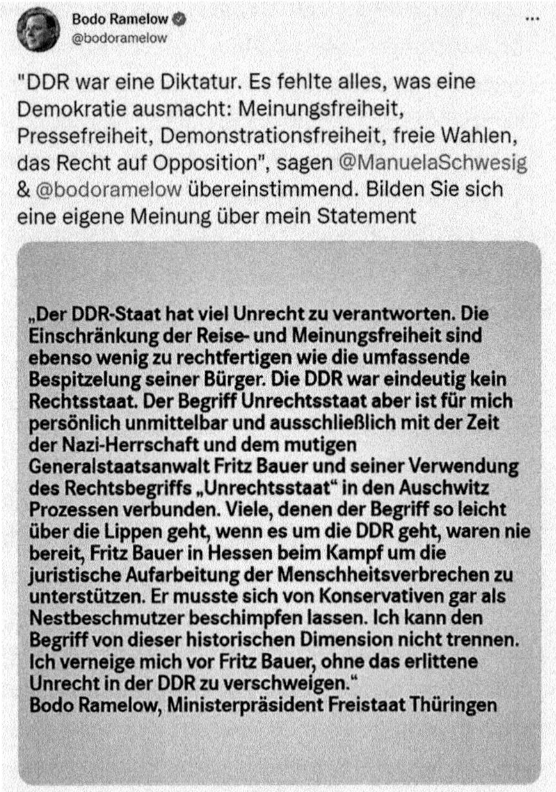
Bodo Ramelow
@bodoramelow

"DDR war eine Diktatur. Es fehlte alles, was eine Demokratie ausmacht: Meinungsfreiheit, Pressefreiheit, Demonstrationsfreiheit, freie Wahlen, das Recht auf Opposition", sagen @ManuelaSchwesig & @bodoramelow übereinstimmend. Bilden Sie sich eine eigene Meinung über mein Statement

„Der DDR-Staat hat viel Unrecht zu verantworten. Die Einschränkung der Reise- und Meinungsfreiheit sind ebenso wenig zu rechtfertigen wie die umfassende Bespitzelung seiner Bürger. Die DDR war eindeutig kein Rechtsstaat. Der Begriff Unrechtsstaat aber ist für mich persönlich unmittelbar und ausschließlich mit der Zeit der Nazi-Herrschaft und dem mutigen Generalstaatsanwalt Fritz Bauer und seiner Verwendung des Rechtsbegriffs „Unrechtsstaat“ in den Auschwitz Prozessen verbunden. Viele, denen der Begriff so leicht über die Lippen geht, wenn es um die DDR geht, waren nie bereit, Fritz Bauer in Hessen beim Kampf um die juristische Aufarbeitung der Menschheitsverbrechen zu unterstützen. Er musste sich von Konservativen gar als Nestbeschmutzer beschimpfen lassen. Ich kann den Begriff von dieser historischen Dimension nicht trennen. Ich verneige mich vor Fritz Bauer, ohne das erlittene Unrecht in der DDR zu verschweigen.“
Bodo Ramelow, Ministerpräsident Freistaat Thüringen

Abb. 1: Tweet von Bodo Ramelow [@bodoramelow].
Twitter, 7. 10. 2019, 12:18 Uhr, www.twitter.com/bodoramelow/status/1181151847370940416 [23. 9. 2021]

Wort „Unrechtsstaat“, davon die letzten fünf Wiederholungen in Großbuchstaben – dem schriftlichen Äquivalent von Schreien. Den politischen Hintergrund für Ramelows Frustration am 11. Februar 2020 bildete die Wahl Thomas Kemmerichs (FDP) sechs Tage zuvor. Entgegen dem bundesparteilichen Konsens von CDU sowie FDP, nicht mit der AfD zusammenzuarbeiten, hatte Kemmerich die mit Stimmen der AfD, CDU und FDP gewonnene Wahl zum thüringischen Ministerpräsidenten angenommen – um nach heftiger Kritik nur drei Tage später seinen Rücktritt bekannt zu geben. Die politischen Erschütterungen der Regierungskrise in

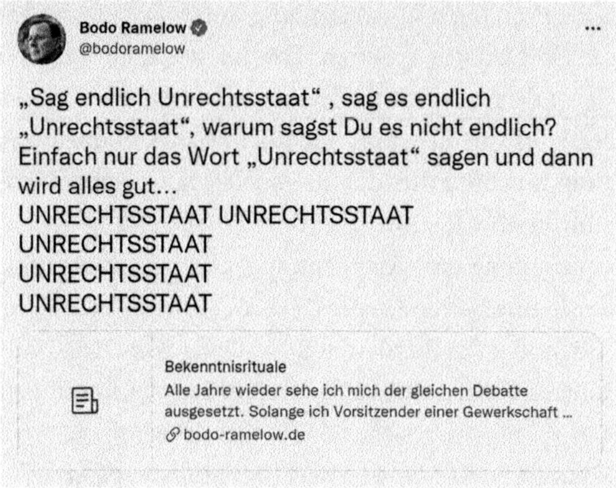

Abb. 2: Tweet von Bodo Ramelow [@bodoramelow]. *Twitter, 11. 2. 2020, 23:06 Uhr, www.twitter.com/bodoramelow/status/1227353276049391616 [23. 9. 2021]*

Thüringen, die das Land sogar im Lichte internationaler medialer Dauerscheinwerfer erhellen ließen, hatten offenbar sowohl Nerven blank gelegt als auch Gemüter erhitzt. Kemmerichs Vorgänger (und nach dem 4. März 2020 gleichzeitig auch Nachfolger) Bodo Ramelow schmetterte über seinen privaten Twitter-Kanal das Wort „Unrechtsstaat" regelrecht in die Nacht hinaus, statt es einfach nur zu sagen.

Der rhetorisch selbst formulierten Aufforderung, „endlich ‚Unrechtsstaat'" zu sagen, kam Ramelow nun also lautstark und sarkastisch nach. Darüber hinaus hängte der Linken-Politiker demselben Tweet einen Verweis zu seiner eigenen Webseite an. Dort hatte er am 18. Oktober 2019 einen circa zehnseitigen Artikel mit dem Titel „Bekenntnisrituale" veröffentlicht. Zu Beginn beklagt Ramelow dort die aus seiner Sicht gebetsmühlenartig gestellte Frage, wie er es mit dem Wort „Unrechtsstaat" halte – wahrscheinlich auch ausgehend von den Diskussionen am 7. Oktober des Vorjahres. Im Artikel argumentiert Ramelow, dass es als politisches Werturteil durchaus zutreffend und angemessen sei, die DDR als „Unrechtsstaat" zu bezeichnen. Der Politiker der Linken weigert sich aber, den Begriff „Unrechtsstaat" auch im juristischen Sinne zuzulassen. Denn als solcher habe dieser seine Prägung und Anwendung durch Fritz Bauer spezifisch in Bezug auf die NS-Diktatur erfahren. Der Jurist spielte während seiner Tätigkeit als Generalstaatsanwalt in Hessen von 1956 bis 1968 eine zentrale Rolle in der konsequenten und öffentlichkeitswirksamen strafrechtlichen Verfolgung und Aufarbeitung nationalsozialistischen Unrechts. Seine Bezeichnung des NS-Regimes als „Unrechtsstaat" fand in den 1970er-Jahren breite Verwendung und Anerkennung. Über diese begriffliche Spezifität hinaus werde eine Definition der DDR als „Unrechtsstaat" laut Ramelow durch die Weigerung der Bundesrepublik, Opfer von DDR-Unrecht zu entschädigen, konterkariert. Dazu zählt er zum Beispiel Eltern von Zwangsadoptierten und Zwangsausgesiedelte. Der sachliche Ton des Artikels steht in starkem Kontrast zu Ramelows Tweet drei Monate später.

Der Ramelow'sche „UNRECHTSSTAAT" ragte in dieser Februarnacht aber nicht nur wegen der Großschreibung heraus: Er adressierte eben nicht die Thüringer Regierungskrise. Stattdessen polarisierte Ramelow digital mit dem Thema DDR-Vergangenheit: Mehr als 3000 Nutzerinnen und Nutzern des Micro-Blogging-Dienstes gefiel, was Ramelow geschrie(be)n hatte, und fast 850 verbreiteten es innerhalb von meist weniger als 24 Stunden weiter. Mit 663 Antworten entschieden Hunderte Twitternde, ihre Meinung dazu kundzutun – einige seien hier kurz zusammengetragen:

Ramelow mache sich über diejenigen, die in der DDR Unrecht erfahren haben, lustig. Er verhalte sich wie ein kleines Kind. Der Ex-Ministerpräsident weiche der Ernsthaftigkeit des Themas aus, indem er es ins Lächerliche ziehe. Als Politiker der Linken negiere er Unrecht, für das seine eigene Partei als Nachfolgerin der SED verantwortlich sei. Ramelow solle zurücktreten oder besseres beratendes Personal engagieren. Er sei Kommunist oder linker Faschist. Es gehe nicht um das bloße Aussprechen des Wortes „Unrechtsstaat", das darüber hinaus auf mehrere Staaten der Vergangenheit ohne zwangsläufige Gleichsetzung angewendet werden könne, sondern um dessen Anerkennung.

Dem widersprachen andere Nutzerinnen und Nutzer und sprangen Ramelow bei – einzelne Repliken seien hier umrissen: Die Bezeichnung als Diktatur sei ausreichend. Der Begriff „Unrechtsstaat" sei zu ideologisch gefärbt und gleichzeitig zu vieldeutig, um der historischen Realität gerecht zu werden. Eine umfassende Aufarbeitung von DDR-Vergangenheit, sowohl gesamtgesellschaftlich als auch innerhalb der Partei Ramelows, sei wichtiger als Begrifflichkeiten. Mit der Bezeichnung „Unrechtsstaat" setze man die SED- mit der NS-Diktatur gleich, was nicht richtig sei. Ramelow setze sich in seinem Artikel angemessen und fair mit Unrecht in der DDR auseinander und verweigere sich zu Recht dem Bekenntnisritual und -zwang – schließlich sei er kein Papagei. Die Masse an Kritikerinnen und Kritikern habe den verlinkten Text nicht gelesen, verstehe dessen Aussage bewusst falsch oder ziehe die schnelle Diffamierung einer intensiveren Auseinandersetzung mit Ramelows Argumenten vor.

Die Perspektive auf Ramelows Schrei war je nach eigenen Erfahrungen in oder außerhalb der DDR eine andere: Zahlreiche Twitternde beanspruchten aufgrund des eigenen Erlebens der „realexistierenden" DDR ein tieferes Verständnis damaliger Zustände. Dabei überwogen diejenigen Antworten, die Ramelow widersprachen, wie beispielsweise eine Person mit dem Namen[4] „Ellen Lansen". Die Antwort bestand aus drei Tweets:

> „Habe mir Ihren Link ‚fast alles ' durchgelesen. [Daumen-hoch Smiley] sehr informative Einblicke!Ich bin in der BRD ‚58 geboren,jedoch aufgewachsen in d.ehemaligen DDR.Selbst ich habe eine Stasiakte,einem Freund wurde nahegelegt d.Beziehung zu mir zu beenden …"
> „.. da sonst seine Eltern mit Konsequenzen zu rechnen haben. Damals verstand ich d. Welt nicht mehr. Erfahren habe ich d. Ganze vor ein paar Jahren, genau von d. Freund mit dem ich damals zusammen war!UNRECHTSSTAAT ist noch sehr milde ausgedrückt!‚Statt des Grauens' wäre angebracht!"
> „…..sorry…..nicht Statt…..sondern STAAT….soll es richtig heißen."[5]

4 Der Twitter-Kanal von Bodo Ramelow wurde von dem Kurznachrichtendienst mit einem blauen Haken versehen. Es handelt sich folglich um einen aktiven Account öffentlichen Interesses, dessen Echtheit geprüft worden ist. Accountnamen, die nicht verifiziert sind, also auch Fantasienamen sein könnten, werden hier in Anführungszeichen gefasst. Zitate sind stets in ihrer originalen Schreibweise, einschließlich Rechtschreib- und Grammatikfehlern, übernommen worden. Deren jeweilige Kennzeichnung mit „[sic]" entfällt aufgrund ihrer Häufigkeit.

5 Tweets von Ellen Lansen[@LansenEllen], in: Twitter, 12. 2. 2020, 6:55, 7:00 und 7:01 Uhr, URLs: www.twitter.com/LansenEllen/status/1227471152550961152, www.twitter.com/LansenEllen/status/1227472451199782912; www.twitter.com/

Die eigene Herkunft als Messlatte der Legitimität von Werturteilen über die SED-Diktatur wurde dabei auch an Ramelow angelegt: Er könne als gebürtiger Niedersachse die Rechtstaatlichkeit der DDR gar nicht beurteilen.[6] Mit kurzen Absätzen oder lediglich einem Wort („Kommunist!"[7]), begleitet von Verweisen auf Webseiten, die sich beispielsweise dem Thema Unrechtsstaatlichkeit widmen,[8] einer Vielzahl von Hashtags – darunter vor allem #Unrechtsstaat[9] – und untermalt mit historischen Bildern oder GIFs erwiderten Dutzende auf der Plattform genauso lautstark und emotional wie Ramelow selbst, warum ihnen sein Tweet missfallen hatte.

Die DDR als „ein anderes System mit Fehlern"?

Dass Tweets schnell ein digitales Eigenleben entfalten können, zeigte sich auch am 11. Februar 2020. Die Twitternden antworteten schließlich nicht nur auf Ramelows Tweet selbst, sondern auch auf Reaktionen anderer. Somit wogte die Welle, die unterhalb Ramelows Schrei aufbrandete, zwischen den unterschiedlichen Perspektiven und Argumenten hin und her. Zahlreiche Nutzerinnen und Nutzer lösten dabei eigene Empörungswellen aus, wie zum Beispiel eine Person mit dem Namen „Andreas Klamm". Dessen mutmaßlicher Betreiber Andreas Klamm, der 2019 und 2020 für Die Linke als Direktkandidat auf Landes- beziehungsweise Kreisebene in Rheinland-Pfalz kandidiert hatte,[10] sprang seinem Parteifreund offenbar bei, als er tweetete:

LansenEllen/status/1227472877513060352 [alle folgenden URLs wurden, sofern nicht anders angegeben, zuletzt aufgerufen am 23. 9. 2021].

6 Vgl. z. B. Tweet von Strawberrycheesefrog [@CatastrophyPro], in: Twitter, 12. 2. 2020, 0:38 Uhr, www.twitter.com/CatastrophyPro/status/1227376317483507712.

7 Tweet von Weberkäse [@weberkäse], in: Twitter, 12. 2. 2020, 18:57 Uhr, www.twitter.com/weberkase/status/1227653032676118530 [28. 7. 2021].

8 Vgl. bspw. Tweet von Jan-Marinus [@gewaschenerK], in: Twitter, 11. 2. 2020, 23:35 Uhr, www.twitter.com/GewaschenerK/status/1227360481918226432.

9 Vgl. bspw. Tweet von Morvjn [@morvjn], in: Twitter, 12. 2. 2020, 8:30 Uhr, www.twitter.com/morvjn/status/1227495277143048194.

10 Vgl. Andreas Klamm, eigene Webseite, www.andreasklamm.de.

> „Ich bin im Westen aufgewachsen und habe die DDR und SED nicht kennengelernt vor 1989. Mit dem MfS gab es nur einmal Kontakt vor 1989. Dennoch glaube ich, ist es falsch von einem ‚Unrechtsstaat' in Bezug zur DDR zu sprechen. Es war ein anderes System mit Fehlern."[11]

Damit provozierte Klamm seinerseits 81 Antworten, die wie bei Ramelow größtenteils Widerspruch formulierten. Darauf reagierte Klamm fast im Minutentakt – und führte die selbst angestoßene Diskussion so weiter fort. Teils ähnelten die Argumente unter seiner Antwort auf Ramelow den direkten Reaktionen auf den nächtlichen Schrei frappierend, teils vertieften sie dort bereits thematisierte Aspekte – die fehlende Reise-, Presse- und Meinungsfreiheit[12], das Schießen auf sogenannte Republikflüchtlinge[13], Verhaftungen aus politischen Gründen sowie die systematische Überwachung der eigenen Bevölkerung[14] –, nur sachlicher und ausführlicher. Auch hier fanden Twitter-externe Webseiten[15] über Verlinkungen ihren Weg in die Auseinandersetzungen über DDR-Vergangenheit und #Unrechtsstaat.

Viele Twitternde folgten dem Erinnerungsanstoß von Klamm, um ihre eigenen Erfahrungen mit und aus dem vergangenen Staat zu erzählen. Dabei reflektierten einige ihre unterschiedlichen Deutungen von DDR-Vergangenheit, andere nahmen die eigene Zeitzeugenschaft zur Sprechvoraussetzung: Für sie legitimierte zum Beispiel das eigene Aufwachsen in der DDR dazu, über deren Unrechtsstaatlichkeit zu urteilen.[16] Darüber

11 Tweet von Andreas Klamm [@AndreasKlamm], in: Twitter, 11. 2. 2020, 23:43 Uhr, www.twitter.com/AndreasKlamm/status/1227362479547830273.

12 Vgl. Tweet von A. T. [@AndreToepfer], in: Twitter, 12. 2. 2020, 6:46 Uhr, www.twitter.com/AndreToepfer/status/1227468968178352130.

13 Vgl. Tweet von Ick will ‚em [@willemL87], in: Twitter, 12. 2. 2020, 0:06 Uhr, www.twitter.com/willemL87/status/1227368280979050501].

14 Vgl. Tweet von Civis Viennensis [@civisVIE], in: Twitter, 12. 2. 2020, 14:21 Uhr, www.twitter.com/civisVIE/status/1227583423327416320.

15 „Ralf del Mar" verlinkte einen Artikel der „Rhein-Neckar-Zeitung" vom 8. 2. 2020 über Wolfgang Welsch, Widerstandskämpfer in der DDR und anschließend Fluchthelfer für zahlreiche Menschen aus derselben, vgl. z. B. Tweet von Ralf del Mar [@Moorbek], in: Twitter, 12. 2. 2020, 16:02 Uhr, www.twitter.com/Moorbek/status/1227608985534115842.

16 Vgl. Tweet von Ingo Gondro [@IGondro], in: Twitter, 12. 2. 2020, 13:21 Uhr, www.twitter.com/IGondro/status/1227568441525227521.

hinaus wurden Kontakte zu aus der DDR Geflüchteten als wertvolle Quellen in den Diskurs eingebracht: Auf diese Weise hätten auch bundesdeutsche Bürgerinnen und Bürger ohne Berührungspunkte mit DDR-Behörden oder sogenannter „Ostverwandtschaft" ein eindrückliches Bild von der Lage des Nachbarstaates erhalten:

> „Also ich bin auch im Westen aufgewachsen, kenne die DDR und SED nicht, dafür aber kannte ich Flüchtlinge aus der DDR. Was die mir erzählt haben, hat mir gereicht. Die DDR war ein Unrechtsstaat. Ein anderes System, das Unrecht begangen hat."[17]

Die „Unrechtsstaats"-Debatte auf Twitter als Seismograf

Sowohl beim Tweet von Bodo Ramelow als auch dem von Andreas Klamm sorgten die vernetzenden Mechanismen von Twitter dafür, dass insgesamt Tausende die Plattform Nutzende über Informationen, Meinungen und audiovisuelle Materialien zur DDR-Vergangenheit stolperten. In der Folge konnten sie sich dafür entscheiden, ihre Meinung beizutragen. Weder Klamm noch Ramelow oder deren Rezipient:innen tauchten dabei zufällig in die Twitter-Welt ein, sobald sie ihre Computer, Handys oder Tablets einschalteten. Sie waren und sind Teil einer auf Dauer und über analoge wie digitale Medien hinweg verknüpften Öffentlichkeit, deren Wirkungsmechanismen auf Twitter besonders ausgeprägt sind und bei emotionalen Themen mit erstaunlicher Schnelligkeit und Intensität greifen. Ausgehend von Diskussionen zu einem derart besetzten Thema wie der Bezeichnung der DDR als „Unrechtsstaat" sprechen, streiten und lesen sogar Tausende Personen auf Twitter über DDR-Vergangenheit – mit hoher Geschwindigkeit, Wucht und Eigendynamik. Sie führen Argumente für ihre Sicht auf vergangene Zustände ins Feld, versuchen andere von ihrer „historischen Wahrheit" zu überzeugen und untermauern mithilfe von Verweisen auf Zeitungs- oder Wikipedia-Artikel ihre Wahrnehmung von Vergangenheit.

17 Tweet von Evilynn [@evilynnigirlie], in: Twitter: 12. 2. 2020, 16:17 Uhr, www.twitter.com/evilynnigirlie/status/1227612815436976134.

Ramelows Ausbruch und Klamms Antwort darauf animierten zahlreiche weitere Twitternde dazu, zum größten Teil in der Nacht auf den 12. Februar oder direkt am Folgetag, eigene Erinnerungen an die DDR mit der twitternden Öffentlichkeit zu teilen. Nutzerinnen und Nutzer verlangten die Aufarbeitung von DDR-Vergangenheit: einerseits gesamtgesellschaftlich, andererseits forderten sie diese bei der Linkspartei, die viele Menschen noch immer in einer Kontinuität zur SED sahen, aber auch der CDU, deren staatstragende Rolle in der DDR als „Blockpartei“ für viele bis heute ein blinder Fleck in deren Parteigeschichte ist, vehement ein. Sie beschrieben SED-Unrecht, benannten dessen konkrete Opfergruppen und zeichneten Kontinuitätslinien von dafür verantwortlichen politischen Organisationen nach. Sie brachten Twitter-externe und mitunter audiovisuelle Inhalte in die Debatte mit ein, die ihre Position untermauern sollten. Zeit- und Augenzeug:innen kamen zu Wort und erzählten „ihre“ Geschichten von DDR-Vergangenheit. Sowohl im Oktober 2019 als auch im Februar 2020 waren in der Folge jeweils innerhalb eines Tages Tausende zu aktiven Akteurinnen und Akteuren des Twitter-Diskurses zum „Unrechtsstaat DDR“ avanciert – und für ungleich mehr als solche digital sichtbar geworden: Während Hunderte antworteten, lasen Tausende mit. Die Twitternden rezipierten Ramelows Tweets nicht nur, sondern traten über Zustimmung, Widerspruch, Korrekturen, Verweise und eigene Erinnerungen als Produzenten und Produzentinnen eigener Geschichtsnarrative auf. Ihnen diente Twitter als digitale Geschichtswerkstatt und virtuelle Plattform ihrer „Geschichte(n) von unten“.

Denn die Gesamtheit der Tweets und Antworten spiegelt aktuell virulente DDR-Geschichtsbilder sowie ihre Heterogenität wider. Sie ist zugleich ein hervorragender Seismograf für die Agenden und Inhalte sowie für die Emotionen, die die Twitter-Gemeinschaft mit ihnen verknüpft. Der heute noch andauernde Prozess der Aufarbeitung der DDR-Vergangenheit lässt sich auch auf Twitter beobachten – nur mitunter quasi in Echtzeit.

Epilog im Plural

KERSTIN BRÜCKWEH

Vom (Un)Sinn der Fußnote

Herausforderung für Forschende in der öffentlichen Geschichtsarbeit

Bitte keine „fußnotenbeladenen Texte" heißt es in der Einleitung zu diesem wunderbaren Band. Solche Aufforderungen finden sich auch anderswo, häufig dann, wenn Forschungsinhalte eine größere Zielgruppe erreichen sollen. Warum gilt es fast schon als Standard für gut lesbare Beiträge, mit wenig Fußnoten auszukommen? Wer keine Fußnoten setzt, wird in der Geschichtswissenschaft angreifbar. Wer zu viel Text in Fußnoten schreibt, wird unlesbar. Es kommt also auf das richtige Maß an und darauf, sich die Bedeutung noch einmal vor Augen zu führen, denn im Prinzip ist eine Fußnote nichts anderes als ein Hyperlink, und darüber sind in unserer Welt des Internets und der Smartphones eigentlich kaum Beschwerden zu hören.[1] Letztlich soll ein Link idealerweise zu mehr Informationen und

1 Grundlegend: Anthony Grafton, Die tragischen Ursprünge der deutschen Fußnote, Berlin 1995. Für Fußnoten plädiert: Stefanie v. Schnurbein, Zitate und Fußnoten – eine Liebeserklärung, in: Experiment Geisteswissenschaft – Exploring Acacemic Practices, 24. 2. 2021, www.exgeist.hypotheses.org/519/; dazu auch: Lukas Rösli, Fußnoten – Eine Ergänzung, in: Experiment Geisteswissenschaft, 6. 5. 2021, www.exgeist.hypotheses.org/617/. Für typisch deutsch hält dieser Autor die Fußnote: Herbert Grziwotz, Der Fußnotenwahn, in: Legal Tribune Online, 21. 2. 2011, www.lto.de/recht/feuilleton/f/glosse-der-fussnotenwahn/; ein Hinweis auf den Umgang mit dem Hyperlink findet sich hier: Mareike König, Kommentar zu v. Schnurbein, Zitate und Fußnoten, 26. 2. 2021, www.exgeist.hypotheses.org/519/ [alle Weblinks in diesem Beitrag wurden, sofern nicht anders angegeben, zuletzt aufgerufen am 28. 10. 2022].

besserer Vernetzung führen. Auch dagegen wird sich in der Wissenschaft kaum jemand verwehren, warum aber soll bei der Wissenschaftskommunikation an diesem wissenschaftlichen Standard geknapst werden? Und welche Konsequenzen hat das?

Mein Beispiel: Mir wurde neulich eine Veröffentlichung aus dem Bereich der DDR- beziehungsweise Transformationsforschung versagt. Es handelt sich um ein Buch, das zur Kommunikation von geschichtswissenschaftlichen Ergebnissen an ein breites Publikum gedacht war, und um ein Beispiel dafür, wie aufgeheizt die Debatten zu diesem Thema sind, dass nicht einmal Forschungsergebnisse veröffentlicht werden, die nicht der eigenen Meinung oder der Leitlinie einer Institution entsprechen. Die Veröffentlichung war im Rahmen eines Honorarvertrags vereinbart worden und umfasste auch Beratungsleistungen. Schon zuvor waren Inhalte gegen meinen fachlichen Einwand so umgestaltet worden, dass ich meinen Namen damit nicht mehr verbunden haben wollte. Hinzu kam, dass ich als externe Beraterin vor einer Wand stand, hinter der ein nicht weiter differenziertes internes Team mit seinen „jahrelangen Erfahrungen" unwiderrufliche Entscheidungen traf. Nach dieser Vorgeschichte fiel schließlich nach Abgabe meines für einen Begleitband gedachten Textes der Satz: „Sie sind nicht auf unserer Linie!" Diesen Text hatte ich auf ausdrückliche Bitte hin mit nur wenigen Fußnoten abgegeben, was ich im Nachhinein für einen Fehler halte. Denn so war nicht hinter jedem Ergebnis eine Fußnote mit Archivbeleg, und dadurch standen überraschende Ergebnisse als Behauptungen und konnten angezweifelt werden. Damit blieb Raum für den Eindruck, dass hier nicht die gewünschte „Linie" vertreten werde.

Als Wissenschaftlerin formuliere ich ergebnisoffene Forschungsfragen und arbeite mit historischen Methoden und Quellen. Dabei kommen belegbare Forschungsergebnisse heraus. Sicherlich bilden Themenwahl und Forschungsfrage schon Vorentscheidungen, und die Geschichtswissenschaft selbst ist auch politisch, aber Forschung auf „Linie" ist etwas anderes – vor allem dann, wenn eine Institution der politischen Bildung unerwünschte Forschungsergebnisse von der Veröffentlichung ausschließt. Möglich wäre auch eine Veröffentlichung mit Distanzierung gewesen oder eine kommentierte Veröffentlichung, also das Austragen einer Kontroverse. Der Auftraggeber wollte den Vertrag auflösen und ein geringeres Ausfallhonorar zahlen. Ich war überrascht über den Tonfall, bat um Bedenkzeit und ließ mich rechtlich beraten. Ich hatte alle Vertragsteile erbracht, und das Honorar wurde letztlich voll gezahlt. Wichtig ist hier, dass ich mich in einer privilegierten Situation befinde, denn als unbefristet verbeamtete Professorin bin ich finanziell nicht auf das Honorar angewiesen. Ich konnte die Sache in den Vordergrund stellen, das heißt, mir ging es um die Unabhängigkeit der Forschung und das konkrete Vorgehen in diesem Fall. Letztlich wollte ich mich auch für diejenigen einsetzen, die ebenfalls an diesem (aber auch anderen) Vorhaben der Wissenschaftskommunikation mit diesem Auftraggeber beteiligt waren, aber aufgrund prekärer Beschäftigungsverhältnisse eben die Geduld nicht aufbringen können, solche Situationen auszuhalten. Was lässt sich daraus verallgemeinern? Erstens kann festgestellt werden, dass es Spannungen fast immer gibt, wenn Menschen zusammenarbeiten – also an sich nichts Besonderes. Zweitens geht es darum, dass öffentliche Einrichtungen oder Firmen historische Aufarbeitung aus sehr verschiedenen Gründen schätzen, die Frage ist dann, wie mit unerwünschten Ergebnissen umgegangen wird – das ist einmal eine vertragliche Frage und dann eine des Rufes (sowohl aufseiten der Forscher:in als auch aufseiten der Auftraggeber:in) und damit auch der Machtverhältnisse.

Mein Fall ist kein Einzelfall. Unter dem Titel „Mein Land verschwand so schnell…" wollten Agnès Arp und Annette Leo mit Studierenden der Universität Jena einen Interviewband herausgeben. Darüber, dass das Buch zunächst angenommen wurde und dann doch nicht veröffentlicht werden sollte, berichtet Franziska Augstein 2009 in der Süddeutschen Zeitung.[2] Das von einem anderen Verlag doch noch gedruckte Buch sei allen zur Lektüre empfohlen – vor allem der Dank zeigt, dass es zum Glück in unserer pluralen Gesellschaft doch meist Partner gibt, die einspringen.[3] Wer im Buch nicht genannt wird, ist die Institution, die die Veröffentlichung zurückzog. Augstein nennt den Akteur auf dem Feld der politischen Bildung beim Namen und berichtet über Ärger, der sich über die Verwendung

2 Franziska Augstein, In Deutschland regiert Dr. Pangloss, in: Süddeutsche Zeitung, 2.10.2009, S. 17.

3 Agnès Arp/Annette Leo, Mein Land verschwand so schnell… 16 Lebensgeschichten und die Wende 1989/90, Weimar 2009. Das Buch wurde 2009 als Band 775 in die Schriftenreihe der Bundeszentrale für politische Bildung aufgenommen.

von Begriffen wie „Kapitalismus“ und „Klassengesellschaft“ entfacht haben soll.[4] Ich vermute, dass Arp und Leo den Vertragspartner nicht preisgeben, weil solche Verträge häufig eine Geheimhaltungsklausel haben – deshalb nenne zumindest ich die Namen in meinem Beispiel nicht. Es gibt weitere Fälle, vor allem im Bereich der NS- und der Firmengeschichte, in denen zunächst PR-tauglich angekündigt wurde, dass sich eine Firma der historischen Aufarbeitung stellen werde, und dann die in Buchform gegossenen Ergebnisse nicht gedruckt wurden.[5] Was lässt sich tun?

Auf den Vertrag achten: Der Historiker Lutz Niethammer verdeutlicht in der Einleitung zu „Tengelmann im Dritten Reich“ den Unterschied zwischen Auftragsforschung und Forschungsförderung im universitären Kontext.[6] In einer Fußnote (!) erläutert er, dass bei Auftragsforschung die Forschungsergebnisse meist in das Eigentum der Auftraggeber:innen übergehen. Während dies vor allem im medizinisch-technischen und naturwissenschaftlichen Bereich zu finden sei, folgen Geistes- und Sozialwissenschaften einem anderen Prinzip, denn sie dienen auch einem öffentlichen Interesse und sehen deshalb häufig keine Eingriffs- oder Verwertungsrechte der Zuwendungsgeber:innen vor. Und trotzdem gibt es viele Verträge, die sich nicht so eindeutig zuordnen lassen, die mit Einzelpersonen und nicht Institutionen geschlossen werden und die Veröffentlichungen, Veranstaltungen oder Ausstellungen zum Ziel haben. Hier gilt es also, die Vertragsdetails genau zu betrachten und sich gegebenenfalls vorab rechtlich oder von erfahrenen Kolleg:innen beraten zu lassen.

Auf die eigene Rolle und die Wahrung der Regeln achten: Niethammer schreibt zudem folgenden bedenkenswerten Satz: „Wichtig ist allein, dass solche Rollenspiele mit wechselseitigem Respekt und unter Wahrung der Regeln ausgetragen werden – und das ist in unserem Fall geschehen.“[7] Ob

4 Augstein, Dr. Pangloss.

5 Cornelia Rauh, Die „Qualitätsansprüche des Hauses“, www.hist.uni-hannover.de/fileadmin/hist/PDF/Siemens_Erklaerung_zum_Nichterscheinen.pdf/.

6 Lutz Niethammer, Einführung des Herausgebers, in ders. (Hrsg.), Tengelmann im Dritten Reich. Ein Familienunternehmen des Lebensmittelhandels und der Nationalsozialismus (mit Beiträgen von Karin Hartewig, Almut Leh und Daniela Rüther), Essen 2020, S. 9–42, hier S. 10, Fußnote 3.

7 Niethammer, Einführung, S. 12.

nun von „Rollenspielen" oder eher im Luhmannschen Sinne mit unterschiedlichen Systemen argumentiert wird, Historiker:innen, die sich in solche Vertragskonstellationen begeben und gegen Bezahlung forschen, verlassen zumindest in Teilen ihre eigene Disziplin und damit auch die Spielregeln ihres Feldes beziehungsweise wechseln sie auf ein neues Terrain, in dem eben auch andere Regeln gelten.[8] Das heißt aber nicht, dass das eigene Rollenverständnis komplett über Bord geworfen wird, vielmehr müssen die Rollen mit Augenmaß verhandelt und der eigene Standpunkt in dem neuen Abhängigkeitsverhältnis bewusst gemacht werden. Prinzipiell schreibe ich keine Texte ohne Fußnoten, aber es gibt Formate der Wissenschaftskommunikation, die keine Fußnoten zulassen (etwa für Ausstellungen oder Zeitungen). Der zweite Teil, nämlich den „wechselseitige[n] Respekt" zu achten, kann der weitbekannte Professor Niethammer viel einfacher einfordern als etwa ein:e Promotionsstipendiat:in. Der Hashtag #IchbinHanna[9] und weitere Diskussionen haben die prekäre finanzielle Lage und die persönlich-lebensplanerische Situation verdeutlicht, aber inhaltlich kann es ebenfalls kompliziert werden. Zwar ist die Ebene der Forschungsförderung und Auftragsforschung im universitären Kontext – wie Niethammer sie beschreibt – eher Professor:innen vorbehalten, aber auch Doktorand:innen oder andere im Bereich der Public History oder Angewandten Geschichte Tätige schließen zum Beispiel Werk- und Honorarverträge. Wird dann von einer Auftraggeber:in unterstellt, einen Fehler gemacht zu haben oder den Qualitätsstandards nicht zu genügen, so stehen hier ganz existenziell die Bezahlung und damit der Lebensunterhalt und dann auch die wissenschaftliche Integrität, also der gerade erst im Aufbau befindliche gute Ruf, auf dem Spiel. Wird es danach noch einmal einen Vertrag geben, wer kennt wen, wer glaubt wem et cetera? Diese Fragen gehen wohl jedem durch den Kopf, wiegen aber für weniger bekannte Historiker:innen existenzieller. Dagegen gibt es weitere Strategien.

8 Dazu empfehlenswert ist die Einleitung zu: Eric Lettkemann/Wilke Renè/Hubert Knoblauch (Hrsg.), Knowledge in Action. Neue Formen der Kommunikation in der Wissensgesellschaft, Wiesbaden 2018.

9 Amrei Bahr/Kristin Eichhorn/Sebastian Kubon, #IchBinHanna. Prekäre Wissenschaft in Deutschland, Berlin 2022.

Veröffentlichen: Die eigene Forschung in Fachzeitschriften und Büchern veröffentlichen und verbreiten. Oder auf Medien setzen, die solche Fälle verfolgen. Aber auch hier spielen wieder Machtverhältnisse eine Rolle. Deshalb:

Vernetzen: Doktoranden:innen haben Betreuer:innen und auch andere Forschung findet selten im luftleeren Raum statt. Wiederum ist hier der Dank im Band von Agnès Arp und Annette Leo zur Lektüre empfohlen, denn dort wird die Vernetzung deutlich. Universitäre Partner, öffentliche und privatwirtschaftliche Akteure sprangen ein. Denn es geht darum …

… *Position zu beziehen*: Letztlich funktionieren Entscheidungen in einer Demokratie nur, wenn die Beteiligten sie mittragen. Wenn etwa die Mitarbeitenden keine Position beziehen, sondern sich hinter einem „Team" verstecken, nur dann kann auch die Führungsebene so agieren. Zuerst ist es aber an Personen in Leitungsfunktionen, Strukturen aufzubauen, die den eigenen Machtmissbrauch gar nicht erst entstehen lassen. Und auch etablierte Wissenschaftler:innen sind in der Verantwortung, diese Praktiken nicht mitzumachen und eigene Sorgen vor Renommeeverlust, fehlenden Folgeanträgen oder Beiratstätigkeiten auszuhalten. Letztlich geht es um die Wahrung der Regeln beziehungsweise des Respekts auf allen Seiten – wie Niethammer schreibt – und dafür braucht es alle Seiten und vor allem für jüngere Historiker:innen auch Beratung und Vernetzung.

Nicht die DDR selbst ist hier eine Fußnote, darüber haben bekanntlich andere gestritten.[10] Inhaltlich steht es aus meiner Perspektive sehr gut um die Erforschung der Geschichte der DDR und der Zeit ab 1989/90, wie auch der vorliegende Band zeigt. In einem rauen Umfeld öffentlicher Debatten auf die passenden Rahmenbedingungen zu achten, ist eine andere Aufgabe. Dabei kann aus der Analyse von Führungsstrukturen und Netzwerken in der Geschichte gelernt werden. Ob dies auch geschieht, steht auf einem anderen Blatt. Fußnoten – selbst wenn sie aus genrespezifischen Gründen am Ende gelöscht werden – können helfen, die Debatten zu versachlichen. Fußnoten können noch mehr, aber das wäre ein anderer Beitrag.

10 Stefan Heym, „Keine DDR mehr" (dpa-Meldung), in: taz-Archiv 20. 3. 1990, www.taz.de/Stefan-Heym-Keine-DDR-mehr/!1775840/. Und: Patrick Bahners/Alexander Cammann (Hrsg.), Bundesrepublik und DDR. Die Debatte um Hans-Ulrich Wehlers „Deutsche Gesellschaftsgeschichte", München 2009.

MANJA PRÄKELS

Kein abgeschlossenes Kapitel

Erinnerungen als Rohstoff der Geschichte

Ich such' die DDR und kommt sie zurück zu mir
(verzeih' ich ihr).
Feeling B, 1991

Die deutsche Republik, der die Mutter, wie sie zu berichten nicht müde wird, „alles verdankt", feierte im Jahr meiner Geburt ihr 25. Jubiläum. So bin auch ich eine Hineingeborene. Die Großeltern waren zwischen zwei Weltkriegen aufgewachsen, hatten ihren Teil zur Vernichtungsmaschinerie im Land der Täter beigetragen, ob marschierend, schweigend, duldend oder durch Verleugnung. Mit ihrer Heirat am 7. Oktober 1949, dem Tag der Gründung der DDR, hatten sie ein Zeichen setzen wollen. Für ein neues Deutschland. Ein besseres, davon waren sie überzeugt. Auch wenn die Kollektivierung des kleinen Hofes mitsamt Kühen und Hühnern schmerzte, so sollte es doch wenigstens keinen Herren mehr geben, der über Leben und Tod der Untergebenen entscheiden könne. Weder auf Erden noch im Himmel. Die Kinder lernten gut, erklommen die Treppen, die im Arbeiter- und Bauernstaat in Lohn und Brot und gute Posten führten. Urlaub, Auto, Farbfernsehgerät – kleine Träume wurden Wirklichkeit.

So verging die Zeit, verlor sich die Aufbruchstimmung, wich einem wachsenden Berg von Enttäuschungen. Großmutters Rente war ein Witz, über den keiner lachen konnte. Opa ging sicherheitshalber wieder zur Kirche. Vater und Mutter hatten sich eingerichtet. Kleines Haus, sichere

Anstellung, eine Republikflucht wäre ihnen als Verrat erschienen. Viele Nachbarn sahen das anders. Im 40. Jahr ihres Bestehens, ich war 14 Jahre alt, zerfiel die alternative Republik, das mütterliche Traumland. Verschwand binnen weniger Monate von den Landkarten und lebt doch fort. Bis heute. In den Köpfen, den Körpern, Erzählungen, Erinnerungen, übrig gebliebenen Gegenständen und Architekturen, in Haltungen, Wertvorstellungen, Unfähigkeiten und Fähigkeiten gleichermaßen. Sie lebt zwischen Buchdeckeln, in Liedern, auf Fotografien. In Konflikten und Rissen – die gehen durch Dörfer und Städte im ganzen Land.

2018. Ich sitze an einem Tisch im Veranstaltungsraum des Eberswalder Amadeu-Antonio-Hauses. Es trägt den Namen des jungen Angolaners, der als Vertragsarbeiter hoffnungsvoll in der kleinen Stadt gelebt hatte, bis ihn im Dezember 1990 ein rassistischer Mob durch die Straßen jagte und brutal ermordete. Die Mörder waren in der DDR aufgewachsene Jugendliche, so wie ich, die nur wenige Kilometer entfernt lebte. Und die viele Jahre später einen Roman über diese Zeit schrieb. Gegen das Vergessen. Darum bin ich hier. Im Nebenraum ist es voll. Seniorengymnastik am Nachmittag. Zur Lesung sind nur wenige gekommen. Ganz vorn, in der ersten Reihe, sitzt ein älterer Herr in kurzen Hosen. Er muss während meines Vortrags oft die Luft anhalten. Ich sorge mich zunächst. Unnötig. Er beschwert sich laut: „Sie machen mein Land schlecht!" Der Mann versucht, seine Zeitzeugenschaft gegen meine in Stellung zu bringen. Trainierte Empörung verschlägt ihm die Stimme. Seine Herkunft ist besonders dann gut zu erkennen, wenn er benennt, worüber wir uns streiten: die „DäDäÄr". Er bezeichnet sich als Heimatforscher. Einmal monatlich träfen sie sich zum Stammtisch.

Der Tisch für die Zeitzeugen des Dazwischen, der neunziger Jahre, die zuletzt in öffentlichen Debatten mit dem Hashtag „Baseballschlägerjahre" markiert wurden, stand Jahrzehnte abseits der öffentlichen Wahrnehmung. Tempo, Radikalität und Dynamik der Transformationen haben einen stark verdichteten und unübersichtlichen Erinnerungsraum geschaffen. Mancher erschien die Zeit als Treppensturz, manchem als schlingernde Abfahrt auf Glatteis, andere lernten zu fliegen. Die unterschiedlichen Wege, die die Akteurinnen und Akteure nach '89 nahmen, laufen bis heute wie Trennlinien durch die ostdeutsche Gesellschaft, bis tief hinein in alle Strukturen. Als letzter gemeinsamer Erfahrungsraum bleibt – die DDR.

> *In der UNO steht ein leerer Stuhl*
> *Darauf saß ein Mann aus Suhl*
> *In Kenia gibt's jetzt eine Botschaft wenja*
> *Diesmal traf es einen Mann aus Jena*

Die Neunziger. Erwachsen werden in Ruinen. Adressen, Straßennamen und Gebäude, Denkmale und ganze Lektürewelten landeten auf dem Müllhaufen der Geschichte. Menschen zogen massenweise fort und kehrten nicht zurück. Es blieben Gerüchte, Legenden, das Reden über ein verschwundenes Land und seine Bewohner, so leise wie ein Flüstern, das der verschollenen Erbtante gilt, über die zu reden sich nicht gehört. Ich fragte trotzdem nach. Und geriet so an den Katzentisch. Meine persönliche Spurensuche begann in lokalen Zeitungsarchiven, auf Dachböden, in miefigen Kellern, hinter durchtrennten Maschendrahtzäunen, an Bushaltestellen, wo ich den Gesprächen lauschte. Informationen aus zweiter Hand waren immer noch besser als gar keine. Warum ich überhaupt suchte? Weil etwas fehlte. Aber was?

Der abrupte Systemwechsel hatte alle propagierten Zukünfte ersatzlos begraben. Die neue Alternativlosigkeit zum westlichen Modell schuf kuriose Anpassungszwänge, die flächendeckend in ganz Osteuropa mehr Druck erzeugten als Möglichkeiten zum Ausgleich. Die Menschen standen vor Spiegeln. Versuchten zu lächeln und sangen: „Go west!" Verkleideten sich als Westler. Erkannten einander trotzdem wieder. Der Untergang der Diktatur teilte die Welt in Sieger und Besiegte. Seither ist ihr Erbe stark umkämpft.

> Das Niveau der Debatte um DDR-Vergangenheit ist so niedrig, dass man sie als in die DDR „verstrickter" nur auf allen Vieren führen kann.
> Heiner Müller, 1993

Bei einer Begegnung in Rostock berichten zwei Sozialwissenschaftlerinnen der dortigen Universität, dass ihnen westdeutsche Kollegen empfahlen, nicht mitzuforschen zum Themenfeld DDR. Sie seien schließlich befangen. Nicht objektiv genug. So wird ein Vorsprung an Erfahrung und Wissen nicht nur negiert, sondern zum Makel gemacht. Zur Bürde. Zu einem Ausschlussgrund. Wir lachten darüber. Doch die Aussichtslosigkeit der Abwehrkämpfe gegen solcherlei Entwertung kann einen Zeitgenossen in die Donquichotterie treiben.

So hatte der Zorn des Zuhörers in Eberswalde einer Textpassage gegolten, in der die Großmutter meiner Protagonistin, soeben war der Strom ausgefallen, bei Kerzenschein Socken aus bunten Wollresten strickt. In dieser sentimentalen Erinnerung wollte der Mann eine Kritik am Staate erkannt haben: „Das sind ja angebliche Mängel, die es so gar nicht gegeben hat. Es gab Socken für jeden!"

Ich such' die DDR und keiner weiß, wo sie ist
Es ist so schade, dass sie mich so schnell vergisst
Ich such' die DDR und kommt sie zurück zu mir
(verzeih' ich ihr)

Heute. Die rechtsextreme AfD plakatiert „Vollende die Wende!" und „Wir sind das Volk!". Ihre Rhetorik gegen „die da oben", vorgetragen von westdeutschen Spitzenfunktionären, ist ein Versuch, das Widerstandsnarrativ von '89 zu instrumentalisieren. Zeitgleich kämpfen junge Ostdeutsche als „Aufbruch Ost" darum, die emanzipatorischen Aspekte jener Zeit freizulegen und vielleicht zu retten. Die Ergebnisse der Bundestagswahl zeichnen die Umrisse des untergegangenen Landes nach. Das Blau der AfD färbt den Osten des Landes. Wenige Wochen später bezeichnet der Vorstandsvorsitzende des Springer-Verlags den mittlerweile geschassten Bild-Chef Julian Reichelt als „letzten und einzigen Journalisten" im Lande, der noch aufbegehre, gegen den „neuen DDR-Obrigkeitsstaat".

Die Geschichtswissenschaften können der Erinnerungskultur ein Fachwerk sein. Das Fundament aber bilden Geschichten, die man hören (wollen) muss. Nicht nur die Geschichten derer, die die DDR aufgebaut, in ihr gelebt haben. Auch die Geschichten der Nachgeborenen, für die sie weiterhin einen wichtigen Bezugspunkt darstellt. Weil ihr Leben noch immer von dieser Vergangenheit geprägt ist. Erst in der Vielfalt der Perspektiven wird Geschichte lebendig. Und es gibt noch viel zu entdecken. Die ostdeutsche Migrationsgeschichte zum Beispiel. *Flucht. Mauer. Überwachung.* Im Kontext der Zeit vor und von '89 klingen diese Begriffe anders als heute. Die Welt ist ohne Rückschau so wenig zu begreifen wie ohne Blick zum Horizont, nach vorn.

JENS SCHÖNE

Vergangenheit, Gegenwart, Zukunft, DDR

Einige Überlegungen

„Die Symbole von heute ermöglichen die Realität von morgen", schreibt Timothy Snyder in seiner vierten Lektion für den Widerstand.[1] Hinzufügen ließe sich: Die Symbole von heute entstammen der Realität von gestern. Insofern muss uns nicht bange werden, wenn wir über die Zukunft der DDR-Geschichte und ihrer Hinterlassenschaften nachdenken. Sie werden auch weiterhin Bezugspunkte für die Erklärung der Vergangenheit und die Verortung der Gegenwart bleiben. Aber es hat sich einiges geändert in den letzten 30 Jahren – und diese Entwicklung wird sich verstärken. So schwindet beispielsweise die Zeit der Zeitzeug:innen, das eigene Erleben wird nicht ewig maßgebender Rahmen für Aufarbeitung und Wissenschaft sein. Das ist keineswegs ungewöhnlich oder gar verwerflich, im Gegenteil: Es ist elementarer Bestandteil der Historisierung eines jeden Zeitabschnittes – und nun auch zunehmend der DDR-Geschichte.

In der gesamtdeutschen Euphorie der Jahre 1989/90 wurden die ostdeutschen Spezifika und deren Langlebigkeit sträflich unterschätzt. Aber wie konnte das auch anders sein? Es fehlte nicht zuletzt an einem Präzedenzfall, den man zu Rate ziehen konnte. Zudem schien vor dem Hintergrund der fundamentalen Umwälzungen, die man soeben erlebt hatte, alles möglich, gar ein Ende der Geschichte. Doch es sollte anders kommen. Es folgte eine Zeit grundlegender Transformationen,

1 Timothy Snyder, Über Tyrannei. Zwanzig Lektionen für den Widerstand, München 2017, S. 31.

deren Auswirkungen ebenfalls lange unterschätzt wurden. Diese Zeit war geprägt „durch die Gleichzeitigkeit des Ungleichzeitigen, durch individuelle wie kollektive Hoffnungen und Missverständnisse, durch Möglichkeitsräume, die sich auftaten, durch tiefe Brüche und gescheiterte Ideen, durch gewonnene Freiheiten und verlorene Gewissheiten".[2] Kurzum: Es wurden komplizierte Jahre. Während aber die oder der Einzelne ebenso wie die ostdeutsche Gesellschaft als Ganzes ihren Weg in die Zukunft noch suchten, trafen Wissenschaft und Aufarbeitung erste Festschreibungen hinsichtlich der Vergangenheit. So richtig und wichtig etwa die beiden Enquete-Kommissionen des Deutschen Bundestages waren, legten sie doch schon wenige Jahre nach dem Ende der SED-Diktatur inhaltliche Schwerpunkte und Blickwinkel fest, die viele Jahre wirkmächtig bleiben sollten. Die professionelle Beschäftigung mit der DDR war daher zum Beispiel in ihren ersten drei gesamtdeutschen Jahrzehnten vor allem urban, männlich und auf sich selbst bezogen. In vielerlei Hinsicht spiegelten sich hier Phänomene der Mehrheitsgesellschaft. Doch während diese sich unter dem Wirken von Globalisierung, Digitalisierung und Differenzierung rasant veränderte, blieb der gesamtdeutsche Blick auf die DDR insgesamt recht statisch. Gleiches galt für viele Personen und Institutionen, die sich dem Thema widmeten. Die bereits in den 1990er-Jahren in ihren Grundzügen etablierte Meistererzählung darüber, was die DDR denn nun war, wie sie entstand, warum sie 40 Jahre lang existierte und weshalb sie schließlich recht sang- und klanglos im Mahlstrom der Geschichte verschwand, blieb weitgehend unangetastet. Mahnende Stimmen, die es dahingehend immer wieder gab, wurden allzu oft geflissentlich ignoriert.[3]

Das hatte Folgen, und diese Folgen spiegelten sich nicht zuletzt in den Debatten, die sich um das Demokratieverständnis in Ostdeutschland

2 Uta Bretschneider, Einheit vielstimmig. Wiedervereinigung und Transformationszeit in der Erinnerungskultur, in: Marcus Böick/Constantin Goschler/Ralph Jessen (Hrsg.), Jahrbuch Deutsche Einheit 2021, Berlin 2021, S. 51–71, hier S. 66.

3 Als frühes und prominentes Beispiel: Jürgen Kocka, Bilanz und Perspektiven der DDR-Forschung. Festvortrag bei der Präsentation der Festschrift aus Anlass des 75. Geburtstages von Prof. Hermann Weber, Bundesstiftung zur Aufarbeitung der SED-Diktatur, 21. August 2003, abgedruckt in: Deutschland Archiv 36 (2003) 5, S. 764–769.

drehten und bis heute drehen. Nun ist es nur bedingt Aufgabe von Vergangenheitsbetrachtung, die Gegenwart zu konturieren, doch gibt es unmittelbare Zusammenhänge zwischen beiden Sphären. Spätestens wenn rechtslastige Parteien und Vereinigungen das Erbe der Friedlichen Revolution für sich in Anspruch nehmen, wenn mit Blick auf die heutige Zeit von „Stasi 2.0" oder von „Vollende die Wende" die Rede ist, dann sind diese Zusammenhänge nicht mehr von der Hand zu weisen. Mehr noch: Aufarbeitung und Geschichtswissenschaft fungieren, wenn auch in unterschiedlichem Maß, als Quelle und Mittler der historisch-politischen Bildung – und hierbei ist die eben erwähnte, weitgehend ungebrochene Meistererzählung hinderlich. Denn sie blendet zu viel aus, lässt zu viele Leerstellen, berücksichtigt zu viele Aspekte nicht. Zugespitzt formuliert, erzählt sie eine Geschichte der DDR, in der die Mehrheit der ostdeutschen Bevölkerung nicht vorkommt. Wenn die Mehrheit sich dort aber nicht wiederfindet, wird sie andere Ansprechstationen suchen. Und diese sind im Zweifelsfall nur bedingt demokratietauglich.

Mehr als 30 Jahre nach dem Ende des selbsternannten „Arbeiter- und Bauernstaates" befinden sich Aufarbeitung und historische Forschung mitten in einem personellen Umbruch. Inzwischen ist eine Generation herangewachsen, die die DDR nicht mehr selbst erlebt hat, dahingehend keinen biografischen Ballast mit sich herumträgt. Das eröffnet ganz neue Möglichkeiten, sich dem Gegenstand unvoreingenommen, *sine ira et studio*, zu nähern. Der Umbruch darf jedoch nicht allein personell bleiben, er muss den Blick weiten, neue Themenfelder erschließen und über moderne Formen der Vermittlung nachdenken. Immer wieder ist gefragt worden, ob die DDR ausgeforscht sei und das Interesse an ihrer Geschichte gerade unter den Nachwachsenden erlahmen würde.[4] Beides ist falsch. Historische Forschung kommt nie an ihr Ende. Und der Befund, dass das Interesse nachlassen würde, resultiert aus einer Fehlwahrnehmung, denn er hat wesentlich mit der bereits erwähnten Form der Historisierung zu tun. Nach dem Epochenumbruch der Jahre 1989/90 erfuhr die DDR

4 Mit positivem Grundtenor: Thomas Lindenberger, Ist die DDR ausgeforscht? Phasen, Trends und ein optimistischer Ausblick, in: Aus Politik und Zeitgeschichte 24–26 (2014), S. 27–32.

eine außergewöhnlich große Aufmerksamkeit. Das war notwendig und richtig, doch jetzt wird sie ein ganz „normaler“ Gegenstand historischer Betrachtung. Große Ernsthaftigkeit ist dabei gefragt, aber wenn Aufarbeitung und Forschung auf diesem Wege pluraler werden, wenn es gelingt, ein umfassenderes, differenzierteres Bild zu zeichnen, dann muss man sich um deren Zukunft wenig Sorgen machen. Denn die Bilder von heute ermöglichen die Interpretationen von morgen. Nach der Lektüre des hier vorliegenden Bandes bleibt große Hoffnung, dass diese Zukunft der DDR-Vergangenheit gesichert ist.

Abkürzungsverzeichnis

Abb.	Abbildung
ABL	Archiv Bürgerbewegung Leipzig
Abt.	Abteilung
AfD	Alternative für Deutschland
AGSF	Amt für gesamtdeutsche Studentenfragen
AKW	Atomkraftwerk
AMREC	Archivo Histórico del Ministerio de Relaciones Exteriores y Culto de la República Argentina
Anm.	Anmerkung
APO	Abteilungsparteiorganisation
ARD	Arbeitsgemeinschaft der öffentlich-rechtlichen Rundfunkanstalten der Bundesrepublik Deutschland
AStA	Allgemeiner Studentenausschuss
AV	Auslandsvertretung
AWO	Arbeiterwohlfahrt
BAMF	Bundesamt für Migration und Flüchtlinge
BArch	Bundesarchiv
BDA	Betriebs- und Dokumentationsarchiv
BGBl.	Bundesgesetzblatt
BLHA	Brandenburgisches Landeshauptarchiv
BMG	Bundesministerium für gesamtdeutsche Fragen
BSG	Betriebssportgemeinschaft
BV	Bezirksverwaltung
BVA	Bundesverwaltungsamt
CDU	Christlich-Demokratische Union Deutschlands
CIA	Central Intelligence Agency
CSU	Christlich-Soziale Union in Bayern
DBD	Demokratische Bauernpartei Deutschlands
DEFA	Deutsche Film-Aktiengesellschaft

Ders.	Derselbe
DFF	Deutscher Fernsehfunk
DHfK	Deutsche Hochschule für Körperkultur
DHM, HA	Deutsches Historisches Museum, Hausarchiv
Dies.	Dieselbe
DKP	Deutsche Kommunistische Partei
DM/D-Mark	Deutsche Mark
Dok.	Dokument
DPs	Displaced Persons
EWN	Entsorgungswerk für Nuklearanlagen
FC	Fußballclub
FDGB	Freier Deutscher Gewerkschaftsbund
FDJ	Freie Deutsche Jugend
FDP	Freie Demokratische Partei
FES	Friedrich-Ebert-Stiftung
FIL	Fraueninitiative Leipzig
FU	Freie Universität (Berlin)
HA	Hauptarchiv
HICOG	High Commissioner for Germany
HV	Hauptverwaltung
IM	Inoffizieller Mitarbeiter des Ministeriums für Staatssicherheit
IMS	Inoffizieller Mitarbeiter zur politisch-operativen Durchdringung und Sicherung des Verantwortungsbereiches
ISDN	Integrated Services Digital Network
JHS	Juristische Hochschule des Ministeriums für Staatssicherheit
KKR	Kernkraftwerk Rheinsberg
KPA	Kommunistische Partei Argentiniens
KPD	Kommunistische Partei Deutschlands
KPdSU	Kommunistische Partei der Sowjetunion
KZ	Konzentrationslager
LA	Lateinamerika
LAB	Landesarchiv Berlin

LABO	Landesamt für Bürger- und Ordnungsangelegenheiten
LDA-SA	Landesamt für Denkmalpflege und Archäologie Sachsen-Anhalt
LDP/LDPD	Liberal-Demokratische Partei Deutschlands
LPG	Landwirtschaftliche Produktionsgenossenschaft
MdB	Mitglied des Deutschen Bundestags
MDR	Mitteldeutscher Rundfunk
MfAA	Ministerium für Auswärtige Angelegenheiten der DDR
MfS	Ministerium für Staatssicherheit
MfUW	Ministerium für Umweltschutz und Wasserwirtschaft der DDR
NAG	Notaufnahmegesetz
NATO	North Atlantic Treaty Organization
NBI	Neue Berliner Illustrierte
NLA HA	Niedersächsisches Landesarchiv, Abteilung Hannover
NS	Nationalsozialismus
NSDAP	Nationalsozialistische Deutsche Arbeiterpartei
NVA	Nationale Volksarmee
o. V.	ohne Verfasser:in
OdF	Opfer des Faschismus
OV	Operativer Vorgang
PA AA	Politisches Archiv des Auswärtigen Amts
PDS	Partei des Demokratischen Sozialismus
Pg.	Parteigenosse (der NSDAP)
RA	Rechtsanwalt
RB	RasenBallsport
RIAS	Rundfunk im amerikanischen Sektor
SAPMO-BArch	Stiftung Archiv der Parteien und Massenorganisationen der DDR im Bundesarchiv
SBZ	Sowjetische Besatzungszone
SC	Sportclub
SDP	Sozialdemokratische Partei in der DDR
SED	Sozialistische Einheitspartei Deutschlands
SFB	Sonderforschungsbereich
SFV	Sächsischer Fußballverband

SG	Sportgemeinschaft
SMAD	Sowjetische Militäradministration in Deutschland
SPD	Sozialdemokratische Partei Deutschlands
TLDA	Thüringisches Landesamt für Denkmalpflege und Archäologie
UA	Universitätsarchiv
UdSSR	Union der Sozialistischen Sowjetrepubliken
UFV	Unabhängiger Frauenverband
US	United States
USA	United States of America
VBS	Verband der Berufssoldaten der Nationalen Volksarmee
VdgB	Vereinigung der gegenseitigen Bauernhilfe
VDS	Verband Deutscher Studentenschaften
VEB	Volkseigener Betrieb
VEG	Volkseigene Güter
VP	Volkspolizei
VR	Volksrepublik
VS	Volkssolidarität
VVN	Vereinigung der Verfolgten des Naziregimes
WTR	Wissenschaftlich-technische Revolution
ZK	Zentralkomitee (der SED)
ZPL	Zentrale Parteileitung
ZSG	Zentrale Sportgemeinschaft

Autorinnen und Autoren

CHRISTOPHER BANDITT, geboren 1981, studierte Politikwissenschaft, Neuere Geschichte und Volkswirtschaftslehre an der Universität Potsdam. Von 2018 bis 2020 wurde er mit seinem Dissertationsprojekt zu „Sozialer Ungleichheit in Ostdeutschland 1980–2000" von der Bundesstiftung zur Aufarbeitung der SED-Diktatur als Stipendiat gefördert. Christopher Banditt ist assoziierter Doktorand am Leibniz-Zentrum für Zeithistorische Forschung Potsdam und im Hochschulmanagement der Universität Potsdam tätig.

JESSICA BOCK, Dr., studierte Mittlere und Neuere Geschichte an der Universität Leipzig. Mit einem Stipendium der Bundesstiftung zur Aufarbeitung der SED-Diktatur promovierte sie zu „Frauenbewegung in Ostdeutschland. Aufbruch, Revolte, Transformation in Leipzig 1980–2000". Ihre Dissertation wurde 2019 mit dem Dissertationspreis der GenderConceptGroup der Technischen Universität Dresden ausgezeichnet und erschien 2020 im Mitteldeutschen Verlag. Seit 2016 ist sie wissenschaftliche Mitarbeiterin beim Digitalen Deutschen Frauenarchiv. Derzeit erarbeitet sie im Auftrag des Vereins Weiterdenken – Heinrich-Böll-Stiftung Sachsen eine Broschüre über Schwangerschaftsabbruch in Sachsen von 1945 bis 1989/90.

DANIEL R. BONENKAMP promoviert seit Februar 2021 zu einer geschlechterhistorischen Studie des Ministeriums für Staatssicherheit bei Prof. Isabel Heinemann und Prof. Thomas Großbölting, gefördert durch ein Promotionsstipendium der Bundestiftung Aufarbeitung der SED-Diktatur. Zuvor studierte er Geschichte und Philosophie an der Westfälischen Wilhelms-Universität Münster. Bereits in seiner 2022 publizierten Masterarbeit beschäftigte er sich mit der ostdeutschen Staatssicherheit.

LIVIA BREMMEL, geboren 1988 in Leipzig, studierte nach ihrer Berufsausbildung zur Krankenpflegerin ab 2013 Humanmedizin an der Universität Hamburg. Während ihres Studiums war sie Stipendiatin der Heinrich-Böll-Stiftung und engagierte sich ehrenamtlich in der europapolitischen Bildungsarbeit. Seit 2018 promoviert sie zum Thema „Psychiatrische Versorgung von Soldaten und Kriegsheimkehrern nach dem Zweiten Weltkrieg in der SBZ und frühen DDR am Beispiel der Landesheil- und Pflegeanstalt Leipzig-Dösen" am Institut für Geschichte und Ethik der Medizin des Universitätsklinikums Hamburg-Eppendorf.

KERSTIN BRÜCKWEH, Prof. Dr., studierte nach einer Tätigkeit als Buchhändlerin unter anderem Geschichte an der Universität Bielefeld. Sie promovierte dort im Jahr 2005. In der Folge war sie als wissenschaftliche Mitarbeiterin am Deutschen Historischen Institut London und an der Universität Trier tätig. Nach ihrer Habilitation an der Eberhard-Karls-Universität Tübingen vertrat sie die Professur für Neuere und Neueste Geschichte an der Universität Duisburg-Essen. Von 2016 bis 2020 leitete sie das Leibniz-Projekt „Die lange Geschichte der ‚Wende'. Lebenswelt und Systemwechsel in Ostdeutschland vor, während und nach 1989" und war parallel Fellow am Max-Weber-Kolleg der Universität Erfurt. Seit 2021 ist Kerstin Brückweh Professorin für Wirtschafts- und Sozialgeschichte an der Berliner Hochschule für Technik.

HELENA GAND, geboren 1988 in Baden-Württemberg, studierte Geschichte, Europäische Ethnologie und Sozial- und Kulturanthropologie in Augsburg und Berlin. Nach dem Studium war sie an verschiedenen Museen und Ausstellungshäusern in Stuttgart und Berlin tätig, zuletzt als wissenschaftliche Mitarbeiterin der Stiftung Berliner Mauer. Sie ist Doktorandin des Berliner Kollegs Kalter Krieg/Institut für Zeitgeschichte München–Berlin und promovierte bei Prof. Dr. Elke Seefried an der Rheinisch-Westfälischen Technischen Hochschule Aachen zum Thema „Ängste und Hoffnungen im Transformationsprozess. Erwartungen und Emotionen der Deutschen 1989/90".

BENJAMIN GLÖCKLER studierte Geschichte, Kognitionswissenschaft und Interdisziplinäre Anthropologie in Freiburg und Poznań. Zwischen 2016 und 2019 war er wissenschaftliche Hilfskraft am SFB 948 „Helden – Heroisierungen – Heroismen" der Albert-Ludwigs-Universität Freiburg. Seit 2020 promoviert er mit einem Stipendium der Bundesstiftung zur Aufarbeitung der SED-Diktatur zu dem Thema „Und es werde Alltag. Altersbilder in ost- und westdeutschen Zeitschriften im Vergleich (von 1967 bis ca. 1980)". Seine Arbeitsschwerpunkte liegen in der Helden- und Altersforschung sowie in der Mediengeschichte.

ANNA HESSE, 1996 in Duderstadt geboren, studierte von 2015 bis 2020 Geschichte und Französisch bzw. Neuere und Neueste Geschichte in Mainz und Dijon. Seit Herbst 2020 promoviert sie bei Prof. Dr. Andreas Rödder (Johannes Gutenberg-Universität Mainz) und Dr. habil. Nicolas Offenstadt (Université Paris 1 Panthéon-Sorbonne). In ihrem Forschungsprojekt beschäftigt sie sich mit Bildern über ostdeutsche Politiker am Beispiel der Bundestagsabgeordneten der 12. Wahlperiode (1990–1994). Seit Juli 2021 ist sie Stipendiatin der Bundesstiftung zur Aufarbeitung der SED-Diktatur.

ARNE HOFFRICHTER, Dr., geboren 1982, studierte Geschichte, Politikwissenschaft, Rechtsgeschichte sowie Jura in Göttingen und Rom und wurde 2016 mit einer Studie zum Notaufnahmelager Uelzen-Bohldamm (1945–1963) in Göttingen promoviert. Anschließend war er tätig für die Bundesagentur für Arbeit und ist derzeit Archivfachlicher Referent beim Niedersächsischen Landesarchiv in Hannover. Seine Forschungsschwerpunkte sind außer in der deutsch-deutschen Zeitgeschichte vor allem angesiedelt in der Landes- und Rechtsgeschichte des 19. und 20. Jahrhunderts.

KERSTIN HOHNER, Dr., 1978 in Jena geboren, studierte Germanistik, Journalistik und Psychologie an der Universität Leipzig. Zu den Schwerpunkten während des Studiums zählten Literaturgeschichte und Buchzensur in der SBZ/DDR. Ihre Promotion an der Universität Leipzig, die mit einem Stipendium der Bundesstiftung zur Aufarbeitung der SED-

Diktatur unterstützt wurde, schloss sie im Jahr 2021 mit einer Dissertation zu dem Thema „Der VEB Hinstorff Verlag Rostock. Die Geschichte des Verlages und die Edition von DDR-Literatur 1959–1977" ab.

NADINE JENKE studierte Zeitgeschichte und Soziologie an der Universität Potsdam. Sie ist Doktorandin an der Friedrich-Schiller-Universität Jena, ihr Promotionsprojekt („NS-Verfolgte als Akteure der Strafverfolgung von NS-Verbrechen in der Bundesrepublik, DDR und in Österreich") wird von Prof. Dr. Jörg Ganzenmüller betreut. Während ihres Studiums war sie wissenschaftliche Hilfskraft am Zentrum für Zeithistorische Forschung Potsdam und im Anschluss für verschiedene Gedenkstätten und Museen tätig, zuletzt als wissenschaftliche Mitarbeiterin der KZ-Gedenkstätte Dachau.

FLORIAN KORN, Dr., geboren 1990, studierte Kunstgeschichte an den Universitäten in Frankfurt am Main, Marburg, Straßburg und Leipzig. Nach seinem Masterabschluss im Januar 2016 arbeitete er als wissenschaftliche Hilfskraft bei der „Leipziger Sammlungsinitiative" am Institut für Kunstgeschichte in Leipzig. An der Universität Leipzig wurde er im Dezember 2020 mit einer vergleichenden Untersuchung zu den künstlerischen Auseinandersetzungen mit der NS-Vergangenheit in der Bundesrepublik und in der DDR promoviert. Derzeit ist er wissenschaftlicher Volontär am Museum Gunzenhauser der Kunstsammlungen Chemnitz.

MARIELUISE LABRY, 1994 in Reinbek bei Hamburg geboren, studierte Germanistik und Philosophie in Leipzig und Oslo. Ihre Masterarbeit beschäftigte sich mit narrativen Strategien in Literatur und Film bei Alexander Kluge. Sie promoviert an der Universität Leipzig im Bereich der Literaturwissenschaft bei PD Dr. Leonhard Herrmann. Ihr Dissertationsprojekt beschäftigt sich mit dem Erinnerungsraum DDR in der Gegenwartsliteratur seit 2010. Seit September 2021 ist sie Stipendiatin der Bundesstiftung zur Aufarbeitung der SED-Diktatur.

VÍCTOR MANUEL LAFUENTE, Dr., geboren 1980 in Buenos Aires, studierte zunächst Geschichte an der Universidad de Buenos Aires und setzte dann sein Studium an der Humboldt-Universität zu Berlin in den Fächern

Neuere und Neueste Geschichte sowie Spanische Philologie (Magister Artium) und Philosophie und Sozialwissenschaften (Bachelor of Arts) fort. 2016 legte er die Staatsprüfung für das Lehramt an der Albert-Ludwigs-Universität Freiburg ab und promovierte 2020 am Historischen Institut der Universität zu Köln zum Thema „Die Beziehungen zwischen der SBZ/DDR und Argentinien“. Die Dissertationsschrift ist 2022 im Böhlau Verlag erschienen.

SOPHIE LANGE, geboren 1988 in Ost-Berlin, studierte zwischen 2008 und 2015 Geschichtswissenschaften und im Nebenfach Europäische Ethnologie an der Humboldt-Universität zu Berlin und an der University of Leicester. Sie arbeitete danach als wissenschaftliche Hilfskraft beim Berliner Kolleg Kalter Krieg und begann ein Promotionsstudium an der Humboldt-Universität zu Berlin. Dort wurde sie 2021 mit einer Arbeit zur „Deutsch-deutschen Umweltpolitik 1970–1990. Eine Verflechtungsgeschichte im internationalen und gesellschaftlichen Kontext des Kalten Krieges“ promoviert.

ARNE LINDEMANN studierte an der Humboldt-Universität Berlin Ur- und Frühgeschichte und Alte Geschichte. Seit 2022 ist er Geschäftsführer des Museumsverbands des Landes Brandenburg. Im Jahr 2020 promovierte er an der Technischen Universität Berlin bei Prof. Bénédicte Savoy zum Thema „Vom Germanenerbe zum Urkommunismus. Wandel und Beständigkeit von Urgeschichtsbildern in Museumsausstellungen der SBZ/DDR“. Das Dissertationsvorhaben wurde von der Bundesstiftung zur Aufarbeitung der SED-Diktatur und dem Leibniz-Zentrum für Zeithistorische Forschung gefördert.

ALEXANDER MENNICKE, geboren 1986, studierte an der Universität Leipzig Politik- und Kulturwissenschaften mit dem Forschungsschwerpunkt Fußball im postjugoslawischen Raum. Er arbeitete unter anderem am Kulturwissenschaftlichen Institut und am Historischen Seminar als wissenschaftliche Hilfskraft und Dozent. Er ist außerdem als Autor und freier Journalist tätig. Er ist Doktorand der Kultursoziologie und promoviert zum Thema ostdeutsche Identitäten und das Vermächtnis der DDR in (ost-)deutschen Fußballstadien.

JOHANNES MÜHLE, geboren 1988 und in Weißwasser aufgewachsen, studierte Kultur und Technik an der Brandenburgischen Technischen Universität Cottbus-Senftenberg. Seine Masterarbeit verfasste er zu historischen Hintergründen, Motiven und philosophischen Aspekten des Dienstes bei den DDR-Grenztruppen. Seine im Februar 2022 abgeschlossene Promotion an der Philosophischen Fakultät der Universität Mannheim zum Thema „Mobilmachung und Militarisierung. Die Vorbereitung der DDR auf den Verteidigungszustand 1970–1990" vermisst mittels einer Analyse des gesamtstaatlichen Mobilmachungssystems die Militarisierung der DDR. Er wurde von PD Dr. Oliver Bange betreut.

MANJA PRÄKELS, geboren 1974, arbeitete als Journalistin für die „Märkische Allgemeine Zeitung", studierte Philosophie, Soziologie und Osteuropäische Geschichte an der Freien Universität Berlin und ist Begründerin der Musikband Der Singende Tresen. Als Essayistin schreibt sie für diverse Tages- und Wochenzeitungen, insbesondere zum Themenkomplex Rechtsextremismus. Für ihren im Juli 2017 veröffentlichten Roman „Als ich mit Hitler Schnapskirschen aß" erhielt sie unter anderem den Anna Seghers-Preis 2018.

MORITZ REININGHAUS, 1978 geboren, studierte Geschichte, Allgemeine und Vergleichende Literaturwissenschaft und Philosophie in Potsdam. Von 2006 bis 2012 war er Redakteur der „Jüdischen Zeitung" und als freier Journalist tätig. 2013/14 war er Stipendiat der Bundessstiftung zur Aufarbeitung der SED-Diktatur für die Arbeit „Weltanschauliche Dissidenz und radikale Ethik. Rudolf Schottlaender (1900–1988) als intellektueller Grenzgänger", die er bei Prof. Dr. Martin Sabrow an der Humboldt-Universität zu Berlin schreibt. Von 2019 bis 2021 war er Projektmitarbeiter der Bundesstiftung Aufarbeitung. Seit 2021 ist er Redakteur bei rbb Kultur.

RAPHAEL SCHLATTMANN studierte Physik und Wissenschaftsgeschichte und ist aktuell Doktorand am Institut für Philosophie, Literatur-, Wissenschafts- und Technikgeschichte der Technischen Universität Berlin. Seine Dissertation widmet sich der Wissenschaftsgeschichte der Gravitationsforschung in der DDR im Kontext des Kalten Krieges. Seine methodischen Schwerpunkte liegen im Bereich der Digital Humanities und hier insbesondere bei Ansätzen der historischen Netzwerkforschung.

FELIX SCHNEIDER studierte ab 2013 Politikwissenschaft und Geschichte an der Martin-Luther-Universität Halle-Wittenberg. Seit 2020 arbeitet er an einer Dissertation zum Wandel der Polizei in Ost- und Westdeutschland in den 1980er- und 1990er-Jahren. Er untersucht dabei die Handhabung von Menschenmengen und Protesten aller Art – zunächst vergleichend für die 1980er-Jahre in den ehemaligen Bezirken Halle und Magdeburg sowie dem Land Niedersachsen, für die 1990er-Jahre als Verflechtungsgeschichte der Partnerländer Niedersachsen und Sachsen-Anhalt.

JENS SCHÖNE, Dr., geboren 1970 in Staßfurt, studierte nach seiner Berufsausbildung mit Abitur zum Facharbeiter für Tierproduktion in Jüterbog an der Humboldt-Universität zu Berlin Neuere und Neueste Geschichte sowie Anglistik und Amerikanistik. 2004 wurde er an der Freien Universität Berlin mit einer Studie zur Kollektivierung der DDR-Landwirtschaft promoviert. Seit 2007 ist er Stellvertreter des Beauftragten zur Aufarbeitung der SED-Diktatur im Land Berlin.

ROBERT SCHOLZ, 1993 in der Region Hannover geboren, kam für das Studium von Geschichte und Psychologie nach Halle (Saale). Neben dem Studium arbeitete er in der Gedenkstätte für Opfer der NS-„Euthanasie" Bernburg. Bereits in seiner Masterarbeit hinterfragte er das geschichtswissenschaftliche Potenzial von sozialen Medien. Seine Promotion wird von der Professorin für Geschichte der Neuzeit der Martin-Luther-Universität, Prof. Dr. Silke Satjukow, betreut.

PHILIPP SCHULTHEISS, Dr., studierte Politikwissenschaften an der Universität Tübingen. Nach einem Forschungsaufenthalt in Istanbul schloss er ein Masterstudium am Zentrum für Konfliktforschung Marburg an. Dort war Schultheiß Doktorand und leitete verschiedene Lehrveranstaltungen. Momentan ist er als Leitungsreferent beim Berliner Beauftragten zur Aufarbeitung der SED-Diktatur tätig. Seine Forschungsschwerpunkte sind Memory Studies und die Aufarbeitung von Konflikten und Diktaturen

(Transitional Justice). Im November 2022 ist seine Dissertation unter dem Titel „Ausgeklammert statt anerkannt. Ehemalige NVA-Angehörige und die DDR-Aufarbeitung“ im Ch. Links Verlag erschienen.

SEBASTIAN STUDE, Dr., geboren 1979, studierte Geschichte, Politikwissenschaft und Philosophie in Halle (Saale) und Berlin. Seine Dissertation zur Geschichte des Kernkraftwerkes Rheinsberg ist im November 2022 im Mitteldeutschen Verlag erschienen. Seit April 2022 ist er Referent für Ausstellungen/Öffentlichkeitsarbeit bei der Brandenburgischen Landeszentrale für politische Bildung.

TILMAN WICKERT, geboren 1982 in Hamburg, studierte Geschichte und Politikwissenschaft in Potsdam und Berlin. Als Stipendiat der Bundesstiftung zur Aufarbeitung der SED-Diktatur promoviert er über das Amt für gesamtdeutsche Studentenfragen (AGSF) und die politische Kultur des Kalten Krieges in den deutschen Studentenschaften. Er arbeitet als freiberuflicher Zeithistoriker sowie als Referent für historisch-politische Bildung für die Gedenkstätte Hohenschönhausen, die Stiftung Berliner Mauer und die Stiftung Haus der Geschichte der Bundesrepublik Deutschland.

PHILIPP WILLE, geboren 1984, hat von 2005 bis 2011 an der Universität Leipzig Mittlere und Neuere Geschichte, Allgemeine und Vergleichende Literaturwissenschaft sowie Kommunikations- und Medienwissenschaft studiert. In dieser Zeit begann er mit der systematischen Sammlung von Spielfilmen aus der DDR, der Sowjetunion und der VR Polen. Seine Dissertation in Kulturwissenschaften an der Universität Leipzig befasst sich mit dem Ende der Utopie in den DDR-Kriminalfilmen der Reihe „Polizeiruf 110“. Er war Promotionsstipendiat der Bundesstiftung zur Aufarbeitung der SED-Diktatur in den Jahren 2013, 2014 und 2017. Wille lebt und arbeitet als freier Wissenschaftler und Autor in Leipzig.

SUSANNE MUHLE · HEDWIG RICHTER · JULIANE SCHÜTTERLE (HRSG.)

Die DDR im Blick

Ein zeithistorisches Lesebuch

2008 | ISBN: 978-3-940938-04-6 | 317 Seiten | 19,– €

„Die DDR im Blick" präsentiert 28 prägnante „Geschichten" aus den Forschungswerkstätten junger Wissenschaftler:innen, die zu einem vielfältigen und anschaulichen Streifzug durch die DDR-Vergangenheit einladen. Sie berichten über eine Lebenswelt, die vom totalen Machtanspruch des Regimes durchdrungen war, von Begegnungen zwischen Ost und West, aber auch von Ausbruchsversuchen aus dem realsozialistischen Alltag. So spiegeln die Texte aktuelle Debatten in der DDR-Forschung wider und zeugen von der Doppelbödigkeit und Komplexität der DDR-Geschichte, hinter deren nostalgischer Verklärung oft die Verdrängung von Verantwortung steht.

MARCUS BÖICK · ANJA HERTEL · FRANZISKA KUSCHEL (HRSG.)

Aus einem Land vor unserer Zeit

Eine Lesereise durch die DDR-Geschichte

2012 | ISBN: 978-3-86331-074-5 | 320 Seiten | 19,– €

Mehr als 20 Jahre nach dem Ende der DDR begeben sich 25 junge Wissenschaftler:innen aus allen Teilen Deutschlands auf eine Entdeckungsreise in die Geschichte des untergegangenen Staates. In anschaulichen wie lebendigen Geschichten berichten sie über ihre historiografischen Streifzüge, die sie von der brandenburgischen Provinz bis nach Manhattan führen. Sie verfolgen Spuren der DDR von ihrer Gründung bis in die jüngste Gegenwart. Ihre Texte sollen anregen, weiterzulesen, sich zu erinnern und über die jüngste deutsche Vergangenheit zu diskutieren. Die Berichte spiegeln die Vielfalt an Themen, Perspektiven und Methoden, sich mit der DDR zu beschäftigen. Sie geben Einblicke in die Arbeiten einer jungen Forschergeneration, die aufgebrochen ist, ein „Land vor ihrer Zeit" jenseits befestigter Pfade neu zu erkunden.